21世纪卓越人力资源管理与服务丛书

跨文化沟通

（第3版）

陈国海　杜云华　范文杰 ◎ 编著

清华大学出版社
北京

内容简介

跨文化沟通是不同文化背景的人分享和交流思想感情和信息的过程。高水平对外开放及经贸全球化促进了国际交流。国际交流首先是文化交流，文化交流又反过来促进国际交流。本书分理论篇和实务篇。理论篇简要阐述了文化与沟通、语言在跨文化商务沟通中的作用、跨文化非语言沟通、不同文化间的信息沟通、建立关系的文化准则；实务篇简要阐述了跨文化冲突与谈判、跨文化沟通中的法律因素、海峡两岸及港澳的跨地区文化沟通、跨文化交友、留学教育与交流以及出境旅游。本书吸收了现有跨文化沟通相关教材和专著的优点，又从谈判、商贸、交友、留学、旅游等常见的实践领域对跨文化沟通进行了概括和介绍，弥补了相关教材和专著的不足。

本书既方便教师教学，也方便学生自学，适合作为多种学科和专业的本科教材、通选课教材或者涉外企业管理者、谈判专家、旅游爱好者、留学生的自学读物，也可以作为 MBA、EMBA 和其他学科研究生跨文化沟通课程的教材或辅助教材。

本书封面贴有清华大学出版社防伪标签，无标签者不得销售。
版权所有，侵权必究。举报：010-62782989，beiqinquan@tup.tsinghua.edu.cn。

图书在版编目（CIP）数据

跨文化沟通 / 陈国海，杜云华，范文杰编著.
3 版. -- 北京：清华大学出版社，2024.6. -- （21 世纪卓越人力资源管理与服务丛书）. -- ISBN 978-7-302-66614-1

Ⅰ. G115

中国国家版本馆 CIP 数据核字第 2024JM4048 号

责任编辑：邓　婷
封面设计：刘　超
版式设计：文森时代
责任校对：马军令
责任印制：刘　菲

出版发行：清华大学出版社
网　　址：https://www.tup.com.cn，https://www.wqxuetang.com
地　　址：北京清华大学学研大厦 A 座　　邮　编：100084
社 总 机：010-83470000　　邮　购：010-62786544
投稿与读者服务：010-62776969，c-service@tup.tsinghua.edu.cn
质量反馈：010-62772015，zhiliang@tup.tsinghua.edu.cn

印 装 者：三河市天利华印刷装订有限公司
经　　销：全国新华书店
开　　本：185mm×260mm　　印　张：18.75　　字　数：440 千字
版　　次：2017 年 6 月第 1 版　　2024 年 7 月第 3 版　　印　次：2024 年 7 月第 1 次印刷
定　　价：59.80 元

产品编号：104167-01

前　言

在全球化时代和中国"一带一路"倡议背景下，无论是个人还是组织，跨文化交流越来越频繁。跨文化沟通在很大程度上已经成为我们生活的一部分，成为我们通过不同视角和经验探寻理解与合作之道的过程。了解如何与不同文化、不同信仰、不同国家和地区的人进行交流，几乎成为每个现代人融入国际社会的必经之路。

本书语言流畅、条理清晰、例证贴切、内容丰富、资料充实，可读性较强。本书具有如下5个特点。

1. 内容新颖

本书尽量反映本学科领域的最新理论和实践发展动态，介绍了留学教育与交流、海峡两岸及港澳地区的跨文化沟通、跨文化交友、跨文化沟通中的法律因素、出境旅游等新内容。这在很多跨文化沟通专著和教材中都未见到过，因此更贴近中国人当下商贸、留学、出境旅游、移民等方面的实际需要。本书每章正文的理论阐述尽量做到"少而精"。每章章后都附有相应的参考文献。

2. 实用性强

本书各章节尽量寻找小例子（即各章"例证"）来说明相应的概念、原理和方法。通过阅读相应的例证，读者易于理解和接受教材所阐述的概念、原理和方法。本书除了能够帮助不同国籍、不同文化的人更好地进行沟通，还关注中国自身不同文化之间的交流，以最大程度地照顾读者的感受。其中一些例证是笔者从实际生活中收集的、经过适当文字处理和润饰的真实案例。

本书主要为需要进行"跨文化沟通"（如涉外商贸、管理、出境旅游、留学教育、移民）的人士和大学生服务，因此尽量做到能够对相对缺乏跨文化知识和技能的人进行指导和启发，这一点是通过正文中的"例证"和每章章末的"案例分析"来体现的。

3. 案例分析

本书每章章后都提供1~2个案例分析题，选用的都是具有典型性的案例，力求简洁。案例可供课堂或者课后讨论。课堂讨论可让学生自由组合，组合时最好每组都有具备不同文化背景的同学，并规定每组人数为5~6人，每组推选代表发言。

本书第3版主要做了如下几项修订。① 充实章节内容。新增了第11章"出境旅游"，增加了第9章"跨文化交友"的第3节"跨文化婚恋"，同时更新了各章的部分内容。② 替换了一些不太切题、陈旧过时的例证和案例。③ 替换了一些陈旧过时的内容，补充了一批新的参考文献。④ 优化了章节编排结构，分理论篇（共5章）和实务篇（共6

章），同时优化了各章内容的逻辑结构。全书由陈国海、杜云华、范文杰负责统稿。笔者的科研助手们参与了本书的修订工作，他们帮忙查阅资料，按要求撰写和修改了部分内容，并制作了目录、PPT、习题和考题等配套资料。没有他们的热忱参与和帮助，本书的再版工作难以如此顺利地完成。本书得到了21世纪海上丝绸之路协同创新中心、广东外语外贸大学商学院的资助，也得到了清华大学出版社邓婷编辑的大力支持，在此表示衷心的感谢。

  本教材配备有PPT演示文稿、教学大纲、考试大纲、习题、考题、网站推荐和影视推荐等配套资料，供需要的教师、学生、企业培训师和读者参考使用。由于时间仓促，难免有不足和疏漏之处，敬请广大读者不吝指正。

陈国海
香港大学心理学博士
广东外语外贸大学商学院教授
广东省人力资源研究会秘书长
2024年3月

目 录

理 论 篇

第一章 文化与沟通······002
- 第一节 文化与文化意识······003
- 第二节 沟通与文化······015
- 第三节 文化与沟通障碍······019
- 本章小结······023
- 课程思政······023
- 思考练习题······023
- 管理游戏······024
- 案例分析······025
- 参考文献······025

第二章 语言在跨文化商务沟通中的作用······028
- 第一节 语言与文化······029
- 第二节 跨文化商务沟通······035
- 第三节 语言在跨文化商务沟通中的具体表现······041
- 本章小结······047
- 课程思政······047
- 思考练习题······047
- 案例分析······048
- 参考文献······048

第三章 跨文化非语言沟通······050
- 第一节 非语言沟通概述······051
- 第二节 文化与非语言沟通······061
- 第三节 跨文化商务沟通中的非语言习惯······064
- 本章小结······071
- 课程思政······071
- 思考练习题······071
- 案例分析······072

参考文献 072

第四章　不同文化间的信息沟通 075
　　第一节　跨文化信息沟通概述 076
　　第二节　文化对组织信息的影响 081
　　第三节　文化与信息的沟通 088
　　本章小结 092
　　课程思政 093
　　思考练习题 093
　　案例分析 093
　　参考文献 094

第五章　建立关系的文化准则 096
　　第一节　人际关系与文化 097
　　第二节　关系维系与文化 103
　　第三节　跨文化商务活动中的社交行为 106
　　本章小结 115
　　课程思政 115
　　思考练习题 116
　　角色扮演 116
　　案例分析 116
　　参考文献 117

实 务 篇

第六章　跨文化冲突与谈判 120
　　第一节　跨文化冲突概述 121
　　第二节　跨文化冲突的解决模式与应对策略 126
　　第三节　跨文化谈判概述 128
　　第四节　跨文化谈判的策略与技巧 135
　　本章小结 139
　　课程思政 140
　　思考练习题 140
　　案例分析 141
　　参考文献 141

第七章　跨文化沟通中的法律因素 144
　　第一节　法律与文化 145
　　第二节　法律体系 150

第三节　跨文化商务谈判中的法律适用·················156
　　第四节　跨国公司相关的法律规制·····················163
　　本章小结···171
　　课程思政···171
　　思考练习题···172
　　案例分析···172
　　参考文献···173

第八章　海峡两岸及港澳的跨地区文化沟通·················175
　　第一节　海峡两岸及港澳地区概述·····················176
　　第二节　港澳台文化的比较···························178
　　第三节　港澳台与内地（大陆）的沟通·················186
　　本章小结···193
　　课程思政···193
　　思考练习题···194
　　案例分析···194
　　参考文献···195

第九章　跨文化交友·····································197
　　第一节　跨文化交友概述·····························197
　　第二节　跨文化交友的结构···························201
　　第三节　跨文化婚恋·································210
　　第四节　提升跨文化交友的能力·······················218
　　本章小结···222
　　课程思政···223
　　思考练习题···223
　　案例分析···223
　　参考文献···224

第十章　留学教育与交流·································226
　　第一节　出国留学教育与交流·························227
　　第二节　来华留学教育与交流·························232
　　第三节　留学教育服务·······························239
　　本章小结···248
　　课程思政···248
　　思考练习题···249
　　案例分析···249
　　参考文献···250

第十一章 出境旅游 ·· 252
第一节 出境旅游概述 ·· 253
第二节 出境管理 ·· 258
第三节 出境旅游实务 ·· 266
第四节 出境旅游注意事项 ··· 276
本章小结 ·· 286
课程思政 ·· 287
思考练习题 ··· 287
案例分析 ·· 287
参考文献 ·· 288

理 论 篇

第一章
文化与沟通

 学习目标

- 掌握文化的维度与差异性
- 了解文化智力与文化意识的重要性
- 掌握文化对沟通的影响机制

引例

星巴克在中国

进入中国市场以来,为了适应中国消费者的需求特点,星巴克做了很多"中国化"的尝试。在门店设计上,星巴克注重东西方文化的融合。店面布局、灯光设计等有其一贯的特色,但各店的风格却有所不同,较多地融入了地方元素。如北京的前门店、成都的宽窄巷子店、福州三坊七巷店等,都以浓郁的当地特色为顾客带来了熟悉和亲切的门店体验。

在产品的设计和供应方面,星巴克充分尊重中国消费者的习俗。在端午节、中秋节和春节这些中国节日里,星巴克都会推出特色的节日产品,如星巴克月饼、星冰粽、节日纪念版随行杯和生肖储蓄罐。新产品的设计和名称,常体现出浓浓的中国味,如黑芝麻抹茶星冰乐、中式星巴克茶、福满栗香玛奇朵、如意桃花拿铁、辣意椒香摩卡。2009年,星巴克进入中国大陆市场十周年之际,第一款含有中国云南咖啡豆的综合咖啡——星巴克凤舞祥云综合咖啡在中国市场推出,随后进入美国和亚洲市场。

在促销环节,星巴克在借鉴美国已有的成功经验的同时,做了很多本土化的调整和创新。和美国一样,其在中国市场的促销也很少打广告,主要借助社交媒体上的软文来推广品牌文化及产品,但在内容和时机选择上更贴近中国文化。在中国,除了与国际同步的促销档期,中国的传统佳节也是星巴克的重要商机。2013年春节之际,星巴克在微信、微博等社交网络平台推出一套30日"星历"。中国传统的农历通过预测婚嫁、出行、迁居以及其他事宜的吉利日期来引导人们的行为,星巴克借鉴这种方式,建立每天的适宜行为与星巴克的产品和体验之间的联系。例如,2月3日,消费者带父母到星巴克并给他们一个温暖的拥抱,便可获得饮品买二送一优惠。

(资料来源:刘泳.品牌导向型公司及其价值链整合模式[M].上海:上海人民出版社,2019:27-30.)

星巴克根据中国文化的特点不断调整产品策略，并大获成功，可见文化对沟通的重要性。本章将着重探讨文化与沟通的关系。

跨文化沟通是一种动态的跨国界和地区的行为和情感过程，在此过程中沟通的发起者和接收者有意地将他们的行为编码生成信息，并通过一定的渠道传递这些信息。[1]跨文化沟通问题之所以存在，是因为跨文化沟通的信息发出者和信息接收者具有不同的文化背景。文化差异的存在使跨文化沟通更难操作。

有效的跨文化沟通在全球化日益加快和中国"一带一路"的大背景下越发重要，是商务活动进行的前提与商业扩张的保障，是消除文化误解与地区冲突的有力武器，有助于增强不同文化之间的互通性，给全球化发展插上腾飞的翅膀，推动世界的和平与发展。

第一节　文化与文化意识

文化是多维性的。所有的文化都是彼此关联的，没有任何一种文化是单一的、纯粹的，所有的文化都是混杂的、异类的、非常不同的、不统一的。[2]美国的塞缪尔·亨廷顿曾说："在未来的岁月里，世界上将不会出现一个单一的普世文化，而是许多不同的文化和文明相互并存。"[3]文化差异的不可消弭性使得提高跨文化意识愈发重要。

一、文化

（一）什么是文化

"文化"是当今社会科学领域运用最广泛同时又是最难以准确定义的一个学术名词。英国人类学家爱德华·泰勒在《原始文化》一书中第一次明确给文化下了定义："文化是一个综合体，其中包括知识、信仰、艺术、法律、道德、习俗以及作为社会成员的人们掌握的其他能力和养成的习惯。"[4]著名跨文化学者霍夫斯泰德曾形象地比喻说，文化是mental software（心灵软件），即一类人不同于另一类人的集体的头脑编程。[5]他曾把文化比喻为洋葱，最外的一层称为象征物，人的肉眼能够看见；第二层是英雄人物性格；第三层是礼仪，礼仪是每种文化里对待人和自然的独特表现方式；最里面一层是价值观，即人们相信什么是真、善、美这一抽象观念，也是文化中最深邃、最核心的部分。[6]

（二）文化的特征

文化具有鲜明的特征，即连贯性、习得性和共享性。[7]

1. 连贯性

每一种文化，不管过去的还是现在的，其自身都具有一致性和完整性。文化是一种完整的宇宙观，它是某个特定的人群在遇到困难时所产生的统一的、持久的、愿景的外在表现。理解文化的完整性，我们就应该意识到在与来自其他文化的人们的交往过程中，或者在和其他的文化价值观的接触过程中，要清楚自己传达给对方的文化价值观，同时也要了解对方的文化价值观。

人类文明和文化不是一蹴而就的，而是积累而成的，在一段时期，一个国家或者政权有可能中断，但是该地区人们的文化却不会随着政权的变更而中断。其中最典型的当属中国文化，无论是在其萌生的最初阶段，还是在以后漫长岁月的演进过程中，从来都不是由一个单一民族创造的，而一直是作为一种内部众多民族文化并存的多元复合的文化形态而存在的。[8]

这种文化能够持续发展且保持自身的统一性和持久性，与其内部众多民族形成的有助于其长期延续的文化关系结构密不可分，其他文化在某种程度上也具有类似的特征。

2. 习得性

文化并不是天生的，相反，文化需要通过学习来掌握。个体所学到的关于自己文化的东西，大部分是在社会化过程中耳濡目染、不知不觉形成并存储在大脑里的。在跨文化活动日趋广泛的今天，许多人已经学习了不止一种文化并且能够出入其间、游刃有余，他们会依据环境的变化，轻而易举地从一种文化过渡到另一种文化。但是，文化通过学习而得，并不意味着人们能够客观地谈论自己的文化。只有受到来自迥然不同的文化的挑战时，人们才会回想起自己的文化。

3. 共享性

文化是为社会所共享的。社会成员在事物的意义以及这种意义的归因上达成了共识。他们从自己身边的人（如家里的长辈、老师、德高望重的长者、自己的同龄人等）身上学习文化，因为这些人的生活阅历本身就证明了其价值观的正确性，他们甚至从来都没有怀疑过这种正确性，所以他们认为自己对此的阐释也没有错。他们一致认同什么是重要的，什么是真正值得尊重的。

社会各成员的意见即使不表达出来，也很可能会达成默契。因此，为了取得这样的默契，文化符号是不可或缺的和至关重要的，具有同一文化背景的人员共享该文化的各种符号和标识。

（三）文化的功能

文化的功能具体表现在如下三个方面。[9]

1. 文化列出了事情的重要次序

文化决定了人们的价值观或对事情的优先次序的观念。价值观是为群体所普遍接受的信念，它是社会文化的组成部分，又是社会文化因素在人们心中长期渗透、积淀的结果；它持久地影响着人们的态度、需求和行为方式，具有持久和稳定的特点。价值观告诉我们怎样去判断事物的价值，它隐含着一种相对的价值等级观念，而价值观或事情的重要次序在不同的文化中各不相同。比如"名望"，其重要程度在某些文化中可能大一些，而在另一些文化中可能小一些。

例证 1-1

日期、地址的写作次序[10]

2. 文化决定态度

态度是后天形成的,是对事物的总体评价。态度是一种倾向,是对同一对象、情况或观点的一致反应。态度是在价值观基础上形成的对事物的感觉,可以是积极的,也可以是消极的,是可以改变的。人的态度与价值观和信仰等文化因素密不可分。

中西方存在很大的文化差异。这也导致了中西方人在对待事物方面的态度会有很大的差异,主要表现为价值观的差异。西方人比较注重个人主义价值观,这是西方文明的核心价值观,是以个人长远利益为根本出发点和归宿的价值观念,强调个人自由和个人重要性;而中国人则偏重集体主义价值观,集体主义价值观是社会主义精神文明的重要体现,强调公共利益高于个人利益。这种价值观的差异在对待家庭的态度上表现得最明显,西方家长会从他们孩子小时候就开始培养其个人独立性,减少他们对父母的依赖性。例如,在小孩周岁时就让他们自己住一个房间;在学生时期也会让他们自己去做一些兼职,挣点零花钱;成年以后他们会与父母分开住,甚至租房也不与父母同住;结婚以后有了自己的子女,也不会要求父母帮忙照看。而在中国,孩子从小就跟父母住在一起,即使结婚以后,跟父母同住的现象也很普遍,并且有了自己的子女以后,父母也会帮忙照看。东西方在对待相同事物时出现的截然不同的态度都是中西方文化差异导致的。

例证 1-2

关 于 罢 工[11]

3. 文化支配着行为

文化差异首先会从人们的行为上表现出来。人们的行为直接取决于其对于事物的重要意义的态度,即对于事物的价值判断。价值观驱动着行为,商务活动也是其中重要的一部分。

例证 1-3

企业的家文化[12]

二、文化的维度与差异性

（一）文化的维度

荷兰心理学家霍夫斯泰德提出了文化五维度的理论。[13]其中，在对IBM工作在全球的116 000名员工的调查中，对东西方文化差异的原因用四个维度进行了概括，包括个人主义和集体主义（individualism and collectivism）、权力距离（power distance）、不确定性规避（uncertainty avoidance）、男性化和女性化（masculinity and femininity）。后来，霍夫斯泰德和Bond提出了第五个文化维度，即"长期取向"（long-term orientation）和"短期取向"（short-term orientation）。[14]

（1）个人化倾向和集体化倾向。在个体主义文化中，强调个人目标，崇尚对抗、竞争、直言快语，注重逻辑和推理；在集体主义文化中，社会结构具有较强的凝聚力，集体利益高于一切。

（2）权力距离是指人们对社会或组织中权力不平等分配的接受程度。在权力距离小的国家，如美国，人们相信权力和机会平等，个人通过努力可以改变自身在社会中的地位；而在权力距离大的国家，如日本，则相信分配可以不均，人有等级之分。

（3）不确定性规避是指反映社会成员对模棱两可或不确定性的容忍程度。该指数较高的文化往往难以忍受不确定性，因而个人对新思想或新行为持怀疑态度，人们往往借助信念、习惯或是制度等避免这种不确定性。不确定规避指数较低的文化对于成文法规在感情上接受不了，除非绝对必要，因而有利于产生一些根本性的革新想法，却不善于将这些想法付诸实践。

（4）男性化和女性化用于描述社会的主流价值观更倾向于男性气质还是女性气质。该指数较高，说明该社会的男性化倾向明显，男性气质突出；反之，则说明该社会的男性化倾向不明显，男性气质弱化，女性气质突出。根据霍夫斯泰德的观点，男性化的文化特征崇尚办事果敢、乐于竞争、追求实质性的成功；女性化的文化特征则偏向于合作、养育、和谐。

（5）长期取向的文化关注未来，重视节俭和毅力。如日本公司以长远的目光进行投资，每年的利润并不重要，重要的是能够逐年进步以达到一个长期的目标。在短期取向的文化里，价值观是倾向过去和现在的，人们尊重传统，关注社会责任的履行，但此时此地才是最重要的。例如，美国公司更关注季度和年度的利润成果，管理者在逐年或逐季对员工进行的绩效评估中关注利润。

（二）文化的差异性

各个国家、地区和民族的文化都存在一定的差异性，并且这些差异体现在方方面面。下面从推理模式、行动和存在、结果和关系、时间观念四个方面对文化的差异性进行阐述。文化差异性的重要表现之一——宗教信仰，则另行分述。

1. 推理模式

思维模式是一个逐渐习得的过程，不同文化的推理方式不同，人们思考问题的角度、逻辑以及语言的组织也各有差异。没有语言，思维无法产生；离开了语言，思维也只是一种潜在的机能，"无以定其形，无以约其式，无以证其实"。[15]

西方文化最典型的思维方式为线性思维，因此西方人擅长因果推理。上帝造人、人造房子、房子什么也不造，就是这种思维模式的一种表现，该模式使西方人交流时表露较为直接。在语言表达方式上则体现为：首先亮明观点或看法，点明主题，然后依次说明背景、条件、原因。并且，西方人侧重从个体出发把握对象，通过逻辑推理认识和了解事物，高度重视逻辑性。因此，西方人讲话时一个句子不论长短，主、谓语必不可少。如用英文表达"足球是一项高难度运动"这个观点并给出支持理由，可以表述成："Soccer is a difficult sport. A player must be able to run steadily without rest. Sometimes a player must hit the ball with his or her head. Players must be willing to bang into and be banged into by others. They must put up with aching feet and sore muscles."（足球是一项困难的运动。一个运动员必须能够不停地、稳定地奔跑。有时候，一个球员必须用他或她的头击球。运动员必须愿意撞到别人或被别人撞到。他们必须忍受脚痛和肌肉酸痛。）观点放在句首，体现了西方人在写作中的线性思维。

亚洲人的思维方式讲究整体思维和主体思维，因此亚洲人擅长关联推理。例如，中国人常常会把谈判双方的一次会晤同两国历史上曾经发生过的重大事件联系在一起；"送伞""送钟""分梨"在中国被赋予了不好的谐音"送散""送终""分离"，因此"钟"是绝不能送人的，"梨"哪怕再大，也是不能分着吃的；还有"镜子"在中国不要拿来送人，否则对方会以为你在讥讽他"你有多大能耐，拿镜子照照吧"。但这些在西方人的眼里，却没有这样的意思。[16]东方人在语言使用上，讲究的是意义的关联，没有形式上的线性衔接，如中国元曲大师马致远的《天净沙·秋思》。

天净沙·秋思

枯藤老树昏鸦，
小桥流水人家，
古道西风瘦马。
夕阳西下，
断肠人在天涯。

"阴阳物耦式"思维模式也是中国人的显著特点。《易经·系辞》："易有太极，是生两仪，两仪生四象，四象生八卦。"中国人的这种要素对比式的逻辑思维方式可能令西方人大惑不解。在沟通时，中国人会用一系列并不互相排斥的对照式平行句或对偶句，不管有无主谓，只要符合阴阳对立模式就行。再者，中国人的"螺旋式"思维模式在《太极图》中得到了充分展示，万物每一阶段的演变都有一个中介范畴，即：太极到阴阳中介动静，阴阳到五行中介变合，五行到男女中介妙凝，男女到万物中介交感。[17]亚洲的许多国家都使用中国的阴阳符号，如韩国的国旗上便有这个符号，故亚洲人交流多使用间接的方式，即首先叙述事情的背景或罗列客观的条件、原因、证据，然后"点睛"，得出结论，说明看法。

中西方家庭教育思维方式的冲突[18]

2. 行动和存在

行动导向的文化崇尚效率和实践，而存在导向的文化崇尚宁静、镇定与从容。这也就是西方人生活节奏快并提倡快速、高效，而泰国等国家更注重生活的安逸与平和的原因。克利福德·格尔茨第一次注意到了重视行动的文化与重视沉默的文化之间的联系。重视行动文化的人把沉默视为一种浪费，而重视存在文化的人往往会重视沉默。[19]

说 话 模 式[20]

3. 结果和关系

结果与关系在某种程度上对应霍夫斯泰德关于个人主义和集体主义的观点。个人主义文化是行为导向的，强调个人成就，提倡在竞争中取胜，而结果便是其成就的衡量标准；集体主义文化则是关系导向的，强调人际关系的网络型支持与协力合作。

4. 时间观念

不同文化背景的人们在时间观念与时间使用上存在差异。跨文化交际奠基人霍尔把不同文化的时间分为两种范畴，即单一时间制（mono-chronic）和多元时间制（poly-chronic）。前者是一种强调日程、期限，讲究效率，倾向于做短期计划和一段时间只做一件事情的时间习惯；后者讲究时间使用的灵活性，倾向于做长期计划和一段时间内允许做多件事情的时间习惯。其中，单向计时制国家主要包括美国、德国、瑞士等欧美国家，多向计时制国家主要有非洲、阿拉伯和希腊等。至于中国文化属于哪一种时间使用模式，霍尔并没有提及。下面从四个方面对不同的时间观念做进一步的介绍。[21]

（1）对时间期限所持的态度。爱德华·霍尔和威廉·怀特在谈到不同时间取向对交际的影响时指出："美国人具有期限的概念。但是，如果对一个阿拉伯人提出最后期限，那无异于在公牛面前摇摆红旗。"[22]可见，在不同的文化中，人们会对时间期限做出不同的反应。

以美国为代表的单向计时制国家深受时钟的"铁腕"控制，他们甚至称自己是时间的奴隶（slave to nothing but the clock）。正如霍尔所说："在西方世界，任何人都难逃单向时间的铁腕控制。事实上，社会及商业生活甚至于性生活都受时间操纵。时间完完全全地编织人们生活的网络。"而多向计时制国家对时间期限的理解要灵活得多。如在中国，期限有时只意味着接近最后底线的一个警告，人们似乎都心照不宣地知道，在期限之后还有一个真正的"底线"。

例如，在商务沟通中，对于工程的完工时间限制，不同时间观念的国家会有不同的阐释，跨文化沟通的矛盾也因此而产生。

例证 1-6

写 报 告

（2）对时间顺序所持的态度。罗伯特·列文（1959）曾说："时间是大自然用来避免事情同时发生的方式。"这就说明，事情本身有时间上的先后顺序，而不是同时发生的。尽管如此，不同文化对时间顺序的态度是不一样的。西方人视时间为一条河流，河水只能从一头流向另一头，不会倒流，也不会在哪里停顿。受这种线性时间观影响的西方人非常重视时间的价值。在西方谚语中有比较明显的体现，如："Time is money."（时间就是金钱）、"Make hay while the sun shines."（趁热打铁）、"Time lost can not be won again."（光阴一去不复返）等均反映出西方人的时间顺序观。西方的线性时间观是工业社会的典型代表，工业化程度较高的社会一般采用单一时间制。例如美国，其对时间这条"直线"严格进行分割计划，在一段时间里只安排一件事，既定日程不轻易改变，做事讲求效率、计划的周密性与严谨性。在一定程度上，时间观客观地操纵人们的社会生活，时间决定人们做什么、不做什么，必须先做什么，什么可以留到最后一分钟。

在中国传统文化中，对时间的认识既有线性观念，又有环性观念，但更多地表现为环性时间观念。环性时间观认为时间就像一个大圆圈，世间万事万物都在经历一个时间周期之后回到原来的状态。中国人的环性时间观和历史环境分不开。以农为本、以耕为生的农民在漫长的生活实践中形成了按照农作物生长周期安排时间的习惯，久而久之，这种习惯就形成了一种定势。农民对季节的体察和感受格外细致入微。春耕夏耘，秋收冬藏，季节的更替、气候的变化与人们的生计休戚相关。"节气歌"既是长期生产实践的智慧结晶，也是农民感知时间的独特方式。因此，中国人在长期的农业生活中，受天时的循环变化影响，形成了这种环性时间观。

例证 1-7

三一重工的"双子塔"[24]

（3）钟点时间和合适时间。Erickson 等人曾借用希腊词语将时间分为钟点时间和合适时间。[25]钟点时间主要是指在工业社会里人们严格按照钟点时间做事，人们制定生产和销售目标，确定每项工作应该完成的时间。合适时间是指按照事情发生的合理时间进行，比较注重做事的合适时机，但对时间的要求不像钟点时间那样需要精确到每分每秒。例如，在波多黎各，你在 10：30 有一个约会，你也许是对方的日程安排中要见的第二个人，你一直等到 11：30 也不奇怪，每个人都很重要，因此不能因为事先随意制定的时间表的安排就草率地结束会面。在俄罗斯，通常人们的观念是：时间与成本或利润没有什么关系，守时完全是一个陌生的概念。而在结果导向型的文化中，如以色列，守时不但是工作严肃认真的体现，更是一种基本的礼貌。这种钟点时间还被体现在英语语言中，如 to the minute，in a second 等。

（4）长期取向和短期取向。长期取向与短期取向是单向计时制和多向计时制的一个显著区别。持有长期时间观念的人倾向于制订长期的工作计划，希望维护长期的人际关系，把坚持和耐心作为一种美德。持短期时间观的人喜欢做短期的计划，人际关系变化快，重视短期的目标，追求立竿见影的效果。美国前总统布什的一个预算官员 Richard Darman 在 1989 年曾批评美国已陷入一种所谓的现在主义（Now-Now-Ism），即人们过度地沉湎于现在和当前的利益和快乐，缺乏对未来应有的考虑。金融泡沫的破裂就是一个佐证。而在长期取向文化中，如中国，人们从小受到的教育便是"只要功夫深，铁杵磨成针""一日为师，终身为父"等观念，做长期计划已深深扎根于人们的心中。

（三）宗教信仰

你若出差到印度马德拉斯，会看到商人一天去神庙数次，每天早晨工作开始之前都要为公司的运货卡车祈福。在泰国曼谷，女商人每天清早开门营业之前都会给和尚食物，当天晚些时候会在街上的圣坛停下来做祷告。在土耳其的安卡拉，教徒们在对真主安拉的祈祷中开始一天的生活，一天当中每隔一段时间还要做相应的祈祷。尽管这些国家宗教自由，但是，由于多数人信教，宗教信仰活动对所有事物都会造成一定的影响。然而，某些国家对在公众场合频繁提及宗教却极为反感，如加拿大人就对美国某些领导人频繁提及上帝感到困惑。

各国宗教制度不同,商务活动以及政治活动的执行、宣传等也存在差异。下面将介绍世界上的五种主要宗教,以了解各国价值观、文化活动及商务活动的不同。

1. 基督教

基督教神学有两大来源:一是希伯来文化,二是希腊文明。它从希伯来文化得到了一个信仰的上帝,从而继承了犹太教"上帝面前人人平等"的伦理普遍主义传统;它又从希腊文明得到了一种理性逻辑的求知工具,从而继承了"真理面前人人平等"的认知普遍主义传统。所谓"吾爱吾师,吾更爱真理",正是这种认知普遍主义取向的一个生动写照。[26]尤其是前者,对基督教文化传统形成的影响更为突出。因此,在基督教的经典中,存在着强烈的普遍主义取向,甚至存在着为了使人们更好地信奉唯一的上帝,而反对与任何一个具体的人过分亲近的倾向。

基督教有3个主要分支,即天主教、新教、东正教。

(1) 罗马天主教人数最多,强调罗马天主教教皇在集权、等级制度中的绝对权威。耶稣是人类和上帝的共同儿子,由一个名叫玛利亚的女子所生,并被认为是上帝施恩于人类的辩护人。天主教教会组织体系自上而下,集中统一,所有神职人员,包括修士和修女,均遵守独身制度。在教堂里举行的宗教崇拜活动称为"弥撒"。天主教坚持《圣经》本身的权威,同时赞成以教会来主导对《圣经》的解释,强调神职人员的中介作用,从而使神职人员享有一个较为崇高的地位,相信凭借教会的引导可使信徒得救。

(2) 新教徒与天主教徒有所不同。新教徒认为,耶稣是唯一的一位上帝和人之间的中保,个人必须同耶稣基督有直接的、亲自的接触。宿命论的观点在新教教派中占据主导地位,认为被上帝选定的人就是接受上帝的仁慈和恩典的人。物质财富的繁荣和被上帝选择这两者之间有紧密联系。财富应归因于上帝的恩准和赐福,如果上帝的恩准降临于你,你就会勤勉劳作,变得越来越富有,但财富不应被用于个人纵欲作乐,而应该用于储蓄和投资,用财富去创造资本。资本主义在新教的伦理环境中也因此得以发展。

(3) 东正教是从中东、东欧和俄罗斯的早期基督教运动中分化出来的。基督教出现后不久,就逐渐分化成以希腊语地区为中心的东派教会和以拉丁语地区为中心的西派教会。1054年,东、西两派正式分裂,以君士坦丁堡为中心的大部分东派教会自称"正教",意为保有正统教义的正宗教会。因为地处东方,故又称"东正教"。东正教有三大特点:① 保守性,表现在它拘泥于古代基督教会的教义和礼仪,不做任何更改和革新;② 神秘性,表现在它对教士实行禁欲主义,要求教士与世隔绝,终身过隐修生活;③ 依附性,教会直接受制于王权,完全依附于世俗政权。

2. 佛教

佛教始于公元前6世纪的古印度,是一名叫悉达多·乔达摩的王子创立的(悉达多:释迦牟尼本名;乔达摩:释迦牟尼的俗姓)。他一直过着衣食无忧、富足的隐居生活,直到有一天,他碰到了一个年老的、已经死了的乞丐,目睹了生活的严酷,于是离家出走,去思考人生苦难的意义。他在一棵菩提树下沉静冥想后,悟出了道理,随后将自己悟出的道理向其他人讲说。

他的四大真理即四谛,具体如下。

(1)"苦谛":人生的本质就是遭受苦难。

(2)"集谛":人生的"苦"产生的根源在于欲望永远得不到彻底满足。

(3)"灭谛":当欲望消失时,人就可以从苦难中解脱。

(4)"道谛":消除欲望、摆脱苦难的途径就是"八正道"(noble eightfold path)。"八正道"概括了规避邪恶和暴力、思考人的本体转瞬即逝的伦理行为。沉思冥想的目的是使思想完全专注于一个想法,从而使自己从欲望中解脱,并最终从感觉中解脱。

佛教对印度教的一种思想——"羯磨"(梵文音译,即"因果")做了阐述,意为人的所作所为会以"原因—结果"这样的先后次序,产生某种不可避免的最终结果。做好事将产生好的结果,做坏事则产生坏的结果,这种因果报应无论好坏,都是人们今生和来世必须经历的事情。"涅槃"是世间一切法都灭尽而仅有一本住法圆满而寂静的状态,是一种超越了天地万物的空无状态。人与宇宙万物融为一体,一切皆空,痛苦便会终结。

佛教有两个大的分支:小乘佛教和大乘佛教。大小乘佛教之间的区别表现在如下五个方面。① 经典不同。小乘佛教只承认早期结集形成的经典是佛经,用巴利语写成,对后出的《阿弥陀经》《金刚经》《法华经》《华严经》等大乘经典并不认同。大乘佛教认为用梵语写成的大乘佛经才是经典,但是对小乘佛经也持肯定态度,认为小乘佛经是佛对小根器人说的不了义经。② 对佛的看法不同。小乘佛教认为世界上除了现有的释迦牟尼佛和将来可能会有的弥勒佛,别无他佛。大乘佛教则认为世界上有大量佛,并且认为释迦牟尼佛并不是佛的真身,佛还有报身、法身,作为法身的佛,常住不灭,无在无不在。③ 对解脱的认识不同。小乘佛教认为常人是不会有来生的,只会修行到最高等次(即阿罗汉)之后涅槃解脱。大乘佛教则认为人均可成佛。④ 对菩萨的认识不同。小乘佛教认为释迦牟尼前世是菩萨,菩萨只是成佛前的状态。大乘佛教则主张众生均可成佛,认为文殊、普贤、观音等菩萨都是真实存在的,并且菩萨的修行有不同的等次。⑤ 对涅槃的认识不同。小乘佛教认为涅槃就是灭除肉体和精神,不再有来生。大乘佛教则认为涅槃是"常、乐、我、净",涅槃之后还会有来世。

例证 1-8

信仰佛教的泰国[27]

3. 伊斯兰教

伊斯兰教的创始人是穆罕默德,他在大天使加百列(据说是替真主把好消息传给世人的使者)口传的启示下,进行公开讲道,把真主的启示传授给麦加的阿拉伯人,这些书面记录的启示被信徒们汇集起来,形成了《古兰经》。

"伊斯兰"一词的原意为"顺从",即顺从真主安拉。在伊斯兰国家,最常用的词语就是"印沙安拉"(Inshallah),意思是"单凭天意,听天由命"。伊斯兰教的一个最基本的信仰便是:一切事物无论好坏都是由真主的意志安排的。在不同国家,伊斯兰教的习俗各有不同。例如,在印度尼西亚、马来西亚、土耳其、埃及、沙特阿拉伯和突尼斯,伊斯兰教徒的行为各有不同,但他们都遵从《古兰经》的戒律。

以下为伊斯兰教"五功"的具体内容。

(1)念功,即信安拉,立誓信教。可概括为:万物非主,唯有真主,穆罕默德是真主的使者。

(2)拜功,即日祷,做礼拜。伊斯兰教教义要求祈祷者每天做五次祷告,信徒面向圣城麦加的方向,用阿拉伯语祈祷,其中最重要的祷告时间是每星期五的中午,在这个祷告时间里,男人们要去清真寺做礼拜。

(3)课功,即施舍性的捐赠。伊斯兰教提倡乐善好施、接济穷人。伊斯兰教徒每年进行一次慈善捐款。

(4)斋功,即斋戒。指伊斯兰教徒从黎明前到日落黄昏,戒除饮食、男女性关系,谨言慎行,自我克制,不许有任何非礼行为。伊斯兰教历法的第 9 个月为斋月,伊斯兰教徒须白昼戒饮、食和房事一个月。

(5)朝功,即参拜圣地麦加。每个信教的成年人只要能够负担得起,就要每年去麦加参拜一次,伊斯兰教历法的第 12 个月是朝圣月。

4. 印度教

印度教源于古印度韦陀教及婆罗门教,是世界上最古老的宗教之一。印度教认为世界由等级制度规范,即"种姓制度"。血统最纯正的婆罗门僧侣位于最上层,但不一定是最有权势的人。每个种姓都有自己的"德"或"法",即职责,各种姓的成员根据才能和资质被安排承担某些工作。这会对人们的抱负和社会流动性产生影响,这也意味着想从事具有流动性和其他特点的某些特定职业的人们,因受种姓制度的限制,这些工作对他们来说是封闭的。尽管以种姓作为雇佣和晋升的基础已被宣布为非法,但其价值取向在印度文化中依然存在。例如,三一重工印度分公司的一名中方高管在分配工作时,习惯性地由工作秘书进行传达,这遭到印度高管的投诉,原因是印度的种姓制度让印度高管们认为工作不应该由一名秘书进行传达。

此外,大多数印度人认为,灵魂既可以依托于人的形体,也可以依托于动物的形体转世重生。在印度教的教义内容中,恶鬼轮回到母牛要经历 86 次转生过程,再多一次转生灵魂便可托生为人形,因此他们不吃牛肉,崇拜牛。外国商务人士必须了解印度特定地区人们的信仰,因为某一个地区的某些基本宗教信仰在另一个地区可能是不被接受的。并且,印度人非常愿意谈论宗教问题,愿意谈论种姓制度对职业生活的影响。

5. 犹太教

犹太教起源于公元前 1200 年以前,基督教和伊斯兰教都是在犹太教的基础上产生并发展起来的。《塔纳赫》是犹太教的经典,也称希伯来圣经,它同时是基督教圣经的旧约部分,总共 24 卷。另一个重要的著作是犹太法典《塔木德》,内容主要分为三大部分,分别是《密西拿》《革马拉》《米德拉什》。公元2世纪中期以来，由一代一代的犹太人分别以口头或文书形式记录下来的行为及道德规范等，被全数收入犹太法律总集《密西拿》中，后来经过犹太学者对其中问题的讨论和时代的演变，又有犹太学者编著成了《革马拉》，其后，又进一步补充而成了《米德拉什》。

大多数犹太人怀有某些共同的信仰，主要有以下七个方面。

（1）宇宙中只有一个真神。

（2）神关心人类。

（3）一人应体现对另一人的关怀。

（4）圣约是神与以色列民族订立的誓约，以神的戒律的形式表达了神希望他的子民善待宇宙万物的意愿。

（5）救世主弥赛亚或弥赛亚时代终将到来，参加宗教仪式和典礼的犹太人将在那个时代重生。

（6）信仰犹太教徒的惯例和习俗。

（7）信仰犹太人的圣日和犹太历法。

当代犹太集团可以划分为四大流派，分别由四个犹太人集团的成员所代表：正统派、改革派、保守派、重建派。世界范围内的大部分犹太人尽管不属于四大流派，但也认为自己是犹太人，其中有些人经常参加犹太人集会，而另有一些人出于意识形态方面的原因更愿意居于"尘世"。在"尘世"的犹太人和加入犹太集团的犹太人中，还混杂着一些把自己的身份定位于"犹太复国主义"的人，他们致力于在以色列创建和维护犹太人家园的活动。

三、文化智力与文化意识

个体面对陌生文化时，既对陌生文化感到好奇，希望有更多的了解，又可能不愿意改变自己，而要求他人与自己一致。文化智力将帮助我们适应异族文化；而文化意识可帮助我们认识到文化差异，减少跨文化沟通中的冲突与矛盾。

（一）文化智力：对异文化的适应程度

"文化智力"一词是由厄尔利和昂最早提出的。[28]他们认为，文化智力是反映个体在新的文化背景下，收集和处理信息、做出判断并采取相应的有效措施以适应新文化的能力。彼得森对文化智力的解释是，各行各业的工作者为了改善工作环境中的沟通，与来自不同国家的客户、合作伙伴以及同事保持融洽的商业关系，着力于提升各方面的能力，包括语言能力、空间能力、情感能力以及人际关系能力。[29]而对文化智力较为简单的概括是"一个人成功适应新文化环境的能力"，并将文化智力分为三个主要部分：① 对于文化以及思考和解决文化问题的行事方式的相关知识认知；② 适应新文化的动机；③ 应用，即将自己适应新文化的愿望、知识和能力付诸行动，解决文化难题。

关于文化智力的结构有三维结构和四维结构两种看法，但其实质大体类似。[30]文化智力四维结构包括元认知性文化智力、认知性文化智力、动机性文化智力、行为性文化智力。其中，元认知和认知部分可以统称为精神性文化智力。元认知性文化智力是指与来自不同文化背景的人交往时个体的意识水平和知觉程度；一般而言，高元认知性文化智力的个体具有较强的战略性思考能力，当与来自不同文化背景的人交往的时候，他们能够有意识地使不同文化环境的模糊性呈现条理性。认知性文化智力是指个体对不同文化环境中的规范、习俗的理解程度；高认知性文化智力的个体通常能够基于他们对新的文化中的经济、法律的理解，寻找与不同文化背景的人的相同之处和不同之处。动机性文化智力是指个体适应不同文化的驱动力和兴趣点；高动机性文化智力的个体能够发自内心地关注文化情境，自信快速地适应不同文化。行为性文化智力是指当与来自不同文化背景的人交往时，个体所表现出的合适语言和非语言行为的灵活性；高行为性文化智力的个体能够根据他们的语言和非语言的能力在不同文化情境中表现出合适的行为，如语调适中、举止自然等。

关于文化智力的影响效果，昂等研究发现，文化智力能够解释外派经理人的工作绩效和他们的适应能力，而且显著高于人口统计学变量与一般认知能力所能解释的部分。[31]精神性文化智力（包括元认知性与认知性文化智力）能够预测个体的文化判断、决策制定和任务绩效；动机性文化智力能够预测个体在不同文化环境中的普遍适应能力；而行为性文化智力与个体的任务绩效以及不同文化环境中的普遍适应能力相关。此外，动机性文化智力能够预测外派专业人员的跨文化适应能力，甚至超过了外派工作之前的组织培训。[32]

（二）跨文化意识的重要性

根据汉维的观点，跨文化意识是指跨文化交际中参与者对文化因素的敏感性认知，一般分为五个层次：① 对那些被认为是怪异的表面文化现象的认知；② 对那些与母语文化相反而又被认为是不可思议的显著的文化特征的认知；③ 通过理性分析取得对文化特征的认知；④ 从异文化持有者的角度感知异文化；⑤ 跨文化意识的最高境界，要求参与者具备"移情"和"文化融入"的能力。[33]

跨文化意识的高低决定了交际者能否摆脱自身文化积淀所形成的思维定式的影响，从而自觉地避免因文化差异，如文化取向、价值观念、宗教信仰、伦理规范、思维方式等引起的文化冲突，保证跨文化交际的顺利进行。跨文化意识的有无或程度的强弱直接影响交际的质量，同时也是衡量一个交际者能否成功实现跨文化交际目的的重要准绳之一。

第二节 沟通与文化

受价值观、宗教信仰等影响，人们对事物的看法各不相同，在沟通中组织信息、问礼寒暄等方式也各不相同，文化与沟通的顺利进行有着密切的关系。

一、"不同文化间的沟通"与"跨越一种文化的沟通"

威廉·古第坎斯特对"不同文化间的沟通"和"跨越一种文化的沟通"这两个概念做了区分，他认为："跨越一种文化的沟通涉及比较各种文化的沟通，而不同文化间的沟通涉及来自不同文化的人们相互之间的沟通。"[34]本书的视角是"不同文化间的沟通"，将着重对不同文化的文化特点进行描述和比较。

表 1-1 是对"不同文化间的沟通"与"跨越一种文化的沟通"两种研究视角所包括的不同范畴的总结。[35]表中的每一个研究领域都导致了理解文化与沟通之间关系的某种理论的创立。

表 1-1　"跨越一种文化的沟通"与"不同文化间的沟通"两种视角的部分研究范围

跨越一种文化的沟通（cross-cultural）	不同文化间的沟通（intercultural）
比较各种不同文化的沟通	考察不同文化背景的人沟通时的相互作用
把文化看作一个理论变量	用文化/文化变量解释相互作用
包括跨文化心理过程，如认知和情感	包括在不同文化背景下沟通的心理过程，如身份管理、外表形象和表情
比较非语言沟通和其他沟通行为	关注沟通中相互作用的结果和过程，如文化适应、冲突管理、团队工作、谈判
考察各种文化的言语（语言）沟通的差异	研究人们在其他文化环境中的适应性和心理调节
对比外在谈判行为；比较冲突管理方法	考察沟通网络

二、跨文化沟通的发展与研究范式

（一）跨文化沟通的发展

1. 跨文化沟通在国外的发展

在当今经济全球化的时代，人们很难回避跨文化沟通现象。跨文化沟通作为一门学科最早出现在美国，也是为了满足当时的经济发展以及政治和军事扩张的需要。20 世纪 60 年代末期，美国在推动跨文化沟通的研究中起到了先导作用。1958 年 Eugene Burdick 和威廉·莱德勒所著的《丑陋的美国人》(*The Ugly American*)以及 1959 年爱德华·霍尔所著的《无声的语言》(*The Silent Language*)的问世标志着跨文化沟通研究的开始，也掀起了该研究的热潮。[36]爱德华·霍尔学习的专业是人类学，第二次世界大战后，他同其他人类学和语言学家一道，在美国对外服务协会工作。他们为即将奔赴其他国家从事政府事务工作的人开发出了各种出国前培训项目，编写培训教材，设计各种培训方法。之后，爱德华·霍尔和其他学者继续为美国对外服务协会编写培训教材，逐渐形成了跨文化沟通这门学科。

此后，罗伯特·奥利弗的《文化与交际》[37]、A. 史密斯文的《交际与文化》[38]、戴维·胡普斯的《跨文化交际学读本》[39]这三本书相继问世，它们都是围绕文化与沟通的关系展开论述的。

在 20 世纪 60 年代中期以前，学者在讨论沟通时很少涉及文化的影响。从 20 世纪 60 年代开始，美国的一些大学开始开设跨文化沟通这门课程。60 年代中期，匹兹堡大学的一批学者组织了研讨会，成立了一个研究中心，在这个研究中心由戴维·胡普斯主编的《跨文化交际学读本》一书问世，在当时论著缺乏的情况下，这本书在教学中起到了举足轻重的作用。1970 年对于跨文化沟通研究来说是一个转折点，这一年，国际传播协会（The International Communication Association）正式承认跨文化沟通学这一领域，并在协会下成立了跨文化交际分会、言语传播协会（The Speech Communication Association），以及跨国与跨文化交际委员会，并确定1970年为"跨文化与跨国言语研究交际年"。

2. 跨文化沟通在中国的发展

20世纪80年代初，"跨文化沟通"这一概念开始引入我国并有了迅速发展。1982年，许国璋先生在《现代外语》上发表了有关语言与文化的论文——Culturally-loaded Word and English Language Teaching（《文化词语与英语教学》），着重讨论了词的文化内涵与翻译的关系。[40]1983年，何道宽发表的两篇文章《介绍一门新兴学科——跨文化的交际》和《比较文化之我见》将跨文化沟通作为一门学科向国内学者进行介绍，探讨了这门新兴学科的基本内容、理论及其研究成果。[41][42]1984年，李筱菊在英国杂志发表的《为交际教学道路辩护》，被学者视为20世纪80年代国际英语教学改革的代表作。[43]此后，随着交际外语教学在我国的推广，讨论跨文化沟通与外语教学及翻译的文章如雨后春笋般涌现，越来越多的中国学者投身到了跨文化的研究中，并为世界跨文化沟通研究的发展做出了贡献。

据不完全统计，1993年以前，有关语言与文化的各类文章已发表有数百篇，这些文章涉及面很广，涵盖了与跨文化沟通研究有关的各个重要课题，这些论文基本上被收录在胡文仲主编的《文化与交际》[44]、王福祥与吴汉樱主编的《文化与语言》[45]两本书中。1993年以后，各类外语及对外汉语教学的刊物及高校文科学报上仍不断发表这方面的文章，数量相当多，无法一一列举。林大津的《跨文化交际研究——与英美人交往指南》综述了跨文化交际学，并从微观与宏观两个角度比较了英美文化与中国文化的差异及其对于各种沟通行为的影响，探讨了当代中国文化的动态特征，并对重新构建跨文化沟通能力提出了积极的设想与建设。[46]

我国跨文化沟通研究在取得成就的同时，也存在不足，主要表现为：① 零散罗列现象较多，整体系统研究较少；② 低层次的概括较多，高层次的抽象较少；③ 实用性的建议较多，理论建树较少。总体上看，我国跨文化沟通研究在关注不同群体间的文化差异时，忽略了群体文化之间的共性探讨和群体文化内部的个性探讨，这是学术发展初期不可避免的现实局限，同时也是以后学术健康发展所要避免的误区。[47]

（二）跨文化沟通的主要研究范式

对沟通等人类行为和活动的研究属于社会科学研究范畴。一般来说，以英文和其他欧洲语言发表的、包括商务研究在内的社会科学研究成果，可以归纳为两种研究范式（research paradigms）：实证主义和诠释主义。研究范式是一种模式、一种解释事物的方法。这两种范式代表了对现实存在的事物、研究者的作用以及从事研究的理由的两种不同理解。

1. 实证主义方法

研究者使自己同研究对象区别开来，他们客观地观察、测量，使用规范的、去争议的术语描述所观察的事实，其研究往往独立于特定的研究背景。举例来说，日本商人和墨西哥商人谈判在墨西哥中部建立一个合资企业，生产丰田轿车和卡车。在实证主义范式框架内进行的研究，可能就是对观察到的双方谈判中的行为进行描述。研究者会从已知的关于日本文化和墨西哥文化显著特征的视角，考察双方的沟通行为，进而分析和预测在其合资企业中哪些方面可能出现问题、哪些方面可能运作正常。研究者可能针对日本文化和墨西哥文化使用某个模型或理论框架，进而度量观察到的沟通者行为是怎样与该模型或理论框架相匹配的。研究结果往往通过数据表示出来，并成为预测日本人和墨西哥人沟通行为的基础。

2. 诠释主义方法

同样地，在考察日本商人和墨西哥商人在建立合资企业中的沟通行为时，研究者知道自己处于与研究对象的关系情境中。他们解释自己所听到、观察到的事实，使用不规范的术语描述其发现的结果，他们的研究并不独立于特定的研究背景。在上面的例子中，诠释主义的研究者会花一些时间在墨西哥进行访谈，找出墨西哥人认为其合资企业的沟通在何种程度上是成功的，或者在何种程度上是失败的。

表 1-2 所示为两种研究范式主要差异的对比。

表 1-2　两种研究范式主要差异的对比

比较的内容	实证主义研究范式	诠释主义研究范式
对现实的看法	客观的、能被研究者观察到的	主观的、由人类的心智活动构成的
研究者的观点	中立的，观察数据不影响正在研究的事物	在某种程度上与研究的事物有关系，影响正在研究的事物
研究的目的	描述和预测沟通行为	按照被实验者所报告的结果描述沟通行为和原因
研究方法	观察	实地研究（例如访谈、民族志）
研究的期望结果	识别行为中的文化变量，结论可能对其他文化具有普遍适用性	以社会环境为背景解释文化和沟通

大多数跨文化沟通的研究都是把两种研究方法的原理相结合，而不是完全局限于一种研究框架。同时，跨文化沟通的研究者在研究跨文化沟通时对研究变量的选定不同，研究方向也不同。

（1）多变量观察法。这里所说的多变量观察法是指考察文化价值观和态度等多个变量，并说明这些变量怎样导致了沟通行为的差异，从而对文化差异做出解释。

例证 1-9

不同文化下的自我介绍

（2）单变量追踪法。选取沟通行为中的一个变量，追踪该变量在不同的文化中有何不同之处，如沟通情境在人际交流中的作用。基于此变量，爱德华·霍尔创立了关于文化类型的理论——"高语境文化"和"低语境文化"。高语境文化和低语境文化是跨文沟通的最基本指南之一。语境（context）通常是指各种不成文的规范、价值观、仪式、非语言行为及背景。根据霍尔的观点，高语境文化中，环境因素在编译码过程中起着重要作用。人们在交往时，较多的信息蕴含在社会文化环境和情境中，而相对少量的信息寓于明码之中。因此，高语境文化的成员在交际时重"意会"。低语境文化中，明码在编译码过程中起着重要作用，环境因素的影响相对较小，所以低语境文化的成员在交际时重"言传"。威廉·古第坎斯特（2003）将12个不同文化的国家或地区按从低语境到高语境的顺序排列，依次为：瑞士、德国、斯堪的纳维亚半岛、美国、法国、英国、意大利、西班牙、希腊、阿拉伯地区、中国和日本。

例证 1-10

请 病 假

第三节 文化与沟通障碍

在进行跨文化沟通时，根据我们对对方文化的了解程度，可能出现三种情况：① 完全陌生；② 有一定了解，但过于简化或不准确；③ 了解得比较全面。在这三种情况下，文化差异对沟通方式的影响是不同的，分别表现为文化迁移、逆文化迁移和文化定势。

一、文化迁移

文化迁移是指在跨文化沟通中人们下意识地用本民族的文化标准和价值观念指导自己的言行和思想，并以此为标准评判他人的言行和思想，从而形成文化干扰，造成误解，给交际带来困难，甚至导致交际失败。文化迁移一般分为表层文化迁移和深层文化迁移。表层文化迁移一般很容易被观察到，如词语的文化迁移和言语行为交际模式的文化迁移等。深层文化迁移则指发生在深层文化层面的世界观和价值观等心理方面的迁移，由此引起的社会语用失误虽不如语言语用失误明显，却会对交际的顺利进行起到很大的制约作用。[48]

（一）文化迁移的形式

不同民族具有不同的文化，不同文化之间既有联系又有区别，既有各自的个性，又有普遍的共性。共性为跨文化交际提供依据和保障，个性却构成跨文化交际的障碍，进而引起文化的迁移。文化迁移按其文化意旨可分为以下三种。

1. 文化信息的增值

交际的一方或者双方获得的文化信息量超出了说话者所赋予的文化意旨，即受话者除了赋予说话人所要传达的意旨，还附加了说话者并未传达的意义，或受话者把说话者所要传达的某项较弱的意义人为地强化了。例如，"你饿了吗？"在汉文化中是一种寒暄语，类似于英语的"Hello"。但对不了解汉文化的英美人来说，却会理解成对方想邀请自己吃饭，其文化意旨就增加了。

2. 文化信息的减损

交际的一方或双方获得的文化信息量少于说话者所赋予的文化意旨，即受话者弱化了说话者传递的文化信息的强度，就出现了文化信息的减损。例如，有个中国学生想去拜访他的美籍教师，他的开场白是："Are you free this afternoon?"他的美籍教师感觉很奇怪，心想："It's none of your business."对于美国教师来说，自己是否有空与对方无关。

3. 文化信息的误解

交际的一方错认了说话者所赋予的文化意旨，这样就产生了文化信息误解。例如，对英美人的称赞语，缺乏跨文化交际知识的中国人往往要自谦一番，这让英美人始料不及，经常使他们陷于十分尴尬的境地。例如，对英美人来说，中国式的谦虚行不通，中国人的过分自谦，让英美人的一系列夸赞无处安放。明明是真心实意的夸赞，在中国人的谦虚面前却显得无比虚假。[49]

（二）导致文化迁移的因素

导致文化迁移的因素有很多，总结相同之处可以分为两大类，即文化背景不同和思维方式不同。

1. 文化背景不同

文化具有民族性，每种文化都有其独特的风格和内涵。每种文化在其准则、规范、行为模式的表层下，都有着整套的价值系统、社会习俗、道德观念、是非标准、心理取向等，正是它们决定着语言如何被使用。各民族都有自己的文化。西方文化重个人、重竞争、突出表现自我。在这种文化中，个人偏好的生活方式受到高度重视，个人情绪、愿望、目的和隐私得到特别的尊重，并得到突出的表现，这是西方文明的产物。

中国文化强调个人在群体成员中的适当地位和适当的生活方式，家庭成员和家庭是社会的基本组织形式，人与人之间的关系取决于一个人在家庭中的地位，在家中的地位取决于他的辈分，在此基础上经过长期发展形成了中国重集体、重伦理的文化传统。在这种传统中，个人的情绪、愿望、目的、隐私等相对于群体来讲无足轻重，它们必须让位于群体的考虑。

2. 思维方式不同

思维方式是人类文化的重要组成部分，是人类文化的最高凝聚，是人类文化现象的深层本质。使用英语的人和使用汉语的人的思维方式具有较大的差异，英语的话语结构呈直线形，而汉语的修辞结构呈螺旋形。使用英语的人在说话和写作时先有主题句，后接一个自然衔接的例证句，而后收尾，或与此相反；使用汉语的人在说话和写作时，不直接论证段落主题，而是在主题外围"团团转"，从各种间接角度说明问题，这让使用英语的人困惑不解，他们觉得使用汉语的人在说话和写作时"重点不突出，缺乏连贯性"。

例证 1-11

李施德林品牌故事[50]

美国人崇尚自由，其中也包括婚姻自由，但是泰国却不是。泰国人的婚姻都是由父母包办的，新婚夫妇可能直到结婚的那天才第一次见面，所以李施德林开始在泰国投入广告的时候只基于对自己文化的认知，没有考虑泰国的本土文化，从而导致泰国人从内心不接受那样的广告。当美国人发现广告的效应不好时，才发现两个国家对婚姻的观念有天壤之别，之后，又基于泰国的本土文化重新制作了广告，并取得了良好的效果。

二、逆文化迁移

文化差异从沟通的角度来讲，就是符号编码或解码规则不一致。静态地看，在一次具体的沟通过程中，如果双方对对方的文化都一无所知，显然会出现以己度人的情况。但如果双方都对对方的文化很了解，并在假定对方编码或解码方式不变的前提下，去适应对方，即发送者 A 将自己的编码规则调整为 B 的，同时接收者 B 也将自己的解码规则调整为 A 的，那么编码和解码规则不一致问题只是换了一种方式存在；只有当其中一方的解码或编码方式不变，另一方主动适应，同时采用 A 或 B 的方式，或者双方共同商定采用新的规则 C 时，沟通才能顺利进行。[50]因此，文化差异是导致跨文化沟通出现障碍的主要原因，尽可能全面地了解文化差异是人们关注的重点。但是了解了对方的文化特征，也不一定就会避免沟通障碍的产生。

逆文化迁移不在于沟通双方对文化差异的无知或忽视，而是指沟通双方同时放弃了自己的立场，而采取了对方的立场，使编码与解码方式出现了新的不一致。这与文化迁移相似，但是以反向的形式出现，发生了逆文化迁移，反而导致了问题的产生。成功的跨文化沟通要求我们不但要了解彼此的文化差异，还要了解文化差异在沟通中的作用机制，努力使双方达成一致，实现成功的交流，防止文化逆迁移。

例证 1-12

做　客

三、文化定势

文化定势也称文化定型（cultural stereotype），这个术语最早由 W. 李普曼在《大众舆论》一书中提出。文化定势指的是某一群体成员对于另一群体成员的简单化、一般化的态度和看法。[51]

（一）文化定势的成因

文化定势的成因是多方面的，大致可分为社会背景、个人因素两个方面。

1. 社会背景

定势的产生有着深刻的社会基础，是家庭、学校、出版物、媒体、网络宣传等多方面作用的结果。家庭中，长辈的介绍是文化定势形成的重要因素。学校的教育也是后期文化定势形成的重要推手。孩子由于缺乏足够的个人经验，只能通过别人的经验发展自己对于不同文化的认知。因此，家庭成员、同学师长等的言传身教就成了孩子最初文化定势形成的重要来源。各种书籍、媒体的宣传也成了人们在缺乏直接经验的情况下了解不同文化的主要途径。

2. 个人因素

个人因素对于定势形成的作用也不容忽视。首先，作为一种认知模式，我们在认识事物时，会不自觉地将相同的事物分类，形成定型，凡属于这个类别的事物，都纳入认知预先设定的原型中。另外，个人的性格也是重要的影响因素。思想比较顽固保守的人形成的文化定势更加不容易改变，自我的人容易过分认同本群体的文化特征，并以此为出发点，评价其他群体文化，形成文化偏见。个人对于不同群体文化真实的体验也是建立、固化、打破、重构文化定势的重要因素。

（二）文化定势的影响

文化定势在跨文化交际初期能帮助人们快速辨识不同文化群体的特点，在与陌生文化接触的过程中具有导向作用，减少交际的盲目性和复杂性，但它有时会夸大群体差异，忽略个性差异，甚至扭曲事实而产生负面影响。[52]如果不加以积极引导，它很有可能导致文化偏见甚至是文化歧视，阻碍跨文化交际的展开。

文化定势本身带有片面性和局限性。过度依赖文化定势无异于带着成见进行交际，会影响交际的质量。而且，消极的文化定势会让人产生交际的排斥感，进而在实际中选择尽量避免与某个文化群体的成员进行交际，阻碍交际的开展。此外，文化定势容易助长民族文化中心主义，甚至是文化偏见、文化歧视。很多文化定势的形成都是以认同本族文化为出发点的。这种评价很难做到客观、全面，很可能会造成对于本群体文化的过度认可和对于其他群体文化的反感和冲突，造成跨文化交际不畅，甚至是矛盾。[53]

消除文化定势给跨文化交际带来的消极影响，要求商务人士具有良好的世界各国文化知识储备和宽容的博大胸怀，与人为善，以实现商务交际为最终目的，打破思维定式和偏见，与不同宗教、文化和种族的各类商人建立起良好的个人关系。

总之，为了有效地进行跨文化沟通，正确对待文化差异是一种基本要求。只有端正态度，尽量使不同文化相融合，才能促进沟通双方的沟通与协作，减少由于文化冲突带来的组织关系的失谐。[54]成功的跨文化沟通要求我们必须培养移情的能力，即在传递信息前，把自己置身于接收者的立场；接收信息时，先承认发送者的价值观、态度和经历、参照点、成长和背景，设身处地体会别人的处境和境遇，从而提升感情上的共鸣能力。

本章小结

- ➤ 文化具有连贯性、习得性和共享性的特征。
- ➤ 霍夫斯泰德提出了文化五维度的理论，包括个人主义和集体主义、权力距离、不确定规避、男性化和女性化、长期取向和短期取向。
- ➤ 文化智力是反映个体在新的文化背景下，收集和处理信息，做出判断并采取相应的有效措施以适应新文化的能力。文化智力分为3个主要部分：① 对于文化以及思考和解决文化问题的行事方式的相关知识认知；② 适应新文化的动机；③ 应用，即将自己适应新文化的愿望、知识和能力付诸行动，解决文化难题。
- ➤ 目前跨文化沟通的研究范式有实证主义和诠释主义两种。
- ➤ 文化差异对沟通的影响表现为文化迁移、逆文化迁移和文化定势。

课程思政

1. 一个国家、一个民族的强盛，总是以文化兴盛为支撑的，中华民族伟大复兴需要以中华文化发展繁荣为条件。

2. 全面建设社会主义现代化国家，必须坚持中国特色社会主义文化发展道路，增强文化自信，围绕举旗帜、聚民心、育新人、兴文化、展形象建设社会主义文化强国，发展面向现代化、面向世界、面向未来的，民族的科学的大众的社会主义文化，激发全民族文化创新活力，增强实现中华民族伟大复兴的精神力量。

思考练习题

一、选择题

1. 文化的特点不包括（　　）。
    A. 习得性　　　　　　　　B. 连贯性
    C. 共享性　　　　　　　　D. 对行为和态度的决定性
2. 下列哪个国家不属于高语境文化的国家或地区？（　　）
    A. 阿拉伯　　　　　　　　B. 瑞士
    C. 德国　　　　　　　　　D. 希腊
3. 下列不属于伊斯兰教"五功"的是（　　）。
    A. 信安拉　　B. 日祷　　C. 捐赠　　D. 圣餐

二、简答题

1. 简述霍夫斯泰德的文化五维度理论。
2. 试比较高语境文化与低语境文化的不同。
3. 什么是文化智力?

管理游戏

文化冲撞

主题:提升对文化差异的认知。

任务:出席一次由不同文化背景的人参加的聚会或交流活动。

准备:将团队分成4个小组。例如,将一个12人的团队分成每组3人的4个小组。然后分别给每个小组布置任务,布置任务时不要让其他小组听到。每个小组有一个不同于其他小组的文化准则,而且各个小组都没有意识到其他小组是不遵循这一准则的。

事实上,这些准则在各个团队中是如此根深蒂固,以至于团队成员几乎无法意识到这些准则只是他们自己所独有的。这些不同的准则如下。

> 第一个小组回答任何问题时都要等待 7 秒,无论多么细小琐碎的问题都一视同仁;哪怕提前一点点回答问题,也会被视为一种没有修养的表现。
> 第二个小组要求对话时保持 0.1~0.2 米的个人空间,如果在对话时与他人的距离超过 0.2 米,意味着对他人不尊重。
> 第三个小组要求任何性质的个人对话都应保持约 1.2 米的个人空间,保持这个距离是受到良好教育的标志。
> 第四个小组在与他人对话时从不看对方的面部,而将注视对方的脚视为对他人的认可。

当每个小组成员都知道自己的文化后,将 4 个小组混合到一起,由教师选择一个普通的话题让他们进行交流。交流过程可以持续 5~10 分钟或者在讨论的激烈程度开始减弱时叫停。如果是一个大型团队,就应分组讨论不同的话题。

游戏时参考的讨论话题如下。

(1)如何准备好跨文化沟通课程期末考试?
(2)如何在跨文化沟通课程学习中处理好跨文化知识学习与跨文化沟通能力培养的关系?
(3)大学新生如何尽快适应大学学习生活?
(4)大学生应不应该谈恋爱?

这个游戏可以帮助加深理解不同的文化之间的冲撞,同时验证了一句众所周知的格言:理解万岁。让小组成员围圈而坐,问他们一些问题。

(1)与一个等待 7 秒后才回答的人交谈是一种什么感觉?
(2)必须等待 7 秒后再回答问题是一种什么感觉?

（3）你注意到了什么？
（4）你怎么做出反应？
（5）当他人表现出一种我们不理解的行为方式时，我们会如何评价他们？

案例分析

从可口可乐广告看中西方文化的差异[55]

问题讨论：
1. 简述可口可乐公司对欧美和中国两个市场投放的广告的不同解读。
2. 结合本案例，分析此不同取得成功的原因。
3. 结合本案例，简要提出你认为跨文化沟通中应该注意的事项以及你的看法。

参考文献

[1] LARRY A S, RICHARD E P. Communication between cultures[M]. Shanghai: Foreign Language Teaching and Research Press, 2000.

[2] 伊格尔顿. 文化的观念[M]. 方杰，译. 南京：南京大学出版社，2003.

[3] 亨廷顿. 文明的冲突与世界秩序的重建[M]. 周琪，刘绯，张立平，等译. 北京：新华出版社，2002.

[4] EDWARD B T. Primitive culture [M]. London: J. Murray, 1871.

[5] HOFSTEDE G. Cultures and organizations[M]. London: Harper Collins Business, 1994.

[6] 林新奇. 国际人力资源管理[M]. 上海：复旦大学出版社，2004.

[7] 乔畅. 中美合资企业员工跨文化沟通影响因素比较研究[D]. 上海：复旦大学，2006.

[8] 刘鸿武. 民族文化关系结构的独特性与中国文化的连续性发展[J]. 思想战线，1996（2）：57-62.

[9] 比默，瓦尔纳. 跨文化沟通[M]. 4版. 东北财经大学出版社，2009.

[10] 葛志宏. 东西方时间观念的跨文化比较[J]. 盐城师范学院学报（人文社会科学版），2004（4）：101-104.

[11] 何刚. 话语、社交、文化：文化驱动的社会语用视角[J]. 外语教学理论与实践，2011（3）：35-41.

[12] 康蕾. 因家之名：中西方企业的家文化之比较研究[J]. 理论观察，2011（6）：74-77.

[13] HOFSTEDE G. Culture's consequences: international differences in work-related values[M]. 2nd ed. Beverly Hills CA: SAGE Publications, 1984.

[14] HOFSTEDE G, BOND M H. The confucius connection: from cultural roots to economic growth[J]. Organizational Dynamics, 1988, 16(4): 5-21.

[15] 李瑞华. 英汉语言文化对比研究[M]. 上海：上海外语教育出版社，1996.

[16] 黄碧蓉. 思维文化差异与跨文化交流[J]. 湘潭工学院学报（社会科学版），2003（5）：87-90.

[17] 郑春苗. 中西文化比较研究[M]. 北京：北京语言学院出版社，1994.

[18] 宋晓莉. 从跨文化交际案例看中西方思维方式的差异[J]. 边疆经济与文化，2016（7）：50-51.

[19] 格尔茨. 文化的解释[M]. 韩莉，译. 北京：译林出版社，1999.

[20] 郑兴山. 跨文化管理[M]. 北京：中国人民大学出版社，2010.

[21] 潘国强. 单向计时制与多向计时制：中西文化时间观差异[J]. 浙江交通职业技术学院学报，2006（3）：60-63.

[22] EDWARD T H, WILLIAM F W. Intercultural communication: a guide to men of action[M]. Practical Anthropology, 1963（9）：83-108.

[23] EDWARD T H. The silent language[M]. New York: Doubleday, 1959.

[24] 江西财经大学工商管理学院案例中心. 工商管理类核心课程案例精选[M]. 上海：复旦大学出版社，2015.

[25] ERICKSON F D, SHULTZ J. The counselor as gatekeeper: social interaction in interviews[M]. New York: Academic Press, 1982.

[26] 帕森斯. 现代社会的结构与过程[M]. 梁向阳，译. 北京：光明日报出版社，1988.

[27] 浩知. 各国商务礼俗撷萃[J]. 决策探索，1998（2）：44-46.

[28] EARLEY P C, ANG S. Cultural intelligence: individual interactions across cultures[M]. Stanford, CA: Stanford University Press, 2003.

[29] PETERSON B. Cultural intelligence: a guide to working with people from other cultures[M]. Yarmouth, ME: Interclutural Press, 2004.

[30] 王明辉，张芳. 文化智力及其对组织管理的启示[J]. 商业时代，2011（26）：99-100.

[31] ANG S, DYNE V L, KOH C, et al. Cultural intelligence: its measurement and effects on cultural judgment and decision making, cultural adaptation, and task performance[J]. Management & Organization Review, 2007(3):335-371.

[32] TEMPLER K J, TAY C, CHANDRASEKAR N A. Motivational cultural intelligence, realistic job preview, realistic living conditions preview, and cross-cultural adjustment[J]. Group & Organization Management, 2006(31): 154-173.

[33] HARVEY R G. Cross-cultural awareness[C]//SMITH E C. Toward internationalism:

readings in cross-cultural communication. New York: Newbury house, 1979：53-54.

[34] WILLIAM B G. Cross-cultural and intercultural communication[M]. Thousand Oaks: SAGE Publications Inc, 2003.

[35] EUGENE B, WILLIAM J L. The ugly american[M]. New York: W.W. Norton & Co., 1999.

[36] EDWARD T H. The Silent Language[M]. New York: Doubleday, 1959.

[37] ROBERT O. Culture and communication[M]. Syracuse University Press, 1962.

[38] ALFRED G S. Communication and culture: readings in the codes of human interaction[M]. New York:Holt, Rinehart and Winston, 1966.

[39] HOOPES, DAVID S. Global guide to international education[M]. New York: Facts on File, 1984.

[40] 许国璋，王宗炎．现代外语[M]．上海：上海外语教育出版社，1994．

[41] 何道宽．介绍一门新兴学科：跨文化的交际[J]．外国语文，1983（2）：70-73．

[42] 何道宽．比较文化我见[J]．读书，1983（8）：104-111．

[43] LI X J. In defence of the communicative approach[J]. ELT Jour nal, 1984(38): 2-13.

[44] 胡文仲．文化与交际[M]．北京：外语教学与研究出版社，1998．

[45] 王福祥，吴汉樱．文化与语言论文集[M]．北京：外语教学与研究出版社，1994．

[46] 林大津．跨文化交际研究：与英美人交往指南[M]．福州：福建人民出版社，1996．

[47] 朱爱秀．对我国跨文化交际研究的重新认识[D]．上海：华东师范大学，2004．

[48] 梁勇．中西文化差异与跨文化交际[J]．康定民族师范高等专科学校学报，2009（3）：51-53．

[49] 熊美华，余妹容．跨文化交际中的文化迁移[J]．江西社会科学，2005（7）：202-204．

[50] 陈小辉，殷萍．影响跨文化沟通的种类及对策建议[J]．现代商业，2007（23）：280-281．

[51] LIPPMANN W. Public opinion [M]. New York: Macmillan, 1922.

[52] 崔海英，王静．文化定势对跨文化交际能力的影响：以某高校赴英培训教师为例[J]．河北科技师范学院学报（社会科学版），2021，20（3）：100-105．

[53] 王静，付蕊，李冬媛，等．跨文化交际中的文化定势[J]．国际公关，2020，100（4）：176-177．

[54] 张邦辉，彭洪洋．浅析跨文化沟通中的障碍及改善途径[J]．现代企业教育，2007（16）：63-64．

[55] 史楠，刘念．集体主义还是个人主义：从可口可乐的中国本土化广告看当代中国文化价值观[J]．新闻知识，2019（7）：57-61．

第二章
语言在跨文化商务沟通中的作用

 学习目标

> 语言与文化之间的关系
> 掌握跨文化商务沟通的概念与特征
> 了解语言技巧在跨文化商务沟通中的作用与使用原则
> 了解语言在跨文化商务沟通中的具体表现形式

引例

事 与 愿 违[1]

一位旅美中国女商人准备乘飞机外出度假，希望她的美国朋友开车送她去机场。然而由于她不好意思直说，而深受西方文化影响的美国朋友在交际过程中又不善于听弦外之音，结果只能是事与愿违。以下是她们的一段对话。

中国女商人：这个周末我要去洛杉矶！（期望美国朋友能够主动提出开车送她去机场）

美国朋友：太棒了！真希望能和你一起去。你准备在那儿待多长时间？

中国女商人：三天。

美国朋友：（如果她想让我开车送她，她会说出来的）祝你玩得开心！

中国女商人：（如果她真的愿意送我，她会主动说出来的。看来她不愿送我，我只好另外找人了，这个人真不够朋友）谢谢！再见！

在上述对话中，中国女商人在交际中习惯性地遵守了高语境文化的沟通方式，没有传递明确的信息，信息接收人必须在字里行间体会其引申的含义；而对于美国朋友来说，因为在西方人所遵循的低语境沟通方式中，信息的传递很明确，所以美国朋友在"这个周末我要去洛杉矶"所表达的隐性话语中丝毫听不出中国女商人的真实意图。

因此，在跨文化沟通中，语言交际与文化背景的相关性研究有着很大的实际意义。

第一节　语言与文化

语言作为文化的关键性载体和传播媒介，是文化的外在表现形式。任何一个民族文化都必然包含着形态万千的抽象语言系统。语言和文化是相互依存、互相影响、共同发展的。在文化的发展进程中，与之相对应的语言又会得到不同程度的发展。然而，即便交谈双方都使用同一种语言，由于在口音、方言、地方特色等各个方面存在着不同程度的文化差异，沟通中的信息传递也往往会遭遇重重阻碍。因此，正确理解语言与文化之间的关系有助于我们有效地进行沟通。

一、语言的概念

语言是人类最重要的交际工具，是人们进行沟通交流的主要表达方式。人们借助语言保存和传递人类文明的成果。语言是区分民族的重要特征之一，各个民族通常都有自己的语言。汉语、英语、法语、俄语、阿拉伯语与西班牙语是世界上的主要语言，也是联合国的工作语言（共六种）。

语言是人们交流思想的媒介，它必然会对政治、经济和社会、科技乃至文化本身产生影响。语言这种文化现象是不断发展的，其现今的空间分布也是过去发展的结果。根据语音、语法和词语等方面特征的共同之处与起源关系，语言分不同语系，每个语系包含数量不等的语种，这些语系与语种在地域上都有一定的分布区，很多文化特征都与此有密切的关系。

二、语言的分类

语言按交际功能可分为四大类：对话语言、独白语言、书面语言和内部语言。

（一）对话语言

从解释学的角度看，对话是指双方各自基于自己的前理解结构，通过理解达成的一种视界融合。它不仅发生在人与人之间，还发生在人与物之间；不但存在于语言中，还存在于语言外。从社会学和文化学的角度看，对话作为一种交往和互动、沟通和合作的文化，是与民主、平等、尊重、信任、理解和宽容联系在一起并以之为前提的文化，具体表现在如下三个方面。[?]

1. 对话是人类语言交际的一种重要方式

生命伊始，意识初来，语言就围绕着我们，它与我们智力发展的每一步紧密相关。语言犹如我们的思想和情感、知觉和概念得以生存的精神空气，没有它，我们就不能呼吸。语言与对话相依相存，密不可分。语言只能存在于使用者之间的对话交际之中。对话交际才是语言的真正生命所在。语言的整个生命不论在哪一个运用领域，都渗透着对话关系。

2. 对话是交往双方基于理解的视界融合

理解是一种以问题为中心的对话，一种在问和答的辩证过程中被揭示出来的东西，理解活动从根本上来说是语言性的，是一种无穷的对话过程，理解对象的意义依赖于理解者，是在与理解者的对话中出现的。

3. 对话是一种态度、一种关系、一种意识和哲学观

作为一种态度，对话是指一种主动积极地参与和介入、互动和合作的态度；作为一种关系，对话是一种消除了种种矛盾和对立之后建立起来的人与人之间的平等、真诚、尊重、信任、自由、民主的交往关系。需要说明的是，并不是所有人的交往都能形成或具有对话关系，只有那种彼此真诚、平等、相互尊重和信任、相互敞开和接纳的交往才是对话关系。对话也体现为一种独特的意识和哲学观，在此意义上的对话，完全超出了语言交谈的范围，成为渗透于人类一切行为和意识中的哲学。

例证 2-1

直 截 了 当[1]

中国人利用拐弯抹角避免直接冲突与对立，把尖锐的地方变得圆滑、温和，给对方留下充分的余地去退让或改变看法。与此相比，美国人的直截了当使很多国家的人不适应，觉得这样做事难以接受。拐弯抹角虽然不伤害别人的感情，但是对美国人来说做生意的速度就太慢了。美国人寻求的是直截了当。美国人将速度、效率和事实放在优先考虑的位置，而中国人将尊敬、和善、涵养放在首位。

（二）独白语言

作为文学作品中人物语言的表现形式之一，独白是指人的自思、自语等内心活动。通过人物内心表白揭示人物隐秘的内心世界，能够充分地展示人物的思想、性格，使读者更深刻地理解人物的思想感情和精神面貌。需要指出的是，"独白"这个词原本并不包含任何贬义色彩，认为"独白"有自说自话、不听人言、自我中心之嫌，是对"独白"的误读。无论是英语中的 monolog，还是汉语中的"独白"，其成词的时间都不早，是随戏剧的流行而得以流传和使用的。《现代汉语词典》将"独白"释为"戏剧、电影中角色独自抒发个人情感和愿望的话"。由此定义可见，"独白"的基本词义是"个人之抒怀""个人之言志"的"个人之言说"。在这个基本词义里，并不必然地包含"自我中心"的倾向，也不具有与对话对立和独断、"反交往"的意味。将"独白"一词运用到教育活动中，一般来说，只是"角色"及其活动场域的变化，"个人之言说"（言志、抒怀）的基本词义不变，词的感情色彩在一般情况下仍属中性。[3]

(三) 书面语言

一般来讲，用口说出的话叫口语，用文字记录下来的语言叫书面语。口语和书面语的基本交际功能相同。但是，二者又有着明显的差别。先有口语，后有书面语，书面语是在口语的基础上形成的。口语是有声语言，是靠声音表达意义的，书面语则是用文字记录的书面语言表达意义。口语多是当面进行交际，其交际范围要受时间和空间的限制，不能流传久远，而书面语不受时间和空间的限制，既可以传至异地，也可传留后世。它弥补了口语的不足，扩大了语言的交际功能。

从表现特征上讲，口语既灵动又粗疏。由于当面交谈很多背景因素是确定了的，所以口语的具体形式很简便，要理解它，必须将语句和语境相叠加才能获得完整丰足的语义内容。书面语是加工过了的口语的文字表达形式。因为它有比较充裕的时间进行修改斟酌，故有利于语言的规范，并为文学语言的形成提供现实的依据。文学语言是语言的高级形态，它结构严谨，表意精确，可以成为其他语言形式的范例。[4]

(四) 内部语言

内部语言是相对于外部语言而存在的。心理语言学把人们通常的说话、写文章都看作外部语言活动，把人们沉思默想时言语思维凭借的工具称作内部语言。一般认为，内部语言是由外部语言逐渐"内化"而成的。用语言表达思维内容，是一个内部语言向外部语言转化的过程，在从思维到外部语言表达的过程中，内部语言起"中介"作用。内部语言虽然没有不同于外部语言的特殊语汇体系和语法结构，但也不能把它看成是减去声音的外部语言，它有自身的特点和发展规律。首先，它最突出的特点就在于十分简略，往往简略到不连贯、不完整，只剩下一些片段，因而一般较少受语法限制。内部语言虽然简略，内涵却相当丰富。在内部语言中，一个词或一个短句，"说出来"可以表示一个完整复杂的含义，这种一与多的对应，常常使符合正常语法规范的外部语言无法将它负载的信息完整、准确地译出，这就是我们通常所说的"词不达意"。内部语言之所以具有以上特点，是因为作为思维工具，它仅仅是为思想者自己服务的，人们没有必要把对自己不言而喻的东西或早已确定存在于思维中的东西再加以固定、再现和改造；只有那些需要强调的、重新获得的、不确定的部分，或者对思维进一步展开有重要意义的部分才需要在内部语言中表现出来。

其次，内部语言既然保留的只是思维内容中一些最重要的部分，同时又由于句法的作用降到最低，因而用来表达逻辑思维的内部语言、某些概念的意义就特别突出，而用来表达形象思维的内部语言，某些语词的形象性特别突出，从而审美的体验性也特别突出和强烈。[5]

三、语言与文化的联系

人类学家和语言学家沃尔夫提出了沃尔夫假设：语言决定着文化，语言和文化之间存在着密切的关系。[6]因此，在交流中，人们总喜欢用自己的说话方式解释对方的话语，这就可能对对方的话语做出不准确的推论，从而产生冲突。在跨国商务活动中，语言在交流沟通中发挥了重要的作用。如果沟通双方使用的语言无法得到统一，那么商务活动中的沟通便无从下手，更加谈不上成功合作。但是当前的情况是，在各类跨国的商务活动中，仅仅掌握语言是远远不够的，更加需要重视的是语言中蕴含的深刻文化。世界上各个国家的人们都有不同的语言习惯及基本行为，如果不能对其中存在的差异及共性深入了解，跨文化沟通过程中便容易引起不必要的误会。

语言就像一面镜子，清晰地反映了使用该语言的文化内涵。语言与文化相互依赖、相互影响，理解语言必须了解文化，理解文化也必须了解语言。

（一）文化包括语言，语言是一种特殊的文化现象

文化主要包含两个方面：物质文化和精神文化。在对这两种文化现象进行具体解释时，通常通过社会生活中的实例加深我们的理解。例如，物质文化就是：印度女人穿纱丽，尼泊尔人喜欢手抓饭，日本人喜食生鱼片，中国人见面爱握手，毛利人见面碰鼻子，韩国人习惯盘腿席地，等等。同时，精神文化就是在社会发展中，人们的意识形态集中起来的价值观念、思想道德、法律条例、审美兴趣。而语言就是在人类产生之后，随着文化的产生而形成的一种精神文化，它属于文化的一部分，又具有其他文化所没有的特殊性。

（二）语言是文化的载体

文化是人类社会特有的现象，是人类一切社会现象和内在精神的既有、传承、创造、发展的总和。而语言是文化的重要载体，是文化的一部分，文化的形成和表达离不开语言。语言又受文化的影响，反映文化。语言和文化是共存和相互依赖的，语言不仅是文化的一部分，其本身也是一种自成体系的文化。语言资源是文化资源的重要组成部分，是传承优秀传统文化和保持文化多样性的重要前提，也是决定国家软实力和国际影响力的重要因素。[7]

（三）语言是文化的传播方式

语言是人类思维方式和文化交流的一种最主要的方式。人类的思维方式和文化交流实际上也是文化形成和传播的表现，人类因为思维的存在，从而能够在不断的社会实践中逐步形成文化，又在不断的语言交流中互相传播各自民族的文化。语言学家索绪尔明确指出："语言是一种表达思想的符号系统，而且是最重要的符号系统。"[8]语言是文化的载体，人类在不断的社会实践中形成了不同的文化，文化继而又催生出与它相对应的语言。语言是人类思维和交流的工具，人们常常需要借助语言的词汇或言语来加以记载传承。正是因为有各种书籍和历代学者的研究汇总，我们才能分析出殷墟出土的甲骨文的含义。如果语言没有以书面形式记载，那么我们现代人很难破译出甲骨上艰涩难懂的文字的含义，甚至可能把它们当成古人的一种涂鸦绘画。

（四）语言的形成和文化的发展相互制约

语言是思维的工具，而文化的构成又离不开思维（精神文化是思维的直接产物，物质文化是思维的间接产物）。作为思维的工具，语言在一定程度上影响和制约着思维的方

式、范围和深度。然而，当思维发展到一定的程度，语言形式不能满足其需要或阻碍其发展时，人们也会自觉或不自觉地改造思维工具，促使语言发生变化。从这个意义上说，思维又影响和制约着语言。一方面，文化的生命力在于传播。语言作为文化传播的工具，自然对文化的传播有着极大的制约作用，是文化得以生存的力量；另一方面，由于文化的传播，尤其是跨文化的传播，语言中又会出现一些新的词语、新的表达方式，这样文化又影响和制约了语言。

四、商务沟通语言

商务沟通的语言基于商务的特点，但又具有其独特的语言范式与表现内容。其特点之一是具有浓厚的商务语境和社会文化元素，是多元文化交流的产物。

（一）商务沟通的定义

商务沟通是指商务活动中的交流和洽谈过程，其效果涉及个人驾驭语言的能力、应变能力、亲和力等综合素质以及公司实力等诸多因素。[9]其作用在于加深双方商务的友好往来，促进商务经济的发展，是利益往来的基础。商务沟通的目的在于知己知彼，找到切入点，与客户进行良性互动，从而与客户建立起业务合作伙伴关系。商务沟通是一个动态的、多渠道的过程，它包括特定组织内部和外部的沟通。随着全球经济一体化的纵深发展，商务沟通已成为国际贸易活动中的重要研究领域。

（二）商务沟通语言的特点

一般来说，商务沟通语言具有以下四个方面的特点。[9]

1. 商务沟通语言的用词应当严谨、准确

在商务沟通中，尤其在书面沟通中，要避免使用意思含糊不清或有多种意思的词语，以免产生商务纠纷，造成经济损失。如：As to the steamers sailing from Hong Kong to San Francisco, we have bimonthly direct services. 在英语中，bimonthly 可以有两种解释：① 一个月两次的；② 两个月一次的。因此上述句子会使对方产生误解。所以，当我们想要表达"我们每月有两次从香港到旧金山的直达轮船"时，可以采取如下方式把意思表达清楚：We have two direct sailings every month from Hong Kong to San Francisco. 这样表达，对方就一定不会产生误解了。

2. 商务沟通语言具有较强的目的性、实用性和客观性

在商务会议、电话和讨论的情境中，人们多使用客观性语言，词语表达多倾向于中性，避免使用主观性或带有个人色彩的语言。例如，在介绍产品质量时，我们不必说"我方产品优良"或"质量一流"之类的话，只需直接向客户介绍我方产品的材料和制作工艺，让客户自己去感受产品的高质量，给客户一种实实在在的感觉。

3. 商务沟通语言表达应当礼貌、得体

在商务沟通中，我们经常会遇到对方提出我们难以达到的过高要求的情况，此时如果我们直接说"不行""做不到"之类的话，会使磋商陷入僵局，同时也没有了商量的余地。此时如果我们能够采用一种迂回的方式，情况就会好得多。例如，我们可以向对方

传达这样的信息:"如果我们满足了贵方的要求,贵方是否愿意承担相关增加的费用(Would you willing to meet the extra cost if we meet your conditional requirements?)"显然,这种说法能够避免不愉快,同时又可表现出对对方的尊重。

4. 商务沟通语言应当言简意赅

商务沟通语言包含大量专业词、带有商务含义的普通词或复合词以及缩略词等。例如:CIF=cost, insurance and freight(到岸价);FOB=free on board(离岸价);4C代表customer need, cost, convenience, communication;4P代表product, price, place, promotion;等等。在进行商务沟通时,语言表述应当简明扼要、专业性强,且容易被信息接收者理解,以使商务信息传递全程浑然一体,进而达到实施商务沟通的目的。

五、商务沟通语言与文化的联系

商务沟通是商务活动中非常重要的一项基础性工作,其为商务活动的顺利进行提供了有效的途径。商务沟通常常是在跨文化语境下进行的,其沟通行为在很大程度上受环境的制约;同样,语言形式的选择在很大程度上受文化环境的制约。因此,它不可避免地要受到不同的社会文化的制约和影响,从而表现出其独特的社会语言学特征。

首先,商务沟通语言具有浓厚的社会语境和文化特色,因此,跨文化语境下的商务沟通语言无论在措辞上,还是在意义表达上,都体现出不同国家之间的社会文化差异。例如,在国际商务交流中,我方经常会说"如贵方大量订货,我们不胜感激",这句话如果不考虑双方的社会文化因素,简单地直译成"If you give a large order, we will be thankful.",则会引起外商的不满。他们会认为我们想表达的意思是:"如果他们大量订货,我们会非常感激,如果订货量不大,我们就不表示感激了。"在了解了中西方文化差异的基础上,如果我们把上面的话译成"We would really appreciate it in case that you sent a large order.",效果则大不一样,这句替换掉了上面由 if 引导的条件状语从句,突出强调了感激之情,因此,更易被外商接受,从而更有利于谈判的顺利进行。

其次,商务沟通的语言是多元文化交流的产物,因此,要确保商务沟通的顺利进行,就必须了解生活在不同文化背景下的群体的说话方式。例如,当德国人和美国人进行商务沟通时,他们常常不能够理解美国人所说的"我知道这是不可能的,但我们试一下"。在德国人看来,既然事情是不可能的,那又怎么试呢?而当我们真正了解了美国人的说话方式时,我们就会知道,美国人的真实意图是强调困难,只要有足够的利益保证,事情还是能够办成功的。由此可见,良好的商务沟通需要的不仅仅是简单的语言沟通能力,更多的是对于沟通双方的言语环境与文化背景的了解。因此,对商务沟通语言进行社会语言学视域下的阐释,不仅有利于国际商务交流,同时对探讨语言学范围内的语言与社会、语言与文化之间的关系也具有重要的意义。

> **例证 2-2**
>
> 中、日、美商务沟通中的语言差异[10]

第二节 跨文化商务沟通

随着社会经济的不断发展，国际交流开始逐渐增多，来自海内外的各国商务人士开始进行频繁的商务交往。自中国 2001 年加入世界贸易组织（World Trade Organization, WTO），越来越多的企业商务人士开始来往于世界各国，进行各种商务活动。然而，在各种跨国商务活动中，中西方语言文化的差异极大地影响了跨国商务活动的顺利进行，甚至会直接导致跨国商务合作的失败。因此，在中西方文化差异的基础上，了解语言在跨文化商务沟通中的作用及语言沟通技巧，能够有效地促进国际商务沟通。[11]

一、跨文化商务沟通的概念

跨文化沟通是在经济全球化背景下凸显出来的一个极其重要的社会文化现象。所谓跨文化商务沟通，是指在商务活动中，拥有不同文化背景的人们之间的信息、思想、知识和情感的互相传递、交流和理解过程。

二、跨文化商务沟通的特征

跨文化商务沟通过程也可以看作人类在相互交换信息的过程中，不同符号系统的信息相互送出和接收的过程。文化因素影响跨文化沟通的全过程，特别是对沟通过程的三个最重要的因素——发讯者、收讯者与经过编码的信息，产生很大的影响。因此，跨文化商务沟通不仅具备了沟通的社会性、主动性、互动性、符号性和干扰性等特点，同时具备复杂性、异质性和冲突性三大特有的属性。

（一）复杂性

跨文化商务沟通呈现出与同文化沟通不一样的特点，其中之一就是复杂性。同文化沟通的过程是：一个意图被发讯者编译成语言的或非语言的刺激源，然后传输给收讯者。收讯者将这些刺激源解码，理解这些主观意图。而跨文化商务沟通则由于文化因素的介入而增加了沟通的复杂性和困难程度——在一种文化环境中的编码，却要在另一种文化环境中进行解码，即信息的发出者是一种文化的成员，而信息的接收者是另一种文化的成员。来自不同文化的沟通双方的行为方式、价值观、语言、生活背景等都存在着很大差异，它们在很大程度上影响着和决定了人们如何将信息编码、如何赋予信息意义，以及是否具备可以发出、接收、解释各种信息的条件。

（二）异质性

比起同文化内部的沟通，跨文化商务沟通的异质性高出很多。由于文化对其内部成员在思维方式、信仰、态度、价值观等系统的影响，直接塑造了一组特殊的沟通形态。来自不同文化的人们互动时，最明显的差异在于无法共享符号系统，甚至赋予相同符号以不同的意义。对某一得体的行为，不同文化背景的人会做出完全相悖的反应和评价；同样地，对不同文化背景的人来说，相同的词或相同的事物有时有着不同的甚至相反的含义。这种异质性是跨文化商务沟通的最大障碍。在跨文化商务沟通中，沟通双方若不能进入同一文化背景之中，就容易对信息产生误解，从而使沟通失败。

失败的中意商务谈判[10]

（三）冲突性

在跨文化沟通的过程中，文化的异质性主要表现为共同分享的符号系统的萎缩，没有足够的共有符号可供使用，彼此误解的概率必然增大，而误解的产生意味着发生冲突的可能性，因此，冲突性构成了跨文化商务沟通的第三大特色。

三、语言技巧在跨文化商务谈判中的地位与作用

无论是与具有某种文化背景的人进行必要的商务应酬，还是与具有文化多样性的劳动群体一起共事，与他们交流时，应该选择恰当的技巧，同时也需要特别注意许多相关的事项，如共性和差异、文化敏感性问题、文化偏见、灵活性和耐心等。就跨文化沟通技巧来说，需要考虑到两个方面的特点，即共性和差异。掌握共性有助于我们更好地理解他人对我们所抱的期望，这样我们在彼此交往时更容易建立一种初步的关系。差异是我们应该多加注意的另一方面，不同文化背景下的人所受的教育不同，礼貌和习惯也不同。

语言方面的沟通很重要，但这也只是沟通的一个方面。有研究表明，在面对面的沟通中，那些来自语言文字的信息不会超过35%，有65%的信息是通过非语言形式传递的。例如，日本人不喜欢在自己说话时别人盯着自己的眼睛，因为这是不礼貌的表现。再如，墨西哥人因为没有时间观念，所以约会的时候常常迟到；希腊人喜欢在达成协议前将所有的细节问题逐一进行讨论；而法国商人的谈判风格显得十分放肆，特别是他们使用威胁和警告的频率最高。[12]由此看出，人们在交际时很大程度上都借助非语言行为。人们

常说的仪态、举止、谈吐中前两项都属于非语言范畴。然而，在跨文化商务沟通中，强调非语言交际的重要性，并不意味着要贬低言语交际所起的作用。相反，如果没有语言，不用说交际，就连人类的生存都无法想象。而且，非语言交际如果和言语交际完全分割开来谈论，其作用就会显得微乎其微，无从谈起。因此，在跨文化商务沟通中，语言技巧的效用往往决定着双方的关系状态，乃至谈判的成功。其地位和作用主要表现在以下三个方面。[13]

（一）语言技巧是商务谈判成功的必要条件

美国企业管理学家哈里·西蒙曾说，成功的人都是一位出色的语言表达者。同时，成功的商务谈判都是谈判双方出色运用语言技巧的结果。在商务谈判中，同样一个问题，恰当地运用语言技巧可以使双方听来饶有兴趣，而且乐于合作；否则可能会让对方觉得是陈词滥调，产生反感情绪，甚至导致谈判破裂。面对冷漠或者不合作的强硬对手，通过超群的语言及艺术处理，能够使其转变态度，这无疑为商务谈判的成功迈出了关键的一步。因此，成功的商务谈判有赖于巧妙的语言技巧。

（二）语言技巧是处理谈判双方人际关系的关键环节

商务谈判对抗的行动导致反行动这一特征，决定了谈判双方的语言对彼此的心理影响及其对这种影响所做出的反应。在商务谈判中，双方人际关系的变化主要通过语言交流来体现，双方各自的语言都表现了自己的愿望、要求，当这些愿望和要求趋于一致时，就可以维持并发展双方良好的人际关系，进而达到皆大欢喜的效果；反之，可能解体这种人际关系，严重时导致双方关系的破裂，从而使谈判失败。因此，语言技巧决定了谈判双方关系的建立、巩固、发展、改善和调整，从而决定了双方对待谈判的基本态度。

（三）语言技巧是阐述观点的有效工具和实施谈判的重要形式

在商务谈判过程中，谈判双方要把己方的判断、推理、论证的思维成果准确无误地表达出来，就必须熟练地运用语言技巧这个工具。同样地，要想使自己实施的谈判策略获得成功，也要出色地运用语言技巧。

四、正确运用谈判语言技巧的原则

在商务谈判中不仅谈判的内容重要，而且谈判过程中语言的运用及其所表现的态度举止也一样重要。善于运用语言艺术的人懂得利用表情、手势和抑扬顿挫的语调等技巧表达和强调自己的思想和见解。但是，如果这些运用过分或欠缺，就不能准确表现自己的初衷。因此，在商务谈判中运用语言艺术时需要遵循以下四个基本原则。

（一）客观性原则

谈判语言的客观性是指在商务谈判中，运用语言技巧表达思想、传递信息时，必须以客观事实为依据，并且运用恰当的语言向对方提供说服性的依据。这是一条最基本的原则，是其他一切原则的基础。离开了这一原则，无论一个人有多高水平的语言艺术，他所讲的也只能是谎言，商务谈判也就失去了存在和进行的意义。

（二）针对性原则

谈判语言的针对性是指根据谈判的对手、目的、阶段的不同要求使用不同的语言。简言之，就是谈判语言要有的放矢、对症下药。提高谈判语言的针对性，要求做到以下四个方面。

（1）根据不同的谈判对象，采取不同的谈判语言。谈判对象不同，其身份、性格、态度、年龄、性别等均不同。在谈判时，必须反映这些差异。从谈判语言技巧的角度看，这些差异透视得越细，洽谈效果就越好。

（2）根据不同的谈判话题，选择运用不同的语言。

（3）根据不同的谈判目的，采用不同的谈判语言。

（4）根据不同的谈判阶段，采用不同的谈判语言。

比如，在谈判开始时，以文学、外交语言为主，有利于联络感情，创造良好的谈判氛围。在谈判进程中，应多用商业法律语言，并适当穿插文学、军事语言，以求柔中带刚，取得良效。谈判后期，应以军事语言为主，附带商业法律语言，以定乾坤。

（三）逻辑性原则

谈判语言的逻辑性是指商务谈判语言的概念明确，谈判恰当，推理符合逻辑规定，证据确凿，说服有力。

在商务谈判中，逻辑性原则反映在问题的陈述、提问、回答、辩论、说服等各个语言运用方面。陈述问题时，要注意术语概念的同一性，问题或事件及其前因后果的衔接性、全面性、本质性和具体性。提问时要注意察言观色、有的放矢，要注意和谈判议题紧密结合在一起。回答时要切题，一般不要答非所问，说服对方时要使语言、声调、表情等恰如其分地反映人的逻辑思维过程。同时，还要善于利用谈判对手在语言逻辑上的混乱和漏洞，及时驳倒对手，增强自身语言的说服力。

提高谈判语言的逻辑性，要求谈判人员必须具备一定的逻辑知识，包括形式逻辑和辩证逻辑，同时还要求在谈判前准备丰富的材料，进行科学整理，然后在谈判席上运用逻辑性强和论证严密的语言表述出来，促使谈判工作顺利进行。

（四）规范性原则

谈判语言的规范性是指在谈判过程中语言表述要文明、清晰、严谨、准确。

第一，谈判语言必须坚持文明礼貌的原则，必须符合商界的特点和职业道德要求。无论出现何种情况，都不能使用粗鲁、污秽的语言或攻击辱骂的语言。在涉外谈判中，要避免使用意识形态分歧大的语言，如"资产阶级""剥削者""霸权主义"等词和宗教语言。

第二，谈判所用语言必须清晰易懂。口音应当标准化，不能用地方方言或黑话、俗语等与人交谈。

第三，谈判语言应当注意抑扬顿挫、轻重缓急，避免吞吞吐吐、词不达意、嗓音微弱、大吼大叫或感情用事等。

第四，谈判语言应当准确、严谨，特别是在讨价还价等关键时刻，更要注意一言一语的准确性。在谈判过程中，由于一言不慎导致谈判走向歧途，甚至导致谈判失败的事例屡见不鲜。因此，必须认真思索，谨慎发言，用严谨、精练的语言准确地表述自己的观点和意见。

上述四个基本原则，都是在商务谈判中必须遵守的，旨在提高语言的说服力。在商务谈判的实践中，不能将其绝对化，单纯强调一个方面或偏废其他原则，必须坚持上述几个原则的有机结合和辩证统一。只有这样，才能达到提高语言说服力的目的。

五、研究跨文化商务沟通的意义

跨文化商务沟通对企业自身的发展及国际经贸的合作与交流起着至关重要的作用。随着经济全球化进程的不断深入以及国与国之间的合作日益密切，研究跨文化商务沟通的意义也越来越重大。[1]

（一）国际商务发展的需要

20世纪末以来，世界经济格局进一步发生了极其重大的变化，传统的"国内市场"与"国外市场"的界限正日益被打破，经济全球化和一体化成为新的历史发展趋势。在这种大趋势的冲击下，国际交流与国际合作进一步加强，各国企业正逐步融入一个相互依赖的全球经济体系之中，国际经贸和商务活动以前所未有的速度快速增长，国与国之间的联系大大加强，国际商务活动也越来越频繁。例如，企业把产品推销到国际市场，进行跨国合并与合资或到国外从事业务外包等。面对国际经济格局的改变和对外贸易额的激增，中国进一步调整了经济和商务战略，并对跨文化商务沟通问题给予了高度关注，以扫除国家、民族之间交际时在语言、文化习惯等方面存在的文化差异障碍。

英国著名经济学家托马斯·曼早就指出：一个优秀的跨国企业管理人员和商人所应具备的品质之一是"能说几种语言并熟悉各国的法律、风俗、政策、礼节、宗教、艺术状况"。因此，研究跨文化商务沟通的问题、了解跨文化商务沟通的知识、提高跨文化沟通的能力、消除由于文化差异造成的障碍、减少误解与分歧、增加交流和信任，是国际经济贸易与商务的需要，是时代的呼唤，是大势所趋。

例证 2-4

华为的跨文化管理[14]

（二）国际化企业管理的需要

经济全球化使各国市场的相互依存日益加深，生产要素实现了跨国界的流动，资源配置得到优化，促进了跨国公司的发展。但是，随着跨国公司和合资企业的不断增多，跨文化商务沟通问题日益成为制约企业发展的瓶颈。事实上，一个企业全部的管理活动都可以归结为人与人之间的相互沟通与信息交流。这种沟通与交流的有效性几乎全部依赖人与人之间、管理者与管理者之间的相互理解。在跨国企业和合资企业中,管理者与员工之间、管理者之间的相互理解和跨文化的沟通尤为重要。由于员工及合作者具有不同的文化背景,其认知、思维方式、价值观、语言、工作态度等都会产生不同的认知期待和文化意向,管理者如果忽视文化因素的影响和作用,往往会造成沟通障碍,使信息链中断,从而引起以下三种后果。

第一,文化壁垒。企业管理中如果缺乏跨文化沟通,或跨文化沟通无效,必然会影响管理者与员工之间关系的和谐,管理者只会机械地按照规章制度控制企业的运行,而对员工更加疏远。而员工由于跨文化沟通障碍,无法正确地接受管理者的管理,也容易对管理者,甚至包括与管理者具有相同或相似文化背景的人,产生排斥心理,形成文化壁垒。结果是双方都难以有所作为,仅局限于各自的文化圈进行沟通和交往,彼此距离会进一步加大。

第二,信任危机。文化壁垒强化了双方之间的沟通障碍,减少了沟通的可能性。管理者会认为其员工懒惰,缺乏工作热情和责任心,而员工则会认为其管理者机械呆板、自以为是、傲慢自大,结果是彼此互不信任,误会越来越多,冲突愈演愈烈。

第三,目标不统一。具有不同文化背景的管理者和员工,其价值观、工作态度及追求也会大不相同,加之有效跨文化沟通的缺乏所产生的信任危机,必然无法形成企业的凝聚力,其结果必然导致企业目标不统一,经营管理效率低下。

例证 2-5

吉利整合式创新"逆袭"之路[15]

(三)跨境电子商务的需要

目前,国内的跨境电子商务发展迅猛,交易规模日益扩大,正成长为推动中国外贸增长的新动能。国内的跨境电子商务贸易形式主要有三种。一种是以速卖通为代表的出口型跨境电子商务,目前比较大的出口跨境电子商务平台包括阿里国际站、兰亭集序等。另外一种是进口型跨境电子商务,这种跨境电子商务模式比较复杂,可以分为以下几种:① 海外代购模式,例如易趣集市、京东海外购等;② 直发/直运平台模式(第三方 B2C 模式),例如天猫国际、走秀网、跨境通等平台;③ 自营 B2C 模式,典型的例子是美国亚马逊、日本乐购;④ 微信朋友圈代购。还有一种是以 SHEIN(希音)为代表的全球在线零售商。SHEIN 集商品设计、仓储供应链、互联网研发、销售客服以及线上运营为一体,向全球消费者提供丰富且具有性价比的产品。目前,SHEIN 直接服务全球 150 多个国家和地区,同时布局多个核心仓库,全球主流市场 7 日必达;在全球拥有超 10 个办事处，实现商品团队、市场团队、服务团队本地化，快速响应客户购买及售后需求。当然，不管采用何种贸易形式，跨境电子商务由于互联网的便利性，更多地采取即时沟通方式，下单、付款也都在短时间内完成。这就要求操作语言的准确性要高。因此，跨境电子商务沟通中的外语能力显得尤为重要。[16]

第三节 语言在跨文化商务沟通中的具体表现

随着经济全球化的加速发展，国际商务交流与合作已全方位展开。国际贸易和国际生产活动不仅跨越国界，而且跨越文化，使跨国生产与贸易更大程度上依赖跨文化沟通。来自不同国家、不同民族的员工和客商具有不同的文化背景，他们的价值观、行为准则、思维方式、生活态度等具有相当大的差异。这种文化差异很可能引起日常生产经营活动中的行为冲突。企业管理人员能在跨文化管理过程中，通过正确使用跨文化沟通技巧，有效解决文化冲突，减少文化差异造成的消极作用，对跨文化团队的企业提升国际竞争力具有重大的现实意义。中国加入WTO后，文化差异也是中国企业走出国门、外资企业进入中国市场所面临的最大挑战。有效的跨文化沟通对改进工作方法和提高生产效率都具有十分重要的意义。

一、跨文化交流中的商务广告

自中国加入WTO，中国的商业开始逐步与世界接轨，国内企业所生产的产品及售后服务也逐渐融入国际市场的竞争之中，这种全球化营销的趋势促使广告传播越来越趋向于跨文化进程，这就对广告翻译提出了更高的要求。如果说成功的国际商务广告是开拓市场、占据市场的第一步，那么成功的国际商务广告翻译则是对外推销国内产品、占据国外市场的重要营销战略。我国的企业刚参与国际企业竞争，国际竞争经验和国际营销人才贫乏，对外广告方面与国际存在一定的差距。由于国际商务广告大多以英语广告为主，因此我们在对跨文化广告进行翻译时，要充分考虑中英两种语言和文化差异的影响。

（一）广告英语的特点

文化的一个重要组成部分就是语言，语言承担着对文化信息进行记载和传播的责任。因此，在进行跨义化沟通时要注意翻译的技巧和原则。广告语言属于义化范围中的一种亚文化，它是商业文化的从属，因此在对广告英语进行翻译时，要注意它的语言和文化独特性。在国际交流中，广告英语的使用最为广泛，所以，在进行广告英语翻译时要充分考虑各国之间的语言、文化和思维方式等的差异。广告的特点决定了广告英语以口语为主，它具有语法简单的特点，这种简单主要包括词法、句法简单和修辞多样三个方面的特点。[17]

第一，在词法方面，广告英语几乎不使用被动语态的动词，相反，它以简单的动词词组为主。此外，广告英语所运用的词一般结构都比较简单，以缩略词为主，在词性上多运用积极肯定的褒义词。在名词所有格方面几乎不太使用"of"结构的所有格，而以"'s"来表现所有格，这样就显得广告语言更加精练。

第二，在句法方面，广告英语多使用简单句和现在时态。在句子方面，广告英语都运用极其简单的短句，基本不运用复杂的复合句，这让人一目了然，不用思考就知道广告所要表达的意思。例如，雪碧的广告是"Obey your thirst."（服从你的渴望）。在时态上多使用现在时，而不使用过去时，因为使用现在时会让人们感觉商品具有一种永恒的特征，而其他时态是不能达到这种效果的。例如，钻石的广告是"The values never change."（钻石恒久远）。

第三，修辞手法多样性指的是在广告英语中使用多种修辞手法。常见的修辞有比喻、拟人、双关、重复等，广告英语中都能见到。例如，一款服装广告运用比喻手法这样写道："Light as a breeze, soft as a cloud."（清如风，软若云）。

（二）语言差异对广告翻译的影响

在现实生活中，广告英语具有简单化和口语化的特点，这是由广告的性质和特点决定的，简单的语言可以让人们在极短的时间内将广告看完，并且看后容易理解[17]。口语化的语言能让消费者看后有一种亲切感，从而拉近广告产品和消费者之间的距离，赢得消费者的信赖。尤其是在面向来自不同国家或地区的群体时，由于各地区的历史、文化传统和背景、价值观存在明显的差异，为了有效地让来自不同文化的同事、雇员、客户理解广告中蕴含的深意，必须熟练地掌握与公司从事商务往来的国家的语言知识，分析和了解面向群体所处的环境因素。同时，广告创意者必须了解不同国家的语言表达方式的文化特征。另外，掌握多种沟通风格也很重要。在高情境文化和中等程度的不确定性回避的文化中，人们往往使用详尽性的沟通风格，用大量的时间进行交谈，详细解释各种细节。

例证 2-6

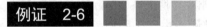

KFC 的促销策略——广告策略[18]

（三）文化差异对广告翻译的影响

广告不论是作为一种文化形式，还是作为一种营销活动，或是一种大众传播活动，与文化均有着密切的关系。它独特而复杂的地位决定了其对社会生活的巨大影响。在中国加入 WTO 以后，大量外国商品涌入中国市场的同时，越来越多的中国产品也有机会进入国际市场，与外国名牌产品竞争。各国为了争夺世界市场，竞相推销本国的产品，其中一个重要的促销手段就是利用广告将本国的商品和品牌推向国外，因此广告起着举足轻重的作用。

广告文化具有明显的大众性、商业性、民族性和时代性的特点。一定的文化传统、信仰和价值观在很大程度上左右着商业经营者的心理、行为，从而影响各国的广告活动。如果只简单地把国内成功的广告直译出去，效果往往是不好的，因为国际广告与国内广告相比，有着语言、传统习惯、法规、教育、自然环境、宗教、经济状况等差异问题。

例证 2-7

Just Do It![19]

二、译员的角色和使用原则

（一）译员的角色

在国际商务中，为了克服由于语言的多样性而导致的沟通问题，企业往往需要雇用译员。译员必须对说话者的讲话内容进行解码，再将该信息进行编码。译员不仅仅是发言人和听众之间的"传声筒"，还在两者之间起着话语协调、交际协调甚至文化协调的作用。[20]这就要求译员在语言和文化上同时做到畅通无阻，并且必须善于抓住参与讨论的所有人员的言语信息和非言语信息。

例证 2-8

译员的协调作用[21]

1. 译员的中立性

译员的中立性是指在翻译过程中，应尽可能地保持客观中立的态度，遵循毫不偏袒的原则。但是在具体的商务沟通中，由于受到文化、知识能力、谈判氛围、种族等因素的影响，译员很难保持绝对的中立。对于与雇主来自同一文化背景的译员而言，不论是相同的文化背景，还是共同的利益，都会使译员在主观上向雇主靠拢，帮助其实现利益诉求。这种认同感十分自然，但是过于强烈的认同感容易使译员丧失中立性，过多地介入谈判中。

谈判氛围对译员中立性的影响[22]

2. 译员的主体性意识

在口译活动中，对话双方依赖口译员进行现场对话，没有译员对信息的传递，交流就无法进行下去。译员既是对话的参与者，也是对话交流的"主体"。在将原话转换为目的语时，译员必须根据自己对原语的理解，特别是对原语所隐含的有关社会、文化背景等方面的理解，不拘泥于原语的形式，用目的语最贴近而又最自然的对等语将这些信息完整地表达出来。译员的输出除了要准确传达发言者的意思，也要让交际能够继续下去。所以，译员仅仅作为传声筒的角色是远远不够的，必须显身，使用一些交际策略让谈话顺利进行下去。[23]

译员主体性意识的体现[24]

（二）译员的使用原则

1. 雇用自己的译员

译员多使用口头语言。为了在谈判中发挥作用，口译员必须懂双语且熟悉双方文化，能够在各种环境下正确地使用词语的含义。他应该掌握特定领域中使用的专业术语，并与其所提供翻译服务的团体成员有文化共通性。当一个口译员不太精通双方文化时，他的想法、感觉和翻译都会按照其母语思维方式形成，而不会按照对方的语言模式形成。

2. 提前增进对译员的了解

国际商务人士需要跟译员融洽相处，并建立一定的信任感，了解译员对自己母语的领悟能力。对一个优秀的译员来说，雇主的措辞、口音、速度以及习语都非常重要。

3. 聘用专业翻译人员

聘用翻译人员是一个非常不错的主意，但前提是：这位翻译人员对该公司的文化十分了解，能够准确地理解雇主所表达的意思，然后，把雇主的想法翻译成另一种语言。现今已经出现了这样一种趋势，即公司在当地雇用那些能够熟练使用双语的人士。这种做法对于那些跨国公司来说尤其有利，企业因此获益颇多。

4. 审查译员的专业技能

即使是通过享有盛誉的代理机构雇用的译员，也需要审查他的技术背景。他是否在相关领域担任过翻译？工作经验如何？是否表现良好？要确保翻译的准确性，译员的专业知识非常重要。

5. 提前告知译员商业计划、目标及企业文化

如果译员知晓整个会谈的目的和目标，并对公司的文化十分了解，他就能够更准确地理解雇主所表达的意思。如果译员对雇主的通盘考虑不但知其然而且知其所以然，他就能将细微之处翻译到位，并能从整体背景出发妥善处理那些看似孤立的表述。

6. 口齿清晰

即使译员能够很流利地讲雇主的母语，雇主也应该注意译员是否口齿清晰、语速适当。此外，雇主应尽可能地避免讲方言，因为在这种情况下，译员很可能听不懂雇主的意思，也很难进行逻辑推理。对使用同一种语言的人来说，方言可能是一种障碍，对外国人来说，就更难理解了。

7. 聚焦于商业伙伴而非译员

许多商业人士讲话时总是注视译员，而忽视了商业伙伴。为了尽可能多地捕获每一个非语言信息，应该把注意力集中在商业伙伴身上，讲话的时候一定要看着对方，进行商务沟通时需要尽早感知到对方对发言的第一反应。因此，进行商务沟通时需要对着客户讲话，而不是对着译员。同样，在译员为对方翻译时，也需要看着对方，他们同样会观察雇主的反应。

8. 弄清楚对方译员的角色

对方可能拥有一名专业的译员，或者直接雇用一名译员。译员也可能由谈判小组中的成员兼任。需要弄清楚译员的准确身份和地位。有的商务人士既不会合作伙伴的语言，也不了解译员的身份，只顾着跟译员侃侃而谈，但是，等他们发现他们只是在同一个局外人或小人物消磨时间而忽视了对方的角色时，往往为时已晚。

9. 核实翻译的准确性

在所有书面材料中，都需要核对名字、日期、数字是否准确。由于数字可能难以翻译，又容易产生误解，为以防万一，应该将数字全部写出来。

二、正确选择商务语言的影响因素

对于中国商务人士来说，如何选择一门对自己的商务沟通最有利的商务外语是一个值得考虑的问题。美国可能是世界上唯一一个不提倡商务人员在国际商务活动中流利使用外语的国家，这与美国人想继续维持英语在国际商务沟通中的主导地位的考虑有关。当然，美国在世界范围内的强大商业实力也推动着其他国家的人学习英语——这使美国人有了更充分的放弃商务外语学习的理由。但在这里，我们的关注点在于中国商务人士的商务语言选择，下面主要从语言因素、商业因素和政治因素三个方面来分析。

(一)语言因素

世界上的语言有3000~6000种,语言的多样性和地域性是非常明显的。英语是世界上使用最广泛的语言。除英式英语和美式英语外,还有加拿大英语、澳大利亚英语、新西兰英语、南非英语等,它们各有自己的地区性的语词和语法。其他像印度英语、东南亚英语、加勒比地区英语和非洲某些新兴国家的英语,也都有其语音和词汇上的特点。此外,在这些讲英语的国家中,也有相关的方言。就拿英国来说,就有考克尼英语、河口英语、基尼英语、中部英语、北英格兰英语、威尔士英语、苏格兰英语等语种。如果在商务沟通中,能学会对方(至少是一些)的方言,会拉近双方的距离,有利于商务洽谈的成功。

相较于英语,汉语是世界上历史悠久、发展水平较高的语言之一,也是联合国的六种工作语言之一,在国际交往中发挥着重要作用。与此同时,汉语在国际上还有很大的影响力。汉语是世界上使用人口最多的语言,世界上使用汉语的人数至少15亿,超过世界总人口的20%。现在国际上研究汉语的机构不断建立,学习和研究汉语的人也越来越多。在历史上,汉语对邻邦的语言也产生过巨大影响。其中受影响最深的是日本、朝鲜和越南。这三个国家的语言都大量地吸收过汉语的语词,甚至依靠汉语借词作为构成新词的基础。汉语是值得每个中国人珍惜与骄傲的文化徽记。尤其在经济全球化、信息化的时代条件下,维护好、使用好、发展好汉语,是每个中国人义不容辞的责任。

(二)商业因素

在权衡语言因素之后,从商业因素来考量,决定学习哪种语言在某种程度上还取决于商务人士的身份是产品的买家还是卖家。很多商务人士认为学习客户的语言是必要的。如果想卖掉产品,商务人士往往有兴趣学习和适应买家的语言。当然,也存在特殊情况,例如,作为某种热销产品的唯一制造商,不用讲客户的语言,也可以非常成功地短时期内卖掉产品。但是,如果想做长远规划,与客户建立长期关系,即使是在如此有利的环境中,适应客户的需要依然是商务人士长期努力的目标。

随着中国经济实力和商业贸易能力的不断增强,世界范围内的汉语学习已成为一股风潮,但这并不意味着学习其他商务语言的需要正在逐渐降低。相反,由于英语在国际商务沟通中绝对优势地位的长期存在,中国商务人士对英语和其他语言的学习热情依旧不断升温。

(三)政治因素

除了语言和商业因素,商务语言的学习还可能受到公司业务地区的影响。国际地缘政治因素也会对语言学习产生影响。英语成为最重要的商务语言,和历史上英国的殖民政策以及二战之后美国的国际政治地位的提升密不可分。现在,许多国家确立了英语在本国的官方语言地位,这些国家在历史上曾是英属殖民地,包括美国。如今,美国在世界上有很大影响力,美国要求在国际商务活动中只能使用英语作为交际语言。如果很大程度上要和政府打交道,而且必须用本族语言进行沟通,那么,尽管不一定需要完全掌握对方语言的语法规则和语言要点,也仍需具备口头和书面沟通的能力。比如,加拿大的官方语言是英语和法语，但日常语言以英语为主。但是加拿大魁北克省的唯一官方语言是法语，和该省的公司做生意，即使你的英文能力很优秀，但对法语一窍不通，也可能造成严重的负面效应。

 例证 2-11

"一带一路"沿线国家及其官方语言

本章小结

- 语言根据交际功能可分为四大类：对话语言、独白语言、书面语言、内部语言。
- 跨文化商务沟通不仅具备沟通的社会性、主动性、互动性、符号性和干扰性等特点，同时具备复杂性、异质性和冲突性三大特有的属性。
- 运用商务谈判语言技巧的基本原则，包括客观性原则、针对性原则、逻辑性原则和规范性原则。
- 选择商务语言的影响因素有语言因素、商业因素和政治因素。

课程思政

1. 语言不仅是一种交流工具，更是一种思想的表达方式。语言中的词汇、语法、语义等都反映了人们的思想观念。例如，中文中的"家国情怀"在英语中并没有一个完全对应的词汇，这反映了中文文化对家庭和国家的重视。英语中的"individualism"在中文中也没有一个完全对应的词汇，这反映了英语文化中对个人自由和独立的重视。

2. 学习语言学，我们不仅了解了语言的基本知识，还更深入地了解了语言与社会、文化、思想等方面的关系。这些知识不仅让我们了解了不同文化、社会和思想之间的差异，也让我们感知到了人类文明的发展和演变，以及人类社会的多样性和复杂性。

思考练习题

一、选择题

1. 下面哪一种语言不是中国七大方言之一？（　　）

　　A. 晋话　　　　　B. 闽话　　　　　C. 粤语　　　　　D. 客家话

2. 加拿大的官方语言是（   ）。
　　A．英语　　　　B．法语　　　　C．俄语　　　　D．西班牙语

二、简答题

1. 简述商务沟通语言与文化的关系。
2. 简述运用商务谈判语言技巧的原则。
3. 跨文化商务沟通的特征有哪些？

案例分析

商务谈判中的文化差异[25]

问题讨论：

1. 阿方代表为何对美方代表后退的举动皱起了眉头？美方代表的助手在向自己的领导示意什么？
2. 该项谈判成功的关键是什么？本案例给了我们什么启示？

跨文化整合的挑战[26]

问题讨论：

1. 上述案例中，联想在跨文化整合中存在哪些问题？
2. 面对这些跨文化整合中的挑战，根据本章内容，提出你的改进建议。

参考文献

[1] 靳娟. 跨文化商务沟通[M]. 北京：首都经济贸易大学出版社，2010.

[2] 王丽新，钟恩富. 奥尔夫音乐教学法本土化研究[M]. 长春：东北师范大学出版社，2015.

[3] 陈云恺."独白"与对话式教育结构[J]. 辽宁师范大学学报（社会科学版），2003，26（6）：26-28.

[4] 刘钦荣. 现代汉语：技法应用研究[M]. 长春：吉林人民出版社，2019.

[5] 刘成刚. 诗歌语言与内部语言[J]. 当代修辞学，1989（3）：15.

[6] WHORF B L. Language, thought, and reality[M]. New York: John Wiley & Sons, and The Technology Press of M.I.T., 1956.

[7] 曹志耘. 中国语言资源保护工程的定位、目标与任务[J]. 语言文字应用，2015，11（4）：10-17.

[8] 索绪尔. 普通语言学教程[M]. 高名凯，译. 北京：商务印书馆，1980.

[9] 金志茹，张含璞. 商务沟通语言的社会语言学范式研究[J]. 海外英语，2010（11）：370-371.

[10] 陈俞闽. 国际商务谈判中的跨文化障碍及应对[J]. 商场现代化，2017（24）：5-6.

[11] 耿建钢. 商务活动中的跨文化商务沟通[J]. 商场现代化，2014（6）：66-67.

[12] 邢栋. 简析商务活动中的跨文化商务沟通[J]. 中国商贸，2012（10）：236-237.

[13] 覃业城. 商务谈判中的语言技巧[J]. 合作经济与科技，2017（23）：140-141.

[14] 张玥辰. 对跨文化管理中员工管理的思考：以华为为例[J]. 商场现代化，2016（27）：114-115.

[15] 陈劲，尹西明，蒋石梅. 跨国并购视角下，吉利整合式创新"逆袭"之路[J]. 清华管理评论，2019（3）：102-110.

[16] 余燕芳. 跨境电商背景下商务外语人才培养策略研究[J]. 科技风，2016（9）：62-64.

[17] 史霞霞. 中英语言及文化差异对广告翻译的影响探析[J]. 太原城市职业技术学院学报，2012（7）：192-193.

[18] 杜荨. 分析肯德基在我国的本土化传播[J]. 品牌研究，2018（6）：37-38+41.

[19] 孙钟然. Just Do It，耐克无惧争议30年[J]. 现代广告，2019（14）：54-56.

[20] 仲伟合. 口译研究方法论[M]. 北京：外语教学与研究出版社，2012.

[21] 熊正. 跨文化意识对商务口译人员的指导：以福建地区口译实践为例[J]. 佳木斯职业学院学报，2015（12）：383-384.

[22] 王涛. 外贸谈判中译员的中立性和主体意识性的思考[J]. 吉林省教育学院学报，2015（1）：112-113.

[23] 叶珺洁. 从译员主体性意识看口译中的不可译性[J]. 英语广场，2022（18）：11-14.

[24] 张小燕. 从跨文化语用学的视角谈英语译员的交际意识[J]. 湖南科技学院学报，2015（4）：129-130.

[25] 费湘军，胡一鸣. 商务谈判理论与实务[M]. 西安：西安电子科技大学出版社，2017.

[26] 冯园林，闫欣. 文化整合中的错误和建议：基于联想并购IBM的PC部门的案例分析[J]. 商场现代化，2019（4）：119-120.

第三章
跨文化非语言沟通

 学习目标

- ➢ 了解非语言沟通的概念
- ➢ 理解非语言沟通的功能
- ➢ 理解跨文化与非语言沟通的关系
- ➢ 掌握体态语、副语言、客体语和环境语的特点和表现
- ➢ 掌握非语言沟通在跨文化商务沟通中的运用

引例

点头 YES,摇头 NO[1]

小李是刚到斯里兰卡的汉语教师志愿者。在他的第一节汉语国际教育课堂上,由于教学对象是零基础的斯里兰卡学生,他既激动又紧张。在忐忑不安中讲完第一课的语法后,他问学生:"你们明白了吗?"下面的学生有的点头,有的摇头。于是他又讲了一遍。讲完之后又问学生:"你们明白了吗?"这时学生们都摇头。由于不懂僧伽罗语,他只能通过学生的肢体语言来判断。当他看到全班都摇头时,不由得产生了挫败感。于是他又讲了一遍,学生也只是机械地跟着他读。一节课就这么过去了,下课时,他又问学生们:"你们明白了吗?"学生们仍然摇头。

小李感到很伤心,根据学生的反应,他的这一节课是失败的,因为没有一个学生听懂他在讲什么。他甚至开始怀疑自己是否能胜任志愿者教学工作。

在许多国家,不同的肢体动作代表不同的含义。例如,在斯里兰卡,点头表示"不是",摇头表示"是",这刚好与中国相反。在这个案例中,小李没有意识到,其实学生们摇头是表示听懂了老师所讲的内容。我们在探访不同的国家和地区并进行跨文化沟通时,一定要提前了解好当地的文化习俗,尤其是日常交往中的一些与自身文化不同的特殊的非语言行为,以免造成理解上的误会。

第一节　非语言沟通概述

人们在传达信息时，会使用语言、文字等媒介，除此之外，还会使用脸部表情、肢体语言或音调等，辅助说明所要传递的信息，这就是我们通常所说的非语言沟通。非语言沟通发生在人们日常的生活和工作中，而且通常都是在无意识状态下的表现。因此，理解非语言沟通有助于我们理解对方的情绪、态度、个人特质，甚至是内心真正的动机和意图。下面介绍非语言沟通的概念、功能、类型及其应用。

一、什么是非语言沟通

关于"什么是非语言沟通"，国内外诸多学者都曾提出过自己的看法。以下几种比较有代表性的定义会帮助我们理解非语言沟通的含义。

伯古恩和赛因认为非语言沟通是不用言辞表达的、为社会所共知的人的属性或行为，这些属性和行为由发出者有目的地发出，由接收者有意识地接收并有可能进行反馈。[2]

美国跨文化交际研究学者萨莫瓦等人认为，非语言沟通是指一定交际环境中语言交际因素以外的，对输出者或接收者含有信息价值的那些因素，而这些因素既可人为地生成，也可由环境造就。[3]

依照马兰德洛等人的说法，非语言沟通是不用言辞的交际。在这一点上，国内学者有不同的看法。[4]杨全良认为："所谓非语言交际，就是通过使用不属于语言范畴的方法来传递信息的过程，非语言交际的形式很多，不像语言交际那样只有口语和书面语之分。"[5]胡文仲认为："一切不使用语言进行交际的交际活动统称为非语言交际。"[6]毕继万与胡文仲的看法一致，认为："非语言交际指的是语言行为以外的所有交际行为和交际方式。"[7][8]

综上所述，本章所讲的非语言沟通是指除语言沟通之外的各种人际沟通方式。通俗地说，就是不说话的交流，是人们利用面部表情、触摸、姿势、眼神、气味等非语言符号传递信息并增进了解的方式。

二、非语言沟通与语言沟通的比较

（一）非语言沟通和语言沟通的联系

语言沟通和非语言沟通密不可分，相互补充。非语言沟通可以单独传递信息、表达情感，也可以通过对语言沟通的补充共同表达信息。非语言沟通的方式是多种多样的，它是语言以外的交际行为，是以非口头和非书面的方式向信息接收者传递信息，并使接收者有效接收信息的沟通方式。非语言沟通需要依存一定的交际环境。在不同的交际环境中，非语言行为的表达效果不同，同一交际环境中不同的非语言交际行为也具有不同的表达效果。

(二)非语言沟通和语言沟通的区别

1. 非语言沟通表达方式更加多样化

语言沟通是以词语符号作为载体实现的沟通,通过书面语和口语形式传递信息。而非语言沟通是通过声音、视觉、嗅觉、触觉等多种渠道传递信息。非语言行为既包括眼神、手势、神情、触摸等肢体语言,也包括时间和空间的利用。因此,非语言沟通表达方式相比语言沟通要更加多样化。例如,一个人开心时,他可以笑容满面,也可以手舞足蹈;一个人伤心时,他可能一言不发,也可能愁眉苦脸。

2. 非语言沟通更加具有连续性

语言沟通从词语符号发出时开始,词语符号消失沟通即终止。而在非语言沟通中,无论双方是否在交谈,他们无时无刻不在向对方传递信息。只要双方在各自的视线或感知范围内,非语言信息交流就能够不断地进行。例如,沟通中出现沉默,语言沟通终止,但非语言沟通仍在持续,沉默也在传递着信息。

3. 非语言沟通更为真实

语言沟通传达的信息大多经过理性加工,往往无法直接表露一个人的真实意愿,这就是我们常说的"口是心非"。而有些非语言行为只是生理反应或者个人习惯,是无意识的,往往更能显示一个人的真实想法。例如,内心的情绪一般会表现在人的脸上,脸上愁眉紧锁的表情把他们内心的恐惧情绪表露无遗,"相由心生"说的就是这个道理。所以我们在沟通中除了留心对方的表达,还要观察其说话时的神情、动作、眼神等非语言信息。

4. 非语言沟通的内涵更加丰富

非语言沟通隐藏着丰富的文化内涵,非语言沟通所包含的信息远远超出语言所提供的信息。比如宣誓这个动作,中国人宣誓时往往是右手握拳举到齐耳高度,而美国人则高高举起右臂并掌心朝外,左手放在《圣经》上。另外,同一种非语言行为在不同文化背景下意义也大相径庭。例如,在我国摇头表示"不同意""不是"等,而在阿拉伯地区和印度却表示"同意"。[9]

三、非语言沟通的功能

美国口语传播学者雷蒙德·罗斯[10]认为,在人际传播活动中,人们所得到的信息总量,只有35%是语言符号传播的,而其余65%的信息是非语言符号传达的,其中仅面部表情就可传递非语言符号中55%的信息。[11]可见,非语言在沟通中扮演着不可或缺的角色。

(一)补充功能

非语言行为能够为言语交流添加更多的信息,对言语交流进行补充,使语言和非语言所传达的信息达到一种平衡。例如,你向别人表示歉意时,会说"对不起",同时流露出不好意思的神情。

（二）否定功能

非语言行为所表达的意思与语言信息不一致，或者说非语言行为否定了语言信息表达的意思。例如，上台表演前，你告诉别人自己并不紧张，但是你手心出汗，身体微微颤抖，非语言行为与语言行为表达的意思是互相矛盾的。

（三）强调功能

非语言信息可以强调语言信息的某些部分。例如，在话语前停顿能够起到强调重要信息的作用，通常我们还会提高嗓音，放慢语速，同时升高语调。

（四）调节功能

在沟通过程中，我们可以通过眼神交流、身体动作等来调节言语交流的效果。例如，老师在课堂上讲课，当发现个别学生注意力不集中时，有经验的老师不是直呼其名批评他，而是突然中断自己的讲课，用眼睛注视他，这样的非语言动作即可使学生领会老师的意思，集中注意力听讲。反之，学生也正是根据教师非言语表达的变化，判断教师的态度、情感和教学的重点、难点及关键部分，以调节自己的学习活动。

（五）替代功能

许多有声语言所不能传递的信息，身体语言却可以有效地传递，并发挥特殊的效果。例如，在喧闹的马路上，交通警察使用手势能够更好地指挥交通。在某些情况下，非语言行为会比语言表达的效果更加强烈。例如，朋友正在伤心难过，而你并不知道他难过的原因，这时，拥抱可能是最好的安慰，语言反而显得多余。

（六）重复功能

非语言行为重复表达了语言信息，即非语言行为和语言行为内容是一致的，对语言信息进行重复使内容更加生动突出。例如，人们经常一边点头，一边说"是"。我们在与人见面打招呼时，除了说"您好"，还伴随点头、挥手等动作。再如，遇到有人问路时，我们一边告诉他，沿着这条路直走、左拐，一边用手指示方向。这些非语言行为与语言行为信息重复的例子，有助于人们更好地理解对方所要传递的信息。

例证 3-1

微笑的力量[12]

四、非语言沟通的类型及其应用

非语言沟通的种类繁多，分类方法各不相同。根据非语言沟通的基本成分，鲁希和基斯将它分为手势语言、动作语言和客体语言。[13]纳普则将非语言划分为身势动作和体语行为、身体特征、体触行为、副语言、近体距离、化妆用品和环境因素。[14]在总结对"无声的语言"已有研究成果的基础上，詹森（Jensen）将非语言沟通划分为身体动作和姿势、对时间的态度、对空间的态度和一般交际习惯。[15]

国内采用较多的分类方法是将非语言沟通划分为体态语、副语言、客体语和环境语四大类。这种分类方法概括性强，易于理解，所以本节采用此种方法系统了解每一种类型的特点及其在跨文化沟通中的应用。[16]

（一）体态语

体态语又称"肢体语言"，是用身体动作来表达情感、交流信息、说明意向的沟通手段。它包括姿态、手势、面部表情和其他非语言手段，如点头、摇头、挥手、瞪眼等。更准确地讲，体态语是由人的面部表情、身体姿势、肢体动作和体位变化构成的一个图像符号系统。

据统计，人类大约可以做出 27 万种姿势和动作，这些动作的含义复杂多变，分类也纷繁多样。其中，艾克曼和弗里森的体态语分类法在非语言交流学界影响深远，他们把人的身体和脸部的连续动作按各种行为的起因、用法和代码分为五大类，分别是象征性动作、说明性动作、情感表露动作、调节性动作和适应性动作。[14]

1. 象征性动作

象征性动作常用来代替语言行为，往往具有明确的含义。例如，表示"我爱你"（见图 3-1（a））和"侮辱、歧视、敌意"（见图 3-1（b））的手势。

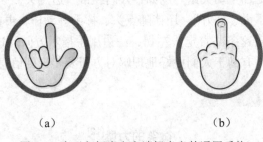

(a)　　　　　　(b)

图 3-1　表示积极意义和消极意义的通用手势

一般情况下，象征性动作都有明显的文化特征，是个体从所处的社会文化环境中可得的，它的意义如文字语言一样，具有约定俗成性。日常生活中也有很多体现文化差异的手势，比如，人们用食指和拇指围成圆圈的"OK"手势，在美国表示"赞扬和允诺"，在泰国表示"没问题"，在印度表示"正确"，在日本、韩国、缅甸表示"金钱"，在法国表示"微不足道"或"一钱不值"；竖直大拇指、其余四指蜷曲的手势，在中国表示"赞赏"，在英国表示"拦路要求搭车"的意思。[17]

2. 说明性动作

这类动作往往伴随语言的使用以说明语言行为。例如，人们习惯在演讲时叩击桌子以强调演讲的内容。说明性动作会受文化影响，两种文化中同样的动作往往具有不同的含义。

中西文化中的动作含义区别[18]

3. 情感表露动作

情绪的表露往往是通过面部表情完成的，这种表露可能是有意识的，也可能是无意识的。与象征性动作和说明性动作相比，情感表露的动作更为自然，也更难受人的意识的控制。

图 3-2 所示为美剧 *Lie to Me* 中表示羞愧的动作。

图 3-2　美剧 *Lie to Me* 中表示羞愧的动作

4. 调节性动作

这种动作在面对面谈话中对谈话起调节作用。可以暗示对方停止讲话、继续下去或调节语速，要求对方听自己讲或暗示自己已经讲完。例如，用点头表示让讲话人继续，用紧锁眉头表示让讲话人解释，用清嗓子表示提示对方自己要讲话。

5. 适应性动作

适应性动作是一种无意传达信息而做出的自我适应性的动作。一般来讲，适应性动作可分为：① 自我适应动作，这类动作往往发生在自己身上，如拽衣角、搓手、挖鼻孔；② 变换式适应动作，这类动作往往发生在与他人的交往中，如进攻或防卫，前进或后退；③ 客体适应动作，这类动作往往借助物体完成，如梳头、抽烟。

（二）副语言

1. 语调

语调主要用来表示说话人对所说的话的态度，以及他表达的隐含意思。语调与意义密切相关，语调正确与否直接影响交流的效果。[19]

例如：Who are you？

（1）正常的语调（降调），表示询问听话人的身份，这是字面意义。

（2）先升调后降调，并且重读"are"，则表示厌恶。

（3）短降调表现出对听话人的蔑视。

2. 重音

重音可强调语句的信息中心，重音所在位置不同能够产生语义上的变化。同样一句话，由于重读不同，意义也大不相同。

例如：小李昨天吃了两个苹果。

（1）重音在"两个"，突出数量。

（2）重音在"小李"，强调主体。

3. 音的长度

音的长度的变化是由它本身的性质决定的，但在日常交际中根据所用词汇的本义、语境和使用场合，可以用延长单词或单词中某个音节的语音表达特殊的意义。

例如：今天来得这么早！

（1）正常语音下是表达赞叹、感叹之意。

（2）把"这么早"拉长，则带有挖苦、责备的意思。

4. 停顿

停顿本质上是一种语流间断的感觉。[20]从停顿的产生原因上看，可将停顿分为生理停顿、语法停顿和逻辑停顿三种。其中，生理停顿主要指由于换气或其他身体原因而产生的停顿；语法停顿主要是为了表达话语的句子结构，一般情况下，两者在书面语中以标点符号为标志，属自然停顿；而逻辑停顿是为了强调某一事物或说话人的某种感情或态度，在无须停顿的地方产生了较为明显的停顿，且多数在书面语中没有标志，属非自然停顿。[21]

例证 3-3

巧妙的停顿[22]

5. 音高和语速

低音往往与慢速相伴，高音与快速相伴。有意识地使用音高和语速可以产生特定的感情色彩。为了达到特定的效果，说话人可以有意识地选择某种音高和语速。例如，低音往往与尊严、权威相伴，而高调门则显得唠唠叨叨，容易让人想起争执，所以美国电视网女新闻播音员较少。另外，在不同语境中女子往往有降低调门的倾向。[23]

6. 沉默

沉默是指在讲话和交谈中不明确地做出有声的表态，而是做出无声的反应或停顿。沉默在人们的交流中是一种非语言的传播信息方式。即使在同一文化背景中，情境不同，缄默的社会意义也不同，可以表示犹豫、缺乏自信等。跨文化的缄默则更为不同。

例证 3-4

东方文化与西方文化中的沉默[24]

（三）客体语

客体语通常是指由人的相貌、服饰、气味等所传达出来的信息。

1. 相貌

人的相貌是身体的一部分，传递着重要的信息。同一文化的人对相貌的评价迥异，而不同的文化对相貌的看法有天壤之别。例如，盘点各国人眼中的第一美女，对此我们常常会惊讶于各国的审美差异之大。

例证 3-5

各国的审美差异[25]

2. 服饰

不同国家和文化的人们在服饰衣着上也有不同的习惯和习俗。例如，日本独特的民族服装是和服；苏格兰男士穿的裙子也非常有名，格子图案也是苏格兰服饰的标志之一。美国人崇尚自由，所以他们的衣服大多休闲、舒适，以 T 恤和牛仔裤为主；法国人喜欢浪漫，所以他们的服装设计很多元，从迷人的飘逸长裙到名贵的丝绸面料都可以在法国人的服装上体现；英国则是田园风，加碎花裙、小花边，或是格子图案的学院风，无一不体现出淑女、清新的感觉；意大利人对品质有很高的要求，因此无论是服装的款式还是面料、做工还是剪裁，都极尽华贵与设计感。[26]在跨文化交际中，我们应当注意衣着的差异，尊重不同的文化习俗。

例证 3-6

各国的服饰偏好[27]

3. 气味

影响人体气味的因素很多，包括食物、饮水、心情、生活习惯、种族、性别、卫生和情绪等。不同文化的人对人体发出的气味有不同的感受。在跨文化交际中，人们对本文化的人的气味往往习以为常，而对别种文化的人的气味则很敏感。因此，在跨文化交流的过程中，应该正确对待来自不同文化的人的身体气味。

例证 3-7

气味的文化差异[28]

（四）环境语

环境语是通过一定的环境传递给人们一些信息，是言语交际的一种辅助形式，主要包括空间信息、时间信息、建筑设计与室内装修、声音、灯光、颜色、标识等。[29]

1. 时间语

时间观念是文化的反映，同时，不同文化的时间观念影响了人们的时间利用方式。根据爱德华·霍尔的理论，与文化有关的时间可分为三类：正式时间（formal time）、非正式时间（informal time）和技术时间（technical time）。[30]其中，技术时间是指使用科学方法，精确地测量出时、分、秒等。技术时间是"无感情的""遵守逻辑的"，因此与人际交往和文化交流过程关系不大。正式时间是非科学的，是由历史积淀而成的，因此它直接影响着人们在跨文化交际中的感知能力。具体地说，正式时间是某一文化的人看待时间的习惯。非正式时间是指人们笼统地提到的时间。它最复杂，不同文化之间的差异也主要表现在这类事件之中。

例证 3-8

时间在不同文化背景下的差异[31]

梁漱溟将世界文化分成了三大类：以积极进取为特点的西方文化、以持中调和为特点的中国文化以及以消极退后为特点的印度文化。[32]这说明不同文化在时间观念上存在着差异。

例证 3-9

中、日、法、美对过去、现在和未来的看法[33]

正式时间的运用往往还反映了不同文化间人们的宗教观念和哲学观。一些传统的农业国家习惯把时间与月亮的圆缺、与庄稼的生长季节等自然现象联系起来。"日出而作，日落而息"体现的正是农业社会中人们遵循的自然时间。汉语中表达珍惜时间的价值观时，习惯说"时间如流水""光阴似箭"等，而美国人常说"Time is money"。这是因为美国社会注重个人成就，拥有时间意味着拥有机遇、成功和金钱，准时概念体现了西方民族的效率观。

爱德华·霍尔还将非正式时间分成了两个不同的范畴，即"时间的单一性"和"时间的多样性"。所谓单一性时间观是指在某一个时间阶段内做某一件事情，它强调日程、阶段性和准时性的时间观念，其特点是守时和有计划性。多样性时间观是指人们做事没有安排日程的习惯，也不注意遵守时间，没有时间限制。它强调的是人们的参与和所进行的交际活动的完成，而不是固守某个约定的时间表。[34]单时制文化和多时制文化的不同特点如表 3-1 所示。

表 3-1 单时制文化和多时制文化的不同特点

单时制文化	多时制文化
一段时间做一件事	同时做几件事
专注工作	容易被打断或分心
严肃对待时间约定	日程经常被改变
低语境文化	高语境文化
注重任务的按时完成	注重人际关系

续表

单时制文化	多时制文化
遵守计划	经常改变计划
注意尊重别人的隐私	关心关系亲近的人
较强的私有财产观念	经常互相借东西
习惯于短期的关系	倾向于建立长期甚至终生的关系

例证 3-10

非洲多时制文化

2. 空间语

霍尔将空间范围分为三种类型：固定空间、半固定空间和非正式空间。固定空间是指由固定的墙栏和物体构成的空间，如房间；半固定空间是指由较大的、可移动的物体构成的空间；非正式空间是指人际交往中的近体距离和领地要求，具体可以分为拥挤、近体距离、领地性、空间取向等。

固定空间主要是指建筑物的空间，如中西居所的布局差异。从人们居住布局传递的信息看，欧美人更加强调个人隐私，更加看重个人空间。不同的文化对方向也有着不同的偏好，例如中国人喜"坐北朝南"，而英美国家的人一般对房屋朝向没有特殊的偏好。

半固定空间是指房间内可以移动的物体，由家具和室内陈设构成。半固定空间在人们的沟通交流中扮演着重要的角色。典型的代表如座位的安排，中西方在席位的安排上存在一定的文化差异。

非正式空间是空间语中一个非常重要的方面，它主要指人际交往中人们身体之间的距离。霍尔（1995）经过长期研究，认为人际关系与空间距离有关，并根据亲疏程度提出了以下四种不同的距离要求。

（1）亲密距离（0～0.45米）：表示亲密关系，常见于父母、子女彼此依偎，情侣亲热及亲密朋友之间，在这种距离中，人们常常有身体的接触。

（2）私人距离（0.45～1.2米）：表示友好关系，适合熟人或一般朋友之间的谈话。在这种距离中，人们用平常的音量说话，很少有身体的接触。

（3）社交距离（1.2～3.6米）：表示社交关系，适合商务或一般社会交往场合，是不熟悉的人之间的距离。

（4）公共距离（3.6米以上）：表示疏远关系，适合讲课、演说、表演等公共场所的活动，或者与社会地位高的人见面等正式场合。

第二节 文化与非语言沟通

同语言手段一样，非语言手段也是文化的一部分。在不同文化中，非语言手段的意义并不完全相同，各个民族和地区有不同的非语言沟通方式。文化和绝大多数的非语言沟通行为都是历史和文化长期积淀而成的某一社会共同的习惯，非语言沟通与文化因素是不可分割的。因此，人们在跨文化沟通时应该特别注意非语言行为的使用。

一、文化对非语言沟通的影响

任何一个民族、任何一种文化，都有区别于其他民族、其他文化的独特的沟通方式。它既规范了本民族区域内部人与人沟通的方式，也在一定程度上折射出一个民族深层的文化内涵和历史积淀。非语言沟通作为一个重要的沟通方式，深受民族文化的影响。

（一）不同文化有其特定的非语言行为模式

由于文化差异，非语言行为表达不尽相同，同一个动作或行为会被不同文化背景的人理解为不同的信号和不同的信息，即一种非语言行为在特定的文化中有其特定的意义。正因为如此，同一行为方式对某个社会集团成员来说是可以接受的，而对另一文化社会集团中的成员来说却不能自觉地理解和接受。例如，美国人和日本人认为抿嘴吃东西才算得体，印第安人却以张口大嚼为礼貌；中国人携手同行意味着友谊，在西方一些国家，同性携手同行有可能被怀疑为同性恋；美国人交谈时总要保持一定距离，西班牙人却凑得很近；意大利人喜欢用各种手势伴随交谈，日本人则保持"君子动口不动手"的姿态；[24]中国人常用握手和微笑表示友好和礼貌，阿拉伯人见到别人朝自己微笑时则会感到莫名其妙。[35]

文化比较落后的民族使用体态语言比较多，文化比较发达的民族使用体态语言只是作为语言交际的一种辅助方式。

（二）适当使用非语言行为

人们经常说"祸从口出"。可见，不恰当的语言行为会影响沟通，甚至"酿成大祸"，但是人们往往忽视了语言沟通过程中的非语言行为。在跨文化交际中，因为一些看似微小的非语言行为导致沟通失败或效果不佳的例子并不在少数。

例证 3-11

OK 手势的不同含义[36]

非语言行为与文化有着非常密切的关系，蕴含着丰富的文化内涵，体现了人们的价值取向和行为准则。什么情况下该使用哪种非语言行为，各个文化都有其相应的规则。因此，了解各个民族和文化之间的差异，掌握使用适当非语言行为的时机，对克服沟通障碍具有至关重要的作用。

（三）增强对文化的了解促进非语言沟通

首先，要了解本文化中的非语言行为。在运用非语言行为进行沟通的时候，必须先了解它们在本文化中的意义，通过对比找出异同。对于一些比较复杂、较难掌握的问题应该加以重视。其次，要积累各个文化中非语言行为方面的知识。我们不可能知道每种非语言行为在各个文化中的所有意思，但是我们可以了解并掌握一些比较常见的非语言行为。最后，要有针对性地做好准备。事先了解沟通对象所处的文化中的某些非语言行为，才可以在沟通中做到运用自如。

二、非语言沟通对跨文化沟通的重要作用

非语言沟通行为在跨文化沟通中的作用是多样的，它不仅能在语言沟通出现误解时进行积极的补救，化解造成的误解，还能在一定程度上对语言沟通进行强调、维持等，起到语言沟通无法达到的效果。

（一）避免产生文化冲突

人们常常习惯于从自己的文化角度去揣测其他文化背景的人，一旦发现与自己的预期不同，就会产生文化冲突。文化冲突时有发生，通过提高跨文化沟通的意识和能力提高非语言行为的沟通能力，可以有效减少和避免文化冲突。这是因为建立在不同文化基础上的非语言行为有助于我们了解各个民族文化之间的差异，从而根据各种文化环境规范自己的行为，也更容易理解其他民族文化的非语言行为。

（二）更好地传递信息

理解非语言行为的差异，除了帮助不同文化背景下的人们减少误解，还可以更容易、更深入、更清楚地理解对方的语意。这是因为在面对面交流时，人们的面部表情、肢体动作、语音语调，甚至是穿着打扮都在传递、丰富、补充和强调语言信息。

因此，学习非语言行为，就应该学习非语言的文化背景，同时还要学习其文化背景所代表的不同含义。

例证 3-12

非语言沟通对跨文化沟通的作用

三、非语言沟通形式和意义的对应关系

随着世界经济的迅速发展,跨文化沟通现象日益增多,非语言交际的使用范围也越来越广。虽然一些非语言信息在不同文化中有一定的共性或普遍性,但许多非语言交际行为也局限于特定的文化区域,在很大程度上受到当地文化的影响,不同的文化在非语言表现上存在着十分显著的差异。两种文化中非语言形式和意义的对应关系分为以下五种:重合关系、平行关系、全空缺关系、半空缺关系和冲突关系。[33]

(一)重合关系

重合关系是指某一种文化中的非语言形式与另一种文化中的非语言形式相同,且两种文化中的这一非语言形式所传达的意义也相同。人们进行非语言交际行为时,通常会在语言交际行为发生的同时伴随一些非语言交际的行为,以加强信息的传递。

(二)平行关系

平行关系是指两种文化中的非语言形式虽然不同,但所传递的意义却相同。例如,各国表示问候和欢迎的形式不尽相同,但都传达同样的意义。

(三)全空缺关系

全空缺关系表示某种非语言形式及其意义只存在于一种文化中,在另一种文化中没有相对应的形式,也没有相对应的意义。

(四)半空缺关系

半空缺关系是指在两种文化中存在同样的非语言形式,但一种文化中存在与该形式相对应的非语言意义,而在另一种文化中却没有。

(五)冲突关系

冲突关系是指在两种文化中都有某一非语言表现形式,但其在两种文化中的意义却极为不同,甚至相反。

例证 3-13

商务谈判中的微笑[37]

第三节 跨文化商务沟通中的非语言习惯

在跨文化商务沟通中,不仅要求语言得体,还要求非语言行为得体,以达到正常交流的目的。如何处理和解决非语言沟通中出现的各种问题,正确领会非语言行为的实际用意,有效避免文化之间由于非语言沟通产生的冲突,促使跨文化交流顺利进行,这是需要深思熟虑的问题。在面对面的商务沟通中,双方不可避免地会使用到面部表情、身体动作等非语言沟通手段。因此,观察对方的非语言表现,是准确把握对方心态变化的关键。跨文化商务沟通人士必须熟悉在特殊文化中非语言沟通的特殊表现形式,并对它们所传递的信息及时做出正确判断和反应。

一、眼睛动作与眼神

在许多文化中,眼睛都被视为"心灵的窗户",眼睛的动作和眼神的交流深受各国文化的影响。与非语言行为的大多数方面一样,眼神交流在跨文化沟通中很难穿越文化障碍,不同文化对于眼神交流的理解有时会导致严重的误解。只有对眼睛动作和眼神的跨文化交流有一个较为深入的了解,才能理解这种误会,并顺利地进行沟通和交流。

例证 3-14

有趣的礼节——眼神礼[38]

中国和英美国家在眼神交流方面就存在一些差异。英美国家的人非常重视眼神的交流,眼睛的动作和眼神的使用也比较频繁。英美人在交流时,尽量直视对方,让对方感到自己正在倾听。英美人有句格言:"不要相信不敢直视你的人。"相反,中国人认为,直视对方是不礼貌的行为,应该尽量避免。这也是为什么不少中国人对于英美国家的人在谈话时总是盯着对方感到不舒服。

日本人在向别人表示问候时,要向别人鞠躬,但眼神却是草草掠过。这是因为日本文化认为,眼对眼谈话是一种失礼的行为。在面对面的交流过程中,日本人的目光一般落在对方的颈部,使对方的脸部和双眼映入自己眼帘的外缘。

阿拉伯文化比西方文化更重视眼神的交流。阿拉伯人讲话的时候,必须直视对方的眼睛,以示尊重。他们认为,从眼睛中可以看到一个人的灵魂,并通过关注眼睛的动作了解谈话过程中对方的真实意图。

第三章 跨文化非语言沟通

例证 3-15

眼神的误解[39]

眼睛可以传递出很多信息，这些信息有着巨大的文化差异。在跨文化商务沟通中，我们首先可以利用眼睛动作及眼神具有的一些相似性来对谈话对象做出判断，例如瞳孔变大时，一般表示愉悦和惊喜，而瞳孔缩小，一般表示伤心和失望。再者，眼睛传递信息具有世界性，例如在大多数文化中，上司可以更加自由地注视下属，而下属注视上司则一般会被认为不符合商务礼仪。除了借助眼睛动作和眼神交流中的共性判断对方传递的潜在信息，我们还应该对跨文化中的眼部动作和眼神交流有一个较为深入的了解，将真诚平等放在第一位，理解和包容眼神沟通的文化差异，遵循商务礼仪和礼貌原则。

二、面部表情

人的脸部可以做出很多丰富的表情。人们在说话时，也通常伴随着明显的面部表情。当人们感到吃惊时，会下意识地张大嘴巴；开心时，会面带笑容，咧嘴微笑；伤心时，眉头紧锁，眯起眼睛。

虽然在许多不同的文化中，面部表情的意义基本相同，但使用的程度和频率却不一样。在有些文化里，人们的面部表情比较丰富，喜怒哀乐溢于言表；而在有的文化里，人们的面部表情比较含蓄平和，从面部表情很难看出内心的感受。通常来讲，拉丁文化和阿拉伯文化中的面部表情较为强烈，而东亚文化中的面部表情则比较平和，不苟言笑。

沟通谈话的时候，人们脸上常常会出现各种表情。经常表现的表情是微笑和愤怒。在不同的文化中，微笑和愤怒的含义是不同的。情感流露是人的本性，笑逐颜开、怒发冲冠都是感情在面部的表现。这就要求我们在跨文化沟通中要善于察言观色，以捕捉对方面部表情所流露的情感信息。同样，合适的面部表情在合适的时间表现出来也可以促进语言的表达。

（一）微笑

在不同的文化里，人们都会不时地面带微笑。但是受具体文化背景的影响，微笑的含义却不尽相同。在中国，微笑的含义比较丰富，不同的语境有不同的意义。两个人初次见面，双方面带微笑握手，这是一种友好的微笑；当别人帮助了你，你微笑地向别人表示感谢，这是一种感激的笑；当面对别人的道歉，你一笑回之，这是一种谅解的笑；当感觉有趣或局促、尴尬时，你有时候也会微笑。在中国，对微笑的解读要结合具体的语境。这在西方国家的人看来，是非常不可思议的。在西方国家，微笑就是高兴、愉快和欢乐。美国人为了表示开放和友好经常微笑。对其他文化的人来说，美国式微笑时常显得不真诚和生硬。德国人微笑的频率远不如美国人。德国人会直截了当地说:"生活不容乐观,没有什么值得笑的。"

(二)愤怒

不同的文化表达愤怒的方式和程度不同。例如,在西方文化里,皱眉是一种表达愤怒的温和方式。根据不同场合,皱眉可以表示愤怒、疑虑、对权威的质疑或不苟同等。在不推崇公开表达感情的文化里,皱眉的情形比较少。例如,日本人为了掩藏心中的怒气,会转移自己的视线,因为在商务活动中,公开用皱眉表示心中的不满是不合适的。[40] 日本人认为,一个人在公共场合应该克制自己的气愤、悲伤。日本人还常常用微笑掩盖内心的痛苦。我们在日本电影中看到过这样的情境:家里亲人去世了,男主人仍然面带微笑招待客人。中国自古也有"男儿有泪不轻弹"的说法,男子在别人面前轻易掉眼泪,会被认为是缺乏男子汉气概。而西班牙、意大利等国的男性在公共场合哭泣则会被看作自然的事情。[41]

例证 3-16

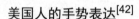

美国人的手势表达[42]

三、体势

(一)手势

莱克·布罗斯纳安说:"手部动作实际上是体势语的核心。"手势是非常重要的一种体态语,在非语言交际中起着重要的作用。

在商务沟通中,手势语在不同文化中所蕴含的不同含义是一门艺术,因为不同的体势在不同的国家有着不同的含义。商务人士在商务交往中,为了体现对别人的尊重和表达情意,需要了解和掌握一些手势的运用和禁忌。

不同的文化背景下手势语具有差异性。例如,表示欢迎可以张开双臂迎向对方,但是中英的动作稍有差异,英语国家的人通常是很大幅度地张开双臂,将对方揽在怀里,而中国人一般只是抓住对方的胳膊。斯里兰卡的佛教徒用右手做"OK"手势,放在颌下胸前,同时微微欠身颔首,表示希望对方"多多保重";在巴西、希腊和意大利的撒丁岛,"OK"手势是一种令人厌恶的污秽手势;在马耳他,"OK"手势则是一句无声而恶毒的骂人语。因此,如果不了解对方的文化习俗,贸然做出某一手势动作,可能会产生很大的歧义和误会。

（二）体态

我们的坐姿、站相都会发出非语言信号。一个人的体态可以直接影响他给人的总体印象，使人们对这个人产生好感或厌烦情绪。不同国家、文化的人，姿势也有所差异。

美国人非常注重自我的个性，不拘小节，所以经常松松垮垮地站着，或是大大咧咧地坐着。而在德国等比较注重礼仪规范的国家，这是十分不礼貌的行为。日本女子的卑躬碎步与美国女子的挺拔大步也反映了她们各自不同的文化。在中国的传统礼仪中，自古就有"站有站相，坐有坐相"的说法。得体有礼的举止和体态，可以使人显得有教养，给人留下文雅得体的好印象；反之，则显得粗俗失礼、散漫轻浮。

在大多数的商务场合，人们都坐在椅子上沟通和交流。但是在阿拉伯的许多地方，人们席地而坐。传统的日本商人也一样，采取日式坐姿。日本跪坐的方式对于不习惯这种姿势的外来者来说，相当费力。而中国古语有"站如松、坐如钟"的说法，这是对一个人坐立姿势的规范要求。

例证 3-17

讨论和汇报工作的体态差异[43]

文化在一定程度上决定着我们用什么样的体势表达喜、怒、哀、乐等内心世界。在一种文化中表达高兴的体势，在另一种文化中，可能会被视为恶意的侮辱。在国际商务谈判中出现文化错误比出现语言错误所造成的后果要严重得多，小到引起客人之间的矛盾和误会，影响一份合同的签订、使关系破裂，大到影响国家的经济利益甚至政治利益。

四、体触

体触行为在跨文化商务沟通中扮演着非常重要的角色，适当的谈话距离和合乎礼仪的身体接触能够促使沟通顺利进行。

身体接触最重要的方式是握手，在大部分的文化中，握手是很自然的问候方式，握手代替或补充了传统的问候礼仪。通常，国际会议或国家领导人见面时会用握手礼；生人初次见面会握手表示友好；向别人表示感谢或祝贺也可以握手。握手作为一种友好礼节，受国际社会广泛承认，在各个国家都很受欢迎，在商务沟通过程中的使用也非常频繁。握手的具体要求没有明文规定，但非常有讲究，各个国家之间的握手礼也存在着差异。理解握手的跨文化差异，掌握握手在不同文化背景中的特色，可以使我们在跨文化的商务沟通中避免失礼。

不同国家或地区握手的方式不同。德国人和美国人喜欢坚定有力地握手，以显示力量与个性，而法国人握手时会轻柔很多。中东人或很多来自拉丁文化的人在和对方握手时，会把空着的另一只手放在对方的前臂上。日本人习惯于鞠躬，他们也会和外国商人握手，但只是将手臂远远地伸出去，保持彼此间的距离。另外，他们还会微微鞠躬，把日本和西方的问候礼仪结合使用。[44]英语国家的人在握手后会立即分开，握手双方会分别向后退一下，距离随之拉开。而中国人一般是握住对方的手，身体随之靠得较近一些，手也不是立即松开，而是握住轻轻摇晃几下，保持3~5秒。

握手有多种不同的习俗，有些是通用的，而有些只适用于某些特定文化圈。在伊斯兰教中，握手是一个古老的传统礼节，握手同时会以阿拉伯语的"祝你平安"（assalamu alaikum）来问候对方。

除了常见的握手问候，在西方社会，亲吻彼此的脸颊和拥抱，也是相当常见的问候行为，不过各个国家有些细微的不同，如表3-2所示。

表3-2 不同国家或地区的问候方式

国家或地区	问 候 方 式
意大利	快速亲吻彼此脸颊，先右侧，后左侧
法国	先亲吻对方的右脸颊，次数因地区而异
德国	在脸颊左侧亲吻一下，很少拥抱
英国	拥抱或亲吻
荷兰	按右侧—左侧—右侧的顺序亲吻三下
希腊	握手表示友好，亲近的人则拥抱和亲吻

许多情况下，问候礼仪把不同类型的非语言行为结合在一起。各个国家不同的文化往往会衍生出不同的问候礼仪，以示友好的体触行为也各具特色，除了常见的握手、拥抱和亲吻，还有吻手礼、碰鼻礼等。

吻手礼由维京人（生活在 8—10 世纪）发明，维京人有一种风俗，就是向他们的日耳曼君主"手递礼物"，"吻手礼"也就随之出现。如今吻手礼是流行于欧美上层社会的一种礼节。英法两国喜欢"吻手礼"，不过在英国和法国，行这种礼的人也仅限于上层人士。在德国，正式场合仍有男子对女子行吻手礼，但大多做个吻手的样子，不必非要吻到手背上。在波兰民间，吻手礼十分流行。

新西兰的毛利人把体触视为问候中必不可少的组成部分。毛利人至今仍沿袭着一种远古留传下来的独特的见面问候方式——碰鼻礼。如果毛利商人没有用传统的方式（触碰鼻子和大呼欢迎）问候，他们就会感到自己未被对方接受。

五、空间语言

空间观念经常因文化而形成差异。霍尔认为，空间的变化会对交流产生影响，它可以增强交流的效果，有时甚至会超过言语的作用。[30]文化不同，人们对空间的需求和与空间有关的交往规则也不同，如体距差异；文化不同，空间范围所引起的联想和感受也不同，如对个人领地的不同态度；文化不同，对使用空间距离的价值观念也不同，如利用空间距离显示地位差异。在跨文化沟通中，人们会因异文化的人对空间处理方式的不同而感觉受到冲撞和侵犯。[16]

（一）私人空间

很多文化认为，私人空间是神圣的，当他人侵入一个人的私人空间后，这个人会觉得受到了侵扰。如果我们知道不同文化的人如何安排自己的个人空间，就可以借此推断出他们在工作中如何通过空间进行交流。

例证 3-18

商务考察和拜访[43]

不同文化私人空间的大小不同，日本人更加强调个人隐私，更加看重个人空间，欧美人次之，拉丁美洲人最不看重个人空间。[44]霍尔（1995）在《无声的语言》中有关于美国人和拉美人空间语言文化差异的精彩描述：

拉美人相互接触的距离比美国人要近得多。的确，如果双方不接近到一定程度，他们就感到无法踏踏实实地说话；而在北美，离这么近会使人产生抵触情绪或敌对情绪。所以，他们往近靠，我们就往后退。结果，他们觉得我们冷淡疏远、不合群、不友好，而我们则总是指责他们离我们太近，挤我们，唾沫星往我们脸上乱溅。

在拉丁美洲待了一段时间的美国人，如果还没有适应这种空间安排，就采取其他一些适应环境的措施。例如，用办公桌把自己圈起来，或者用椅子、打字机台把拉美人挡在我们感觉舒服的距离以外。其结果是，拉美人会越过这些障碍物，直到离你近得使他感到能舒舒服服地谈话为止。

这说明不同文化背景的人对交流时候的间隔距离有着不同的偏好。我们在说话聊大时和别人的距离远近代表着不同含义。如在美国，站得太近，可能意味着非常熟悉或者侵犯；英国人和德国人倾向于站得远一些；而在墨西哥，人们会站得非常贴近，有时会让你感到尴尬不安。在相互交谈时，英国人、盎格鲁-撒克逊人、美国人和瑞典人彼此站得最远，意大利人和希腊人站得比较近，南美人、阿拉伯人站得最近。如果不注意这些差异，很可能会在交流中引起误解，使自己陷入窘境。

例证 3-19

个人空间的文化差异[45]

与身体距离相关的另一个问题便是拥挤。与文化所强调的人际距离和隐私空间一样，通常，北欧人喜欢较大的身体空间，所以排队的时候彼此相距较远。相比之下，拉丁美洲国家的人们倾向于较小的身体空间，所以排队时站得较近。

日本和欧美许多国家的人并不喜欢拥挤不堪的状况，越来越多的人从大城市搬到郊区，以便拥有更多的空间。排队是一件让英国人引以为豪的事，插队绝对会让你被所有人讨厌。日本人比英国人还守规矩。在日本的公交系统中，人们会收到一大堆的提示，告诫你要把手机调至静音或震动状态，并称之为"礼貌模式"。

然而，在印度，人们上火车的方式非常混乱。而在旅途中，"勾肩搭背"的现象也屡见不鲜。因为太拥挤，大家不得不做好心理准备，随时有人对你说："不好意思，我得蹭着你的肩膀。"

（二）公共空间

人们布置和使用公共场所的方式也反映了该文化对于空间和隐私的态度。美国人把他们的个人主义观点带进了公共场合，他们认为自己有权在草坪、公园里玩耍，因为他们为此纳税。德国人像安排私人生活一样布置公共空间，一切事情都必须有秩序。

对空间语言的态度影响到对办公空间的态度。办公室的位置反映了潜在的文化价值观。通常情况下，重视广阔的个人空间的文化也重视宽敞的公共空间，反映在工作环境中，通常表现为重视宽敞的私人办公室。

在美国，办公室的大小和位置反映了一个商人的成就、重要性、权力以及在组织结构中的地位。办公室的大小和陈设在欧洲也很重要。如果一位主管有一个带套间的私人办公室并配备了秘书，那么大家就都很清楚他是很重要的人物。在法国，办公室的空间分布也是围绕着位于中心的主管。中东与拉丁美洲的办公空间可能很不一样。在他们看来，办公室是会面的地方。商业人士经常同时叫上几个人到办公室，与之谈几桩不同的生意。这种无视礼仪、缺乏隐私和专注的方式会使西方人感觉受到了侵犯。中东地区的办公室通常很拥挤。地位的重要性不一定通过办公室的大小和位置反映出来。[44]

另有一个涉及办公室空间安排的不同表现。美国的办公室总体模式往往是将其中一部分空间平均划分。新同事到来时，几乎每个人的办公桌都会挪一挪，让他分享空间。这就是说，长期占用的位置可能会动，可能会失去原来喜欢的窗外美景，但重要的是，同事们愿意做一些调整。其实这就是一个信号，他们挪动办公桌时就已经承认了新到的同事。空间调整以后，老板就可以确定，新员工融入了这个群体。法国人和美国人形成了鲜明的对照。他们不会像美国人那样，接受那种无须挑明、理所当然的挪动位置、腾出空间的方式。他们不会为了一位新同事重新分割空间。相反，他们可能勉强给新同事一张小书桌，一个面向墙壁的黑暗角落。[34]

空间语言行为被带进了办公室和商业行为中。人们不可能将一般文化行为从商务行为中剥离开来，两者紧密联系。跨文化商务沟通中的空间和隐私等非语言行为有着极其深厚的文化根源。要破解一种文化中的空间语言行为，不仅需要记住空间运用等方面的特色，特别是一些禁忌，还要理解形成某种特定的非语言行为背后的文化价值观。

 本章小结

- 非语言沟通是指除语言沟通之外的各种人际沟通方式。也就是不说话的交流，是人们利用面部表情、触摸、姿势、眼神、气味等非语言符号传递信息并增进了解的方式。
- 非语言沟通的功能主要有补充功能、否定功能、强调功能、调节功能、替代功能和重复功能。
- 非语言沟通可分为体态语、副语言、客体语和环境语四大类，每一类型的非语言沟通行为都各有特点。
- 文化与非语言沟通关系密切，文化对非语言沟通具有重要影响，非语言沟通对跨文化沟通具有重要作用。
- 两种文化中非语言形式和意义的对应关系分为以下五种：重合关系、平行关系、全空缺关系、半空缺关系和冲突关系。
- 在跨文化商务交流中，不仅要求语言得体，还要求非语言行为的得体，以达到正常交流的目的。眼睛动作及眼神、面部表情、体势、体触、空间语言等非语言行为对跨文化商务交流产生一定的影响。

 课程思政

1. 身处人类命运共同体中，我们应该在坚守本民族优秀文化传统，对自己的社会制度和发展道路保持自信的同时，自觉拓宽自己的国际视野，努力提升自身的跨文化沟通能力。

2. 随着世界一体化进程的推进，各个国家在经济上相互合作的需求更为迫切，跨文化交流成为一种普遍现象。跨文化的沟通者既要尊重听众的文化价值观和期望，也要尊重自身的语言与文化。

 思考练习题

一、选择题

1. 以下哪个不属于非语言沟通？（　　）
   A. 体态语　　　　B. 环境语　　　　C. 客体语　　　　D. 书面沟通
2. 以下哪项不属于非语言沟通的具体表现？（　　）
   A. 提问　　　　　B. 沉默　　　　　C. 眼神交流　　　D. 皮肤接触
3. 以下哪一项非语言行为与其对应的文化不相符？（　　）
   A. 意大利男性在公共场合哭泣
   B. 阿拉伯人在倾听朋友谈话时，两眼直直地注视着对方
   C. 汉语中习惯用"时间就是金钱"来表达珍惜时间的价值观

D．日本人向别人表示问候时会鞠躬

二、简答题

1. 体态语、副语言、客体语和环境语等方面存在哪些跨文化的差异？
2. 举例说明对个人空间的不同理解与文化的关系。
3. 举例说明眼睛动作及眼神、面部表情、体势、体触和空间语言等非语言习惯在跨文化商务沟通中的运用。

案例分析

商务报价的文化差异[46]

问题讨论：

1. 为什么美国公司会对日本公司的沉默感到不安？
2. 这个例子给我们的启示是什么？

用 力 握 手[47]

问题讨论：

结合本案例，试回答如何做好跨文化沟通。

参考文献

[1] 张宁志. 国际汉语教师手册：新教师必备81问[M]. 北京：商务印书馆，2012.

[2] BURGOON J K, SAINE T. The unspoken dialogue: an introduction to nonverbal communication[M]. Boston: Hughton Mifflin Company, 1978.

[3] SAMOVAR L, PORTER R, JAIN N. Understanding intercultural communication[M]. Belmont: Wadsworth, 1981.

[4] MALANDRO L A. Nonverbal communication[M]. New York: Newbury Award Records, 1989.

[5] 杨全良. 非言语交际简述[J]. 外语研究, 1990（2）: 18-22.

[6] 胡文仲. 评介英国出版的一部跨文化交际著作[J]. 外语教学与研究, 2007（1）: 69-71.

[7] 毕继万. 第二语言教学与跨文化交际[M]. 北京: 北京语言大学出版社, 2009.

[8] 胡文仲, 毕继万. 跨文化非言语交际[M]. 北京: 外语教学与研究出版社, 2009.

[9] 栗小钰. 非语言下的跨文化交际研究[D]. 西安: 陕西师范大学, 2014.

[10] 罗斯. 演说的魅力: 技巧与原理[M]. 黄其祥, 曹宏亮, 丁宏新, 译. 北京: 中国文联出版社, 1989.

[11] 黄嘉涛, 高虹园. 管理沟通[M]. 广州: 中山大学出版社, 2014.

[12] 隆玲. 领导者的非语言沟通技巧[J]. 领导科学, 2009（13）: 30-31.

[13] RUESCH J, KEES W. Nonverbal communications: notes on the visual perception of human relations[M]. California: University of California Press, 1956.

[14] KNAPP M. Nonverbal communication in human interaction[M]. New York: Holt, Rinehart & Winston, 1978.

[15] 王海涛, 郭娉婷. 俄罗斯语言文学与文化研究[M]. 北京: 新华出版社, 2015.

[16] 陈雪飞. 跨文化交流论[M]. 北京: 时事出版社, 2010.

[17] 娄佳杰. 相同的手势不同的含义: 语言之外的跨文化交际[J]. 青年科学, 2016（1）: 42-43.

[18] 刘婷婷. 浅谈体态语[J]. 科技经济市场, 2007（3）: 359.

[19] 冯欢. 探析副语言在语言交际中的功能[J]. 黑龙江教育学院学报, 2008（9）: 136-138.

[20] 叶军. 现代汉语节奏研究[M]. 上海: 上海书店出版社, 2008.

[21] 陈海庆, 刘亭亭. 庭审语境中公诉人话语停顿的动态属性及修辞功能[J]. 当代修辞学, 2018（3）: 84-95.

[22] 宋冰. 副语言及其交际功能[D]. 哈尔滨: 黑龙江大学, 2006.

[23] 杨永林. 女子英语音韵语调研究综述[J]. 外语教学与研究, 1993（2）: 14-19.

[24] 李莉莉. 跨文化交际中的非语言行为[D]. 哈尔滨: 黑龙江大学, 2004.

[25] 徐德凯, 杜博玉. 对非语言交际中的客体语的研究[J]. 黑龙江史志, 2006（3）: 53-54.

[26] 黄悦. 跨文化交际中的非言语交际行为研究[D]. 大连: 辽宁师范大学, 2012.

[27] 武术. 客体语的跨文化交际[J]. 电影评介, 2014（18）: 107-108.

[28] 宋清涛. 文化差异与跨文化商务沟通研究[M]. 西安: 三秦出版社, 2015.

[29] 王肖星. 对外汉语教学中环境语的功能[J]. 南北桥, 2015（3）: 84.

[30] 霍尔. 无声的语言[M]. 候勇, 译. 北京: 中国对外翻译出版社公司, 1995.

[31] 岳凌霄. 当代国外性别角色研究初探[J]. 科技信息（学术研究）, 2008（36）: 504-505.

[32] 梁漱溟. 东西文化及其哲学[M]. 北京：商务印书馆，1997.

[33] 关世杰. 跨文化交流学[J]. 国际政治研究，1995（4）：98-98.

[34] 霍尔. 超越文化[M]. 何道宽，译. 北京：北京大学出版社，2010.

[35] 唐飞. 管理沟通[M]. 沈阳：东北财经大学出版社，2022.

[36] 刘娜娜，王延凤. 跨文化交际中的肢体语言[J]. 潍坊教育学院学报，2005（3）：60-64.

[37] 王朝容，曾右美. 浅析身势语在国际商务谈判中的运用技巧[J]. 职业教育（下旬刊），2014（9）：29-31.

[38] 胡洁中. 涉外礼仪十日通[M]. 北京：京华出版社，1999.

[39] 彭茜茜. 浅谈涉外商务的语言和非语言沟通技巧[J]. 青年文学家，2011（6）：108-109.

[40] 比默，瓦尔纳. 跨文化沟通[M]. 4版. 孙劲悦，译. 大连：东北财经大学出版社，2011.

[41] 祖晓梅. 体验型文化教学的模式和方法[J]. 国际汉语教学研究，2015（3）：53-59.

[42] 普赖斯，艾韦库尼. 美国的生活[M]. 赵金萍，译. 北京：现代出版社，2020.

[43] 郭克玲. 论跨文化商务中的非语言交际[J]. 商场现代化，2007（4）：18-19.

[44] 瓦尔纳，比默. 跨文化沟通[M]. 5版. 孙劲悦，译. 大连：东北财经大学出版社，2016.

[45] 刘懿. 身体语言密码[M]. 昆明：云南人民出版社，2011.

[46] 谢力军，祝维亮. 商务谈判实务[M]. 北京：中央广播电视大学出版社，2013.

[47] 徐丽华，包亮. 非洲孔子学院教师跨文化交际案例集[M]. 南京：江苏人民出版社，2021.

第四章
不同文化间的信息沟通

学习目标

- 了解沟通的模式
- 了解跨文化沟通的特点
- 掌握不同文化中组织信息的方式
- 了解话语沟通的重要性

引例

人 头 马[1]

白兰地之于法国，就如同探戈之于阿根廷或是斗牛之于西班牙，都是一种足以代表整个国家文化的标志性事物。也许有人会把埃菲尔铁塔、卢浮宫当作法兰西这个充满着浪漫与诗意的国度的最佳象征，然而在总是激情四溢的法国人看来，白兰地同样是他们最引以为傲的一种地道特产，他们甚至认为只有白兰地才称得上这个世界上最为高贵、最具男子气概的饮品。于是，作为白兰地家族中最为引人瞩目的一种新贵产品，历史虽短却把这种高贵演绎到了某种极致的人头马，自问世之初就已当之无愧地成了财富与地位的最佳表征，在法国国内甚至整个世界取得了至高无上的显赫地位。

人头马选择神话故事中的半人马作为徽章（见图4-1），代表公司的价值理念：热情、大方。其贵为特优香槟干邑专家，一直被誉为干邑品质、形象和地位的象征，是世界四大白兰地品牌中唯一一个由干邑省本地人所创建的品牌。人头马代代相传的不朽真谛在于它弘扬的非凡优雅的生活艺术。如今，人头马更将其品质与生活完美地融合在一起。它总能在任何一种场合下，为每一个动人的时刻增添光彩。

人头马在欧洲的广告语是"似火浓情"，运用了比喻和拟人相结合的修辞手法，给了消费者一个明确的信息：白兰地酒热烈浓郁，本身包含似火浓情，还可使恋人燃起爱的火花。"似火浓情"会使顾客产生情感上的共鸣，也符合欧美的文化习俗。而对于东方，进入中国后则将广告改为"人头马一开，好事自然来"的吉祥语，主动迎合了中国消费者追

图4-1 "人头马"

求吉利的传统心理,而非对人头马本身品质与口感的描述。

虽然广告受众面对的是同一产品,但在传播产品品质时,信息组织的侧重点却是不同的。

第一节 跨文化信息沟通概述

21世纪以来,"一体化""国际化""全球化"等词语在中国的使用频率变得越来越高。越来越多的人也意识到,全球化已是未来世界不可逆转的必然趋势,经济全球化必然伴生文化全球化。因此,从全球化的视角出发,对不同文化间的信息沟通进行梳理与研究就显得尤为必要。

一、信息

沟通的过程同时也是信息传递的过程。人类自产生的那天起,就生活在信息的海洋里;人类社会的生存和发展,每时每刻都离不开接收信息、传递信息、处理信息以及利用信息。

在对"信息"概念的界定上,学界目前尚未取得较为一致的意见,但现有概念界定的主要基础仍然是香农(Claude E.Shannon,1948)的"通信与不确定性消除"说[2],以及维纳的"物质、能量、信息"三属性与组织度度量说[3]。

维纳认为,信息同物质(物理学意义上的物质,而非哲学层面的物质概念)、能量一起,是客观事物的基本属性。

信息是对系统组织度的度量,也就是说信息总是承载了一定的意义。

信息在两个要素之间的传递过程中存在,这意味着信息至少和两个事物之间的某种运动关系相关联,这是信息这一客观事物存在的前提条件,也是我们正确认识信息、合理运用信息的条件因素。

信息具有广泛性、抽象性、未知性或不确定性等特点。

在学习中要注意信息与消息、信号和情报的区别。信息(information)是消息的内容;消息(message)是用文字、符号、数据、语言等能够被人们的感觉器官感知的形式,把客观事物运动和主观思维活动的状态表达出来,消息是信息的形式,是表达信息的工具;信号(signal)是消息传输的物理形式(如声波、光波、电信号等;一般指电信号),如十字路口的红绿灯——光信号,用来指挥交通;情报(intelligence)往往是军事学、文献学方面的习惯用词,它的含义比"信息"窄得多,一般只限于特殊的领域,它只是一类特定的信息。

二、文化与沟通模式

人与人之间的沟通是怎样进行的?沟通的因素主要有哪些?与来自不同文化的个体沟通时有必要对沟通的主要因素进行相应的调整,从而减少失败的可能性。

（一）含义：沟通模式

苏珊·洛认为，沟通是一个人或多个人之间进行信息传递的过程，信息包含在语境中，受到噪声的干扰，沟通产生效应并引起反馈。[4]沟通的主要要素包括信息发送者、信息接收者、语境、信息、渠道、编码程序、噪声干扰、解码程序、反馈，如图4-2所示。

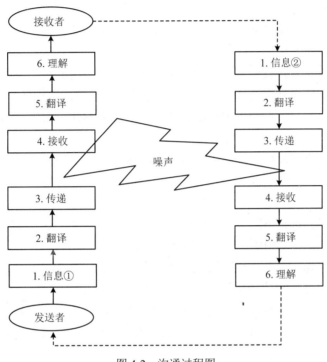

图 4-2　沟通过程图

由图 4-2 可知，要把发送者所要传送的信息①转变为接收者所接收的信息②，至于信息①与信息②是否一致，就取决于噪声。例如，1980 年年初，联合国秘书长瓦尔德海姆为解决人质问题飞到伊朗，在他的演讲中有这样一句，"我来这里是以中间人的身份寻求某种妥协的"。演讲播出没过一个小时，他的汽车就遭到了愤怒的伊朗人投掷石块的袭击，此后他的努力也因此受到严重的挫折。因为在波斯语里，"妥协"这个词具有"人格折损""美德折损"的负面意义。同样"中间人"是暗指"干涉者""一位不速之客"。这里，同一词语的不同解读便是造成跨文化信息沟通的噪声。噪声分为主体因素和客体因素。主体因素就是影响信息发送和传递的因素，包括：发送者的技能、知识等文化系统，地位及已经有的形象；发送者的态度、行为、语义表达情况；信息在编码的过程中是否有遗失，信息的传送媒介，即渠道的选择是否合适；环境的干扰、物质条件的限制等。客体因素就是影响信息接收和理解的因素。客体因素包括：接收者是否进行选择性接收、片面理解、短暂记忆等；信息通过渠道传送，通过译码对接收者的刺激强度有多大、对比度如何、是新鲜的还是不断重复的等。[5]这些都是影响信息传送是否有效的因素，并通过反馈，确定信息是否被理解了。本章主要探讨的就是在沟通过程中，沟通者进行编码、译码的不同。

（二）原因：沟通的动因和目的

沟通是将某一信息传递给对方，并期望对方做出预期的反应的过程管理。管理者通常会把 75%以上的时间花在沟通上，有效的沟通已经成为企业计划、领导、组织与控制过程中的重要一环，并贯穿始终。

1. 沟通的动机

社会学家和心理学家对人际沟通的动机展开了一系列的研究，提出了不同的沟通动机理论，主要有自我呈现论、社会交换论、社会实在论。[6]

（1）自我呈现论。自我呈现论是由社会学家戈夫曼[7]提出的，他认为，沟通是凭借自身的言行向他人呈现自我的过程，但往往只呈现有助于维护自身良好形象的某些属性，隐藏消极属性。自我呈现论强调通过积极属性的呈现影响他人的言行，控制他人对待自己的方式。

（2）社会交换论。社会交换论的创始人是美国著名社会学家乔治·霍曼斯[8]。霍曼斯认为人际交往本质上就是一种信息交换，人们的日常沟通行为就是信息、情感等无形商品的交换过程。人是"经济人"，在人际交往中追求利益最大化，在人际交往过程中，精神利润就是用得到的报酬除去付出的代价得到的结果。交往双方的任意一方得到的精神利润为零，交往就可能中断，只有双方都获利，交往才能继续。

（3）社会实在论。费斯汀格[9]用社会实在论解释人际沟通的动因。社会实在论是指人们为了使自己的言行和社会团体保持一致，在自己无法确定言行标准时，暂时将团体成员的言行作为自己的言行标准。社会实在论认为，沟通是自己的态度、意见和行动标准向社会团体的标准靠近的过程，沟通对于保持认知上的协调和心理上的平衡，消除言行上的偏差具有积极作用。

2. 沟通的目的

沟通的目的，就是信息"发送者"通过沟通让信息"接收者"理解或执行"发送者"意图。因此，沟通目的有四个方面，一是控制他人的行为；二是激励被沟通者；三是表达自己的情感；四是信息的交流。信息沟通的目的越明确，越有利于提高信息沟通的有效性，也越有利于提高企业的管理水平。[10]

（三）主体：谁进行沟通

沟通分为下行沟通、上行沟通和平行沟通。[11]对沟通主体的认识一致，无意识的信息对意思造成的干扰就会降低。其中涉及单向沟通还是双向沟通，上行沟通、下行沟通还是平行沟通。

在重视等级的组织中，沟通者的身份地位很重要。上行沟通不会特别顺畅，而下行沟通，尤其在执行计划过程中，要比平行沟通传达的信息执行力更强，并且沟通主体的选择直接影响商业活动能否顺利进行。人际关系对经济交易的影响则大得多。这既体现在交易对手的选择上，也体现在与不同交易对手进行交易的交易条件和交易成本的差别上。例如，在中国，与西方社会相比较，经济交易更多的是在互相熟悉的人之间进行，人际关系对交易条件和交易成本的影响更大，甚至常常为了使交易顺利进行，或改善交易条件，或降低交易成本，有意识地使人际关系进入经济交易：先交人，后交易，将与"他"的交易化为与"你"的交易。中国的人际关系就是塔尔科特·帕森斯和爱德华·希尔斯所言的特殊主义的人际关系。[12]

（四）地点：沟通渠道

沟通渠道不仅能使正确的思想观念尽可能全面、准确、快速地传达给沟通客体，还能广泛、及时、准确地收集客体的思想动态和反馈的信息，因而沟通渠道是实施沟通过程、提高沟通功效的重要一环。

在跨文化商务活动中，发生问题不可避免，若事先对沟通渠道达成共识，便可减少冲突。美国人凡事喜欢合同，他们通常认为，如果没有书面的、经签署的合同，就不存在任何形式的协议。因为在基督教文化传统中，人与人之间是一种"交易式"的交往，契约是维系的纽带，也就是帕森斯和希尔斯所说的普遍主义的人际关系："对对象及其行为的价值认定独立于行为者与对象在身份上的特殊关系。"德国商人也同样看重合同。但在世界其他地方，口头陈述只要发生在一定的人际关系情境下，就与书面合同具有同等效力。一家美国企业的员工可以天真地说："哦，我确实对那个新产品很感兴趣。"这句话用条件句表达了这样一个意思：在将来某个时候，他会进一步了解该产品。但在亚洲文化中，情境关系的存在也会使合同成立，亚洲文化的成员就会把这句话理解成"我将热切地盼望收到那个产品"。

（五）时间：沟通的时间与时机

与来自不同文化的人共进午餐时或坐在主人车中时，能否提出商务问题？在一个非正式场合能否提出商务问题？

在谈判中，谁先发言的问题在某种程度上也是一个时机问题。北美人认为，任何一种文化背景下的人都愿意先发言，把自己的观点拿到桌面上，因为他们自己就经常这样做。如在美国，人们会说"会吱吱作响的轮子才能得到润滑油"，个人的观点和成就都会直接表达出来，不会刻意保留。而在东亚地区，人们则会说"枪打出头鸟"，第一个发言可能会被认为"爱出风头"，因此日本和中国的谈判员经常希望最后一个发言，并且这样他们就可以听完对方表述，再阐明自己的观点。

沟通的时间问题还涉及不同文化对时间看法不同的各个方面，本书在第一章"文化与沟通"中已做了介绍，如单向计时制和多向计时制。前者是一种强调日程、期限，讲究效率，倾向于做短期计划和一段时间只做一件事情的时间习惯；后者讲究时间使用的灵活性，倾向于做长期计划和一段时间允许做多件事情的时间习惯。一个来自单向计时制文化的人，对于在处理别的事情的同时还要听你的报告，可能是无法接受的。

三、跨文化信息沟通的特点

跨文化信息沟通是不同文化背景的人之间发生的信息沟通，沟通中信息的发出者和接收者是不同文化环境的成员，相比于相同文化成员的信息沟通，跨文化信息沟通呈现以下特点。[13]

（一）文化对接难度大

文化对接是指沟通者和被沟通者在一个文化符号中获得一致的意义。只有实现文化对接，才有双方对一致意义的认同，从而达到理解和沟通。由于生产方式、生活方式、地理环境、历史传统等的不同，各种文化体系均具有个性和特殊性，其文化中的精神体系、思维体系、智慧体系、规范体系、组织体系、符号体系、编码体系和解码体系等都有很大的不同，它们在进行跨文化沟通时，共享性差，认同性差，对接能力差，因而沟通中会产生种种障碍。

就语言而论，它们编码的发音和形状不同；语言的词汇量不同；词语文化含义有的相同，有的不相同；编码次序往往不同；等等。这就使在跨文化沟通中出现用另一种解码系统阐释不同的编码系统的问题，使跨文化沟通在文化意义上难以实现对接，往往是沟而不通。

（二）文化距离不同使跨文化沟通的难度不同

文化距离是指沟通主体文化间的共性与个性的差异程度。文化间的共性较多，则文化距离较小；文化间的个性突出，则文化距离较大。同一文化中的地域亚文化之间的文化距离较小，则它们的跨文化沟通难度较小；同一文化中的群体文化之间的文化距离较小，则它们的跨文化沟通难度较小。例如，中国文化与日本文化比较，它们的文化距离较小；与新加坡比较则文化距离更小，它们同属儒家文化圈的文化，跨文化沟通的难度相对小些。而中国文化和美国文化比较，则文化距离较大，沟通难度也大。

（三）跨文化沟通的成本高于一般沟通的成本

跨文化沟通是在两种不同的文化间进行沟通，为了克服文化的障碍将会耗去更多的物资、使用更多的手段和方法、耗费更多的时间、进行更频繁的双向沟通，在沟通中需要花费更多的精力理解文化差异，处理文化矛盾和冲突，沟通的失败会导致投入变成泡影，因此跨文化沟通的成本比一般沟通的成本高得多。

（四）跨文化沟通使文化变异性增强

同一文化中沟通的根本作用是增强文化的认同性，通过文化认同加强团体的凝聚力。因此，沟通是巩固文化根基的重要手段。跨文化沟通在把异质文化传递给下一代的时候，更多地表现出社会的变异功能。跨文化沟通中文化的改变和变异不是坏事而是好事，它不仅会给沟通双方的文化带来发展活力和动力，而且有助于新文化的产生。

外国人眼中的《梁山伯与祝英台》[14]

四、跨文化信息沟通的发展趋势

随着经济全球化的扩展,跨文化沟通也渐渐发生着变化,出现了跨文化信息沟通主体多国化、沟通渠道科技化、信息传递快捷化的三大发展趋势。

(一)沟通主体多国化

诚如历史学家戴逸所说:"一部世界文化史,从某种意义上讲,就是各民族文化相互传播、碰撞、融合和不断创新的历史。"[15]随着经济全球化格局的逐渐形成,不同国家之间的交流与合作也变得日益频繁,网络信息技术的发展极大促成国际化沟通的同时也给国际商贸活动带来了全新的便利条件。

(二)沟通渠道科技化

跨文化交流虽然自古就存在,但是到20世纪中后期才得到快速发展。网络信息技术的应用成为人类文化交流史上的一次重大变革,它改变了传统意义上的文化交流方式、观念、介质,覆盖全球的"数字网络"将人类带入了更高层次的文化交流世纪。[16]信息科技技术的蓬勃发展和应用推广,极大地丰富了跨文化沟通渠道,从信件、电话、电报等传统沟通方式,逐渐转变并普及为电子邮件、网络聊天、视频实时通信等新型沟通方式。

(三)信息传递快捷化

作为信息时代的新型联络方式,电子邮件、网络聊天、视频实时通信与信件、电话、电报等沟通方式相比,具有快捷、廉价、可传递多种媒体等传统沟通方式无法比拟的优点。电子邮件、QQ、微信、视频实时通信、短视频新媒体等联络方式大大便利了人们的交流,相隔遥远的两个人或组织,用电子邮件、QQ、微信、视频通信等方式在几秒钟之内就能实现邮件与信息的传递。这些联络方式极大地避免了人力、物力、财力的浪费,节约了沟通成本。

第二节 文化对组织信息的影响

文化影响着人们信息组织和编码的方式,语境不同,对组织信息的理解可能也会相差甚远。面对组织常规信息时,低语境文化主要采用语意目的明确的直接表达法,高语境文化采用委婉含蓄的间接表达法;面对组织说服性信息时,低语境文化侧重以事实为依据,而在高语境文化中,情感、人格等都可作为论证;面对解决问题的信息时,常见的组织方式有讲故事、类比、演绎推理和归纳推理、讨价还价等;面对组织不受欢迎的信息时,低语境文化用直截了当的方式沟通或拒绝,高语境文化则采取委婉的拒绝方式。

一、组织常规信息

组织常规信息,低语境文化主要采用直接方法,沟通直切主题,语意精确,使对方可以清楚地了解自己所要表达的意思。高语境文化则一般采用间接方法,用含蓄的方式来表达,往往需要结合情境理解其所表达的意思。

（一）语意目的明确的直接表达法

Brett 和 Okumura（1998）通过对 30 对美—日文化、47 对美—美文化和 18 对日—日文化的组合进行谈判模拟实验，并对谈判模拟实验进行全程录像，对谈判过程中双方的言行进行整理分析。[17]研究者把是否交换优先权信息、双方提议的异同、对提议和观点的直接反应等行为录入为直接的信息沟通，而把不直接反馈对方所需信息的讨价还价等行为录入为间接信息交流。结果发现，美国谈判者通常采用直接的信息沟通方式。美国作为低语境文化的代表，通过口头和身体语言就可以直接公开地交流信息，让对方清楚地了解各自的状况和需要。

美国的商务信函写作要求真诚和坦率，沟通时直接切入主题，选词精确，句子简短，主要使用"主—谓—宾"的简单句，而不使用复合句。写作者把主要信息放在第一段。如果把主要信息放在函件的末尾，工作繁忙的人可能会看不到。采用直接方法的报告，无论是书面的还是口头的，一般首先阐明结论和建议，然后逐次叙述报告的初衷、方法以及包含的内容。这种直接方法的信函同时受到加拿大、澳大利亚、英国、新西兰、北欧以及一些中东商务人士的青睐。相反，对于其他文化的人而言，主要信息出现在具体的细节内容之后才是最好的信息安排方式。比如，法国人认为开门见山的方式很无礼，在高语境文化的沟通者看来，直截了当也会显得粗鲁、唐突，写信人会被认为是不友好的。

在时态的选择上，主动语态的动词表示做或做的过程，被动语态的动词是被动形式的，因此，重视行动和努力的文化往往更愿意使用主动语态。具体名词有形状、有质量、有重量，而且可以在想象中体验、感觉到。抽象名词无形状、无重量、无确定的形态，不能看到、闻到或触摸到，所以很难测量。注重成就、目标导向、积极行动的文化更多地使用具体名词，把抽象的意思通过更为具体的隐喻表示出来。

（二）委婉含蓄的间接表达法

Brett 和 Okumura 的实验同样发现：日本谈判者不喜欢对对方的问题给予直接的回复，而是通过不断地提出非常多的选择方案和还价的方案试探对方的真实期望和底线，从而间接地获取对方的真实信息。[18]日本作为高语境文化的代表国家，在信息的获取和沟通上往往采用简洁和含蓄的方式，不仅依赖口头和身体语言，还受到言行所在的情境环境的影响。

这种高情境文化要求人们熟悉各种环境的潜在社会规范和理解标准，对委婉含蓄的提议和微妙多变的人物情绪有非常敏感的洞察力。

间接表达法对于习惯于直接表达的人来说，可能就是在闪烁其词，东拉西扯，甚至不坦诚，在浪费时间。

不过，间接表达法亦有其优势。间接表达法常常伴随着故意的模棱两可，使责任变得模糊。即使在常规情形下，如请求对方提供信息，间接表述使人们在被拒绝或者不予理睬时不丢面子。间接性是写信人处事谨慎的表现，包括不让读信人丢面子。同时，也显示出写信人的机敏和老练。没有说出的话和说出的话一样重要，或者比说出的话更重要。

例如，日本的商务沟通信函通常在开头提到季节："秋天来了，红叶铺满大地，五彩缤纷。"伊斯兰教的商务信函通常在第一段祈求真主保佑读信人及其家人，尤其是当这些企业是家族企业时。

二、组织说服性信息和论证

无论对于低语境文化，还是对于高语境文化，说服他人，含蓄委婉比直截了当更受欢迎。但是，不同文化在组织说服性信息和论证时，出发角度和论证角度是不同的，低语境文化侧重以事实为依据，而在高语境文化中，情感、人格等都可用来作为论证。

（一）论证和逻辑

在低语境文化中，客观事实存在于沟通者和沟通组织之外，可以被量化和测定。以事实为依据的论证才最具说服力。

而在高语境文化中，关系和责任的网络或情境到处可见，事实往往与个人情感掺杂在一起。情感、推论、猜测以及历史经验都可被用来作为论证依据。

西方文化的逻辑起源于古希腊，依此逻辑，事物不能同时既正确又不正确。这就是"无矛盾法则"。然而，亚洲人的逻辑方式是强调矛盾，被称为"辩证法"。辩证法的基本前提是：一切事物都处于永恒的变化中，没有什么事物是静止的，所以，辩证法认为，矛盾是永远存在的；由于存在变化和矛盾，人们不能把某个事物同其他事物割裂开，从而孤立地、片面地考虑问题。情境，即关系网络，是理解一切事物的出发点。这通常意味着，当存在矛盾或对立的意见时，亚洲人会寻找一种能够包容、调和两种观点的方式，而西方人则想方设法选择其中一个，但不是两者同时选择。

（二）说服的策略

根据亚里士多德的三大修辞劝说模式，说服一般可分为理性、情感和人格。[19]

低语境文化中，说服的策略更多依靠事实依据，即理性说服策略，用事实让对方与个人的观点产生共鸣，并且低语境文化与高语境文化在进行理性说服时出发角度是不同的。

例证 4-2

说服策略的不同[19]

高语境文化中，说服多来源于情感和人格，即劝说者的人格、态度和道德。情感说服策略认为事实本身是冷酷、中立的，因而重视情感因素的说服力。

例证 4-3

情感说服[20]

说服也来源于道德。在某些文化里，人们说服的策略通常不是基于事实，而是靠道义上正确的东西，用巨大的道德权威力量说服他人。

例证 4-4

道德说服[21]

在商务谈判中，如在价格的商定方面，中国的谈判者更愿意采用情感驱动的办法达成自己的意愿，而美国谈判者则更愿意采用利益分割的办法解决纠纷。比如，中国谈判者经常会说"鉴于我们双方之间的长期业务关系，我方愿意降低价格"，或"虽然我们想满足你方要求，但很难按你方要求降低价格"。而美国谈判者则习惯于说"如果你方降价4%，我们可望成交"，或"由于你方不同意降价，我们只得向其他供应商购买"。

三、组织解决问题的信息

对于解决问题的信息，常见的组织方式有讲故事、类比、演绎推理与归纳推理、讨价还价等。

（一）讲故事

就如何解决问题进行沟通，一个方法是叙述。巫师是部落中至关重要的人物，他们的角色就是故事讲述者。但是，巫师并不是精确地叙述历史，而是通过讲故事引导和影响人的行为，故事也会根据不同的文化背景进行修改。

讲故事能够向人们传递事物的解决办法。波音公司的前总裁兼 CEO 菲尔·康迪特（Phil Condit）重点提到过他在西南航空的同事赫伯·克莱赫尔（Herb Kelleher）就是一个擅长讲故事的领导者。例如，一名登机检票员陪同老人飞行，确保老人安全到达目的地的故事。故事带来的效果是，当另一位西南航空的员工遇到相似情况时，他就会像故事中的检票员一样行事。更理想的情况下，故事不仅会有效传达给在场听众，还会通过各级经理和口口相传成为公司企业文化的一部分。

讲故事能够向他人更有效地传递自己的看法。根据菲尔·哈金斯（Phil Harkins）的研究，每个领导者都需要有一种独特的声音：伟大的领导者经常通过讲故事传递信息，使大家团结也成了组织共同知识的一部分。罗纳德·里根总统对这种能力做出了很好的诠释。在1984年的选举中，他通过不断重复美国人被税收重创的故事，成功支持了一项基础税收改革的计划。这个策略很奏效：选民接受了他关于美国人民抗税历史的故事，也接受了他提出的方案。最终里根以压倒性的优势赢得了选举，使改革方案在反对党控制的国会下获得通过。[22]

讲故事能够使组织获得对事物的理解和启示。

《松鼠公司》[23]

（二）类比

类比，即进行引申的对比，是谈论问题解决方案的另一种方式。在企业文化的构建中，类比通常用来描述企业文化的构建策略。

小说《上海人在东京》中，一个日本人说："我们的民族就像这樱花，一朵一朵看起来并不起眼，但是合起来，就会红透漫山遍野，非常有气势。"[24]其中樱花的类比，不仅是日本的象征，更能唤起日本人像忠诚于自己的国家一样忠诚于自己的公司。在日语中，日本人把公司叫作"会社"。所谓会社，就是"大家赖以生存的集团"的意思。按日本人的心理，集团是一个命运共同体、利益共同体。正如一位评论家打过的比方：日本人像一群小鱼，总是秩序井然地朝着一个方向游动，直到一块石子投入水中，打乱了这个队列，它们就转变方向朝相反的方向游去，但仍然队列整齐，成群游动。

宜家的总裁坎普拉德在公司每年的圣诞节谈话开头都会说："亲爱的宜家家族，我想拥抱你们。"唤起宜家员工对家庭的感情，传达宜家的家企业文化。

（三）演绎推理与归纳推理

对低语境文化来说，推理方式包括演绎三段论（演绎推理的一种）和归纳。归纳是从实例中概括出普遍规律；演绎推理方式则是推断，从普遍规律推理到某个具体的实例。三段论推理是演绎推理中的一种简单判断推理。例如，所有的偶蹄目动物都是脊椎动物，牛是偶蹄目动物，所以牛是脊椎动物。归纳法的逻辑反映出追求精确事实和科学的西方理性传统，它要求对存在于说话人和听话人之间的关系之外的理由进行抽象的概括。因此，归纳法有着使听话人与说话人之间产生距离的效果。

法国、西班牙、意大利的沟通者采用演绎推理。他们喜欢从抽象的概念和原理出发阐述自己的观点，一般不喜欢美国人的沟通方式，认为美国人的沟通方式太实用主义，太急于在理论框架尚未确立之前就付诸实践。

高语境认为，推理不是外部的、与沟通各方的关系相脱离的因素。任何解决问题的讨论都必须把讨论各方的关系考虑在内。推理自身并不具有说服力，是关系情境赋予这些推理以一定的意义。

（四）讨价还价

解决问题的交谈中，会谈的双方都会提出自己的立场，提出符合自己立场的问题解决方案并阐明理由，然后双方通过讨价还价修订对方的立场和自己的立场，直到达成解决问题的方案。例如，在阿拉伯文化中，解决问题的交谈可能按照阿拉伯市场上的方式进行，"市场"在这里只是一个类比。市场上的交谈是一种讨价还价过程，开始时双方报价，初始报价与双方期望的成交价格相去甚远，经过一番讨价还价后，双方最终在一个价格水平上达成一致。

讨价还价的过程涉及了两方或多方的信息交流，不可能仅由一方来完成。因此，这种解决问题的方法受到了很多集体主义文化的青睐，因为在集体主义文化中，找到问题解决方法的过程是一个集体合作的过程，而不是个人任务。

四、组织不受欢迎的信息

不受欢迎的信息通常是指沟通中双方持有不同观点的问题、拒绝等。

（一）就问题进行沟通

谈论麻烦的事情对任何文化背景的人来说，都不容易开口。

在低语境文化中，信息一般被编码成明晰的、直言不讳的词语。在问题发生时，美国人希望听到明确的道歉"对不起"。或者对发生的问题进行沟通。人们传递不受欢迎的信息时也像说服他人时一样使用客观事实，假定事实是中立的、有帮助作用的、不带个人情绪的。

而在高语境文化中，当问题出现时，沟通者很可能以简洁和委婉的方式组织信息。非语言符号也常用来传播信息，微笑、手势和头部姿势以及其他一些非语言行为都可以表示"致歉"的意思，而低语境文化的沟通者很难看出这一点。例如，在文字信息中，低语境文化中的人可能在信的开头就要求赔偿，因为所订货物延迟到达，已经没有使用价值了；而高语境文化的人则在要求退款之前先对双方企业之间的关系做一个全面的回顾。

（二）拒绝

拒绝是对建议、邀请、给予和请求的否定回应，拒绝意味着不同意对方的观点，因此是有损对方面子的言语行为。为了减少威胁的程度，保证交际的顺利进行，人们总是采取一定的策略。

提到面子，人们通常会想到西方语言学家 Brown 和 Levinson 的面子理论，他们把面子分为两类：一类是积极面子（positive face）；另一类是消极面子（negative face）。[25]Brown 和 Levinson 还指出，有些语言行为，如请求与拒绝，在本质上和交际者的面子相悖，被称为"威胁面子行为"(face threatening acts, FATs)。Brown 和 Levinson 对面子的分类是基于西方文化的,他们所说的希望是个人希望行为自由和得到社会承认、尊重,而中国式的希望要求个人的需求不要超越社会所给予个人的身份地位。前者代表了以个人为中心的社会价值观(即个体主义),后者则代表了个人从属于社会的价值观(即集体主义)。

低语境文化里,人们经常采用拖延和委婉的方式表达拒绝的意思,美国的商务沟通教科书也赞同这个观点,建议沟通者"慢慢地说'不'",即先解释原因,因为事实会说服对方,在对方快要看到表示拒绝的信息时,已经被说服。不过并不是所有的美国企业都理解这种做法。西方人大多直言拒绝,不仅出现频率高,而且常见于各种社会场合,不受社会地位、社会距离、年龄因素的制约。

高语境文化中,"不"字很少直接使用。如在拒绝朋友提供的蛋糕时,低语境文化的人可能直接说:"我吃不下了。"而在高语境中,则会以玩笑来回答:"我的胃已经开始罢工了。"日本商人注重礼节、人情关系,具有强烈的集体意识,执着、耐心,他们用迂回曲折的方式陈述自己的见解,从不愿直接说"不"字,据说在日语中大约有16种避免说"不"的表达方式。[26]

因此,要表达"不"的意思就要借助各种有创意的手法。

例证 4-6

日本人的拒绝[27]

在对他人的请求表示拒绝时,高低语境文化组织信息时顺序有所不同。在高语境文化中,人们的社会关系、地位等同样影响着拒绝信息的表达。李玮在对80名中澳大学生进行调查后发现,不管被拒者地位、权势高或低,澳大利亚受试者拒绝请求时一般先表达赞同或肯定,然后表示遗憾,理由通常放在第三位。[28]而中国受试者则大多对权力关系比较敏感,当被拒绝者权势高时,大多数中国受试者先表达遗憾或道歉,然后给出理由;而当被拒绝者权势低时,则大多先表示赞同或肯定,然后直接给出理由,省略道歉或遗憾。

除了西方学者归纳的直接拒绝和间接拒绝,还有一种拒绝现象不容忽视,即客套性拒绝。中国人在被邀请或被赠予的时候,通常不立刻接受,而是先拒绝,看对方是实质性的,还是礼节性的。如果是礼节性的,那么拒绝是唯一的选择;如果对方一再坚持则可以接受。有时在接受前,这一"邀请—拒绝"模式会重复几次,最初的客套性拒绝就会演变成接受。客套性拒绝在西方文化中是缺失的。[29]

因此,在进行跨文化沟通时,需要分辨说话者语言背后真正的意思,或许一个肯定的答复是对你礼貌性的拒绝,而拒绝实则是礼貌性地接受。

第三节 文化与信息的沟通

跨文化信息沟通的方式主要有语言和结构化行为，尽管语言在信息沟通中占有主要位置，但其在不同文化中占有的比重还是不同的，不同的文化也会利用不同的结构化行为代替语言沟通。同时，在沟通的风格选择上，文化因素也起着重要的作用。

一、跨文化信息沟通的方式

语言在不同文化中具有不同的作用，英语文化强调正确和恰当，日本文化重视和谐与沉思，阿拉伯文化习惯用冗长的词语进行描述和表达，中国文化多用"人称"主语和主动句，英国文化则常用"非人称"主语，并且主动句和被动句并重。文化也影响着人们选择结构化行为进行沟通。

（一）语言

20 世纪 70 年代中期，美国语言哲学家格赖斯提出了著名的语言交际"合作原则"。[30] 为了交际成功，交际的双方必须做到以下四条准则：① 数量准则，说的话要不多不少，只说需要说的话。② 质量准则，说话要真实，不说证据不足的话。③ 关联准则，说话要切题。④ 方式准则，说话要清楚、简练。显然，"合作原则"本身就预示了话语对信息编码的重要性，也预示了高、低语境文化之间的冲突。中国素来有"沉默是金"的古训，因为"言多必失"，要适时地"三缄其口"。因此，在国际商务谈判中，中国代表讲求以静制动，说话中间间隔一段沉默有利于自己思考问题。如果谈判的对方是美国人，那么他们就会认为中方的少说或不说是缺乏热情，或对谈判不感兴趣。由于我们的明码信息太少、表达模糊，这明显是"不合作"。信息不对称，冲突自然会发生。[31]

例证 4-7

英语文化和汉语文化的语言差异[32]

1. 以话语形式对信息进行编码的相对重要性

话语是为沟通创造的工具，不同文化对使用这一符号工具的喜欢程度也不同。在低语境文化中，话语的作用是通告、传递信息，有效的沟通就是清晰地表达自己的意思。在高语境文化中，不用话语也可以实现信息沟通，举手投足、一颦一笑都可以传递信息。组织与成员之间进行沟通的作用首先是维系关系，在这个关系框架内，沟通才具有传递信息的作用。

2. 话语在英语文化中的作用

英语文化十分重视用语言表达思想，而且认为使用语言是十分必要的。在语言表述过程中，最重要的是使用最正确的、最恰当的词语传递意思。英语世界的人普遍喜欢使用最恰当的词。在美国，这种倾向性同该文化中词语具有的法律重要性和影响力有关。人们订立合同非常注意措辞，因为在商务函件中，人们必须对自己写下的所有内容负责。但是，在口头交流中，俚语、夸张和说大话的方式被广泛使用，这也是对字斟句酌、谨慎选词的倾向的一种蔑视和嘲弄，而且使用这类词语的往往是年轻人和赶时髦的人。英国人在口语中虽然已经开始广泛使用"卓越的"（brilliant）和"巨大的、惊人的"（fabulous）这样的形容词来表示"很好"的意思，但英国人日常会话很少使用表示极端意义的词。英国人通常觉得美国人说话言过其实。

再者，语言也是反映英国阶层高低的一个重要标志，阶层不同使用的语言、词语、语音等都不相同。萧伯纳的《卖花女》（Pygmalion）讲述的便是说话不饶人的语言学家贺勤（Henry Higgins）与友人打赌，在 6 个月之内，将满口乡音、在伦敦街头卖花的少女伊丽莎（Eliza Doolittle）改造成大家闺秀，其中最主要的便是对其发音、用词的校正。

3. 话语在日本文化中的作用

日本心理学家 Iwao 曾这样描述日本人的沟通："日本人心中有一种心照不宣的信念，那就是把深刻的情感体验用语言表达出来会损坏其价值，不用言词而达到的默契比通过讨论解释而达到的彼此相知更为珍贵。"[33]他进而以此解释日本人婚姻中出现的问题，多数是因为丈夫很少对太太说"我爱你"。如果一个日本女子有勇气问丈夫是否爱她，丈夫会感到极度窘迫而且恼怒，他会说："难道我还需要这样说出来才能表示吗？"

日本的很多语言强调了这一点。

➢ 知道的人不说；说的人不知道。
➢ 凭一张嘴可以建造起大阪城堡。
➢ 声音喜欢天堂；外表钟爱地狱。

日本人对于用语言表达思想不太看重，而是高度重视和谐与沉思，所以日本人在倾听时都会琢磨说话者的弦外之音。在日本文化中，即使说话，人们也应该采用不完全表述的说法。夸大自己的权力和成就被认为是低劣的嗜好，把自己抬得比别人高在日本文化中是一种耻辱。

听话人一直要等到说话人讲完才发言。在说话人讲完后保持一会儿沉默是有礼貌的表现，这表明你在思考对方所说的话。相反，打断某人说话是很不礼貌的。

日语这种对信息进行省略性编码，但从多个层面理解信息的方式，是一种窄出宽进的沟通方式，即信息从"小出口"发出，再通过"大入口"接收进来。为了达到这个目标，用日语沟通的人使用了多种言语形式，如迟疑、话不说全、不完整句等。日本人的思维方式是呈集群状或网络状的，语言形式也是从一个思想或者集群到下一个和再下一个，而且这些思想之间的联系可能不明显。

4. 话语在阿拉伯文化中的作用

阿拉伯语是《古兰经》所用的语言，是真主选来向穆罕默德解释真理的语言。伊斯兰教的教徒认为，阿拉伯语的意思非常明确，且亘古不变，对阿拉伯语的任何质疑都是不妥当的。

讲阿拉伯语的人喜欢用冗长的词语进行描述和表达，从下面的谚语就可以看出来。

- 你的石头就像你的马。如果你照顾它，它就会照顾你；如果你冒犯它，它也会冒犯你。
- 调高你的嗓门，否则他们的争论会盖过你的声音。
- 亲吻狗的嘴（用甜言蜜语哄骗它），直到你从它那里获得了你所需要的。

阿拉伯语多用夸张、修辞格和重复的手法，使语言运用丰富多彩、生动活泼。生活在阿拉伯文化中的人们常常会为多才多艺的作家和演说家的艺术才能欢欣鼓舞。人们可以为了说话而说话，而不是为了表达意思而说话。

5. 话语在俄罗斯文化中的作用

俄罗斯著名学者别尔嘉耶夫在《俄罗斯思想》[34]中写道：俄罗斯民族是最两极化的民族，充满矛盾性与复杂性。一方面，是恭顺，是对权力的放弃；另一方面，是由怜悯之心激起的、追求正义的暴动。一方面，是同情，是怜悯；另一方面，是潜在的残忍。一方面，是对自由的爱；另一方面，是对奴役的接受。

伟大的俄罗斯作家阿列克谢·托尔斯泰也曾说，要爱就要爱得丧失理智，要吓唬人就来真格的，要骂人就在气头上骂，要砍人就抡开胳膊使劲砍！

俄罗斯诗人丘特切夫如此表述俄罗斯文化中这种难以说清的魅力："无法用理智去认识俄罗斯，无法用普通的尺子去丈量；她有着独特的身段——你只能去把俄罗斯信仰。"

6. 语言结构的作用

受"主客体统一"传统哲学思想的影响，中国人的思维往往强调以人为本，注重主体意识。表现在语言上，"汉语多用'人称'主语，句式多倾向于'主动'句式"。[35]例如，一则外贸函电中文报盘："我们须申明，丝绒的需求殷切，而现货有限，该盘有效期仅限一周。"汉语使用第一人称和第二人称代词比较多，这反映出中国人的交际和关注对象更多集中在"我"和"你"之间。西方思维模式起源于西方机械综合论宇宙观。[36]西方人注重客观事物和现象对人的作用和影响，反映在语言上，以英语为典型代表，英语"倾向于多用'非人称'主语，句式多倾向于'被动''主动'句式并重"。[35]例如：The goods were promised to be delivered within a week, and we have been put to considerable inconvenience through the long delay. 英语第三人称的使用频率比汉语高，多用被动语态。用了被动语态，把信息的焦点集中在实际存在的问题之上，刻意隐去责任方，给对方一点面子。这是商务文化沟通的一种语用策略。给对方面子的目的是在解决实际问题时得到对方的支持。[36]

（二）结构化行为

结构化行为不同于前面讲的非语言信号，前者指的是可以替代语言信息的沟通渠道，而后者指的是体态语（body language）、客体语（object language）、环境语（environmental language）和副语言（para language）。结构化沟通行为通常经过仔细安排，有始有终。在一些文化中，讨论某些事情可能会使人丢面子。在这种情况下，人们常常会通过行为进行沟通；或者在某些情况下，当话语不能很好地表达说话者的意图时，结构化行为常常代替语言信息进行沟通。

例证 4-8

毛泽东的挥手之间[37]

二、跨文化信息沟通的风格

跨文化沟通的风格在跨文化沟通中的作用也是至关重要的，沟通的风格主要有正式的和非正式的。一个信息的传达在某一种文化中以非正式的方式传达下去，能够得到较好的执行，但是在另一种文化中，可能就不能引起大家的关注，不同文化对沟通风格有着不同的偏爱。

（一）正式与非正式

在不同文化中，信息沟通风格的不同与权力距离的大小有着密切的关系。

权力距离较大的文化中，管理者常采用正式的写作风格强调权力距离，突出自己的权威。同时，下属希望上司使用正式文体，因为上司不这样做就有可能失去下属对他的尊重。下属也希望确信：他们的主管的确建立了在他们之上的牢固地位，对他们的利益是负责的，是尽最大努力为他们谋利益的。这种正式风格有助于迅速做出决策，因为下属不大可能对上司的决策提出质疑。

在权力距离较小的文化中或平等性文化中，比如讲英语的国家的文化和北欧的文化，更重视员工的平等地位。其沟通方式是包含式的，对管理者和下属之间的权力距离轻描淡写、不太看重。员工可以通过参加"总经理座谈会"、业绩报告会，以"大家庭"报、公司互联网页、"畅所欲言"或"我建议"等形式反映个人问题，进行投诉或提出合理化建议，进行直接沟通；管理层也可以根据存在的问题及时处理员工事务，不断地促进员工关系，创造良好的工作氛围。当然，这种沟通风格在做决策时或许效率不那么高，每个人都能够提出具有充分依据的意见，并以双向沟通的形式提供反馈，这就会花费较多的时间在讨论问题上。

在阿拉伯、非洲和亚洲这样的等级制文化中，管理者所写的备忘录在强调平等的文化成员看来，就显得太专制。而美国的商务沟通教科书提倡使用友好的语气和非正式的文体，从而得到读者的最佳配合。

由于非正式沟通不必受到规定手续或形式的种种限制，因此往往比正式沟通还要重要。[38]它一方面满足了员工的需求，另一方面也补充了正式沟通系统的不足。在等级制文化的组织中，非正式的信息传播网络非常发达。

例证 4-9

惠普之道[39]

（二）背景框架式的信息

"背景框架"就是在传递信息之前阐释该信息的语境，有的文化会在传递信息时保留背景框架信息，有的文化则不再对背景框架信息进行描述。

美国的记者在写报道或评论时，无论这个事件已经被其他电视节目或报纸介绍过多少遍，他们都会在自己的文章中将事情的来龙去脉讲清楚，之后再开始自己的评论，这样的写作方式基于假设读者对该事件的背景知识一无所知，是低语境沟通。再看中国的报纸，经常是有的文章不看以前的报道就看不懂，不知到底发生了什么事而使作者有如此的感想。这样写作的假设就是大家都已经有了关于该事件的背景知识，是高语境沟通。

 本章小结

- 沟通是一个人或多个人之间进行信息传递的过程，信息包含在语境中，受到噪声的干扰，沟通产生效应并引起反馈。沟通的主要要素为信息传递者、接收者、语境、信息、渠道、编码程序、噪声干扰、解码程序、反馈。
- 企业内部沟通的目的有发布命令或指导、通知、激励、惩戒、解决冲突、分析局面和问题等；外部沟通的目的有产品推广、公司形象建立、客户关系协调/谈判、合作商的谈判等。
- 跨文化沟通的特点：文化对接难度大；文化距离不同使跨文化沟通的难度不同；沟通成本高于一般沟通成本；跨文化沟通呈现沟通主体多国化、沟通渠道科技化、信息传递快捷化的发展趋势。
- 组织说服性信息时，低语境文化侧重以事实为依据，而在高语境文化中，情感、人格等都可用来作为论证；组织解决问题的信息，常见的组织方式有讲故事、类比、演绎推理和归纳推理、讨价还价等。
- 在低语境文化中，话语的作用是通告、传递信息。在高语境文化中，组织与成员之间进行沟通的作用首先是维系关系，只有在这个关系框架内，沟通才具有传递信息的作用。
- 跨文化沟通的风格在跨文化沟通中起着重要的作用，沟通的风格主要有正式的和非正式的。在权力距离较大的文化中，管理者常采用正式的沟通风格；在权力距离较小或平等性文化中，非正式的沟通风格相对盛行。

课程思政

1. 加快构建中国话语和中国叙事体系,讲好中国故事,传播好中国声音,展现可信、可爱、可敬的中国形象。

2. 借助跨文化沟通,可以实现政治、经济、科技、文化、管理等方面的有效交流,增强互相理解、互相学习、互相信任,实现相互尊重、相互包容、相互妥协、相互改变,寻求共性,找到文化由此达彼的桥梁,使沟通双方受益。

 思考练习题

一、选择题

1. 以下哪项不属于组织解决问题信息的策略?(　　)
   A. 讲故事　　　　　　　　　B. 类比
   C. 演绎推理和归纳推理　　　D. 尽量少说,以免发生矛盾

2. 下列哪项不属于亚里士多德的三大修辞劝说模式?(　　)
   A. 理性　　B. 情感　　C. 权势　　D. 人格

二、简答题

1. 简述跨文化信息沟通的特点。
2. 简述不同文化说服策略的不同。
3. 概述话语在阿拉伯文化中的重要性。

 **案例分析**

回答的方式[40]

问题讨论:

1. 试分析:案例中跨文化交流的矛盾是什么?是由什么原因引起的?
2. 结合案例,试谈跨文化交流中应注意的问题。

情境分析

问题讨论：
1. 分析上述两个情境中跨文化交际出现问题的原因。
2. 站在情境中各个人物的角度，谈谈如何优化他们的沟通。

 参考文献

[1] 陈培爱. 著名品牌故事[M]. 厦门：厦门大学出版社，2009.

[2] 香农. 通信的数学理论[M]. 上海：上海市科学技术编译馆，1978.

[3] 维纳. 控制论[M]. 北京：科学出版社，1963.

[4] 洛. 电话沟通[M]. 北京：外语教学与研究出版社，2014.

[5] 谢荣见，孙建平. 基于现代企业的管理沟通探讨[J]. 华东经济管理，2006（8）：110-112，137.

[6] 王怀明，王君南，张欣平. 管理沟通[M]. 济南：山东人民出版社，2007.

[7] 戈夫曼. 日常生活中的自我呈现[M]. 北京：北京大学出版社，2016.

[8] HOMANS G C. Social behavior as exchange[J]. American Journal of Sociology, 1958(63): 597-606.

[9] FESTINGER L. A theory of social comparison processes[J]. Human Relations, 1954(7): 117-140.

[10] 余群建，郑休宁. 管理与沟通智慧：管理者的案头宝典[M]. 北京：中国财富出版社，2021.

[11] 梅红，宋晓平. 领导行为、沟通满意感与组织绩效的相关性研究[J]. 科学管理研究，2007（5）：91-94.

[12] PARSONS T, SHILS E A. Toward a general theory of action[M]. Cambridge: Harvard University Press, 1952.

[13] 刘志麟，孙刚. 建设工程项目管理[M]. 北京：中国建材工业出版社，2013.

[14] 黎永泰，黎伟. 跨文化沟通特点探讨[J]. 云南大学学报，2007（6）：46-51.

[15] 戴逸.《五千年中外文化交流史》序[J]. 历史教学，2001（1）：40-42.

[16] 宣云凤，张建晓. 论跨文化交流中的多元文化主体[J]. 江海学刊，2017（4）：210-215.

[17] BRETT J, OKUMURA T. Inter-and intracultural negotiation: US and Japanese negotiators[J]. Academy of Management Journal, 1998(41): 495-510.

[18] BROWN P, LEVINSON S C. Universal in language usage : politeness

phenomena[A]. Cambridge : Cambridge University Press, 1978.

[19] 钟华丽,李丽梅. 中美时尚杂志化妆品广告劝说策略对比研究[J]. 咸宁学院学报,2011（11）: 139-141.

[20] 陈文静. 国际商务谈判中说服技巧的应用[J]. 对外经贸实务,2015（1）: 61-63.

[21] BEAMER L, VARNER I. Intercultural communication in the workplace[M]. New York: Mc Graw-Hill, 2001.

[22] 马歇尔,艾德梅克. "故事"领导力[J]. 中欧商业评论,2011（12）: 121-125.

[23] 丹宁. 松鼠公司[M]. 屠新泉,陈英,译. 北京: 中国社会科学出版社,2005.

[24] 樊祥达. 上海人在东京[M]. 北京: 作家出版社,1992.

[25] BROWN P, LEVINSON S C. Politeness: some universal in language usage[M]. New York: Cambridge University Press, 1987.

[26] 李丽. 浅析国际商务谈判中的文化差异: 从戴姆勒-克莱斯勒的案例谈起[J]. 商场现代化,2006（4）: 16-17.

[27] 陈晓萍. 跨文化管理[M]. 北京: 清华大学出版社,2014.

[28] 李玮. 汉、英拒绝言语行为表达方式之比较[J]. 北京科技大学学报（社会科学版）,2005（1）: 86-90.

[29] 李莉斌,高树钦. 中美拒绝策略对比研究[J]. 中小企业管理与科技（下旬刊）,2010（18）: 99-100.

[30] GRICE H P. Logic and conversation[C]//COLE MORGAN. Syntax and semantics: speech acts. New York: Academic Press, 1975: 41-58.

[31] 戢焕奇,朱海玉. 试论高语境文化和低语境文化之间的交际[J]. 商场现代化,2005（30）: 195-195.

[32] 许建忠. 翻译教育学[M]. 天津: 天津社会科学院出版社,2021.

[33] IWAO S. The Japanese women: traditional image and changing reality[M]. New York: Free Press, 1993.

[34] 别尔嘉耶夫. 俄罗斯思想[M]. 雷永生,邱守娟,译. 北京: 生活·读书·新知三联书店,1995.

[35] 张思洁,张柏然. 试从中西思维模式的差异论英汉两种语言的特点[J]. 解放军外语学院学报,1996（5）: 8-12.

[36] 赵征军. 中西思维差异与语言翻译[J]. 荆门职业技术学院学报,2002（2）: 51-55.

[37] 赵凤兰. 跨文化商务交际中东西方文化差异研究[J]. 考试周刊,2008（46）: 229-230.

[38] 黄漫宇. 商务沟通[M]. 北京: 机械工业出版社,2010.

[39] BARTELS J, PETERS O, DE JONG M, et al. Horizontal and vertical communication as determinants of professional and organizational identification[J]. Personnel Review, 2010, 39(2): 210-226.

[40] 崔佳颖. 从惠普文化看企业有效沟通[J]. 经济与管理研究,2005（11）: 40-43.

第五章
建立关系的文化准则

学习目标

> 了解建立关系的文化准则
> 了解跨文化沟通中关系的建立
> 掌握社会结构的两种格局
> 了解权力和权威象征的主要内容
> 了解关系维持的文化差异
> 掌握跨文化商务活动中的社交行为

引例

华能集团的跨文化管理实践

在不同文化背景下从事企业生产经营活动,最为重要的就是要了解当地文化习俗、消费观念、价值观和社会需求,不能将母国本土的管理经验、理论和模式生搬硬套地移植到其他国家,在这方面,华能集团的做法值得借鉴。

华能集团先后大手笔收购了澳洲电力公司、新加坡大士能源、美国国际电力公司等项目。在境外收购过程中,华能集团并没有贸然采取文化变革措施,而是遵循存"大异"求"小同"的原则,使双方的文化差异尽可能少地产生冲突,为跨文化管理打下坚实基础。在2011年对国际电力公司进行股权收购时,鉴于国际电力公司原有的管理团队经验丰富,熟悉电力行业和其所在国的监管环境,并与主要行业参与者保持着良好关系,华能并没有急于变革,而是最大程度地保留国际电力公司从董事会成员到经营班子成员的构成整体不变,保持了公司运行的延续性和稳定性,做到了"工作不断、秩序不乱"。

此外,华能集团注重打造特色企业文化。华能集团推行"三色"企业文化理念,"红色"是中国华能的本色,是立身之本、"三色"之本;"绿色"寓意人类与自然环境协同发展、和谐共进;"蓝色"是中国华能标识的基本色,寓意中国华能坚持与时俱进、学习创新、面向世界,获得了项目本土管理者和员工的一致接纳和认同。

(资料来源:徐进. 跨文化管理:搭建电力集团"走出去"的人文平台[J]. 中国电力企业管理,2019(7):84-85.)

社会是由社会关系组成的，社会中的每一个人都存在于同他人的关系之中。由于各民族在世界观、价值观以及社会结构等方面的差别，人们对人际关系的态度是不同的。

第一节 人际关系与文化

人际关系是作为社会主体的人为了满足自身生存和发展的需要，在社会实践中建立起来的。人际关系的本质在于它的社会性，因为人的本质是社会人，人际关系在社会中得以建立和发展，任何人际关系都会打上社会的烙印。人际关系也会随着社会文化的不同而有所差异。

一、人际关系建立的两个维度

人们结成一定的人际关系是为了满足自身的需要，而这些需要又可以简单地分为情感需要和理性需要，由此人际关系结构的建构自然就有了两个维度：情感维度和理性维度。梁漱溟指出："西洋人是要用智的，中国人是要用直觉的——情感的。所谓孝悌、礼让之训，处处尚情而无我。"[1]而通晓东西方文化的林语堂则在比较后认为："对西方人来讲，一个观点只要逻辑上讲通了，往往就能认可。对中国人来讲，一个观点在逻辑上正确还远远不够，它同时必须合乎人情。实际上，合乎人情，即'近情'比合乎逻辑更重要。"[2]

中国人交往重情，人情是中国人与他人进行交往、建立关系的主要依据和准则。它决定了中国人在与没有血缘关系的他人进行交往互动时所表现出的互惠互利的社会性交换行为以及在人际交往活动中的关系取向。[3]在与有着一定血缘关系的家人、亲戚交往时，通常人们会根据双方的血缘关系遵循亲情法则而表现出奉献行为；在与没有丝毫血缘关系的外人交往时，通常人们会根据个人的需求和利益得失遵循公平法则而表现出交换行为。亲情法则和公平法则是人们进行社会交往时所遵循的最基本的两种运作法则。[4]

在西方，人际交往无须进行关系的身份形式的判断，表现为非关系取向。无论是谁，无论与交往者有何种先赋性关系，都要依赖内容进行判断，其法则的核心是互惠与公平。西方的人际关系更多地表现为"工具性关系"，通常这种关系发生在陌生人之间。这种关系遵循"公平法则"，根据公与私、群体与个体划分，而不是根据亲缘、熟人及陌生人划分。总之，就事论事，公平是西方人际交往的突出特点。[5]

二、社会结构的两种格局

社会结构的两种格局是指团体格局和差序格局。

（一）团体格局

西方现代社会中的"团体格局"就像"一捆一捆扎清楚的柴"。在同一个团体中，每个人与这个团体的关系是相同的，因此人与人之间的地位也是平等的，在团体成员之间，人际关系就像"柴束"中那一根根并排平行、束在一起的柴枝一样，平等而简明。如果同一团体中有组别或等级的分别，那也是事先规定的。[6]组别或等级可被视为内部的"亚团体"，在每个组别或等级内部，成员之间彼此依然是平等的。

（二）差序格局

中国传统社会中的"差序格局"：社会关系是逐渐从一个一个人推出去的，是私人联系的增加，社会范围是一个个私人联系所构成的网络。这就好像把一块石头丢在水面上所发生的一圈圈推出去的波纹，每个人都是其社会影响所推出去的圈子的中心，被圈子的波纹所推及就发生联系。每个人在某一时间某一地点所动用的圈子是不同的，一圈圈推出去，愈推愈远。

三、权力与权威

俗谚云："家有千口，主事一人。"来自不同文化背景的人对于什么重要、谁更重要有着不同的见解，对于谁拥有决策权也持不同的观点。了解权威和权力的各种象征形式对商务人士大有裨益。

（一）权力和权威的象征

1. 家庭和社会结构作为权力的象征

家庭是社会的基本组成单位，而家庭成员之间的关系也是最基本的人际关系。中国传统家庭里，家庭关系呈金字塔结构，辈分最高、年龄最大的受到最多尊重，并且以男性为中心，如果有所违背就是大逆不道。

拉丁美洲、阿拉伯等国家的传统与中国类似，也是以男性为中心。所有者或管理者做决策，下级人员贯彻并执行决策。等级阶层中的上层人员负责管理、照料下层人员，下层人员服从并执行上层人员的命令。

2. 职业作为权力和权威的象征

在所有文化中，某些职位和职业都拥有较高的权威。德国一个权威的民意调查研究所对2197名16岁以上的德国人的调查表明，最受尊敬的职业排行依次是医生（72%）、牧师或神职人员（39%）、大学教授和企业家（30%）、律师（29%）、小学教师（27%）等。[7]在亚洲社会，老师具有至高无上的权威，人们认为他们有智慧，所传授的东西毋庸置疑。韩国、日本以及东南亚其他大部分地区都将教师置于较高的位置。

与来自不同文化背景的人进行商务交往时，需要弄清楚哪些职业、哪些类型的人应该受到特殊的尊重。他们的观点和想法可能更有分量，因此，在做决定之前，可以向他们咨询。

3. 服饰作为权力和权威的象征

服饰作为权威的象征由来已久。古代中国便是一个自古以服装区分官位等级的国家，官位不同，官服自然就不同，通过服装便可得知其官位是几品，而官服的错穿则可能招致杀身之祸。

例证 5-1

清朝官服制[8]

世界上男士标准的商务着装是西服、衬衣和领带，女士标准的商务服装是各种西服套装或其他式样的女套装。这貌似很简单，但其中有很多象征权力或权威的细节变化，商务人士需要了解当地的风俗和传统习惯。着装以及对东道国文化的规则和仪表习惯的尊重，显示对对方的尊重和真诚态度。这并不意味着你必须穿戴当地服装，但你的着装必须符合当地的文化习俗。西方人大都注重着装的舒适和适用，甚至认为休闲服装无论在哪里都是得体的，许多人穿着短裤出入教堂和博物馆。

女性的着装是否得体、适宜，不同的文化有着完全不同的准则。在阿拉伯国家，即使是在正统派伊斯兰教徒较少的地区，妇女的着装也应该谨慎、得体。妇女必须用头巾或帽子罩住头部，超短裙、无袖衬衫、无袖套装、紧身裙子等都是不合适的。伊朗规定，在公共场合，女性必须把胳膊、腿和头发都遮盖起来。意大利则将着装细节都规定得很清楚。

4. 语言作为权力和权威的象征

在大多数文化中，语言也是权力的象征。下面以日语、法语、俄语为例，谈谈语言与权力和权威的关系。

（1）日语。日本社会是等级制社会，公司内上司和下属、前辈和新人的区别异常明了，这也使日本公司的"年功序列"制度得以长久存在，并且到今天仍然是日本雇佣体系的基础。在语言的使用过程中，最能体现人际关系权力和权威的，莫过于敬语的使用。在现实生活中，日本人使用敬语和称谓来表达"上下""长幼""贵贱"等一系列人际关系，人与人之间语言的交流应考虑什么样的称谓、什么样的文体、什么样的说法和什么样的态度。

日语里表示第一人称和第二人称均有多组词：表示第一人称的有"私、仆、俺"等；表示第二人称的有"贵方、君、前"等。其中，"俺"一般是关系亲密、非正式场合的朋友之间使用的，"君"也多用于相互熟悉的人之间。因此，学生在和老师讲话时就不能用"俺"，因为这样会让人觉得把老师和自己看成一样，甚至低于自己，即使需要表示亲密，最低限度也只能用"仆"。再者，若两者之间无上下关系，但是由于二者并不熟识，理当有内外之分，从而选择不同的代词。第二人称的三个代词都是表示"你"的意思，"君"用于同辈或下辈男性的称呼；"贵方"是最普遍的，一般用于关系较亲密的人，如夫妻情侣间；"前"略带粗俗，男性朋友可用来调侃对方，但女性除外，并且绝对不能用在同事和上司之间。日本人在使用语言进行对话时，首先必须做一件事，那就是根据自己所掌握的信息，判断自己是在跟谁说话，由此选择恰当的称谓。初到日本的外国人都会为日本的复杂称谓感到迷茫。

日本人遇到尊长的时候，一般用对方的职称、职业名代替，或者至少使用姓氏加敬语词尾"さん、さま"（先生、女士）。比如，上司应被称为"课长先生"，而不是"阿部课长"。

日本人称呼自己的亲属时也经常使用表示谦虚的自谦语以贬低自己，如愚父、荆妻、豚儿等。在日本人看来，贬低自己是抬高对方，表示对对方的尊重，也是一种礼貌。在学校是按年龄（年级），在工作单位则按经验（进入单位的年限而非年龄）将周围的人相互称呼"前辈、后辈"。"前辈"和"后辈"的关系一旦确定，"前辈"就要处处关心和体谅"后辈"，作为报答，"后辈"要对"前辈"表示服从和尊敬，这已成为缔结人际关系的规则，人们都会自觉或不自觉地遵守。[9]日本文化认为，在谈话中提及自己是傲慢和不礼貌的。若到日本人家里做客，热情的主人在沏好茶之后总会招呼一声："茶泡好了，请喝吧。"主人要有意避开使用及物动词及代词，如："我已沏好茶，请喝。"

（2）法语。法语有"世界最美的语言"之称，但其使用规则很复杂，有15种时态，词汇分阴阳性，并且有阴阳、单复数的搭配，法语的社会等级性也非常明显，等级不同，法语的使用规则也不尽相同。法语一般被分为三个语级：① 通俗语言；② 通用语言；③ 讲究的语言。[10]

通俗的语言在法语中的字面意思为密切而率直的语言，人们一般在并不注重礼仪交际的场合，在朋友、家人、同学以及不涉及任何权力关系的同事之间使用。通俗语言的发音比较简单，能省就省。如法语中表示"我"的人称代词"je"在以辅音开头的动词前总是被发成"j"，如"J'me suis goure."。并且句子结构比较松散，甚至支离破碎，出现无动词句、时态不配合和否定句不使用"ne"的情况。因此，与陌生人以及上级谈话时，切勿使用此类语言。

通用语一般在说话人不太了解对方的情况下使用，用于同事之间的工作交流、应用文、文化程度较高的成年人之间的对话。而讲究的语言体现为句子复杂，环环相扣，时态、性数配合非常严格，时态变化较多。一般来说，处于上层社会的人更在意语级的差异，他们会根据说话的对象不同而改变自己的说话风格。

（3）俄语。任何一种语言都存在着反映对话人之间相互关系的社会特征。在俄语中，通常可以通过人们交谈所使用的言语礼节判断出其属于哪一社会阶层。

5. 语调作为权力和权威的象征

Kingdon曾经说过，"语调是语言的灵魂"。[11]语调的社会语言学功能是指说话时所用的语调能够表明他的社会地位、身份、职业等。在日常生活中，我们常常自觉或不自觉地通过语调来表明自己的身份。[12]例如，老师在课堂上讲课时通常使用较为平缓的语调，以便学生更好地理解和消化。演讲者在演讲时的音调通常是短促并高昂的，以引起在场听众的共鸣。法官对罪犯说话是严肃有力的。

商务沟通中，友好、善解人意的语调很重要，但意思明确更为重要。美国商务人士一般都会使用很多词语并举例说明，这也是低语境文化的典型特征，观点必须清楚、明确地表达出来。

德国人喜欢通过清晰、精确、直率的命令建立自己的权威。他们喜欢把所有事情都说出来，没有任何保留，并且所用的语言非常精确、不容改变。在德国企业里，经理拥有很大的权力，员工一般都接受经理的权力，听从经理的指挥，很少争辩。因此，命令式的语调是被接受的。

（二）对权力和权威的尊重

不同的文化采用不同的象征形式或符号表示对权威的尊重。中国自古以来就很注重礼仪，讲究尊卑等次，如古代大臣拜见皇上、皇后以及后宫嫔妃时，都需要行礼，并且行的礼是不同的。在宴会酒席上，有方位尊卑观。就总体而言，一般认为中尊旁卑、南尊北卑、东尊西卑、上尊下卑、左尊右卑、前尊后卑、内尊外卑[13]，所以客人一般会坐在左边。而在欧洲和南美洲，贵客通常被安排坐在主人右边的位置。在泰国，年轻者坐的位置必须低于年长者。

因地位和级别的高低不同，日本人鞠躬时弯腰的程度也不同。在日本，人们会看到，下级向上级鞠躬时，弯腰的程度较大，如果发生了错位，双方就会重复这一礼节，直到动作正确。这对外国人来说，很不习惯。

例证 5-2

日本的商务鞠躬礼[14]

在韩国酒席上，随时可见身份、地位和辈分的高低之分。级别与辈分悬殊太大者不能同桌共饮。在特殊情况下，晚辈和下级可背脸而饮。身份高低不同的人在一起喝酒碰杯，身份低者要将杯举得低，用杯沿碰对方的杯身，不能平碰，更不能高过对方的杯子。

在大多数西方文化中，年轻人为年长者开门，下属为上司开门，男士为女士开门，并让后者先进门，以示尊重。

表示尊重的方式在不同的文化中有不同的符号，需要在跨文化交际和生活中多加留意，注意积累。在冲突发生时，能够从对方的文化和习俗角度思考问题，在对方礼节的尊重程度未达到自身文化要求时，也要给予谅解。

四、个人与和谐

（一）捍卫个人权利

西方社会是自古代希腊、罗马发展起来的，从事商业活动的希腊人很早就摆脱了氏族社会的血缘纽带，他们用以财产关系为基础的社会契约制的城邦组织取代了以血缘关系为基础的宗法社会组织，服从权威被公民民主政治所代替，即公民享有最高权威，人人平等。1776 年美国颁布的《独立宣言》明确指出，"我们认为以下诸点乃是不言而喻的公理：人生来平等；造物主赋予了他们与生俱来的权利，即生存、自由、追求幸福的权利。" 1791 年，法国国民议会发布的《人权宣言》指出："就人民权力而言，人生而平等并且只能平等。"[15]

美国商务人员相信,通过培训可以培养起果敢和自信。果敢被视为一种积极的价值观,对果敢和自信的重视强调了个人权益在组织和社会义务之上。美国人一旦对某事产生疑问,就会努力探求事实真相,而不是保持一团和气。德国人比美国人更强调维护个人利益,主张个人权利的重要性。

例证 5-3

美国办公室制胜绝招[16]

(二)维护人际和谐

西方强调自由,注重捍卫自己的权利,果敢自信。亚洲国家的文化推崇和平与和谐的理念,个人是团体的一部分,并且在集体中个人应当"隐藏"起来,强调个人的权利、吹捧自己的优势、成就等都是不能被接受的,甚至会被鄙视。中国便是一个以"和"为贵的国家,《论语·学而》讲到"礼之用,和为贵"。按照礼来处理人与人之间的各种关系,都能恰到好处,都能够调节适当,使彼此融洽。例如,人们倡导处理人际关系的原则是谦恭求和;处理人际关系的方式是妥协折中、回避冲突。韩国的社会和文化以"我们主义"为基础,与西方的"我主义"形成鲜明的对比,过分强调自我被社会看成是缺点。[17]

阿拉伯世界是指分布于西亚和北非,以阿拉伯语作为主要语言的国家。阿拉伯世界大部分人信仰伊斯兰教,伊斯兰教法在一些国家具有法律地位。伊斯兰教认为,人是社会的人。人处于广泛的社会关系中,人们的所作所为、所思所想,无不涉及社会内容。伊斯兰文化关于人与人的和谐理念,强调"真主面前人人平等"的观念和"两世观"(即今世和后世),强调"正大适中"思想,对人类的各个方面都保持一种均衡。伊斯兰文化倡导"民族多元论",其基本思想概括为,真主把人类分为不同民族和宗族,目的是让人们互相了解,互相沟通,互相合作,而不是互相冲突,互相仇杀。[18]

例证 5-4

日本"纵式社会"[19]

第二节 关系维系与文化

中国人讲究"有始有终""长长久久",一旦朋友交下了,没有特别的情况,大家就是一辈子的朋友。美国人口流动性很大,他们今天认识了一些朋友,可能明天就到了另外一个地方,和老朋友的联系就由于各种各样的原因有所减少。[20]

不同文化背景的人在人际关系的维系过程中表现出极大的差异性。这种差异性体现在方方面面。关系维系的动机不同、目的不同,其采取的维系关系的方法也不尽相同。

一、关系维系的动机

(一)社会个人独立与人情文化

人与人的交往,最根本的动力就是能够实现人际的互相促进、互相帮助,达到差异的互补、效果的共赢。在西方,尽管社会人越来越受重视,但是,社会人的角色定位并没有超越经济人以占据主流位置,这同西方社会一直强调个人主义和理性的文化价值观有很大关系。因此,关系对于他们而言更具有普遍性而缺少特殊性。而在中国,关系取向的文化背景使中国人更拥有一种比西方人强烈的特殊关系倾向,一切从关系出发,从关系着手,注重彼此的关系好坏、关系亲疏,人在与他人谋事时总喜欢分出关系的远近、轻重,进而决定关系支持的程度。[21]人情文化的"滴水之恩,当涌泉相报",在西方人看来不可思议,但在东方人看来却是一个普遍遵循的准则。

(二)人际关系的激励与保健作用

在解释中国传统文化时,许火良光认为中国人际关系的特色是理解中国人整个生活方式的关键,并提出了"情境中心学说"。[22]一个恪守情境中心的中国人,事实上倾向于具有多重道义准则,但这些标准也不会给他个人内心带来任何冲突。中国人对生活的情境中心主义的处理方法更为极端和更为普遍。一切人间事务、一切较高尚的原则、一切超自然事情以及个人的基本价值观,都受到在别人关系网络中各自所处的立场的影响。发展良好的人际关系是东方社会的本质要求,对东方人有着极强的吸引力,东方人一般愿意留在人情味浓、人际关系好的企业,对这样的企业忠诚度与奉献精神特别高。在东方人看来,人际关系具有不同于西方的极强的激励意义。同时,人际关系在西方是保健因素,而在东亚却是激励因素。[23]员工之间的人际亲疏距离小一些,员工们给予彼此的支持就更加具有义务性和积极性。[21]

二、关系维系的目的

人际关系在维持过程中,有着不同程度的目的性。随着交往的深入,为满足双方的各种需要,人际关系的目的性更为突出。关系的维系在于促进和谐的人际关系,使人力资本增值,降低交易费用,提高合作效益。[24]

（一）促进人力资本增值

经济发展是资源有效配置的结果。生产关系就是人与人的关系，人的偏好、预期、追求和行为都是客观存在的。经济活动不仅仅是处理人与物的关系，也是在一定的人与人的关系中实现的。人际关系的协调程度影响着效率的高低，人际关系融洽了，对物质资源的利用率就会相应提高，人与物之间的关系也就会不断地朝着提高资源使用效率的方向调整。

（二）降低交易费用

交易费用是指处理人与人之间交易关系所需要的成本，包括交易前获取信息的费用、交易中的谈判、协调和签约费用，以及交易后的实施、监督和制度运行费用。在现代经济活动中，交易费用是经济成本的重要组成部分，这是因为物质成本在一定条件下弹性很小，而人与人在交往中产生的交易成本伸缩性却很大。

（三）提高合作效益

合作是人类最基本的存在方式之一，也是经济发展和社会进步的根本条件之一。人所具有的理性容许他们自发地创造出与他人相互合作的方式。合作的过程是协调不同人之间的利益矛盾，实现共同目标的过程。合作的价值就在于可以创造合作效益。合作效益是指不同主体通过相互合作而产生的超出单个主体所能创造的总和的那部分效益。合作创造和谐、效率与最优，长久和谐的人际关系有助于提高合作效益。

中国人维持人际关系的目的除了以上利益，还在于人际关系本身，这种关系提供给双方的酬赏就是再次肯定和维持这种交往。人际关系的维系在"以和为贵"的社会中显得尤为重要，这种关系给人以归属感、安全感。在中国人的人情往来中，自己在回报别人的人情时，总希望能够多给予对方一些，至少不会少；如果暂时没有回报别人的帮助与给予，中国人就觉得亏欠人家，心里难受。这种人情往来、关系维系已经成了中国人约定俗成的人情文化特征。

三、关系维系的方法

社会交换理论认为，人们的社会交往过程就是一种至少是在两人之间进行的交换活动，无论这种过程是有形的还是无形的，也无论其报酬或代价的大小如何。人们之间进行的经济交易仅仅是发生于所有实际社会环境中更为普遍的交换关系中的一种，因为人们在交换中不仅追求物质目标，还交换非物质资源，如感情、服务和符号。人们要想维持某种交往总要考虑别人的需要，牺牲自己的利益换取人际关系的继续维持和巩固。彼得·M.布劳的社会交换理论提出了"酬赏"的概念。[25]他认为酬赏可分为内在酬赏和外在酬赏。前者来自亲密关系本身，这种关系提供给双方的酬赏就是再次肯定和维持这种交往；后者则不同，在这里人们交往或建立某种关系的目的是通过这种交往或关系谋取其他利益。

（一）金钱奖励

在崇尚个人成就的文化里，对绩效的认可通常与薪酬联系在一起。例如，在美国，对员工绩效的奖励都体现在薪酬里。调查显示，美国企业高管的薪酬是世界上最高的，但并不仅仅体现在绝对的美元报酬金额上，还包括商务活动中所创造的其他收益形式。近年来，金钱奖励的形式更趋多样化，股权奖励被越来越多的公司采纳。

（二）非金钱奖励

非金钱奖励在重视关系的文化里占有重要地位。玫琳凯化妆品公司的一位女销售员业绩优异，开上了凯迪拉克轿车，全世界的人都能看出她是一个顶级的销售员。这辆轿车并不只是金钱的象征，而更像是奖杯，是一种荣誉，也是对她个人成就的认可。

例证 5-5

日本企业的感情激励[26]

人际关系本身也是一种奖励。如上司与某一下属关系亲密，较为信赖，也是对其能力的一种肯定和赞许。

实际上金钱激励和非金钱激励在各个国家中都得以应用，只不过侧重点不同。在当今经济发展的过程中，越来越多的企业开始关注非金钱激励带来的效益，以满足员工的需求为前提，以"人本管理"思想为主体，将企业的目标与员工的个人需求，即追求高薪、重视荣誉、心理意愿、情感、赏识、安全、社会保障等相结合。

再者，适当的绩效奖励必须建立在文化激励因素和文化所认可的行为准则之上。在对个人主义持有积极见解的文化中，挑选出个体进行表彰是具有积极意义的。例如，美国企业对每月业绩突出的销售人员或员工给予褒奖。这种做法既鼓励了优秀的个人，同时也对其他员工形成了一种激励，促使他们努力工作，以获得同样的嘉奖。在不重视个体的文化中，对个人成就进行公开奖励可能不大合适。

例证 5-6

GF 和联想激励制度的比较[27]

第三节 跨文化商务活动中的社交行为

在进行跨文化商务活动时首先要了解双方的文化特点、民族心理和风俗习惯，对不同的或相同的语言形式及其使用所持的礼貌规范，要"入国问禁，入门问俗"，使交际顺利进行。

一、发出邀请的习俗

在跨文化商务活动中，邀请何人？何时邀请？为了邀请人们需要对被邀请的人做何种程度的了解？为了回答这些问题都需要考虑不同文化中的邀请习俗。下面以亚洲、欧美、阿拉伯、非洲和拉丁美洲地区为例加以说明。

（一）亚洲

在日本，要想收到去别人家里做客的邀请是非常困难的，因为社交活动都发生在公众场合或工作场所，而不发生在私人家庭。日本人把家庭生活和工作分得很清楚。日本人一般不在家里宴请客人，不习惯让客人参观自己的住房，特别忌讳男子闯入厨房，上卫生间也要征得主人的同意。

中国人一般会邀请比较熟悉的人，跟自己关系不错的同事、客户或朋友到家里做客，并且会提前邀请，以免与他人的安排冲突。做客的人要准时到达做客地点，不要迟到，以免主人等候，也不要早到，以免主人未做好准备。若非主人邀请来家进餐，切记不要在吃饭时间拜访。

阿拉伯人邀请外人到家中做客时，客人只能待在客厅或房屋中用于公共活动的地方，通常这些地方可以从外面直接进入，客人不必接近私人房间。当有外人在家中做客时，妇女通常不在场，也不露面。

（二）欧美

美国人比较开放，很愿意邀请他人到自己家里做客，即使结识的时间不长，他们也会发出邀请。法国人极少上门做客，除非主人盛情邀请，如果去别人家做客，要给女主人带一些花或巧克力之类的小礼品，以示谢意。意大利人热情好客，如果被邀请，则不能拒绝，因为那样做是不礼貌的。德国人也很好客，但德国人请客讲究节约、简单，营养足够，够客人吃就可以了，绝不浪费，食盘中如果还剩食物会被视为不礼貌。俄罗斯人热情豪迈，以家宴为最隆重的待客礼节，俄罗斯人通常邀请朋友晚上来做客，很少是白天，俄罗斯人喜欢请客喝茶，一般会搭配面包和甜点，如果有鱼子酱，那一定是贵客，请客饭局则少不了伏特加。

（三）非洲

在东非，坦桑尼亚人不愿意陌生人随便进入自己家门，更不喜欢陌生人进入卧室。有前后门的家，客人须从前门进入，只有十分亲密的朋友才可走后门。埃塞俄比亚人在亲朋好友或贵客临门时，一般都喜欢用咖啡招待，为表示对客人的尊敬，女主人在煮咖啡时一般要穿上整洁的民族服装。

在西非，摩洛哥人喜欢邀请别人到家中做客，并大摆筵席，客人进屋需脱鞋，未经主人许可，不脱鞋是不能进入其宅屋的。安哥拉人热情好客，开玩笑、说笑话是他们一种特殊的问候方式，越是亲近玩笑越是放肆；陌生人见面，若交谈甚欢，便主动邀请对方到家里做客。

（四）拉丁美洲

哥斯达黎加人喜欢和朋友聚会聊天，常常将知心好友邀请到家中，如果是周末，侃到兴趣浓时，还要唱歌跳舞，到次日天明方罢休。哥斯达黎加人同外国朋友初次交往，如果客人言谈举止礼貌，熟悉当地的风俗习惯，并能讲几句当地的语言，他们会视为故友相逢，主动邀至家中做客。对于哥斯达黎加人的盛情邀请，外来客人不可出自客气或其他考虑而谢绝，那样会引起主人的不快。应邀到哥斯达黎加人家中做客，客人应带鲜花、蛋糕或酒等物品送给主人。客人进门，主人要用饮料、酒类、点心、甜食、水果等招待。

巴西人热情奔放，招待普通朋友一般是在餐馆请客，不轻易邀请到家中做客，只有亲密的朋友才有这种礼遇。巴西的印第安人还有邀请客人到河里洗澡的习俗，洗澡的时间越长，越表示对主人尊敬。

墨西哥人很喜欢在家中请客，用民族膳食招待客人。在赴约时，一般不习惯准时到达，总愿迟到15分钟到半小时，这被墨西哥人看作一种礼节。

例证 5-7

这是邀请吗[28]

二、主人与客人的得体行为

中国客人告别主人（哪怕是关系密切的朋友）时，总觉得给主人添了麻烦，因此就说："I'm sorry to have wasted your time."或"I am sorry to have caused you so much trouble."给英美人的感觉就是，既然你知道会浪费我的时间，那你为什么还要来打扰我？其实，这种表示"道歉"的话语道歉意味很弱，只不过是一种客气方式，是出于礼貌，向对方表示感谢。但对英美人来说，道歉的意味就很浓。实际上，英美人士倾向于用感谢语表示礼貌，而在中国，人们习惯于用道歉语表示礼貌。因此，英美人在道别时习惯说，"I've enjoyed talking with you. Thank you very much for your time."[28]那么，怎样才能以得体的方式与另一文化中的人交流呢？下面以亚洲、欧美、阿拉伯、非洲和拉丁美洲地区为例加以说明。

（一）亚洲

到日本家庭拜访客人，进门时要穿拖鞋，很多家庭备有拖鞋供客人穿用。这种习俗起源于日本人用榻榻米草垫铺地面的时代。因为这种草垫制作精细，难以清扫，所以人们进门时就把鞋子脱掉，以延长草垫的使用寿命。尽管如今大多数日本家庭都是用地毯或者木质地板，进门脱鞋的习俗却一直沿袭下来。

菲律宾的客人一般会晚两个小时到达，晚宴也通常在稍晚些时候开始。

在泰国如果去别人家做客，进门前要主动脱鞋，并且让长者或者级别高的人走在前面。就座也有讲究，长辈如果坐着，那么晚辈只能坐在地上或者蹲跪，以免高于长辈的头部。

在日本和中国，主人和客人在用餐时会边说边聊，餐后不久便会分别，这与阿拉伯等国家是不同的，因为在阿拉伯国家，人们一般是先吃后聊。

阿拉伯人互相拜访时很注重衣着和礼节，拜访者一般都事先预约并会准时赴约。主人则会在家里准备好丰盛的饭菜恭候客人到来。当然，守时观念弱也是阿拉伯人的一个特点。

阿拉伯人招待客人会非常慷慨大方，条件好的会请你吃烤全羊和"手抓饭"。当然，他们的吃法也有很多讲究。吃"手抓饭"时，入席前要洗净双手，吃时用右手的几个指头将饭搓成球状，再送入口，不可大把大把抓。吃烤羊肉时，也要先用手把肉撕成小条。虽然客人不一定要效仿他们，但是可以提出要刀叉和羹匙，但若能入乡随俗，会令主人特别高兴。另外，主人餐毕起身后，客人方可离席。

（二）欧美

美国款待客人的典型方式是鸡尾酒会。参加鸡尾酒会的客人不用非常准时，可以只待一会儿就离开。但参加晚宴时，人们应该准时到达，宴会开始的时间一般比请柬上所述的时间稍晚一些，而且必须等到宴会结束才能离开。

加拿大和美国客人通常会在餐后再逗留一段时间，并且，在加拿大和北欧，参加宴会迟到，宴会女主人会非常生气，并发誓以后再也不会邀请这种客人。

在意大利，进行商业会晤要提前安排，但不一定准时，因为在社会活动中，准时并不被认为是意大利人的美德。

在德国，守时是最基本的礼貌，应邀到别人家中做客或者外出拜访朋友，要按点到达，不要让主人浪费时间干等或者不得不提前招待客人。在宴会上和用餐时，德国人注重以右为上的传统和女士优先的原则。

法国人的社交正餐一般要持续在两个小时以上，宴请时在餐桌上的礼节很多。比如讲究女士优先，要等女主人将餐巾铺在腿上，才表明可以正式开始用餐；敬酒要先敬女士，再敬男士；用餐时不可以把盘子端起来，两肘不能支在桌上；等等。法国人特别善饮，逢餐必饮酒。

俄罗斯人是习惯于迟到的，应邀去做客提前到会被认为不得体，如晚到10~15分钟则不算迟到。去做客时，如碰上节日或家里有女主人，一般要带上一束鲜花，而且只能是单数，只有赴追悼时才送双数的花。

（三）非洲

在非洲很多地方，吃饭不用桌椅，也不使刀叉，更不用筷子，而是用手抓饭。吃饭时，大家围坐一圈，一个饭盒和一个菜盒放在中间。在非洲，主人比较忌讳吃饭将饭菜撒在地上。饭毕，客人应等主人吃完后一道离开。在非洲的不少地方，吃饭时有着严格的礼仪。如在马里，鸡腿归年长的男人吃，鸡胸脯肉归年长妇女吃；当家的人吃鸡脖、胃和肝；鸡的头、爪和翅膀由孩子们分食。又如在博茨瓦纳，在公众大型宴会上，宾客和男人吃牛肉，已婚的妇女吃杂碎，两者分开煮，分开食，不得混淆。[29]

埃塞俄比亚人有饭前用净水冲手的卫生习惯，而且喜欢当着另外一个人的面冲洗。摩洛哥人宴请宾客前后要上茶三次，以示礼貌，摩洛哥的妇女只能偷偷地吃鸡蛋，如果当着丈夫的面吃鸡蛋会被认为干了一件败坏风俗的丑事而遭到谴责。

（四）拉丁美洲

拉丁美洲人是比较好客的，被邀请到拉丁美洲人家里做客，记得带上花或酒，也可以为女士准备香水和名牌物品作为礼物；为男士准备一些新奇的小玩意儿或男人们随身携带的小物品，最好是名牌。一般情况下，拉丁美洲人在吃正餐前均要祝酒，但要由主人先祝。拉丁美洲人喜欢提前约定见面时间，却不怎么守时，迟到30分钟是常有的事。在巴拉圭，如果受邀请到家中做客，按照当地习俗，客人要在进屋前先做个简短的讲话以向主人致意。如果你在巴西人的家里受到了接待，礼貌的做法是在第二天给女主人送去一束鲜花并附上一封感谢信，切忌送紫色的花，因为紫色象征死亡。

三、赠送礼物

在商务活动中，礼物赠送是否适当与当地文化有密切联系。下面主要介绍几个国家礼物赠送的一般习惯，其中包括赠送礼物的时间、礼物的选择、礼物包装、对待礼物的方式等。

（一）赠送礼物的时间

赠礼要适时。在有的国家（如日本），要选择人不多的场合送礼；而在阿拉伯国家，必须有其他人在场，送礼才不会有贿赂的嫌疑，初次见面也不必送礼物。在英国，合适的送礼时机是请别人用完晚餐或在剧院看完演出之后。在法国，不能向初次结识的朋友送礼，应等下次相逢的适当时机再送。

在中国，一般朋友、同事有喜事或者过节，都会送礼。但在西方国家（如英国、美国），作为人际关系的一个方面，同事中谁有了"大事"，都相互致意，但不送礼，以免影响正常的工作关系。送礼往往送给女主人。

例证 5-8

祝 贺[30]

(二) 礼物的选择

1. 亚洲

在中国，人们喜欢在节日里赠送时令礼品，比如端午送粽子，中秋送月饼，春节送年货。在一些特殊的日子或者场合也会赠送礼物，比如婚礼、生日、开学、过年，都有送红包的习俗。中国人送礼也有一些禁忌，比如不能送钟（谐音"终"），菊花用于纪念逝者不能送人，不能送绿色的帽子，等等。

在日本，赠送礼物非常重要。在新年和 7 月，人们一年两次向同事、朋友以及家人赠送礼物。这两个时间与一年两次的奖金发放时间是一致的。选择礼物时，要选购"品牌"礼物，同时到日本人家里做客，携带的菊花只能有 15 片花瓣，因为只有皇室徽章上才有 16 片花瓣的菊花。

菲律宾人喜欢送礼，乐意收取礼物。常见的菲律宾人喜欢赠送的礼物包括有特色的当地食品、糕点或甜品，花束和鲜花等。在节日和庆祝活动中，菲律宾人喜欢将各种食品、水果、巧克力等装在精美的礼品篮中，赠送给家人或友人。

在泰国，人们喜欢送一些有特色的礼物，具体取决于场合和受礼者的偏好。泰国以其精美的手工艺品闻名，送一些传统的手工艺品，如丝绸制品、木雕、银器或陶瓷制品，可以展示泰国的文化和独特之处。鲜花在泰国文化中非常重要，因此送花束或花环是一种受欢迎的礼物选择，尤其在庆祝活动或表示敬意时。

对于阿拉伯人来说，不要送酒，因为阿拉伯人多数是穆斯林，对他们来说，酒为禁物。不要送宗教人物、神话人物和统治者的塑像和画像，伊斯兰教严禁偶像崇拜。初次见面时不要送礼，否则可能会被视为行贿。除非是私人朋友，否则要在有其他人的情况下赠送礼品，才不会有贿赂的嫌疑。

2. 欧美

在北欧，送给女主人的合适礼物是鲜花或巧克力。但是，如果送一瓶酒，尤其在法国，则会被主人视为一种侮辱：表明主人提供的酒不是好酒。在德国，以玫瑰花和菊花作为礼物是很不适宜的，玫瑰花是送给情人的，菊花则是为葬礼准备的，而且送花时花的数目必须是奇数，在呈送之前必须从包装纸中取出来。在俄罗斯，不要直接送钱，因为会被认为是施舍和侮辱；也不要送空钱包，空钱包被寓意一贫如洗；俄罗斯人一般不轻易接受别人赠送的宠物，如果有人赠送，会象征性地给一枚硬币。

3. 非洲

如果被邀请到埃及人家里吃饭，要带花或巧克力作为礼品，在送礼或受礼时，一定要用双手或右手去接，千万不能只用左手。若被邀请到利比亚人家里吃饭，只有男人能参加，而且要为男人带礼物，不能为他的妻子带礼物。

4. 拉丁美洲

在拉丁美洲国家，黑和紫是忌讳的颜色，这两种颜色使人联想到四月斋，所以在礼物选择及包装上应尽量避免这两种颜色。在选择礼物时，刀剑应排除在礼品之外，因为它们暗示友情的完结。手帕也不能作为礼品，因为它与眼泪是联系在一起的。值得一提的是，在拉美国家，征税很高的物品极受欢迎。

（三）礼物包装

1. 亚洲

中国是礼仪之邦，赠送礼物是人们生活中频繁、平常的事，对礼物的包装也比较重视。人们认为应针对不同礼物选择不同的包装风格，以显示礼物的独特和珍贵，强调包装在材料选择上既要有保护性，在视觉设计上也要美观。中国普遍有好事成双的说法，但凡大贺大喜之日，所送之礼均好双忌单，但"4"因为谐音"死"比较忌讳。

日本人认为礼品的包装同礼品本身一样重要。日本人对礼品讲究装饰，礼品要包上好几层，再系上一条漂亮的缎带或纸绳。日本人认为，绳结之处有人的灵魂，以此表达送礼人的诚意。

在菲律宾，礼物包装通常注重外观和精致度。菲律宾人一般选择鲜艳的包装纸，使用丝带、蝴蝶结或其他装饰物美化礼物包装，使其更加精美。他们还会在礼物上附上个性化的标签或贺卡，写上对受礼者的祝福和问候语，以表达关怀和尊重。

泰国人非常重视礼物的外观和装饰。在泰国，礼物包装会使用明亮的颜色，营造喜庆和愉悦的氛围。一些传统的泰国礼物包装还会使用金箔或精美的花纹来增添华丽感。此外，泰国人还会在礼物包装上加入手工制作的细节，如编织物、刺绣、珠子等，以展示泰国的工艺技巧和独特性。

在阿拉伯，人们把礼尚往来看作自豪的事，相比平淡简单的礼物，人们更钟爱包装精美的礼物，"名牌"礼物更受偏爱。

2. 欧美

在美国和加拿大，人们不太在意包装，在英国，包装更不太被重视。

在德国，由于有《包装法》的存在，物品的包装可能完全没有，因为法律要求商家必须收回所有的过度包装材料。因此，商家在售出牙膏、软饮料和啤酒时，必须把装牙膏的包装箱和装有6件软饮料和啤酒的包装箱留下。同时德国对于生活垃圾有数量限制，并正在考虑按照垃圾的重量收取垃圾处理费，因此主人可能更不喜欢礼品的复杂包装。

送给法国人的鲜花则不用捆扎，拿在手里是最好的。但花一定不能是菊花，因为在法国，只有丧礼才使用菊花。

3. 非洲和拉丁美洲

在非洲和拉丁美洲的一些国家，礼物包装的颜色选择也颇有讲究。比如在埃及、利比亚和埃塞俄比亚，人们忌讳使用黑色，而摩洛哥人忌讳使用白色；在巴西、秘鲁、墨西哥、阿根廷，紫色被视为不吉利的颜色；在委内瑞拉，国旗元素色（黄、蓝、红）是禁止使用的。

（四）对待礼物的方式

1. 亚洲

日本人和中国人在送礼人还在场时，不会打开礼物。当着送礼者的面打开礼物是极其失礼的，因为这可能使双方都觉得丢面子，所以一般会在客人离去时再打开。如礼品对其本人毫无用途，日本人便会把它转送给别人，那人还可以再送给其他人。

2. 欧美

美国人收到礼物时都会立即打开包装，如果不这样做，就会被认为是对礼物不感兴趣或不喜欢。在美国，大人在孩子小的时候就教他们打开礼物并向客人表示感谢，对礼物加以赞美："太漂亮了，这正是我一直想要的礼物！"德国人在收到礼物时也会当面打开，但在发表对礼物的评价时更加矜持。在俄罗斯，接受礼物的人应该立刻打开礼物，对礼物加以赞美，对送礼的人表示感谢，不打开礼物就把它搁在一边是很不礼貌的。

在跨文化交际时，如果你对是否应该打开礼物感到不确定，最好的办法就是解释自己国家的文化习俗，然后问对方是否可以打开礼物。

四、节日文化

一个民族的节日就是这个民族的象征，节日文化反映了民族文化的理念和价值观，反映了民众的文化情趣和文化情感。[31]作为民族的象征，节日是蕴含着深层情感意义的文化符号，是民族文化的荟萃、民族灵魂的外现。

（一）节日文化的差异

1. 来源的差异

中国长期处于自给自足的农耕社会，十分重视农业发展，但由于古代的生产力有限，生产技术落后，科学和信息技术等方面的滞后，气候成了影响农业生产最主要的因素，所以中国的传统节日多以农事节气为主，祈求得到上天的庇护，期望来年能有个好收成。

对于笃信小乘佛教的泰国信徒来说，全年有 48 个"佛日"，每月有 4 个佛日，各在泰国阴历上半月的第 8 日和第 15 日，即初八、月望、廿三、月末。

而在一些西方国家，比如英国、美国，由于长期受基督教的影响，其传统节日都带有浓厚的宗教色彩。宗教渗透到了人们生活的方方面面，如纪念耶稣诞生的圣诞节、纪念耶稣复活的复活节，以及星期六和星期日的安息日和主日。[32]

在阿拉伯，人们普遍信奉伊斯兰教，有三大重要节日：开斋节、古尔邦节、圣纪。

2. 庆祝方式的差异

中国有句老话,"民以食为天"。中国的传统节日文化体现了中国对饮食的讲究,包含很多具有文化意蕴的饮食风俗。如端午节的粽子、中秋节的月饼、重阳节的重阳糕和菊花酒、春节的饺子等。从这些都可以看出,中国的传统节日文化主要以饮食为主题。

长期受宗教影响的国家的节日习俗不仅有浓厚的宗教色彩,而且注重宗教仪式后的一种身心解脱和快乐。比如泰国的玛迦普差节、维莎迦普差节和阿莎呴哈普差节都是最重要的佛日,佛教徒要去佛寺举行仪式,当日禁止杀生、赌博等不良行为。美国的传统节日更多体现出人们的互动性、集体性和狂欢性,以自我为中心,崇尚个性张扬。[33]

(二) 节日问候

1. 合适的节日

相同社会文化的企业在节日期间通常都会寄送贺卡或礼品致以节日的问候,一般都不会产生误解。

日本人会送新年贺卡,中国人会送农历新年贺卡,美国人会送圣诞贺卡。近几年,伴随着经济的全球化,各国的节日文化也出现了全球化的趋势。中国春节的时候,在美国同样可以感受到节日的气氛,朋友之间也会各自送上节日的祝福。节日问候,如前面介绍到的不同节日文化,应根据节日文化选择适当的问候方式和活动。

若有业务往来的企业或个人来自不同的社会文化,而在自己的文化中没有同样的节日,那么赠送贺卡是否合适呢?尤其是在这个节日在本族文化中带有宗教意义,而对方的文化不信仰这种宗教时。这通常取决于你对对方国家和个人的了解程度。如圣诞节,尽管大多数中国人并不信仰基督教,但一些机构也会赠送圣诞卡片。但必须清楚某些行为对有的文化来说是不被接受的。例如,沙特阿拉伯不允许基督教的任何象征符号(如十字架和《圣经》)进入境内,甚至圣诞节使用的非宗教的象征物,如圣诞树、圣诞卡片以及圣诞老人也被禁止入境。

谦虚也有错的时候[34]

2. 节日问候的时机

问候的时机也是一个重要问题。在大多数国家,节日的问候和祝福应该按时送达,最好是在节日之前。中国的春节从年前一个星期便已经开始了。美国圣诞节,人们通常从11月份便开始采购节日用品。在法国,节日问候可以一直持续到第二年1月末。埃塞俄比亚的新年在9月11日,人们在节日前1周左右就开始采购"年货",准备庆祝新年。在阿根廷，人们通常在 12 月 8 日开始装饰圣诞树，节日问候一直持续到第二年 1 月 6 日。

3. 问候语

我国春节的问候语一般与财、健康和喜庆有关。如恭贺新禧、恭喜发财、多福多寿、请多保重等。由于生活方式的变化，春节问候语近些年出现了新的时尚，人们习惯用手机发短信和微信，每年一变，各种问候语五花八门。这也充分说明，现代科学技术为传统节日文化创造了新的发展环境。

西方圣诞节的问候语一般与宗教有关，大多是祝贺圣母的一些用语，在一定场合下也用一些现代的时尚语，如与"和平"有关的词语。不管什么节日，相互走动总要互送礼物，这是中西方的相同之处，不同之处是用语不同。我国的习惯语是"不成敬意""这是一点小小意思""看你，何必这样客气"等一类的谦辞。西方则没有什么谦辞，直接用"Thank you"或以喜爱礼品等语句表达，这也是中西文化的差异性使然。[35]

（三）节日价值观

1. 群体意识和个人主义

中国人讲究集体主义，认为人生的价值体现在它的社会价值之中，因而往往重视社会价值，否定个人的自我主体性。[36]在中国，过节是全家人团圆的日子，比如春节团圆、中秋亲人团聚、端午节的赛龙舟、清明节缅怀先烈和祭祀祖先，各种活动和习俗都体现了中国人的集体主义思想。

在西方文化中，个人是社会的中心，追求个人利益是社会进步的内在动力。因此，将个人利益置于高于一切的位置。他们主张利己主义、个人英雄主义和自由主义，主张个人具有尽全力满足自己物质利益和精神享受的权利，他们重竞争，崇拜个人奋斗。比如圣诞节是为纪念耶稣诞生，复活节是为纪念耶稣基督复活，愚人节以开玩笑恶作剧带来乐趣，狂欢节则以无节制的纵酒饮乐著称。

2. 宗教信仰

中西方在宗教方面差异很大，这在中西方传统节日里也有所体现。在中国，人们通过祭祀祈求保佑。中国和欧美国家的人们一样敬神，但这个神不是固定的，例如，土地神、灶神等。在中国人的内心世界里，只是将对神的敬拜作为一种习俗。欧美人多数信仰基督教，他们认为一个人一旦出生，上帝就赋予其做人的基本权利，即天赋人权。欧美人心中只有一个上帝，那就是耶稣，在欧美人的内心世界，耶稣始终在他们身边保护他们。[37]中东的多数国家信仰伊斯兰教，如巴勒斯坦、沙特阿拉伯、约旦等。佛教在不丹和柬埔寨被尊为国教。国教是国家以宪法或其他法律确定的国家宗教，国教与占该国绝大多数人口信徒的宗教并非同一含义，表 5-1 介绍了世界上有法定国教的国家（不完全统计）。[38]

表 5-1　世界上有法定国教的国家

国　家	国　教	国　家	国　教
不丹	佛教	芬兰	基督教
蒙古国	佛教	冰岛	基督教
柬埔寨	佛教	摩纳哥	天主教
缅甸	佛教	哥斯达黎加	天主教
泰国	佛教	秘鲁	天主教
老挝	佛教	阿根廷	天主教
斯里兰卡	佛教	俄罗斯	东正教
英格兰	基督教	希腊	东正教
挪威	基督教	格鲁吉亚	东正教
丹麦	基督教		

本章小结

- 合适的人际关系建立需要遵循一定的文化准则。
- 人际关系建立的两个维度：情感维度和理性维度。
- 社会结构的两种格局是：① 团体格局；② 差序格局。
- 了解权力与权威的各种象征形式，不同的文化采用不同的象征形式或符号来表示对权威的尊重。
- 关系维系的动机不同、目的不同，其采取的维系关系的方法也不尽相同。
- 关系维系的动机不同体现在：① 社会个人独立与人情文化；② 人际关系的激励与保健作用。
- 关系维系的目的是：① 促进人力资本增值；② 降低交易费用；③ 提高合作效益。
- 关系维系的方法主要有金钱奖励和非金钱奖励。
- 需要根据不同的或相同的语言形式及其所持的礼貌规范，采用适当的跨文化商务活动中的社交行为。

课程思政

1. 一直以来，中华文化秉持开放包容、兼收并蓄的多元一体格局，不断吸收借鉴异域、异族文化中的优秀成果，始终坚持与其他国家和民族开展跨文化交流，为增进中国与不同国家、民族间的理解互信，实现文明互鉴和民心相通创造了有利条件。

2. 本着互相尊重、互利互惠的原则，理性看待文化的多元性、包容性和交融性，以宽容友好的心态，求大同存小异，既保持本国文化的鲜明特色和创新性传承，又认同他国文化的和谐共生、多元并存，促进各国文化交流合作，在开放包容中发展，在发展中开放包容，让现代文明成果更多惠及各国人民。

思考练习题

一、选择题
1. 以下哪些可象征一个人的权力和权威？（　　）
    A. 语言
    B. 服装
    C. 绩效
2. 以下哪些行为是合乎礼仪的？（　　）
    A. 送给德国人未精心包装的礼物
    B. 到利比亚家庭做客时，给对方妻子带精美的工艺品
    C. 冷餐会自己吃饱就走了
3. 参加宴会时，如果迟到，在哪个国家会被视为不礼貌的？（　　）
    A. 阿拉伯
    B. 菲律宾
    C. 美国

二、简答题
1. 简要概括社会的两种格局。
2. 权力和权威的象征主要有哪些？举例说明。
3. 简述关系维系的文化差异。

角色扮演

四个学生分别扮演一对美国夫妇和一对阿拉伯夫妇，两者之间刚达成一项金额较大的贸易协定，后者邀请前者到家里做客。从学生的言谈举止中，观察其对跨文化关系建立与维系的理解程度，并对其行为给予评价和指正。

案例分析

中西方文化在日常生活中的摩擦碰撞[39]

问题讨论：
请分析以上三个跨文化社交场景中出现尴尬情况的原因。

总经理的配车[40]

问题讨论：

请从权力和权威的角度分析案例中泰国管理团队为何不愿意给英国的总经理配备他想要的车型。

 参考文献

[1] 梁漱溟．梁漱溟全集（第一卷）[M]．济南：山东人民出版社，1990．

[2] 林语堂．中国人[M]．上海：学林出版社，2001．

[3] 李伟民．论人情：关于中国人社会交往的分析和探讨[J]．中山大学学报（社会科学版），1996（2）：57-64．

[4] 黄光国，胡先缙．面子：中国人的权力游戏[M]．北京：中国人民大学出版社，2004．

[5] 王雪丽，薛立强，吴凤余，等．人际交往与沟通[M]．天津：天津大学出版社，2021．

[6] 费孝通．乡土中国生育制度[M]．北京：北京大学出版社，1998．

[7] 佚名．德国最受尊重职业排行榜[J]．民族大家庭，2004（1）：37．

[8] 曹汝霖．曹汝霖一生之回忆[M]．北京：中国大百科全书出版社，2009．

[9] 李钟善，孙丽华，张研．日语敬语的正确使用对人际关系的影响[J]．长春师范学院学报，2006（3）：127-128．

[10] 陈元．试述法语的语级特征[J]．法国研究，2009（1）：86-88．

[11] 赵秀岚．浅谈俄语言语礼节的几个问题[J]．林区教学，2007（7）：77-78．

[12] 俞一星．当代俄语言语礼节研究：以称呼语、问候语、告别语为例[D]．北京：北京大学，2015．

[13] KINGDON R. The groundwork of English intonation[M]. London: Longmans, Green & Co., 1958.

[14] 杨晓春，王桂芳．对英语语调功能的归纳[J]．外语教学与研究，2010（54）：141-142．

[15] 陈凌．由"东尊西卑"看"尚右"思想实质[J]．襄樊学院学报，2009，30（1）：47-49．

[16] 贺鹤．美国办公室内的中西交锋[J]．出国与就业，1998（8）：16-18．

[17] 张优．韩国文化对韩语话语规则的影响[J]．河南科技大学学报（社会科学版），

2007, 25（2）: 67-69.

[18] 周小平. 论伊斯兰文化的和谐理念及现代价值[J]. 长春大学学报, 2009, 19（5）: 82-85.

[19] 司志武. 日语敬语和日本的人际关系理念[J]. 科技信息, 2007（16）: 313.

[20] 胡金婵, 胡金锭. 中美人际关系差异[J]. 才智, 2009（7）: 232.

[21] 黄江泉, 蔡根女. 人际关系在华人企业内部的强激励效应剖析[J]. 怀化学院学报, 2009, 28（3）: 53-56.

[22] 许火良光. 美国人与中国人：两种生活方式的比较[M]. 北京: 华夏出版社, 1990.

[23] 原口俊道. 东亚地区的经营管理[M]. 上海: 上海人民出版社, 2000.

[24] 赵含韫. 经济活动对人际关系和谐的诉求[J]. 河北科技大学学报（社会科学版）, 2005, 5（3）: 23-26.

[25] 彼得·M.布劳. 社会生活中的交换与权力[M]. 李国武, 译. 北京: 商务印书馆, 2008.

[26] 张树岭. 浅谈日本企业的感情激励[J]. 北方经济, 2013（8）: 77-78.

[27] 吕晨钟. 基于组织激励视角的中外企业比较研究：以GE、联想公司为例[J]. 特区经济, 2010（2）: 287-289.

[28] 吴玲娟. 跨文化日常交际：请客、做客过程中的语用失误浅析[J]. 企业家天地下半月刊（理论版）, 2007（3）: 193-194.

[29] 尚千琳. 非洲的商务礼仪[J]. 大经贸, 2007（3）: 88.

[30] 朱光磊. 西方人际关系：简单的一面[J]. 社区, 2001（2）: 54.

[31] 殷莉, 韩晓玲. 英汉习语与民俗文化[M]. 北京: 北京大学出版社, 2007.

[32] 苏雪妮. 解读中西方节日文化差异[J]. 英语广场: 学术研究, 2013（2）: 111-112.

[33] 董天, 白灵. 中美节日差异对跨文化交流的意义[J]. 金田（励志）, 2012（7）: 178.

[34] 谷静敏, 穆崔君. 商务沟通与礼仪[M]. 东营: 中国石油大学出版社, 2016.

[35] 石琳. 中西传统节日文化的差异与空间拓展[J]. 怀化学院学报, 2010, 29（9）: 20-22.

[36] 崔艳菊, 李丙午. 谈礼貌用语的合适性[J]. 焦作教育学院学报, 2002（2）: 12-14.

[37] 党琳宁, 高菊霞. 中西方节日背后的情感表达、价值信念等方面的文化差异：以春节和圣诞节为例[J]. 考试周刊, 2014（35）: 16-17.

[38] 王欣, 吴殿延, 张祖群, 等. 旅游地理学概论[M]. 北京: 旅游教育出版社, 2015.

[39] 刘栋. 以实例浅析中西方文化差异[J]. 现代企业教育, 2014（10）: 356.

[40] 窦卫霖. 跨文化商务交流案例分析[M]. 北京: 对外经济贸易大学出版社, 2014.

实务篇

第六章
跨文化冲突与谈判

 学习目标

- 掌握跨文化冲突的原因、本质特征和解决策略
- 了解谈判的类型和过程
- 了解影响跨文化谈判的变量因素
- 掌握跨文化谈判的策略和技巧

引例

中国铁建沙特麦加轻轨项目[1]

2009年2月中国铁建拿下了沙特麦加轻轨项目，计划于2010年11月开通运营。这是沙特国内50年来第一个轻轨铁路项目，线路两端为麦加禁寺和阿拉法特山，途径米纳、穆茨达里法。这是全世界穆斯林的朝觐之路，中国铁建对此十分重视。在2009年的年报中，中国铁建将该项目作为典型案例予以大肆宣传。按照中国铁建当时的测算，这个项目的盈利可以为中国铁建添上浓墨重彩的一笔。

然而当这个项目开始实际操作后，中国铁建发现麦加轻轨项目工程跟他们想象中的差别很大。除了恶劣的自然环境造成的限制，还不可避免地存在语言不通、工作习惯差异等障碍。工作效率不高使矛盾更加突出。此外，因为施工范围主要集中在穆斯林地区，非穆斯林无法进入，制约因素很多。

2010年下半年，中国铁建发布公告称计划工期出现阶段性延误。为了如期完成该工程，中国铁建在麦加投入大量人力、物力和财力。在那段时间，中国铁建从国内调拨了几千名员工前往沙特，如此匆忙地赴国外工作，使得这些工人十分不适应，语言不通再加上沙特当地的工作环境十分恶劣，引发了管理混乱。

2010年9月23日，麦加轻轨铁路全线铺通，一个月后，中国铁建表示由于实际工程量比原计划大幅度增加等原因，项目总成本大幅度增加，该项目实际亏损约为41.53亿元。

中国承接沙特麦加的轻轨项目亏损的主要原因是没有处理好中沙文化差异。在该项目中，中沙文化差异主要表现在语言、宗教信仰、风俗习惯和价值观等方面，文化差异的客观存在是跨文化冲突产生的根源。认识并处理好国家间的文化差异，对于解决跨文化冲突，提高管理效率具有重要意义。

第一节　跨文化冲突概述

文化是指一个国家、民族或人群中形成的一种共有的、稳定的生活方式，这种生活方式决定了社会的行为准则和人们的理想信念。如果人们根据自身文化的个性和价值观念去解释和判断其他文化，则很有可能会对其他文化产生误解。

一、跨文化冲突的概念

跨文化冲突建立在冲突理论基础之上，以社会生活的冲突特性解释社会变迁，是指异质文化或亚文化之间相互对立、相互排斥、相互矛盾以及相互否定的状态。[2]它既指本国企业在与他国企业发生交易时因文化观念不同而产生的冲突，又包含了在一个企业内部由于员工分属于不同文化背景而产生的冲突。跨文化冲突的结果可能是文化的融合，也可能出现文化的取代，还可能是两种或两种以上文化脱离接触，宣告文化接触失败。[3]

民族作为人类主导的社会群体类型，反映了不同族群在文化维度上的自我归属身份认知与价值体系。在商务谈判语境下，文化冲突在交互作用中影响谈判者的行为特质、谈判结构与模式选择。谈判者若视谈判为问题解决过程，则善用妥协整合式策略；若视谈判为零和博弈过程，则多采取排他对抗式策略；同样，对长期利益与短期利益的认知也在某种程度上影响谈判的特质与模式。[4]冲突的过程由潜在冲突开始，慢慢地转变为知觉冲突，再到意向冲突，等到变成显现冲突的时候，冲突的结果也就诞生了。[5]

二、跨文化冲突的原因

文化具有根深蒂固的特性，只要是异质文化相互交流，就难以避免地会产生文化冲突。导致跨文化冲突的因素主要有观念习俗、思维方式和工作习惯、言语与非言语以及跨文化障碍。其中，观念习俗又包括群体观、权力观、时间观和风俗习惯。

（一）观念习俗

1. 价值观

观念的不同主要体现在价值观的差异上，价值观是文化的重要内容，它从潜在意义上支配着人们的社会行为。这里主要分析价值观范畴里的群体观、权力观和时间观。

（1）群体观。群体观是指处于某种文化下的人们是推崇集体主义和群体意识，还是强调个人主义和个人权利。东方文化强调集体主义和群体意识，忠实于国家权力和集体的利益，认为压抑自己的个性是一种美德，注重个人利益是私欲的表现；而西方文化崇尚自我意识和个人奋斗，人们个性张扬，普遍认为人应该追求自己的利益，如果将国家利益完全置于个人利益之上，就等于人权的丧失。

（2）权力观。权力观是指人们对权力和影响力的运用，即跨文化沟通的人通过他们各自的权力，试图互相影响，以使对方做出让步。霍夫斯泰德将权力观这一维度称为"权力距离"，他认为权力距离的大小反映出不同国家在对待人与人是否平等这一问题上的不同态度，权力距离大的文化是等级主义文化，社会地位被划分为不同的等级；权力距离小的文化是平等主义文化，等级主义文化下的人在跨文化沟通中会避免直接对峙，当遇到不能解决的问题时，他们会向更高一级领导咨询解决策略；另外，等级主义文化下的人也奉行运用权力来影响跨文化沟通的过程与结果。[6]

例证 6-1

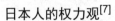

日本人的权力观[7]

（3）时间观。时间观包括人们对时间的看法与利用方式。一般而言，发达国家从工业革命进入信息时代，人们的工作和生活节奏加快，时间观念强，特别是美国人，普遍具有"时间就是金钱"的观念，因而很珍惜时间。但在一些经济落后或是封建意识较为浓厚的国家，人们往往不太重视时间，如中东人和拉丁美洲人的时间观念较弱，在他们看来时间是弹性的，时间应当用来享用。

2. 风俗习惯

风俗习惯是在特定文化的长期积淀下形成的，如果跨文化沟通时不能了解、尊重和适应彼此的各种习俗，便会产生文化的碰撞和冲突。例如，阿拉伯人在社交活动中经常邀请对方喝咖啡，按他们的习惯，客人拒绝接受邀请在阿拉伯世界被认为是对邀请人的侮辱，拒绝一杯咖啡会造成严重后果。曾经一位商人因拒绝了沙特阿拉伯人请他喝咖啡的友好提议而丧失了一次有利的商机。

（二）思维方式和工作习惯

思维方式和工作习惯是民族文化的具体表现，作为一种长期的文化积淀，潜移默化地影响着人们的社会生活。以东方文化和英美文化为例，两者在思维方式方面的差异主要表现在以下三个方面：① 东方文化偏好形象思维，英美文化偏好抽象思维；② 东方文化偏好综合思维，英美文化偏好分析思维；③ 东方文化注重统一，英美文化注重对立。在跨文化沟通中，由于受思维方式的制约，不同文化的人呈现出对事物不同的理解和对问题不同的处理方法。

理查德·刘易斯把世界文化分为单线活动型（linear-actives）、多线活动型（muliti-actives）和反应型（reactives）。[8]单线活动型是指那些用直线的方式制订计划、安排日程、组织工作，在一段时间只做一件事的人，例如德国人和瑞士人。多线活动型是指那些活泼、爱说话的人，他们在一段时间内做许多事，在工作过程中，不是根据时间表，而是根据每件事情的重要性来安排顺序，例如意大利人和阿拉伯人。反应型是指那些行事时比较注重礼貌和礼节的人，他们能够静静地倾听对方的发言，并对不同的建议谨慎做出反应，例如中国人和日本人。这三类人以不同的方式获取信息，单线活动型主要依靠数据，多线活动型主要依靠面对面的交流和对话，反应型综合上述两种方法。

不同的文化背景决定了不同的思维和工作习惯，同时也造成了沟通中的跨文化冲突。[3]

谈判过程中东西方不同的思维方式[7]

（三）言语与非言语

1. 言语交际

言语交际是指人们使用语言和文字进行交际的行为过程，在跨文化沟通中，不同的国家和地区使用不同的语言和文字，为实现有效的沟通和交流，跨文化沟通时必须选择双方都能理解的其中一方的或者第三方的语言和文字。但即使如此，因为语言和文字除了其外在的表征意义，还具有其文化内涵，如果不注意其接受的对象和适用的文化背景，同样会造成误解和冲突。以国际通用语言英语为例，"妥协（compromise）"一词在波斯语里没有它在英语里"双方能够接受的折中解决办法"的正面含义，只有一个反面意思，意为"损害"。

2. 非言语交际

除了语言交际，跨文化沟通中还广泛使用非言语表达方式。非言语交际是指抛开语言和文字，以当事人所呈现的静态及动态信息符号与副言语进行交际的过程。它包括仪容仪表、体态特征、表情手势、发型服饰等，往往会暗示人们一些言语交际不能传达的信息，然而当沟通者发出的非言语信号不能被具有不同文化背景的对方理解或者被误解时，很可能不仅不能达到信号发出者原本的目的，甚至会适得其反，从而产生文化冲突。

（四）跨文化障碍

跨文化障碍主要是从跨文化沟通者个人出发，包括认识上的误区、刻板印象和民族中心主义。在认识上的误区方面，不同文化背景的人在沟通的时候容易犯的一个错误是误认为对方与自己没有什么差别。一旦发现对方的行为与自己的预期相差很大，就会困惑、失望，造成跨文化沟通失败。

1. 认识上的误区

认识上的误区是指误以为对方与自己一样，否则感到困惑和失望。Barna 认为，把自己的文化规范误认为是他人也接受的文化规范是跨文化交际的主要障碍。[9]她指出："代表不同文化的人们聚在一起，每个人都身穿西服，讲一口英文，相互的问候方式也相似，这种表面的类似是有欺骗性的。这就像是认为既然纽约、东京、德黑兰表面上看都是现代化的城市，那么它们就都一样了。如果对各种可能出现的分歧毫无警觉，认识不到需要学习的一套新的行动规则，那么，一个人从这个城市到另一个城市时就会立即出现问题,即使是开车走路这样简单的事情。"

2. 刻板印象

刻板印象是指对于某些个人或群体的属性的一套信念。尽管我们没有和某一文化接触,但是我们可能会对它有一种先入为主的印象,例如法国人浪漫、德国人严谨等,这些就是刻板印象。刻板印象容易使人们忽视个体差异,从而不能客观地观察另一种文化,失去了应有的敏感。在观察异国文化时只注意那些与自己的刻板印象吻合的现象,而忽略其他,会妨碍我们与不同文化背景的人们和睦相处,不利于跨文化沟通。

3. 民族中心主义

所谓民族中心主义,就是按照本民族的观念和标准理解和衡量其他民族文化中的一切,包括人们的行为举止、交际方式、社会习俗、管理模式以及价值观念等。在当今世界,尽管只有极少数人露骨地宣称自己的文化优越于其他文化,但是在观察另一种文化时,往往不自觉地以自己的是非标准为标准,对于与自己文化不同的事物常常做出价值判断。这种民族中心主义往往使人以本民族为中心,认为本国人比外国人更聪明、更可靠、更可信任。如果不同文化的人都这么想,文化冲突就难以避免。

三、跨文化冲突的本质特征

跨文化冲突的本质特征主要体现在个体主义—集体主义的价值倾向冲突、弱语境与强语境的冲突、单一时间观和多元时间观的冲突三个方面。

(一)个体主义—集体主义的价值倾向冲突

个体主义(individualism)是将自己作为独立个体,并对自己的命运和行动负责的一种评价自我的态度;而集体主义(collectivism)强调共同利益、顺从、合作和相互依赖。[10]集体主义的国家包括中国、日本、印度、尼日利亚、喀麦隆和波多黎各等。在这些国家中,责任、诚实、礼貌、尊重长辈和家庭以及信奉社会价值等方面十分重要。德国人、欧洲裔美国人、荷兰人都信奉个人主义,追求自我利益最大化,推崇独立、创造力、好奇心等。在集体主义的社会体系里,年少者要以长者为先,个人要以家庭为主,家庭要以氏族为重,而氏族又要以社会和整个国家为中心,总之集体利益高于个人利益。[11]例如,在中国,无论是现实生活还是媒体舆论,都会对为抢救国家财产而献身的人大加赞扬,并号召人们向英雄学习,但是对于个人主义倾向的国家来说,人们不会这样做,也不鼓励这样的行为。当然,对于救人的行为,他们会加以鼓励的。

例证 6-3

国外好撒玛利亚人法[12]

（二）弱语境与强语境的冲突

跨文化交际学的奠基者之一霍尔在《超越文化》一书中写道：强语境交流突出按预定程序传输的信息，这样的信息储存在信息接收者身上和背景之中，传达的信息中只包含了少量信息点；弱语境交流则与之相反，大多数的信息必须包含在传达的信息之中，以弥补环境中失却的信息。[13]如强语境的国家有法国、新西兰、中国等；弱语境的国家有德国、美国、加拿大等。强语境文化和弱语境文化具有不同的特征，图米认为主要表现在以下四个方面。[14]

（1）冲突出现的原因。强语境文化的成员倾向于把冲突看成具有情感性，情感冲突的出现是由于想消除感情对立而产生的紧张情绪，而弱语境文化成员则倾向于把它看成具有工具性，工具性冲突的出现是由于目的或目标不一致。

（2）冲突产生的条件。在强语境文化中，群体违背对行为的期望就会产生冲突，而在弱语境文化中，个人违背对有关行为的期望时易于产生冲突。

（3）交际双方对冲突的态度。强语境文化倾向于采取非对抗、间接迂回的态度，弱语境文化则更可能采取直接对抗的态度。

（4）个人解决冲突的方式。强语境文化倾向于采用情感直觉来解决冲突，弱语境文化则倾向于通过事实归纳和推理的方式来解决冲突。

（三）单一时间观和多元时间观的冲突

霍尔把不同文化的时间观念分为单一时间观（momo-chronic）和多元时间观（poly-chronic）。单向计时制强调日程、期限，讲究效率，倾向于做短期计划和一段时间只做一件事情的时间习惯。多向计时制讲究时间使用的灵活性，倾向于做长期计划和一段时间允许做多件事情的习惯。霍尔认为美国、德国、瑞士等欧美国家属于单向计时制国家，而非洲、阿拉伯和希腊属于多向计时制国家。霍尔没有对中国进行分类，但众多的学者认为中国应该属于多向计时制国家。[15]例如，中美在对时间期限的态度方面，美国人深受时钟的"铁腕"控制，为了用好时间，会对每日、每周和每月的活动进行周密的安排，制定时间表，并针对事情的重要性做好精确的打算，在对应的时间只做对应的事。相对于美国人对期限的苛刻，中国人对期限的理解要灵活得多，处理事情的顺序不是严格地按照事先定好的时间表，而是根据一件事情是否已经完成。

例证 6-4

美国人的单向计时[15]

> **例证 6-5**

非洲的时间观念[16]

第二节 跨文化冲突的解决模式与应对策略

跨文化冲突的现象是难以避免的,但是人们可以试着将跨文化冲突的影响降低,从而更好地完成沟通目标。常用的跨文化冲突解决模式有解决问题模式和保全面子模式,针对各种跨文化冲突,也可以依据冲突原因采取相应的管理策略。

一、跨文化冲突的解决模式

常见的跨文化冲突解决模式有解决问题模式和保全面子模式。

(一)解决问题模式

解决问题模式(problem-solving model)具有以下七个特点:① 冲突被视为公开发表的主要分歧与问题的论战;② 冲突既可以是非功能性的,也可以是功能性的;③ 当冲突被控制没有直接产生时,冲突是非功能性的;④ 当冲突提供公开解决问题的机会时,冲突是功能性的;⑤ 冲突中的实际问题应该与关系问题分别处理;⑥ 冲突应当公开、直接地处理;⑦ 冲突的有效处理可以视为解决问题的成功。

解决问题模式的目标是解决当前冲突的问题,冲突是具有潜在功能的,当冲突发生时,运用此模式的人非常注重成功的目标取向与实际行动方案的重要性,他们会有非常强烈的目标和结果取向。如西方人就善用解决问题模式解决问题。当发生冲突时,他们愿意将矛盾公开,投入大量的时间和努力对有争议的问题进行专门的沟通,以达到预期目的。他们认为只有把问题讲出来,将冲突的细节具体化,通过对话了解与冲突有关的各方的观点,逐个解决细节问题,才能最终解决双方的冲突。因此,他们在谈判中强调问题的客观存在,注重事实和数据,在沟通中公开阐述自己的不同意见。

> **例证 6-6**

斯宾塞的智慧解决问题模式[17]

（二）保全面子模式

保全面子模式（face-maintenance model）的特点包括如下七个方面：① 冲突被视为对社交脸面和和谐关系的破坏，应当尽量避免；② 冲突大多是非功能性的；③ 冲突表示对情感的突发缺乏自律和自检，因而冲突是情感不成熟的标志；④ 冲突为巧妙的体面交际过程提供检测场合；⑤ 实际的冲突问题总是与体面的问题相互交织在一起；⑥ 冲突应当谨慎地、巧妙地处理；⑦ 冲突的有效处理可以视为保全面子的成功。

保全面子模式的目标是避免相关群体丢面子或者面子蒙羞，当冲突发生时，运用此模式的人倾向于把时间和精力投在面子的得失和保全上，他们非常注重在解决冲突时照应面子和关系。如中国人就善用保全面子模式解决问题。中国人讲究和睦，不愿直接面对冲突，认为冲突可以通过竞争、合作、妥协、回避、和解的方法解决。如果双方在谈判中发生冲突，中国人通常强调双方合作的成功方面，以平衡冲突给双方关系带来的负面影响，即使在沟通中遇到困难，也避免向对方传递破坏和谐的信号。在处理冲突过程中，中国人表现出较高的灵活性，对所争议的问题提出新的建议或折中方案，避免矛盾升级，以保持双方已经建立起来的关系。

例证 6-7

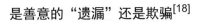

是善意的"遗漏"还是欺骗[18]

二、跨文化冲突的应对策略

为应对跨文化冲突，可以有效地采取如下四个管理策略。

（一）尊重对方文化习惯

在跨文化交际中，所有人都希望得到别人的尊重和认可，如果交际双方分别来自集体主义文化和个人主义文化，那么个人主义交际者应该学会给对方面子，尤其是在公开场合，要理解对方团队内部的关系和职责；同时，集体主义交际者应该重新调整对于面子的关注度，把更多的注意力转移到利害相关的实质性问题上来。此外，当发生冲突时，集体主义交际者要认识到个人主义文化背景的交际者习惯把实质性问题与情感问题分开，同时，个人主义文化背景的交际者也要注意把实质问题与面子问题进行相互联系。总之，要根据不同的文化情境进行相应的面子管理。

（二）克服民族中心主义

尽管我们每个人都是在一定文化中成长起来的，文化是指导我们行动的指南，我们很难做到完全摆脱在社会中获得的各种观念和看法，但是我们可以通过加强对造成文化冲突的文化差异的认识，消除民族中心主义的思想禁锢。在跨文化沟通中，切忌妄加评论和指责对方的行为准则与价值观，要学会包容和尊重异国文化，避免用本国的观念和标准去衡量和评判他国人员的价值观和态度行为等。

（三）采取建设性沟通方式

建设性的沟通要求交际双方在对对方立场和利益有更深入了解的情况下，讨论和分析冲突产生的原因和解决方案，交际双方要用心去聆听对方的兴趣、需求、目标和要求。在跨文化沟通中，应该开放地谈论自己关注的问题，从理性的角度看待冲突，承认自己的看法具有片面性，也认可对方的观点具有合理之处，在交际中应将注意力集中于共同点而不是分歧，把人和问题分开，专注于问题的解决。

（四）培养集体主义和个人主义文化的敏感度

集体主义文化和个人主义文化对跨文化交际具有深刻的影响，集体主义文化强调共识型决策，个人主义文化强调果断型决策，了解对方文化是更加注重集体的作用，还是更加注重个人的作用，有利于跨文化交际过程中对对方做出正确的预判，从而达到更好的沟通效果。

例证 6-8

西门子有限公司培训策略[19]

第三节　跨文化谈判概述

英国谈判学家马什指出："所谓谈判是指有关各方为了自身的目的，在一项涉及各方利益的事务中进行磋商，并通过调整各自提出的条件，最终达成一项各方较为满意协议的不断协商的过程。"[20]跨文化谈判是指谈判参与者来自不同国家或地区，各自具有差异性的文化背景，为实现自身目标而相互磋商的过程。

一、谈判的类型

谈判按照不同的标准有不同的分类方法。按照谈判中涉及的资源情况，分为分配型谈判和整合型谈判；按照谈判方式，分为纵向谈判和横向谈判。

（一）分配型谈判与整合型谈判

1. 分配型谈判

分配型谈判（distributive bargaining）是指资源总量一定，双方通过磋商对资源进行分配，一方获得了较多的资源就意味着另一方必定只能获得较少的资源，是一种零和谈判，双方目标都是尽可能使自己的利益最大化。

在分配型谈判过程中，谈判方的战术主要是试图使对手同意自己的具体目标点或尽可能接近它。因此，分配型谈判的重点是确定谈判的理想目标、谈判的底线和妥协的范围。

2. 整合型谈判

整合型谈判（integrative bargaining）是指资源数量可变，或者说双方可以创造新的价值，谈判的事项超过一个，双方对这些事项的重要性和优先性程度认识不一样，可以在这些事项上进行互换。[21]谈判中双方通过协商共同致力于各自目标的达成，是一种双赢谈判，目标是最大化共享成果。

要使整合型谈判取得成功，必须具有态度基础、行为基础和信息基础：① 态度基础是指要有诚意，愿与对方共享信息并坦率询问具体问题；② 行为基础是指要掌握熟练的谈判技巧，对事不对人，不让个人情绪影响谈判，不过早做判断，根据客观标准判断可能达成的协议；③ 信息基础是指要清楚了解谈判双方的利益焦点、最好的解决方案以及自己一方应做的努力。

例证 6-9

荷兰 VS 日本：价格谈判[22]

（二）纵向谈判与横向谈判

1. 纵向谈判

纵向谈判是指在确定谈判的主要问题后，逐个讨论每一个问题和条款，讨论和解决完一个问题，才会开始讨论下一个问题。纵向谈判的优点是：① 程序明确，把复杂问题简单化；② 每次只谈一个问题，讨论详尽，解决也彻底；③ 避免多头牵制、议而不决的弊病；④ 适用于原则性谈判。当然，纵向谈判也有其不足：① 议程确定过于死板，不利于双方沟通交流；② 讨论问题时不能互相通融，当某一问题陷入僵局后，不利于其他问题的解决。

例如，美国人的纵向谈判。美国谈判人员会在谈判过程中先解决数量问题，再讨论价格。这样，最终协议是就各个单一问题所做妥协的总结，谈判进展情况一目了然。解决了一半问题，谈判任务也就完成了一半。

例证 6-10

中澳铁矿石价格谈判[23]

2. 横向谈判

横向谈判是指在确定谈判的主要问题后，开始逐个讨论问题，当在某一个问题上出现矛盾或分歧时，就把这个问题放在后面，先讨论其他问题，如此循环讨论，直至所有问题谈妥。横向谈判方式相对灵活，只要有利于问题的解决，经过双方协商同意，讨论的条款可以随时调整。横向谈判的优点是：① 议程灵活，只要有利于沟通和交流，可采取任何形式；② 多项议题同时讨论，有利于寻找变通的解决办法。这种谈判方式的不足之处是：① 加剧双方讨价还价，容易促使谈判双方做出对等让步；② 容易使谈判人员纠缠在枝节问题上，而忽略了主要问题。

例如，法国人的横向谈判。法国人在谈判时喜欢先为协议勾画出一个大致的轮廓，再确定协议的大致原则，最后才确定协议的各个方面。他们把谈判的重点放在拟订一些重要的原则上，不太关注细节问题。如法国人在谈妥大约 50%的条款时，就会在合同上签字，但这并不代表他们就认同合同的全部内容，合同细节还可能会被要求多次更改。他们认为，大致要点已经确定的话，细节问题什么时候确定都无所谓。

例证 6-11

TTIP 谈判[24]

二、谈判的过程

谈判的过程主要分为谈判的准备阶段、正式谈判阶段和终结与缔约阶段。

（一）谈判的准备阶段

谈判的准备阶段包括谈判内容的准备、谈判地点的选择和谈判团队的选择。当要与不同文化的人进行谈判时，除了包括产品价格和条款等问题在内的谈判内容需要充分准备，还要考虑风俗、礼节、语言和信仰等因素。这些因素可以通过查阅书面材料或影像资料来了解，也可以咨询来自对方国家或者在对方国家待过较长时间的人员。

对于谈判地点，有的文化（如美国）相对不那么注重，他们甚至可以通过电话进行谈判，而拉丁美洲人和亚洲人则倾向于对方前往他们所在的国家，在自己的领土上谈判他们会感觉更舒服。[25]所以在具体的跨文化谈判中，如何合理地安排使双方都舒适的谈判地点需要提前商定和准备。

对于谈判团队的选择，要充分考虑人员的级别、年龄、数量、性别、性格和专业知识等方面的内容。例如，在与看重等级的国家谈判时，谈判团队领队的级别最好不要低于对方团队的领队，一方面可以避免被对方认为重视度不足，另一方面也可以在谈判中保持相对平等的地位，避免了给对方以居高临下的姿态进行谈判的机会。在成员数量上，美国和墨西哥团队一般是2~3人，日本则是4~7人。在谈判前最好先询问一下对方的谈判人员数量，以保证双方在人数上的均衡。而年龄、性别和级别在大多数亚洲国家、非洲以及中东国家都是很重要的考虑因素。[10]当然，如果有来自目标文化国家或者曾经到过那里的人员，那会是一个很好的选择。

（二）正式谈判阶段

正式谈判阶段包括开局、报价和磋商三个阶段。

1. 开局

开局阶段是指双方见面后，相互介绍、寒暄，或者交流其他谈判内容之外的话题的过程，也就是进入实质性内容讨论之前的交流。开局的主要任务是营造洽谈气氛和破题。热烈、积极和友好的洽谈氛围最受谈判者欢迎，开局氛围的营造也为开场破题做好了准备，破题的时间一般根据谈判的性质和总时长来确定，通常控制在谈判总时间的5%以内。[26]例如，4小时的洽谈，破题时间适合控制在12分钟以内。

开局是谈判双方表明自己立场的阶段，是各自重要观点的首次陈述，双方谈判人员的个人地位和作用会在谈判开局阶段显示出来，对谈判有着直接影响的洽谈格局也将在谈判开局后的几分钟内形成。所以，开局是影响整个谈判的重要阶段。谈判开局有两个目标：一是吸引对方的注意力和兴趣；二是完成建设性的基础工作。为达到这两个目标，开局阶段要特别注意考虑以下三个因素。

（1）形成良好的开局结构。在开局阶段应提供均等的发言机会，用简洁、轻松的语言阐明立场和观点，积极提出双方意见趋同的建议和问题，充分合作，并乐于接受对方的意见。

（2）正确估计自己的能力。谈判人员应该镇定自若，不被对方的身份地位吓到，不被对方提出的原则、数字、先例等迷惑，在谈判中要注意不能低估自己的能力，不要因为对方清楚自己的弱点而唯唯诺诺，同时也不应过于自信，不要认为自己已经掌握了对方的要求而过早地暴露实力，应始终保持谨慎的态度。

（3）谈判双方的实力。谈判实力的强弱会对谈判双方的心理产生影响，从而形成一种潜在的谈判格局。在具体的谈判中，如果双方实力相当，则较容易以友好、互利、合作为中心，营造和谐稳定的谈判氛围；如果我方实力有明显优势，在开局时仍应表现出友好和真诚；如果对方实力强于我方，也不应有紧张、害怕的心态，同样应沉着、大方，力求双方合作。

2. 报价

报价的"价",这里指的是广义上与谈判有关的各种交易条件。报价就是谈判一方向另一方提出自己的所有要求的过程。在报价方式方面,当下应用比较广的报价方式有西欧式报价和日本式报价。西欧式报价中卖方会先提出一个较高的价格,然后通过各种优惠,例如数量折扣、价格折扣、支付条件等方面的优惠,逐步接近买方的心理预期,最终达到成交的目的。这种报价方式可以很好地稳定买方,促使买方就各项条件与卖方进行磋商,最后的结果也通常对卖方更为有利。

日本式报价方式中卖方首先报出的是最低价格,同时列出对卖方最有利的结算条件,如果买方要求改变相关条件,卖方则会相应地提高价格,因此最终的成交价往往高于最初的报价。这种报价方式容易以最低价吸引买方的兴趣,同时排斥竞争对手,使其他卖主放弃,弱化买方市场的优势,当买方想要达到一定需求的时候,只好任卖方一点一点把价格抬高才能实现。

在报价时机的选择上,一般来说,先报价的一方通过报价已经为以后的谈判划定了一个发展框架,最终协议的达成很可能就在这个框架范围内,这个报价或多或少地支配着对方的期望水平。但是,先报价也有以下两个不利之处:① 对方听到报价之后对我方的报价起点已经有所了解,他们很可能调整方案,修改原先的报价,以获得更多的好处。例如,原本对方准备提 18 万元的报价,但是听到我方要价 20 万元时,他们很可能一开始就还价到 16 万元。② 对方可能会集中力量对我方报价发起进攻,试图逼迫我方一步步降价,但始终不泄露他们打算出的价钱。当然,在谈判中是要坚决避免这种情况发生的,应该让对方报价、还价,决不能使谈判谈成围绕我方报价的防御战。

3. 磋商

磋商是指谈判双方在原先报价基础上进行讨价还价的过程。磋商阶段是谈判实质性的协调或较量阶段,双方开始真正地根据对方在谈判中的行为,调整自己的谈判策略,并决定自己的接受程度和条件要求。磋商的结果将直接关系到谈判双方所获利益的大小和各自需求的满足程度,所以,磋商阶段是谈判的核心阶段,磋商涉及讨价还价和妥协两个部分的内容。

讨价还价是谈判双方为了解决存在的意见差异而进行的行为。作为谈判人员,要充分了解讨价还价的难度和关键点,讨价还价之前要对出手条件做充分的整理,厘清谈判双方分歧的部分,并对己方的有利条件和不利条件做好充分的梳理。还价可采取整体还价的方式,也可以采取分组还价的方式。例如,一项买卖的总交易价是 3 万元,整体还价的方式就是从整体上要求对方降价,如向对方提出 2.6 万元的价格;分组还价方式就是将买卖的各部分拆分开来议价,争取逐项将价钱谈低。在反复进行的讨价还价过程中,谈判人员需牢记报价目标,要时刻判断讨价还价的幅度与进展离自己的成交目标还有多远,在谈判过程中做到有的放矢,反应迅速。

妥协是谈判讨价还价阶段不可缺少的环节,没有妥协就难以达成最终协议。妥协让步在谈判中具有一定的必要性,但是在具体的谈判中是否让步、如何让步需要慎重考虑。通常情况下,谈判中的妥协让步要遵循以下三个原则。

（1）不轻易让步。谈判中妥协让步是正常现象，但是高明的谈判人员不会轻易做出让步，因为先做出让步可能坚定对方的信心，强化对方立场，导致己方丧失谈判主动权。只有在最需要的时候，或者谈判无法进行下去的情况下，才进行适当的让步，而且要慎重把握好让步尺度。

（2）有条件让步。从追求利益最大化的角度考虑，只要有可能，就应该让每一步妥协获得一定的回报，即换取对方一定程度上的让步。也就是在对方同意我方某些条件的前提下，我方做出适当的让步，例如可以在对方同意我方提出的付款方式的前提下同意适当降价。

（3）有效让步。有效的让步不至于使对方得寸进尺，同时又能迫使对方让步。总之，让步要有明确的利益目标，"没有交换，绝不让步"，并且要严格控制让步的次数、频率和幅度，要让对方感到让步是艰难的。

例证 6-12

中方的让步策略[27]

（三）终结与缔约阶段

结束谈判有三种基本形式：成交、破裂和中止。成交是指双方达成协议而结束谈判；破裂是指双方的分歧得不到调和而导致交易失败或结束；中止是双方由于某些原因未能就交易内容或条件完全达成协议就结束谈判全过程的做法，对于中止的谈判，双方可约定恢复谈判的时间，也可不进行约定。

对于取得成交结果的谈判，谈判双方意见已经趋于一致，需要签订合同文本，经双方法人代表或被授权人签字盖章后，成为约束双方的法律性文件，任何一方违反合同中的条款规定，都必须承担法律责任，因此合同的签订不能有任何疏忽。合同中的各项条款必须使用准确的词语，并使用规范的文字表达，坚决不能出现含糊不清的语句。

三、跨文化谈判的变量因素

文化是社会群体独有的特征，文化价值观影响着谈判者的利益和优先事项；文化规范明确了谈判中的恰当行为和不恰当行为，影响着谈判者的策略。跨文化谈判模式的选择取决于谈判双方的文化偏好，对谈判另一方文化进行研究可以减少谈判时间。在跨文化谈判中，文化的影响是相对的，谈判能否顺利进行与所有谈判人员感知并适应彼此文化约束的能力有关。只有尽可能多地了解对方文化并理解对方，才能更精确地规划行动方案来实现目标。

图 6-1 所示为文化如何影响谈判。

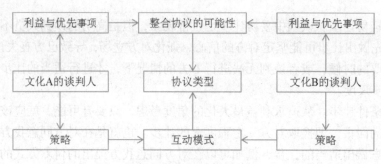

图 6-1 文化如何影响谈判

资料来源：BRETT J M. Culture and negotiation[J]. International Journal of Psychology, 2000(2): 97-104.

关于影响跨文化谈判成功与否的因素，唐纳德·威·汉顿等人将变量因素分为背景因素和氛围因素[28]，史蒂芬·威斯则把影响跨文化谈判的因素细分成了十二个变量[29]。虽然两者对跨文化谈判变量因素的划分方法不同，但是核心都在于：对谈判对手的文化背景的了解，是有效谈判的重要前提条件。谈判人员不仅要了解对方国家的发展历史和民俗习惯，还应该着眼于对方的文化特色。

（一）汉顿的两组变量

1. 背景因素

汉顿认为，背景因素包括谈判双方的目标、谈判中的第三方、市场定位、谈判人员的技巧和经验。其中，谈判目标可以是双方共同的目标，也可能是被认为的目标；双方的目标可能是相互冲突的，也可能是互补的。谈判中的第三方指的是跨文化谈判时参与进来的顾问、代理人或者各方的政府机构等。市场定位包括谈判双方各自的定位。

2. 氛围因素

氛围因素包括谈判双方可感知的合作或冲突、权力和服从、可感知距离和双方的期望。可感知的合作或冲突主要是通过谈判双方的协议目标或协议内容来感知。权力和服从因素指的是当谈判一方权力较大时对谈判产生的影响。可感知距离指的是双方之间互相理解的程度。双方的期望包括真正交易的长期期望值和现时交易的短期期望值。

（二）威斯的十二变量

威斯把影响跨文化谈判的因素分为十二个变量，即基本概念、谈判人员选用标准、侧重点、礼节、交流、说服争论的性质、个人角色、信任的基本条件、风险倾向、时间概念、决策制度和协议形式。[29]

（1）基本概念。文化因素会影响谈判人员对谈判作用和谈判过程的看法。有的文化把谈判看成输赢的竞争，有的看成强弱的竞争，也有的文化将谈判看成完成某项任务同心协力的过程。

（2）谈判人员选用标准。不同的文化背景，选用谈判人员依据的因素可能不同，常用的依据有过往的经验、权力关系、对某一领域的了解，或者其是否值得信任等。

（3）侧重点。在谈判中，有的文化强调协商与协议直接相关的主要问题，有的文化则强调人与人之间的关系。

（4）礼节。不同的文化都有自己特有的交往礼节，并且墨守成规的程度也不同。礼节包括送礼、娱乐、着装礼仪、就座安排、谈判人数、间歇时间安排、谈判过程持续时间等，在跨文化谈判中，是否采取正式的礼节需要认真考虑。

（5）交流。不同文化背景的谈判人员交流方式也会有所不同，有的谈判人员依靠语言交流，有的谈判人员则会有很多辅助性的非语言交流。交流方式越多样化，交流的环境就越复杂，人们对交流环境的关注就越多。

（6）说服争论的性质。不同文化背景的谈判人员会采用不同的争论方式说服对方。有的谈判人员依据事实和逻辑争辩，有的依据直觉或感情，还有一些则依据谈判人员的宗教信仰和哲学思想。

（7）个人角色。不同文化的谈判人员对自己在谈判中的角色定位也不同。有的谈判人员把个人看成是至关重要的，某个人的成功或失败决定着谈判的结果；有的谈判人员则认为个人属于谈判集体，在谈判中会注意抑制个人雄心；还有一些谈判人员把谈判各方一起看成谈判的整体，谈判双方都十分关注整体的成功。

（8）信任的基本条件。谈判需要双方建立起信任关系，但不同文化的人建立信任的基本条件有所不同，有的文化仰仗过去的经验或成绩，有的文化依据直觉和情感。

（9）风险倾向。由于谈判结果的未知性，可以说谈判有一定的风险性。有的谈判人员乐于接受新思想或始料不及的建议，有的谈判人员则倾向于墨守成规。

（10）时间概念。有的文化时间观念强，制定详细的日程表并严格按照日程表执行对他们来说非常重要。有的文化则一般进程缓慢，认为时间可灵活掌握。

（11）决策制度。不同文化背景惯用的决策制度也有所不同。在谈判中，有的谈判团队会参照地位最高或资历最深的成员的意见来决策，有的则通过谈判团队中大多数人的意见来决策，还有的则必须力求所有成员的一致同意才能形成最终的决策。

（12）协议形式。有的文化强调书面协议，协议内容也十分详尽，针对可能发生的事件会制定尽可能多的条款；有的文化则十分强调个人承诺。

例证 6-13

雅虎收购3721之"待价而沽"[30]

第四节 跨文化谈判的策略与技巧

由于文化背景的不同，与同一文化背景下的谈判相比，跨文化谈判面临更多的问题，需要针对文化差异采取一些特定的策略与技巧。

一、跨文化谈判的策略

跨文化谈判策略主要包括合理安排谈判人员和针对特定文化采用特定策略两个方面。

（一）合理安排谈判人员

在跨文化谈判中，从谈判所需的专业知识考虑，以跨文化商务谈判为例，谈判人员一般包括商务人员、技术人员、法律人员、财务人员、翻译人员和记录人员。在具体选用谈判人员时，谈判人员的数量、年龄、级别、性别、专业知识以及性格都应该慎重考虑。例如，在与日本人谈判时，通常需要安排一两个高层人士，以示对对方的尊重。而与美国人谈判时，一般要安排律师出席，以方便及时解决谈判中涉及的法律问题。此外，除了专业知识和能力，谈判人员还必须兼具以下能力或素质。

1. 能理解并尊重对方的文化和风俗习惯

在谈判之前，已充分理解并接受各种文化的差异，了解对方的文化和风俗习惯。例如，在与西方国家谈判时，能够注意不涉及对方隐私和理解对方的宗教信仰；在与阿拉伯国家的人员谈判时，知晓并尊重对方一些特殊的风俗习惯；而在与东方国家谈判时，清楚与之见面的礼节。

例证 6-14

一顶绿色帽子导致谈判失败[31]

2. 在文化问题上能够保持谨慎中立

文化不同不代表对方更好或者更差，作为跨文化谈判人员，在文化问题上要能够保持谨慎中立，不妄加评论对方的文化准则。虽然从道德上讲，一些国家的习俗似乎让人难以理解，但是双方是谈判者的身份，而不是说教者的身份，谈判人员应当认识到对方对其文化的感知和自我对自己文化的感知是一样的，应能够接受并尊重对方的道德规范，并把这些规范视为他们的一部分。

（二）针对特定文化采用特定策略

如果谈判人员非常熟悉对方的语言和文化，那么他就可以使用对方的谈判方式和策略，从而有更大的把握使谈判取得成功。

1. 了解对手的文化和文化冲突管理模式

跨文化谈判者不仅要了解对方的谈判预期和目标，还要了解对方的文化以及对方处理冲突的模式，不同的冲突管理模式对应的谈判行为如表 6-1 所示。在跨文化谈判中，个体主义文化的谈判者较多地采用控制/竞争的模式，把施惠与回避等行为看成消极的回应方式。而集体主义文化的谈判者更倾向于采取妥协的模式。当然，冲突管理模式同时还受到谈判者个人风格的影响，在了解谈判对手的文化和文化冲突管理类型时，不仅要从文化背景的角度进行了解，还要从谈判者个人风格方面进行了解。[32]

表 6-1 冲突管理模式对应的谈判行为

冲突管理模式	谈判者行为
竞争/控制	企图将自己的意志强加于人，强调自己的利益高于对方
规避	对冲突避而不谈，回避冲突情境
施惠/谦让	高度关注对方利益，把对方的得失放在更重要的位置
妥协	权衡利益得失，互相让步
协作	双方均本着既为自我又为他人的态度来解决冲突
情感表达	用情感来指导谈判行为
第三方帮助	利用谈判双方以外的人进行调解
忽略	主动或被动地回避冲突，但同时又间接地获取对方反应

2. 选择合适的谈判方式

按照谈判方式的不同，谈判分为纵向谈判和横向谈判。美国人倾向于纵向谈判，他们在谈判中常表现出强烈的求胜欲望，迅速解决主要问题，法国人则是横向谈判的代表，他们倾向于为议题先画一个轮廓，然后确定议题的各个方面，再达成协议。[33]根据对手惯用的谈判方式来进行谈判容易取得更好的效果。当然，在具体的谈判中，需要综合对手的谈判方式倾向和议题的内容考虑选择何种谈判方式。

3. 做好准备工作，避免沟通障碍

只有做好充分的准备工作，才能在谈判中灵活处理，随机应变，才有可能在谈判中处于主动地位。需要做的准备通常包括谈判者本身的情况分析、对手的情况分析、谈判人员的组成、谈判目标的拟定，必要时还要进行模拟谈判。自身情况分析主要是指进行谈判项目的可行性研究，对谈判对手情况的了解包括对手实力情况，对手所属国家的政策、法规、思维方式、风俗习惯以及对手的人员背景状况等。

二、跨文化谈判的技巧

准确巧妙地利用语言，掌握不同国家的谈判风格和技巧对跨文化谈判的成功起着不可忽视的作用。这里主要阐述了跨文化谈判的语言技巧与美国、日本、阿拉伯以及欧洲各国的跨文化谈判技巧。

（一）语言技巧

语言是信息传递的媒介，是人与人进行交际的工具。在很大程度上，语言的应用效用影响着谈判的成败。因此，谈判人员必须综合运用语言技巧，准确地把握对方的行为和想法，传递自己的意见和观点，从而达到谈判的预期目的。在谈判中要遵循以下语言表达的三个原则。

（1）客观坦诚，有的放矢。用语言传递信息时，要以客观事实为依据，在针对特定的谈判内容或谈判要求时，要有的放矢，对症下药。

（2）符合逻辑，具体灵活。符合逻辑是指提问时要察言观色、把握时机；回答时切题准确；说服时语言充满感染力和逻辑性。灵活是指根据对方的反应及时灵活地调整语言，转移或继续话题，不拘泥于既定的策略。

（3）规范流畅，文明礼貌。谈判所用的语言必须清晰易懂，口音标准，避免出现方言或俗语；不管出现什么情况，绝不能使用粗鲁和攻击性的语言，不伤及对方的面子和尊严。[26]

例证 6-15

商务谈判中的语言技巧[34]

（二）与各国谈判的技巧

文化背景不同造就了不同的思维和行为，形成了不同的谈判特色，为了取得跨文化谈判的成功，需要掌握不同国家的典型谈判风格和技巧。下面重点介绍与美国人、日本人、阿拉伯人和欧洲人的谈判技巧。

1. 与美国人谈判

首先，美国人性格干脆坦率、热情奔放，与之谈判首先要用热情拉近距离。其次，美国人时间观念强，讲究效率，谈判时要注意遵守时间，同时也可以利用其相对缺乏耐心的特点，适当地采取持久战进行拉锯式的磋商，直到对方失去耐心同意以我方的条件成交。最后，针对美国人重合同、守信用的特点，务必把律师纳入谈判团队，谨慎地签合同。

例证 6-16

美国人的效率观[35]

2. 与日本人谈判

日本人在谈判时注重权力等级，因此在组建谈判成员时要注意安排职位相当或者更高职位的人员参加，以示尊重，安排职位高的人参与谈判也可能会额外地获取更多的主动权。在谈判沟通过程中，也要注意用语客气，要注意维护对方的面子。

日本人在谈判中往往不直接表态，谈话比较婉转、留有余地，常常给人以含糊不清、模棱两可的印象。不要把日本人的礼节性的表示误认为是同意的表示。日本人在谈判中往往会不断点头并说"哈依！"，这常常是告诉对方他们在注意听，并不是表示"同意"。因此，在谈判中既要有耐心，又要谨慎，避免误解。

例证 6-17

哈依、哈依[36]

3. 与阿拉伯人谈判

阿拉伯国家有一些特定的教义和习俗，切记不能对他们的教义妄加评论，并要全面了解和尊重他们的习俗。例如，握手和递物品的时候不能使用左手。另外，由于阿拉伯国家受男权文化影响深重，在谈判时切记不能派女性作为谈判代表。当然，谈判开始前也可利用阿拉伯人喜欢交际的习惯，适当安排交际活动，选择他们喜欢的话题与他们热情交流，借此拉近彼此的距离，并了解一些相关信息。

4. 与欧洲人谈判

与德国人谈判时，要注意德国人固守原则、时间观念强、效率高等特点，谈判时一般是按部就班地按照预定的标准和条款进行，商定的事宜不会再做改变。与英国人谈判时要注意他们保守、内敛的性格，做到公事公办，不轻易与对方谈个人感情。与法国人谈判时要充分了解法国人友善外向的性格，与他们建立友好、和谐、轻松的关系。同时也要注意法国人七八月份有度假的习惯，谈判时间的选择要尽量避开这个时间段。

总之，不同的文化会形成不同的风俗习惯和谈判风格，可以依据对方的风俗习惯和谈判风格制订谈判策略。但是，有一点必须清楚——尽管我们可以了解很多不同文化背景下谈判的方式，但即使是来自同一个国家的谈判者，也不会是完全一样的，文化异质性越大的国家谈判类型的跨度就越大。因此，可以以对方国家的文化为指导来制订谈判策略，但是不能仅仅依赖于对方国家的整体义化，还应与具体的谈判对象的个体化因素相联系。

本章小结

> 跨文化冲突建立在冲突理论基础之上，以社会生活的冲突特性解释社会变迁，是指异质文化与亚文化之间相互对立、相互排斥、相互矛盾以及相互否定的状态。

➢ 影响跨文化冲突的因素主要有观念习俗、思维方式和工作习惯、言语与非言语以及跨文化障碍。其中，观念习俗又包括群体观、权力观、时间观和风俗习惯。
➢ 跨文化冲突解决模式主要有解决问题模式和保全面子模式两种，针对各种跨文化冲突，也可以依据冲突原因采取相应的管理策略。
➢ 按照谈判中涉及的资源情况，谈判分为分配型谈判和整合型谈判。按照谈判方式分类，谈判分为纵向谈判和横向谈判。
➢ 谈判包括谈判的准备阶段、正式谈判阶段和终结与缔约阶段。准备阶段包括谈判内容的准备、谈判地点的选择和谈判团队的选择；正式谈判阶段包括开局、报价和磋商三个阶段；谈判有成交、破裂和中止三种终结形式，对于成交结果的谈判，谈判双方需要签订合同文本。
➢ 谈判团队的选择，要充分考虑人员的级别、年龄、数量、性别、性格和专业知识等方面的内容。
➢ 不同的文化会形成不同的风俗习惯和谈判风格，可以依据对方的风俗习惯和谈判风格制订谈判策略。

课程思政

1. 面对多元文化冲突和社会主义意识形态建设的艰巨性与复杂性，必须用社会主义核心价值体系引领高校大学生思想政治工作，牢牢把握社会主义意识形态建设的主动权和话语权，牢牢占领社会主义文化建设阵地。

2. 每一个接受现代教育的年轻学生都要守住初心，在秉持中国文化身份认同的同时，用全球的视野、开放的心态、容人的姿态来面向外国文化，寻找文化间的共性和共鸣。

思考练习题

一、选择题

1. 从沟通者个人出发，跨文化障碍不包括（　　）。
   A. 认识上的误区　　　　　　B. 语言障碍
   C. 刻板印象　　　　　　　　D. 民族中心主义
2. 正式谈判阶段不包括（　　）。
   A. 开局　　　　　　　　　　B. 报价
   C. 磋商　　　　　　　　　　D. 缔约

二、简答题

1. 简述跨文化冲突的原因。
2. 概述谈判的过程。
3. 简述跨文化谈判的策略和技巧。

 案例分析

上汽并购韩国双龙为何以失败告终[37]

问题讨论：
1. 分析案例中有哪些跨文化冲突的表现，并解释这些文化冲突的原因。
2. 结合案例，谈谈跨文化交际中应该注意哪些问题。

巴西公司与美国公司的谈判[38]

问题讨论：
1. 结合案例，谈谈美国人的谈判风格。
2. 如果你是巴西代表团的领队，你会如何进行这场谈判？

 参考文献

[1] 赵阿丽. 中国铁建股份有限公司跨文化冲突案例研究[D]. 合肥：安徽大学，2013.

[2] ABBOT T ANDRE W. Transcending general linear reality[J]. Sociological Theory, 1988.

[3] 李彦亮. 跨文化冲突与跨文化管理[J]. 科学社会主义，2006（2）：70-73.

[4] 宋义国. 跨文化商务谈判语境中的冲突与身份建构[J]. 文化学刊，2016（3）：19-21.

[5] 金晨. 论国际商务活动中的跨文化冲突与沟通[J]. 科技经济市场，2008（9）：84-85.

[6] 霍夫斯泰德. 文化之重：价值、行为、体制和组织间的跨国比较[M]. 上海：上海外语教育出版社，2008.

[7] 毛强，肖茨尹. 国际商务谈判中冲突的文化根源[J]. 市场论坛，2009（10）：94-96.

[8] RICHARD L. Cross cultural communication: a visual approach[M]. Warnford Hampshire: Transcreen Publications Riversdown, 1999.

[9] LARAY B. Ethics and intercultural communication education[C]. Paper presented at the annual conference of the Society for Intercultural Education, Training and Research. Mexico City, Mexico, 1979: 1-14.

[10] CHANEY L H, MARTIN J S. Intercultural business communication[M]. 6th ed. New York: Pearson Publishing, 2014.

[11] 王俊霞. 美国的个人主义与中国的集体主义[J]. 佳木斯大学社会科学学报, 2005（2）: 75-76.

[12] 杨立新, 王毅纯. 我国善意救助者法的立法与司法: 以国外好撒马利亚人法为考察[J]. 求是学刊, 2013, 40（3）: 73-84.

[13] 霍尔. 超越文化[M]. 何道宽, 译. 北京: 北京大学出版社, 2010.

[14] TING-TOOMEY S. Toward a theory of conflict and culture[A]//WILLIAM B GUDYKUNST W B, STEWART L P, TING-TOOMEY S. Communication, culture and Organizational Processes[C]. Beverly Hills: Sage, 1985: 71-86.

[15] 杨庆. 论中美时间观念的差异[J]. 决策与信息（旬刊）, 2016（1）: 93.

[16] 徐丽华, 包亮编. 非洲孔子学院教师跨文化交际案例集[M]. 南京: 江苏人民出版社, 2021.

[17] 温德尔·贝瑞, 王子舟. 解决问题的模式思维[J]. 世界教育信息, 2019, 32（15）: 38-43.

[18] 柳在润, 金东光. 中国"面子文化"对在华韩国企业内部沟通的影响: 以中国三星总部为例[J]. 中央民族大学学报（哲学社会科学版）, 2015, 42（S1）: 108-114.

[19] 尚娟. 人力资源管理[M]. 西安: 西安电子科技大学出版社, 2014.

[20] 马什P D V. 合同谈判手册[M]. 章汝珊, 译. 上海: 上海翻译出版公司, 1988.

[21] BRETT J M. Culture and negotiation [J]. International Journal of Psychology, 2000, 35(2):97-104.

[22] 袁其刚. 国际商务谈判[M]. 济南: 山东人民出版社, 2003.

[23] 陈博, 于同申. 资产专用性、机会主义行为与纵向一体化: 基于中澳铁矿石价格谈判的实证研究[J]. 经济与管理研究, 2010（10）: 109-114.

[24] 王学凯, 钮维敢. TTIP谈判的跟踪分析及中国的关切[J]. 国际论坛, 2015（4）: 17-23.

[25] LEAPTROTT N. Rules of the game: global business protocol[M]. Cincinnati: Thomson Executive Press, 1996.

[26] 张吉国. 国际商务谈判[M]. 济南: 山东人民出版社, 2010.

[27] 王育庆. 商务谈判中让步策略探讨[J]. 包头职业技术学院学报, 2012（3）: 28-29, 82.

[28] HENDON D W, HENDON R A, HERBIG P. Cross-cultural business negotiations [M]. Connecticut: Greenwood Publishing Group, 1996.

[29] WEISS S E. Analysis of complex negotiations in international business: the RBC

perspective[J]. Organization Science, 1993(4): 269-300.

[30] 杜馨岩. 商务谈判中"待价而沽"谈判策略的应用分析：基于"亚马逊收购当当""雅虎收购3721"案例的对比分析[J]. 现代商贸工业，2014，26（17）：61-62.

[31] 郑晓霞. 文化差异对中美商务谈判的影响及技巧分析[J]. 市场周刊（理论研究），2015（8）：84-85.

[32] 伍忠丽. 国际商务谈判中的跨文化冲突管理[J]. 吉林省教育学院学报，2013（3）：129-130.

[33] 林璐. 东西方文化差异对于国际商务谈判的影响[J]. 湘潮（下半月），2008（3）：50-51.

[34] 金文华. 商务英语语言特点及涉外谈判中的巧妙应用[J]. 科技视界，2015（3）：194-195.

[35] PYE L. Chinese commercial negotiating style[M]. Oelgesch Lager, Gunn & Hain, Incorporated, 1983.

[36] 代桂勇. 商务谈判[M]. 北京：北京理工大学出版社，2014.

[37] 马文杰，苏勇. 跨文化管理沟通[M]. 上海：复旦大学出版社，2022.

[38] 赵芳，吴玮，韩晓燕. 国际商务谈判中的跨文化障碍及应对策略[J]. 河北经贸大学学报，2013（4）：96-99.

第七章
跨文化沟通中的法律因素

 学习目标

- 掌握法律的概念及特征
- 了解法律与文化之间的关系
- 了解跨文化商务沟通中的法律体系
- 了解跨文化商务谈判中法律的作用
- 了解跨国公司文化冲突中法律的作用

引例

洛克菲勒诈取铁矿[1]

美国的密沙比地区是一个丰富的铁矿区。洛克菲勒早就对该矿区垂涎三尺,可是正待他要出手拿下这块"肥肉"时,来自德国的梅里特兄弟却先下手为强,在密沙比收购了大量地产,并成立了铁矿公司。晚来一步的洛克菲勒只好等待时机再把它抢回来。

1873 年,洛克菲勒等待的机会到了。这一年,美国发生了一次经济危机,梅里特兄弟也陷入了窘境。正在这时,当地的牧师劳埃德先生来到了梅里特兄弟家。在他们的谈话中,梅里特兄弟从当前美国所面临的经济危机谈到自己的困境,不由得满是伤感之情。

听到这番话的劳埃德牧师马上十分热情地对他们说:"或许我可以助你们一臂之力。我有一位有钱的朋友,我想,如果看在我的情面上,他应该能够借给你们一笔巨款。"

很快,劳埃德牧师就把从朋友那里借来的 42 万元的巨款带给梅里特兄弟,并表示利息比银行利率还低 2 厘。于是,他们马上立了一个字据,写道:"今有梅里特兄弟借到考尔贷款 42 万元整,利息 3 厘,空口无凭,特立此为证。"

梅里特兄弟写好了字据,又认真读了一遍,感觉没什么问题之后,非常高兴地在字据上签了字。而后,梅里特兄弟马上把巨款投向他们的矿产。谁知,借到钱不到半年,劳埃德牧师就又来到梅里特兄弟家中说:"我的那位借给你们钱的朋友洛克菲勒,要求你们马上归还他的 42 万元。"

由于梅里特兄弟把钱都投到了矿上,根本拿不出那么多的现金。于是,洛克菲勒把梅里特兄弟告上了法庭。

在法庭上,洛克菲勒的律师拿着梅里特兄弟的借据向法官展示说:"这借据上写得清清楚楚，借的是考尔贷款。我们知道，考尔贷款是贷款人随时可以索回的贷款，也正因为这样，其利息低于一般银行的贷款利息。根据美国法律，借款人要么立即还款，要么宣布破产，两者必居其一。"事到如今，梅里特兄弟才知道自己被别人算计了。

原来，梅里特兄弟是德国移民，英语都说不流利，更别说懂什么"考尔贷款"了。虽然他们在当初签借据时，也把借据仔仔细细地看过了，却只是凭借自己的理解，把"考尔贷款"理解为"考尔的贷款"，殊不知，"考尔贷款"是一项法律专用条款。最终，梅里特兄弟只好宣布破产，将矿产以52万元的价格卖给了洛克菲勒。

由此可见，跨文化商务沟通中的法律问题对合作双方非常重要。当一方以本国法律起草法律文件时，其中可能有意或无意使用特殊的专用条款或专有名词，那么另一方对该文件的解读和审查就显得尤为重要。对此，我们又该如何避免案例中的情况发生呢？

在本章，我们将审视跨文化商务沟通的法律意义。在全球化的大环境中，管理者可能与本国或别国的政府、企业、员工及公众进行沟通和交流。那么，作为管理者就十分有必要了解将与之打交道的人的文化和该文化中规范商务活动的法律法规。

第一节　法律与文化

基于不同的社会哲学，社会有不同的发展轨迹，不同国家的法律制度往往存在着很大区别。要保证谈判活动的正常进行、谈判协议能够得以顺利实施，正确认识法律制度的差异是不容忽视的。与此同时，一个值得注意的现象是，不仅不同国家的法律制度存在着明显的不同，不同国家的法律制度得以遵照执行的程度也有很大不同。在国际商务谈判领域，因各国的政治、经济和法律制度不同，尤其是传统文化与风俗习惯不同，使得拥有不同文化背景的各国谈判者存在着明显的文化差异。价值观念、时间观念、思维方式、人际关系观念和谈判风格的差异是最为突出的文化差异类型。必须把谈判双方的价值观念、时间观念、人际关系观念等文化因素和谈判技巧、谈判策略、谈判过程等有机结合起来，并将之及时纳入企业的发展战略和组织结构之中，只有这样才能顺利实现双方文化融通、利益双赢的国际商务谈判目标。[2]

法律制度来源于文化价值观。价值观是文化的重要内容，它从潜在意义上支配着人们的社会行为。在国际商务谈判中，各国的谈判者必然会遭遇不同价值取向的冲突。[3] 法律不是孤立存在并发展的，它们是和文化联系在一起的。因此，与其他法人的雇佣、解聘、合同、财产、争端解决方式及所有权相关的法律都有其文化根基。这些法律的制定、颁布和执行方式都受沟通方式和文化偏好的影响。同时，法律制度还会促进文化价值观的改变。

一、法律的概念

法律是由国家制定或认可并以国家强制力保证实施的，反映由特定物质生活条件所决定的统治阶级意志的规范体系。[4]法律是统治阶级意志的体现，是国家的统治工具。

法律是由享有立法权的立法机关行使国家立法权，依照法定程序制定、修改并颁布，并由国家强制力保证实施的基本法律和普通法律总称。法律是法典和律法的统称，分别规定公民在社会生活中可进行的事务和不可进行的事务。中国的法律可以划分为：① 宪法；② 法律；③ 行政法规；④ 地方性法规；⑤ 自治条例和单行条例。法律是从属于宪法的强制性规范，是宪法的具体化。宪法是国家法的基础与核心，法律则是国家法的重要组成部分。截至 2022 年 12 月，中国现行有效的法律有 295 部。

新中国成立以来特别是改革开放以来，经过长期努力，在 2010 年形成了中国特色社会主义法律体系，国家生活和社会生活各方面总体上实现了有法可依。该法律体系是以宪法为统帅，以法律为主干，以行政法规、地方性法规为重要组成部分，由宪法相关法、民商法、行政法、经济法、社会法、刑法、诉讼与非诉讼程序法等多个法律部门组成的有机统一整体。2011 年，胡锦涛同志将法律体系纳入中国特色社会主义制度，充分表明我们党高度重视依法治国、建设社会主义法治国家，高度重视法律体系的发展完善及在国家治理体系中的作用，为完善法律体系指明了正确的道路和方向。党的十八大以来，以习近平同志为核心的党中央高度重视社会主义法治建设，不断完善中国特色社会主义法律体系，为全面建成小康社会、深化改革开放提供更有力的法制保障。

法律是维护国家稳定、各项事业蓬勃发展的最强有力的武器，也是捍卫人民群众权利和利益的工具，还是统治者管理被统治者的手段。在不同的地方，法律体系会以不同的方式阐述人们的法律权利与义务。其中一种区分的方式便是分为欧陆法系和英美法系两种。例如，法国、意大利、德国、荷兰、西班牙、葡萄牙等国和拉丁美洲、亚洲的许多国家的法律都属于欧陆法系。英国、美国、澳大利亚、新西兰等国家和地区的法律属于英美法系。有些国家还会以他们国家的宗教法条为其法律的基础，例如犹太教的哈卡拉和伊斯兰教的沙里亚法规等。

二、法律的特征

法律主要包括以下七个特征。

（一）法律是一种概括、普遍、严谨的行为规范

法律首先是指一种行为规范，所以规范性就是它的首要特性。规范性是指法律为人们的行为提供模式、标准、样式和方向。法律同时还具有概括性，它是人们从大量实际、具体的行为中高度抽象出来的一种行为模式，它的对象是一般的人，是反复适用的。法律还具有普遍性，即法律所提供的行为标准是法律规定所有公民一概适用的，不允许有法律规定之外的特殊，即要求"法律面前人人平等"，一旦触犯法律，便会受到相应的惩罚。

法律规范不同于其他规范的另一个重要特征就是它的严谨性。它由特殊的逻辑构成。构成一个法律的要素有法律原则、法律概念和法律规范。每一个法律规范都由行为模式和法律后果两个部分构成。行为模式是指法律为人们的行为所提供的标准和方向。其中行为模式一般有三种情况，分别是授权性规范、命令性规范和禁止性规范，即：① 授权性规范是指授予公民、公职人员、社会团体和国家机关可以自行抉择做或不做某种行为

的法律规范。② 命令性规范又称强制性规范，是指权利和义务的规定十分明确，不允许人们以任何方式变更或违反的法律规范。③ 禁止性规范通常称为禁止性规定，属于"禁止当事人采用特定模式的强行性规范"。

（二）法律是国家制定或认可的行为规范

这是法律来源上的一个重要特征。所谓国家制定和认可是指法律产生的两种方式。国家制定形成的是成文法，国家认可形成的通常是习惯法。

（三）法律是国家确认权利和义务的行为规范

法律所规定的权利和义务不同于其他社会规范的权利和义务，它是由国家确认或认可和保障的一种关系，这是法律的一个重要特征。

（四）法律是由国家强制力保障实施的行为规范

由于法律是一种国家意志，它的实施就由国家强制力来保障。法律所规定的权利和义务是由专门的国家机关以强制力保证实施的，国家的强制力部门包括军队、警察、法庭、监狱等有组织的国家暴力机关。

（五）法律是调整社会关系的行为规范

因为社会是以物质生产为基础组成的人们的总体，法律的调整指向人们的行为，是对人们行为所设立的标准，即调整一定的社会关系。

（六）法律是具有普遍性的社会规范

普遍性或一般性是法律的一项形式特征，这为所有论及法律性质的学者所强调。法律的普遍性不是针对所有人或者所有行为的适用上的普遍性，并不需要普遍地适用于每个社会成员，而应该是指法律对在其效力范围内的人或行为在适用方面具有普遍性，法律对其效力范围内的所有人及行为都有效。通常来说，法律之所以必须具有普遍性，是法律本身作为应然规范的性质使然。作为一种应然规范，法律告诉人们在什么情形下以什么标准行事。要达到这一效果，就必须以普遍性作为支撑：一是它必须针对全体社会成员定规立制，而不是下达给某个特定人的命令；二是它的标准不以现实中个别人的实际状况为准据，而是以共同体需求为基础。实际上，规范性、应然性与普遍性在某种意义上是同义词。主张普遍性是法律概念的重要组成部分，在功能上也是极为可行的，即通过将一种一致的裁判标准适用于大量相同或极为相似的情形，能够将某种程度的一致性、连贯性和客观性引入法律过程，这将增加一个国家内部的和平，为司法的公平和公正奠定基础。[5]

（七）法律具有可诉性

法律的可诉性是现代法治国家法律的基本特征之一。它有助于提高公民的法律意识，切实保障公民权利，维护司法机关的公信力和法律自身的权威性，进而维护社会秩序的稳定，加快法治国家建设的进程。

法律可诉性一般包括两个方面的含义：① 可争诉性，即任何人均可将法律作为起诉和辩护的根据；② 可裁判性（可适用性），即法律是法官裁判的依据和标准。法律能否用于裁判、能否作为法院适用的标准，是判断法律有无生命力、有无存续价值的标志。[6]

三、法律的作用

法律的作用是指法律对人的行为以及最终对社会关系和社会所产生的影响，其实质是统治阶级（或人民）意志、国家权力对社会关系和社会生活的影响。[7]法律的作用很多，主要有以下八个方面。

（一）明示作用

主要是以法律条文的形式明确告知人们，什么是可以做的，什么是不可以做的，哪些行为是合法的，哪些行为是非法的，违法者将要受到怎样的制裁，等等。这一作用主要是通过立法和普法工作来实现的。

（二）矫正作用

主要是通过法律的强制执行力机械地校正社会行为中所出现的一些偏离了法律轨道的不法行为，使之回归正常的法律轨道。例如，法律对一些违法犯罪分子所进行的强制性的法律改造，使其违法行为得到了强制性的矫正。

（三）预防作用

主要是通过法律的明示作用和执法的效力以及对违法行为进行惩治的力度的大小实现的。法律的明示作用可以使人们因知晓法律而明辨是非，即告诉人们日常行为中，什么是可以做的，什么是绝对禁止的，触犯了法律应受到的法律制裁是什么，违法后能不能变通，变通的可能性有多少，等等。

（四）指引作用

是指法律作为一种行为规范，为人们提供某种行为模式，指引人们可以这样行为、必须这样行为或不得这样行为，从而对行为者本人的行为产生影响。也就是说，法的指引功能（作用）是通过规定人们的权利和义务来实现的，它涉及的对象主要是本人的行为。

（五）评价作用

是指法律作为人们对他人行为的评价标准所起的作用。法律的评价可分为两大类，即专门的评价和一般的评价。前者是指经法律专门授权的国家机关、组织及其成员对他人的行为所做的评价，如法院及其法官、仲裁机构及其仲裁人员、行政机关及其行政人员对人们行为所做的裁判或决定。其特点是代表国家，具有国家强制力，产生法律约束力，因此又称效力性评价。后者是指普通主体以舆论的形式对他人行为所做的评价，其特点是没有国家强制力和约束力，是人们自发的行为，因此又称为舆论性评价。[8]

（六）预测作用

是指人们可以根据法律规范的规定事先估计到当事人双方有何行为及其行为的法律

后果。也就是说,预测作用的对象是人们相互之间的行为,这里的"人们"应该做广义的理解,即国家机关的行为。

(七)强制作用

是指法律为保障自身功能得以充分实现,运用国家强制力制裁、惩罚违法行为的作用。也就是说,法律的强制作用只能针对违法犯罪人的行为,如果没有违法犯罪行为发生,那么法律的强制作用就不能显现。

(八)教育作用

是指通过法律的实施,法律规范对人们今后的行为发生的直接或间接的诱导影响。也就是说,法律的教育作用针对的是一般人的行为。例如,通过对违法行为实施法律制裁不仅对违法者本人起到警示、警戒的作用,也对一般人产生了教育性影响。

四、法律与文化的关系

法律是文化不可或缺的组成部分,而文化同样是法律不可或缺的构成要素。尽管法律经常被视为某种具有奇特规则和怪异语言的独特领域,然而它实际上恰恰是某种文化据以表达其秩序观念的具体方式。

没有非文化的人类社会,也没有无社会的人类文化,文化既是人类社会各级区域系统的普遍属性,同时也是该社会系统的构成要素。文化是法律系统运行最重要的外部社会环境要素之一,还是法律运行的基础和发展的动因。法律的发展和进步与区域系统文化变革和跨系统文化传播是紧密相关的。[8]

(一)文化是法律运行的基础

文化对法律的作用,会导致不同区域社会系统的成员对待同一法律规则的认知不同,而不同的法律认知又会进一步导致他们采取不同的处理行为。例如,同样是处理环境污染问题,日本的公司可能会雇用大量工程技术人员去寻求根本性的解决方案,而美国的公司就可能雇用很多律师去规避自身的法律责任或去转移这种责任。法律之所以会因为系统事件、系统地域、系统族群成员而有所不同,是因为它产生并存在于特定区域族群系统的历史文化之中,具有鲜明的区域时代文化特色。

(二)文化是法律发展的动因

法律集中反映其所属的区域社会系统成员的基本价值观念,不同时代、不同区域和不同族群所建立的系统运行组织,即国家、政权等,都曾主动或者被动地把各自区域系统的显性文化特征融入法律规则。不同的区域社会系统有着不同的文化特征和文化内涵,在系统各级成员交互行为日益频繁的今天,不同区域社会系统的文化,必然不断地发生接触、冲突、交流甚至融合。从法律发展的社会动因来看,它一方面来源于跨区域系统之间的不同族群文化的交流、沟通所带来的文化冲突和刺激,另一方面它又依赖于重新考量区域系统运行以达到秩序重构的理想目的。

（三）法律是文化发展和繁荣的保障

国家文化的大发展、大繁荣离不开稳定、有序和高效的系统内外部环境。法律作为系统的强制性规范，贯穿了能够作为法律客体那部分文化产生、归属、传播、使用、交易及消亡的全过程。系统内部文化经济活动的两大途径——生产和交易都离不开系统成员之间的交互活动。系统成员之间的交互活动往往伴随着权益的冲突和矛盾，蕴藏着对系统成员人身权利和财产权利的潜在威胁。从法律系统功能的维度出发，法律通过权利和责任的表述模式设定了系统成员主体之间的行为界限，能够指引系统成员采用合适的文化生产和交易方式，能够评价系统成员哪些涉及文化系统的行为应受到惩戒。所以，相关法律的颁布和实施能够保障系统成员进行文化生产和文化交易的自由，避免或缓解因为系统文化交互而导致的冲突和矛盾，在相对复杂和不确定的经济过程中赋予行为结果的可预期性和保障权益收付的稳定性，并通过构建奖励和惩罚机制来指引系统成员对文化经济行为的选择，进而间接引导系统文化资源的配置和流向。

例证 7-1

法律与文化[9]

第二节　法律体系

尽管每个国家都有自己的法律和法律体系，但是总的来说，世界上的法律可分为五大法系，它们分别是中华法系、印度法系、大陆法系、普通法系、伊斯兰法系。

一、法系的概念

法系是指具有共同法律传统的若干国家和地区的法律。它是一种超越若干国家和地区的法律现象的总称。任何法系都由三个基本要素构成，即母国、成员国、联系母国与成员国的通道。这三个要素缺一不可。法系的母国是法系的发源国，也是法系的主要要素，其法制（法治）决定着法系的主要面貌与走向；法系的成员国是除母国以外的国家，受母国的影响，是母国法制（法治）的延伸，与母国一起显示法系的地域范围；联系母国与成员国的通道是一种桥梁，实现母国与成员国法制（法治）的沟通，没有这个通道，成员国无法产生，法系也就流产了。这三个基本要素各有优势，共同为构建法系发力。[10]

要正确把握法系的含义，必须把法系同法治、法律体系概念区别开来。法治概念与法系概念相辅相成：法治关注依法自我治理的政治维度，法系关注依法自我治理的技术维度;法治是法系的内在政治实质,法系是法治的外部技术展现。法律体系是法系最为直接的表现形式,但法律制度、法律体系仅呈现了法系的若干静止侧面,法系与法律体系终究存在质的差别。法律体系与法系互为表里,法系是综括、多元的概念,法律体系将其内涵通过规范、法典等形式表现于外。[11]

二、中华法系及其特点

中华法制文明的历史源远流长。在漫长的历史进程中,中华传统法律文化逐渐形成了自身独特的精神品格和制度特征,从而成为区别于其他法律传统并在世界法律文化之林独树一帜的法律系统,即"中华法系"。

自20世纪80年代以来,国内学者对于"中华法系"的认识经历了不同阶段,最初认为"中华法系"是"中国的封建法律由战国至清经过两千多年的发展,形成了沿革清晰、特点鲜明的法律体系,被世界上推崇为五大法系之一"。随着研究的深入,"中华法系"的内涵不断丰富,国内学者对其渊源、发展、表现形式、代表以及影响等方面的认识逐步深化。具有代表性的观点如:"所谓中华法系(又称中国法系),是指中国古代产生的以礼法结合为基本特点的中国封建社会的法律制度,以及受其影响而制定的日本、朝鲜、越南等国封建法律的总称。它基本上与中国封建专制制度相伴始终。""所谓中华法系,是指在中国古代特定的社会历史条件下孕育成长的,以礼法结合为根本特征,以成文刑法典为核心内容,以《唐律疏议》为典型代表的中国封建时期的法律制度以及仿效其法而制定的东亚诸国法律制度的统称。"由此可见,中华法系的内涵不断丰富,但国内学者对其的认识侧重于术语所表达的静态法律体系。[11]

中国是世界上文明发达很早的国家之一,法律文明发展的历史可以上溯到公元前3000年左右。我国夏代早在公元前21世纪便产生了习惯法,殷商进一步发展了奴隶制法律制度,至西周臻于完善。夏商周三代法制的发展,尤其是西周的礼乐刑罚制度,为中国封建制度的形成奠定了基础。春秋战国时期,法家主张"以法而治",战国中期李悝的《法经》创封建法典之体制,开成文法典之先河。商鞅"徙木立信",强调"法必明、令必行",使秦国迅速跻身强国之列,最终促成了秦始皇统一六国。汉高祖刘邦同关中百姓"约法三章",为其一统天下发挥了重要作用。汉武帝时形成的汉律六十篇,两汉沿用近四百年。唐太宗以奉法为治国之重,一部《贞观律》成就了"贞观之治";在《贞观律》基础上修订而成的《唐律疏议》,为大唐盛世奠定了法律基石,并以其完备的体例、严谨而丰富的内容成为封建法典的楷模,在中华法制文明发展史上起着承上启下的作用,对宋、元、明、清历代产生了深刻的影响。不仅如此,《唐律疏议》的基本原则和具体制度也超越国界,成为许多国家制定法典时学习的典范。如日本向隋唐学习过国家制度和文化,也模仿隋唐的国家制度的律令,编纂了自己的律令。《唐律疏议》正是由于对其他朝代和域外国家的深远影响,成为中华法系的代表作。[12]

中华法系主要具有四个基本特征,分别是:以儒家思想为法制指导思想;出礼入刑,礼刑结合;行政司法合一,皇权至上;重刑轻民。[13]

(1)以儒家思想为法制指导思想。儒家思想一直在中国封建时代占据重要的地位。

儒学创于春秋时期，春秋战国时期百家争鸣，儒家思想由此开始发展。后秦始皇统一中国，开始了中央集权的专制统治，同时采取了"焚书坑儒"等措施统一思想巩固地位，儒学发展遭到严重阻碍。到了汉代，为了维护统治，汉武帝接受了董仲舒的"罢黜百家、独尊儒术"的提议，至此儒学才正式成为中国社会的正统思想。以儒家思想为基础逐步形成以礼法合流为基本特征的封建法律思想体系。

在儒家思想的影响下，维护封建伦理，以家族为本位的伦理法具有重要地位。这是中国长期尊崇儒学的原因导致的。秦汉以来制定的法典都明确地对家族内部权利义务进行了规定，而且一家一族制定的规则不仅限于对家族内部人员有巨大的约束限制力，而且得到国家的支持，国家承认家规、族法的效力。宗法的伦理精神渗透并影响着社会，特别在封建社会后期，宗族伦理法起着十分突出的政治作用。

（2）"出礼入刑"，礼刑结合。西周时期就提出了"出礼入刑"，即将礼与刑（手段）结合起来共同治理国家，由此开创了世界上独有的治国模式。儒家为正统思想，特别注重一个"礼"字。但任何社会都会有不遵守"礼"、不遵守规矩的言行，因此相应的制裁方法便应需而生，统治者将在战争场上运用的杀戮残忍手段，有选择地演变为刑罚手段，用来惩罚逾礼之人，即所谓的"出礼入刑"（言行超出规范的要求，就会被刑罚惩罚）。所谓的"德主刑辅、礼刑并用"的原则主要表现在古代处理民事案件以及轻微刑事案件的时候，虽"礼"处在主要地位，起着重要的作用，但"刑"也是治理的好"帮手"。而礼刑并用，各朝并非单一运用儒家思想，在用道德管理起不到应有作用时，可以采用刑罚，即可以采取法家的一些手段进行辅助。其实无论是出礼入刑、德主刑辅还是礼刑并用，强调的都是一个意思，即礼为主，刑为辅，只是由于时代不同，称呼不同罢了。

例证 7-2

只做"散斋"就去吊丧行礼，降级罚款[14]

（3）行政司法合一，皇权至上。由于古代中国是高度中央集权统治，大权集中于君主一人，皇帝始终是立法与司法的核心。可以说，法律是根据皇帝的意志制定的。由此可见，帝王凌驾于法律之上，作为法外之人，他不受法律约束。同时，皇帝也是最大的审判官，虽然有着像"大理寺""御史台"一样的司法机关，但形同虚设。司法权始终掌握在贵族以及君王的手中。在地方上表现为行政机关兼管司法，各级行政长官直接组织地方审判，司法与行政合二为一。

（4）重刑轻民。中华法系一直具有重刑轻民的特征，即重视刑法的保护功能，着重运用刑法及其处罚功能，刑在法律体系中也占据着主要地位；相反却轻视民法的调整功能。在法典制定方面，历代具有代表性的法典采取的都是"刑法为主，诸法混合"

的结构形式，以统一的刑法手段调整各种法律关系。在法律的适用方面，也是注重刑诉而轻民诉，刑诉程序比民诉更加清晰完整，甚至古代经常性地会用刑事处罚来解决民事纠纷。

例证 7-3

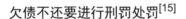

欠债不还要进行刑罚处罚[15]

党的十八大以来，习近平总书记深刻总结我国古代法治传统和成败得失，挖掘和传承中华优秀传统法律文化精华，赋予中华法治文明新的时代内涵，使中华法治文明焕发出新的生命力。当下，中华法系已进入新阶段，即中国共产党领导中国人民，面对中华民族伟大复兴的战略全局与世界百年未有之大变局，在全面依法治国的伟大实践中探索的新阶段。中华法系正在进行创新性转化和发展，中华优秀传统法律文化是中国特色社会主义法治建设的历史资源，中国特色社会主义法治体系是中华法系新阶段的表现形式，中国式法治现代化道路是通向中华法治文明复兴的必由之路。[11]

三、印度法系及其特点

印度法系是古代印度法律和仿效这种法律制定的各国法律的统称。印度古代法是在婆罗门教法和佛教法的基础上形成发展起来的，以《摩奴法典》为代表。《摩奴法典》是古代印度宗教、哲学和法律汇编，以维护神权政治和等级特权为宗旨，具有浓厚的宗教和种姓特征。后婆罗门教法与佛教法长期融合而产生印度教法。以《摩奴法典》为代表的印度法曾传播于中亚和东南亚部分地区，如锡兰（今斯里兰卡）、暹罗（今泰国）、缅甸和菲律宾等国。后世学者将上述各国仿照印度古代法制定的法律统称印度法系。公元11世纪阿拉伯帝国入侵以及公元18世纪英国征服印度以后，印度法影响逐渐减弱，以至不再被印度以及周围国家所采用。

印度古代法律肯定了王权无限的君主专制制度，宣布国王是具有人形的伟大的神，其光辉凌驾于一切生物之上。同时，印度古代法律肯定了古印度奴隶制社会的种姓制度。这四个种姓分别是：① 婆罗门，即僧侣贵族，掌握教权，垄断知识，享有种种特权，是最高种姓；② 刹帝利，即武士贵族，握有政治军事权力，是世俗统治者；③ 吠舍，包括农牧民、手工业者和商人，是社会的基本生产者；④ 首陀罗，是最低种姓，无任何权力，专为高级种姓服务。种姓实行世袭，界限森严，对社会影响极深。《摩奴法典》还规定奴隶来源有被俘、给养、出生、购买、赠予、继承和惩罚七种。奴隶所得财产归主人所有。此外，还有关于土地、债权、婚姻、家庭、继承以及刑法、诉讼等方面的规定。

印度法系主要具有如下四个特点：① 印度宗教众多，影响印度法律的结构，体系异常复杂，婆罗门教以《吠陀经》为其最高经典，佛教以三藏为基本经典；② 集法律、伦理道德和哲学为一体；③ 法典不是国王或立法机构颁布的，而是由宗教界的著名人士或婆罗门教的僧侣贵族按照社会需要和阶级利益而进行编撰的；④ 公开宣扬社会的不平等，将一切居民的地位和权利义务用法律形式加以确定，形成一套完整的种姓制度。

作为一个古老的文明成果，印度法系为什么会在适用2500多年以后仍然归于消亡，这是一个颇令法制史家感兴趣的问题。尽管他们对这一问题的看法见仁见智，但在基本的方面还是得到了共识。

其一，印度法系自身存在着重大的缺陷。具体来说，即由于古代印度法的主要渊源并非国家机关依照立法程序制定的法律，而是宗教僧侣们从其自身利益出发，采自生活中的社会习俗和自古流传的圣人言行，因此，便不可避免地将现在人们看来不是法律规范的那些内容包括进去，以至于它基本上是法律、宗教、伦理等各种规范的混合体，给人们的操作带来了很大的不便，从而一开始就潜伏下了不利其长久存在的因素。

其二，印度社会的变化太大。这里所谓变化太大，不是指历史教科书通常说的社会生产力的勃发、社会形态的更迭等，而是指居民的经常变换及因此导致的该地区文明的发展不能以一以贯之的状态进行。也就是说，由于从上古时代起，这里的居民就不断变换，一直没能使文明的生命载体保持一个稳定的态势，因此，便导致了作为古代印度文明最重要的组成部分之一的印度法系不可避免地走向了消亡。[16]

四、大陆法系及其特点

大陆法系一般是指以罗马法为基础而形成和发展起来的一个完整的法律体系的总称。它主要是在罗马帝国的消亡过程中，在欧洲大陆，尤其是在西欧国家中逐渐发展起来的法律制度。因此，罗马法的概念和原则对大陆法系的形成和发展产生了强烈和直接的影响。

大陆法系由于首先在欧洲大陆出现和形成而得名，并具有法典的特征，因此大陆法系又称为法典法系。

大陆法系还有一个重要的名称，即民法法系。这是因为首先大陆法系中的民法受罗马法的影响最为强烈和广泛；其次，大陆法系是以法国法和德国法为主而发展起来的，而法、德两国的法律都是法典式的，尤其是法国在19世纪初编纂的《法国民法典》和德国在19世纪末编纂的《德国民法典》，它们对大陆法系的发展都具有强大的推动作用，以至于大陆法系又被直接称为民法法系；最后，属于大陆法系的国家远远不限于欧洲大陆的范围，因此，民法法系的称谓具有更为通用的趋向。

大陆法系有如下四个特点。

（1）大陆法系的首要特点就是强调成文法的作用，它在结构上强调法律的系统化、归类化、法典化和逻辑性。

（2）大陆法系各国把全部法律区分为公法和私法两大部分。早期把法律分为公法和私法的是罗马法学家乌尔比安，他认为"公法是与罗马国家状况有关的法律，私法是与个人利益有关的法律"。大陆法系各国继承了罗马法的这种分类方法，并根据现代法律发展的状况，进一步把公法再细分为宪法、行政法、刑法、诉讼法和国际公法；把私法分为民法、商法等。大陆法系各国在这些法律领域中基本上都使用相同的法律制度和法律概念。

（3）大陆法系各国都进行大规模的法典编纂工作。近代意义上的法典，是指对某一部门法进行系统的、全面的编纂，从而使之成为一个正式的法律文献。1804年的《法国民法典》是19世纪大陆法系法典的一个典型。从这一法典开始，法国和其他很多欧洲大陆国家相继进行了广泛的立法活动，尤其是编纂法典的活动。除民法典之外，还有商法典、刑法典、刑诉法典等。

（4）大陆法系国家法律的效力渊源，主要是制定法，而不是判例。在司法过程中，法官的判决只是起着加强对法律的解释作用。在大陆法系中，法官解释法律的方法可以归纳为文法解释、逻辑解释、历史解释和目的解释四种。但这些方法只是起着对法律的注释作用，其本身并不构成法律的一部分。

大陆法系的上述特征，都是全面地、直接地受到罗马法影响的结果，或者说，大陆法系全面地继承了罗马法的主要内容才形成了其上述特征。[17]

五、普通法系及其特点

普通法系又称英美法系，是西方国家中与大陆法系并列的一种法律传统，它的历史和影响也相当悠久和广泛。普通法系是指英国中世纪以来的法律，是以普通法为基础的、与以罗马法为基础的民法法系相比较而存在的一种法律制度；应当提到的是，普通法系以英国普通法为基础，但并不仅指普通法，它是指在英国的三种法律，即普通法、衡平法和制定法的总称。尽管衡平法和制定法对普通法系的形成也有影响，但不及普通法。

美国法律作为一个整体来说，属于普通法系，但它有自己的、不同于英国法的很多特征。就像民法法系以法、德两国法律为代表，分为两个支系一样，普通法系可以英、美两国法律为代表，分为英国法和美国法两个支系。普通法系又可称为英美法系。

普通法系与大陆法系为世界各国沿用的两大法律体系，相较于大陆法系而言，普通法系具有如下四个特点。

（1）法律渊源上以判例法为主。普通法系具有判例传统，判例法为其正式的法律渊源，判例不仅对当事人有约束力，由该判例确定的法律规则对今后法官处理同类案件具有约束力。也就是说，法官对法律的发展具有关键的、指导的作用，不仅法官的判决具有立法意义，制定法的理解和适用也离不开法官的解释。

（2）法典编纂上以判例法的规范化为主。从法典编纂传统来看，英美法系一般不采用法典形式，其制定法一般是单行的法律和法规，主要是对其判例的汇集和修订，而不是按照内部的有机联系形成一部系统的法律。

（3）法律结构上不严格划分公法和私法。从法律结构传统来看，普通法系的基本结构是在普通法和衡平法的分类基础上建立的。普通法是主要代表审判机关（法官）的法律（判例法）。所谓衡平法，是在普通法不能弥补损失的情况下所适用的法律，衡平法是对普通法的补充规则。现代普通法系学者也倾向于分为公法与私法，但没有统一的标准，一般承认宪法是公法,也有人将宪法、行政法和刑法都视为公法,至于财产法、契约法和侵权法,则属于私法的范围。

(4)法律适用上以遵循先例为基本原则。普通法系法官和律师在适用法律时,首先考虑的是以往类似案件的判例,将具体案件与以往判例比较,从中概括、归纳出法律规则或原则,从而适用于具体案件的处理。[18]

美国布朗诉托皮卡教育局案[19]

六、伊斯兰法系及其特点

伊斯兰法系也称"阿拉伯法系",指中世纪信奉伊斯兰教的阿拉伯各国的法律的统称,以《古兰经》为主要法典。公元8至9世纪,阿拉伯帝国极盛时期,领土横跨亚、非、欧三洲,东起印度,西至西班牙,北起喜马拉雅山南麓,南至北非,这一广大地区国家的法律均属于阿拉伯法系。公元11世纪阿拉伯帝国崩溃后,阿拉伯法系的影响逐步减弱。

伊斯兰法系有着宗教和道德规范的功能,同伊斯兰教义相融合,是每个伊斯兰教徒应遵守的基本生活准则,对他们的言行举止有不同程度的约束力。伊斯兰法与世俗法有着本质的差异,在教法上的含义通常是"真主安拉指明之路",先有伊斯兰教的创立和阿拉伯国家的产生,而后出现伊斯兰世界的国法,也是伊斯兰国家的基本法。与所有宗教法一样,伊斯兰法在理论上主张安拉指示的法律,具有绝对的普适性,亘古不变。伊斯兰法一贯秉持只有安拉才能制定法律,其他人都没有这个权力。一般人只能理解和阐明"神启"的法律。[20]

伊斯兰法系主要有如下四个特点:① 伊斯兰法是"伊斯兰教革命"的产物;② 伊斯兰教经典的《古兰经》和《圣训》是伊斯兰法的基本渊源;③ 伊斯兰法的内容也表明它兼具宗教和道德规范的性质;④ 伊斯兰法的另一个显著特点是,作为中世纪的封建法律,还保留有许多奴隶制内容和原始氏族习惯的残余,打上了早期阿拉伯封建社会的鲜明烙印。

第三节 跨文化商务谈判中的法律适用

法律是一种要对其进行深入分析的区域文化,与政治、诗歌、航海以及园艺等具有一定的共同点,都具有区域性的特点。也就是说,在进行跨文化商务谈判时,首先要充分尊重地域系统中的种族文化特点,其次要了解并尊重当地的法律标准和精神。

在当代,跨文化商务谈判已成为经济活动不可缺少的一环。但跨文化商务谈判能否取得成功，所签订的协议能否如实履行，不仅取决于方法与技术，更重要的是谈判是否依据已经确定并被公认的行为规范——法律，如果依据法律，其结果必然具有约束力。显然，在现代一切社会活动中，法律的地位举足轻重。《中华人民共和国宪法》规定："一切国家机关和武装力量、各政党和各社会团体、各企事业组织都必须遵守宪法和法律。一切违反宪法和法律的行为，必须予以追究。任何组织和个人都不得有超越宪法和法律的特权。"这就表明了在跨文化商务谈判中依据和运用法律的极端重要性。

一、商务谈判的相关法律法规

商务谈判既要着眼于其本身，即促使对方最大程度地接受己方的要求，又要考虑双方达成的协议是否可以顺利履行。如果仅仅着眼于谈判本身，迫使对方接受了己方的不合理要求，又为此在谈判中让双方很不愉快，那么后续履行就有可能不顺利。总而言之，在商务谈判中应该了解双方相关的一些法律法规，并在之间实现平衡。

（一）《中华人民共和国民法典》

《中华人民共和国民法典》（以下简称《民法典》）是新中国第一部以法典命名的法律，在法律体系中居于基础性地位，也是市场经济的基本法。《民法典》规定了合同的订立、合同的效力、合同的履行、合同的保全、合同的变更和转让、合同的权利义务终止及违约责任等问题。

《民法典》规定合同订立的基本原则有：① 平等原则，即民事主体在民事活动中的法律地位一律平等；② 自愿原则，即民事主体从事民事活动，应当遵循自愿原则，按照自己的意思设立、变更、终止民事法律关系；③ 公平原则，即民事主体从事民事活动，应当遵循公平原则，合理确定各方的权利和义务；④ 诚信原则，即民事主体从事民事活动，应当遵循诚信原则，秉持诚实，恪守承诺；⑤ 守法与公序良俗原则，即民事主体从事民事活动，不得违反法律，不得违背公序良俗；⑥ 绿色原则，即民事主体从事民事活动，应当有利于节约资源、保护生态环境。

（二）《联合国国际货物买卖合同公约》

考虑到在平等互利基础上发展国际贸易是促进各国间友好关系的一个重要因素，采用照顾到不同的社会、经济和法律制度的国际货物买卖合同统一规则，将有助于减少国际贸易的法律障碍，促进国际贸易的发展。

1. 公约的宗旨

公约的宗旨是建立新的国家经济秩序，在平等互利的基础上发展国际贸易，照顾到不同的社会、经济和法律制度，制定国际货物销售的统一规则，以减少法律障碍，促进国际贸易的发展。

2. 合同双方的义务

卖方的义务主要包括：① 交付货物，这是卖方的主要义务，根据公约的规定卖方应依合同约定的时间、地点及方式完成交货义务；② 品质担保，卖方必须保证其交付的货物与合同约定的相符，如果合同没有约定，依公约的规定；③ 权利担保，分为所有权担保和知识产权担保;④ 交付单据,单据在象征性交货的情况下,对买方非常重要,可能会影响买方能否及时提取货物或转卖货物。买方的义务主要有两项——支付货款和接收货物。

3. 违约的救济方法

违约的救济方法是指在一方违反合同时,另一方当事人依法获得补偿的方法。

卖方违约买方的救济方法有五种。① 要求实际履行。《联合国国际货物销售合同公约》(以下简称《公约》)第四十六条第一款规定,卖方违反合同时,买方可以采取要求实际履行的办法。第四十七条规定,买方可以规定一段合理时限的额外时间,让卖方履行义务。② 交付替代物。依《公约》规定,买方只有在货物与合同不符,构成根本违反合同时,才可以要求交付替代物。③ 修理。卖方对所交付的与合同不符的货物进行修补、调整或替换有瑕疵的部分。④ 减价。《公约》第五十条规定,如货物与合同不符,不论价款是否已付,买方都可以减低价格。⑤ 宣告合同无效。依《公约》第四十九条规定,买方有权在下列情况下宣告合同无效:第一,卖方根本违反合同;第二,卖方在买方规定的宽限期间没有交货或声明不交货。

买方违约卖方的救济方法有以下两种。① 要求履行义务。依据《公约》第六十一条至第六十三条的规定,如果买方不履行其在合同中约定的义务或《公约》规定的义务,卖方可以要求其履行义务,如支付货款、接收货物等。② 宣告合同无效。根据《公约》第六十四条的规定,卖方在下列情况下可以宣告合同无效:买方的违约是根本违约;买方在宽限的时间内仍没有履行支付价款的义务或收取货物,或买方声明将不在规定的时间内这样做。

(三)反倾销法

1. 倾销

倾销是指一国(地区)的生产商或出口商以低于其国内市场的价格或低于成本的价格将其商品抛售到另一国(地区)市场的行为。关于执行1994年《关税及贸易总协定》第六条的协议规定,如果在正常的贸易过程中,一项产品从一国出口到另一国,该产品的出口价格低于在其本国内消费的相同产品的可比价格,即以低于其正常的价值进入另一国的商业渠道,则该产品将被认为是倾销。

2. 反倾销

反倾销(anti-dumping)是指对外国商品在本国市场上的倾销所采取的抵制措施。一般是对倾销的外国商品除征收一般进口税外,还要增收附加税,使其不能廉价出售,此种附加税称为"反倾销税"。反倾销法的国际规范主要包括国际双边条约和多边条约,其中最有影响的就是GATT/WTO《反倾销守则》。反倾销法是美国外贸法的重要组成部分,包括程序法和实体法。程序法主要包括美国反倾销主管机构以及反倾销诉讼程序。实体法主要是征收反倾销税的条款、征收反倾销税、中止协议和反规避措施等。美国反倾销程序包括调查程序、征税程序、行政复查和司法复查。美国反倾销案的调查和判定机构有两个——美国国际贸易委员会和美国商务部。

世贸组织的《反倾销守则》规定，成员如果要实施反倾销措施，必须遵守以下条件。① 倾销及其确定。倾销的界定，根据正常价值、出口价格以及倾销幅度进行计算。② 损害及其确定。主要是确定国内产业受到损害应当调查的主要事项。③ 确定倾销和损害的因果关系。只有倾销和损害之间存在因果关系，才能做出实施反倾销措施的裁定。④ 关于同类产品和国内产业。进口倾销产品和国内申请人生产的产品必须属于同类产品。国内产业必须达到国内同类产品总量的一定比例才有资格作为国内产业的申请人。⑤ 有关反倾销措施的规定。包括临时反倾销措施和最终反倾销税的征收以及追溯征缴和退还反倾销税或保证金的有关规定。⑥ 有关反倾销程序的规定。主要包括反倾销申请、调查、证据、披露、裁决、司法审议、复审、争端解决、公告等。程序性规定是反倾销法的重要内容。

按照倾销的定义，若产品的出口价格低于正常价格，就会被认为存在倾销。出口价格低于正常价格的差额被称为倾销幅度。

例证 7-5

反倾销"小蜜蜂"落足美国市场[21]

二、法律在跨文化商务谈判中的作用

跨文化商务谈判是指在文化差异的基础上，不同的经济实体为了自身的经济利益和满足对方的需要，通过沟通、协商、妥协、合作、策略等各种方式，把可能的商机确定下来的活动过程。商务活动的实质是源于商品价值和使用价值的转换交易，而在市场经济法下，法律为包括商务谈判在内的一切商务活动的健康有序进行提供了保障，但同时也要求，包括商务谈判在内的一切商业活动必须依法进行。

（一）法律能使跨文化商务谈判趋向公平与合理

法律是一个上层建筑的范畴，其与经济基础的联系最为直接，是经济基础最直接的反映。法律是由国家制定的，是一定时期内以经济为基础的社会各种政治力量对比关系的产物，经济法就是社会经济关系的重要调节器，是保证该社会经济秩序的安全阀。国内经济法调整和规范的是国家内部的各种经济关系和经济行为，它不仅约束国有经济与集体经济的行为，也约束私营经济的行为。在跨文化商务谈判中，一旦有一方侵犯了另一方法定范围内的权利，另一方就可以依据法律规定，与对方进行交涉、谈判，以维护自身的合法权益，谈判就会在平等的条件下进行，其结果就会公平。

国际经济法调整的是各国间经济关系以及规范国际贸易的行为。它约束大国也约束小国的行为，发达国家与不发达国家、富国与穷国在法律面前都是平等的。例如，1962年联合国大会通过了《关于自然资源永久主权的宣言》，1974年通过了《建立新的国际经济秩序宣言》和《各国经济权利和义务宪章》，从而把主权原则扩充到经济方面，使各国的经济主权及经济自主和独立成为新的国际经济秩序的基本原则。这就使国际法逐渐改变了过去那种强国限弱国、大国欺小国的局面，逐渐趋向平等。沟通双方依据这种公认的较为公平的行为准则进行谈判，结果也会更趋向于平等。

（二）法律能促使跨文化商务谈判趋向科学化

任何谈判都是在代表某一组织、集团或个人利益的谈判代表之间进行的，而各位谈判代表的个性与素质又各不相同："强硬型"谈判对手自信而傲慢；"不合作型"谈判对手又以自我为中心，善用谈判技巧；而"阴谋型"谈判对手有时为了满足自身的利益和欲望，经常使用一些诡计来诱惑对方达成不公平的协议。在这种情况下，法律把符合客观规律的、确实行之有效的制度和方法条文化并使之固定下来。规范性、强制性和稳定性是法律的基本特征之一。当谈判依据这种固定的、具有科学性的法律时，就能促使谈判摆脱那种纯粹以谈判者自身素质决定胜负，或以骗术获取成功的现象。而且，在谈判协议签订后，对不善意执行者，法律仍有控制权，凡违法的，法律就要制裁。这样，就使谈判的各方必须通过法律来约束自己的言行。总之，谈判通过法律的规范和强制摆脱了随意性，从而趋向科学化。

（三）法律能促使跨文化商务谈判趋向正规化

法律作为上层建筑中最为直接反映经济基础的部分，它是人为制定的，但人并不是凭空形成法律条文的，总是在参照各种惯例和习俗的基础上形成各种法规，使有关处理各类关系的一般通行做法从不正规变为正规。例如，贸易惯例并不是法律，并不具有法律的普遍约束力，从严格意义上讲，它还不正规。但是，当法律做出规定，即一旦当事人在合同中采用了某项惯例，它对合同双方当事人就具有了约束力，它就变为正规条文。谈判以该条法律为依据，这项惯例就毋庸置疑地具有了法律效力。1980年《联合国国际货物销售合同公约》第九条也规定，双方当事人应受他们业已同意的任何惯例的约束，并规定，除另有协议外，双方当事人应视为已默示同意受他们已经知道或理应知道的惯例的约束。这些条文都使惯例转化为法规。如此说来，遵不遵守这些惯例，就不是当事人愿不愿意的问题，而是违不违法的问题。

法律面前无戏言。因此，依法规范谈判，能使谈判行为乃至谈判双方之间的关系正规化。正规化之所以重要，是因为它可以减少谈判中的交易成本，大大节约谈判双方的时间和精力。目前，随着信息高速公路的发展，已出现了利用电子计算机及互联网进行双边贸易谈判的现象，在这种贸易双方代表并不直接见面的远距离谈判的过程中，一切依法律操作的做法都将变得更为重要。

例证 7-6

上海金纬机械制造有限公司与瑞士瑞泰克公司仲裁裁决执行复议案[22]

（四）了解地方相关法律规定及既往裁判案例

相关法律规定是指法律、法规、规章、政府命令、司法解释等各个领域、各个层级的法律性规定及既往裁判案例。通过了解地方相关法律规定及既往裁判案例，可以在跨文化商务谈判中掌握主动权，同时可以避免因不了解地方相关法律规定而犯的错误。因此，在跨文化商务谈判中可以事先了解谈判主题事件的法律性质和潜在的诉讼仲裁案件后果，以帮助确定谈判的根本策略（如是否力争谈判成功，是否可以让步及如何让步）。这样还可以帮助廓清商务谈判的基本刚性框架，避免在框架之外进行谈判或因谈判结果落在谈判框架之外无法执行而浪费时间。

三、跨文化商务谈判中的法律适用原则

法律是规范跨文化商务谈判活动中最常见、最完备的规则形式，在商务谈判活动中进行适用法律有着固有的必然性。跨文化商务谈判中的法律适用必须遵循国家主权原则、平等互利原则、合理利用法律保护合法权益原则、遵守国际规则及惯例的法律原则。[23]

（一）国家主权原则

国家主权是指一国的国家权力对其他任何国家具有独立性，国家有权按照自己的意志自由地处理其对内对外事务，而不受其他国家的干涉。法律出自国家，国家性是其显著特征之一。它以国家的名义创制，在一国全部地域范围内对一切人和组织发生效力，并由国家强制力保证实施。国家主权原则在商务谈判的法律适用中主要表现在以下几个方面。

（1）无涉外因素的商务谈判一律适用本国的法律规定，而不得协议参照外国法律作为谈判标准。当双方协议遵守的外国法律规定与本国法律规定有冲突时，应以本国法律规定为准。此所谓涉外因素，又可称为外国因素或国际因素，是指谈判的要素中涉及外国的成分。我国《合同法》规定，在我国境内履行的中外合资经营企业合同、中外合作经营企业合同、中外合作勘探开发自然资源合同适用我国的法律。因此，在我国境内成立的中外合资企业、中外合作经营企业和外资企业之间以及它们同我国其他企业、经济组织或者个人之间进行的商务谈判均应以我国法律的规定作为谈判的标准。

（2）在国际商务谈判中，谈判的双方应相互尊重对方的社会经济法律制度，尤其要遵守商务活动进行地所在国家的法律及公序良俗。国家对本国的领土完整及自然资源拥

有永久主权，任何经济组织或个人如无法律授权，都没有权力向外方允诺出售、出租或开发国土，也无权对外减免税收或给予特殊的外汇管理权。双方协议选择适用外国法律或由外国法院来解决争议时，不得损害本国的主权，也不得与本国的公共秩序相抵触。

（二）平等互利原则

平等原则是我国法律的基本原则，在《宪法》和《民法典》中均有明文规定，同时，它也是世界范围内公认的一条法律原则。市民社会的平等观是机会的平等，而不是结果的均等。商务谈判的双方当事人法律地位平等，都具有享受民事权利和承担民事义务的资格，任何一方都不能以"特权者"的面目出现，不允许恃强凌弱、以大欺小。双方所有的协议只有在协商一致且体现各自真实意思表示的情况下才有效。互利就是在权益上要彼此有利，当事人间确定权利义务关系的具有法律效力的文件，如合同，应满足双方利益的要求，不得以损害他方利益的方法来满足一方的要求，更不得利用经济、技术或其他实力的优势，诱迫对方签订不平等协议。而且，在一定情况下，要从双方具体经济条件出发，使经济实力较弱的一方确实得到相应的实惠。

只有平等，才能互利，也就是说，互惠互利是以平等为前提的。但是，平等互利并不意味着双方在利益上的收获是均等的，而是承认其在合理基础上的不等。

（三）合理利用法律保护合法权益原则

当事人参与商务谈判的目的是寻求一定的利益，因此必定运用一切可以利用的方法、手段或者技巧来为己方争取利益，其中包括法律手段。法律的一些规定正是为了合理地保护当事人的正当利益而设定的，当事人必须合理地使用法律以达到预定的目的。以承揽加工合同为例，法律规定承揽人将其承揽的主要工作交由第三人完成的，应当就该第三人完成的工作成果向定作人负责，未经定作人同意的，定作人可以解除合同。定作人可以在谈判中将这样的法律规定作为双方的协议内容，以防止承揽人任意转包。相应地，法律对承揽人的利益也做了一些保护性规定：定作人中途变更承揽工作的要求，造成承揽人损失的应当赔偿；定作人未向承揽人支付报酬或者材料费等价款的，承揽人对完成的工作成果享有留置权，但当事人另有约定的除外。对于后者，承揽人是否对完成的工作成果享有留置权应该成为双方谈判的一个重点方面。如果承揽人有留置权，就意味着在定作人拖欠费用时，承揽人扣押承揽加工物抵债是合法的，否则，即为违法行为。

（四）遵守国际规则及惯例的原则

在国际商务谈判中，适用的法律往往不是单方当事人所属国的法律，而是适用国际规则及惯例。国际规则主要由国际条约构成，国际条约是国家间缔结的确定、变更或终止相互权利义务关系的协议。现适用得最广泛的国际规则莫过于WTO规则。我国加入WTO后，对任何经济组织和个人来说，应该遵守的WTO规则不仅仅是乌拉圭回合达成的协议文本，还包括我国加入WTO的承诺，这些都是具有约束力的规则。WTO规则中规定和确认当事人的权利、义务等实体问题的规则主要包括三个部分：货物贸易规则、服务贸易规则、与贸易有关的知识产权规则。用以保证当事人的权利和义务得以实施的有关程序规则分成两部分：争端解决规则与程序、贸易政策审议机制。国际惯例是指在长期的普遍的国际商务实践中形成的习惯做法,它常常表现为一些约定俗成的成文或不成文的规则。国际惯例不是各国的共同立法,也不是一国的法律,因而在未经国家认可的情况下不具有法律的约束力。国家认可国际惯例的方式有两种:一是直接认可,即将某一国际惯例的内容直接纳入本国的法律规范中;二是间接认可,如允许谈判者协议是否接受某一国际惯例。我国法律明确规定,我国法律和我国缔结或者参加的国际条约没有规定的,可以适用国际惯例。因此,当双方在某个问题上发生争议,而法律没有明确的规定且双方就此无协议时,可以国际惯例作为判断标准来解决纠纷或争议。

第四节 跨国公司相关的法律规制

随着经济全球一体化,跨国公司成为企业配置全球资源、谋求最大利润的常用组织形式,跨国公司规模和数量日渐庞大,对各国经济和社会的影响与日俱增。本节主要从跨国并购的法律风险、跨国公司人权责任的法律规制、跨国公司避税的法律规制和跨国公司商业贿赂的法律规制四个方面来对跨国公司相关的法律进行阐述。

一、跨国并购的法律风险

跨国并购时企业的法律风险主要是由于未能遵守东道国的法律监管而引起的。东道国调整跨国并购的法律体系在保证和促进跨国并购的同时,也出于各种目的对跨国并购行为进行监督和制约。东道国跨国并购监管法律的核心机制主要包括反垄断法、公司法、证券法和外资法等,主要内容包括禁止垄断、公平交易、保护股东或投资者权益、信息披露及时充分、禁止欺诈、政府介入并实施必要的控制、保护雇员合法权益等。对于企业来说,各种管制跨国并购的法律规范构成了顺利实施并购的障碍。这些障碍的实际效果是增加并购成本,或是提高并购难度,或是限制投资比例,或是出于反垄断或其他原因而直接禁止并购。如果不能排除这些障碍,这些障碍就会现实性地转变为法律风险,给企业造成不可挽回的损失。

为了确定跨国并购的可行性,减少并购中可能产生的法律风险与损失,并购企业在决定并购目标企业前,应对目标企业的外部环境和内部环境进行审慎的调查和评估,尽可能详尽地了解目标企业,从而决定是否并购和怎样并购。在实施并购过程中,应尽量避免以下有关法律问题:① 目标企业的资产、责任、运作、反并购行为等问题;② 关于并购的合法性、正式授权与效力问题;③ 可能加诸并购企业的潜在责任问题;④ 税收、环保等问题。为降低和避免跨国并购的法律风险,应在并购协议中规定比较详尽的陈述与保证条款、维持现状条款、交割的先决条件条款、风险分担条款、赔偿责任条款等,以最大限度保护自己的利益。在不违法的前提下,并购企业可以采取合理的规避措施以避免法律风险,减少损失。[24]

例证 7-7

紫金矿业败走刚果[25]

二、跨国公司人权责任的法律规制

在当前国际经济秩序中，跨国公司凭借其强大的经济实力愈发扮演重要的角色，跨国公司在经营活动中，侵犯东道国人权的问题也引起广泛的关注。

（一）跨国公司的人权责任

跨国公司的人权责任内容至少包括保护生命权、健康权的责任，保护劳工权的责任和保护环境权的责任。[26]

1. 保护生命权和健康权的责任

生命权和健康权是人的基本权利，跨国公司保护生命权和健康权的责任对内体现在对其内部员工的生命权和健康权的责任，对外体现在对其所涉及的消费者的生命权和健康权的责任。

2. 保护劳工权的责任

在市场运行规律的作用下，大多数跨国公司将劳动密集型产业转移到劳动力成本低的广大发展中国家和地区，跨国公司在追求经济利益最大化的目标和劳工权利保护之间常常发生矛盾。为了降低成本，跨国公司往往压低工资、福利待遇，工厂存在诸多生产安全隐患，生产过程中也存在卫生、环境标准不达标等问题。

3. 保护环境权的责任

环境与人类生存息息相关，跨国公司在世界范围内从事各种生产和经营活动的过程中，将生产技术带到全球各地的同时，也把污染留在了世界各个角落。对于欠发达的国家和地区来说，为了把握带动当地经济发展的机遇，容易纵容或忽视跨国公司对环境的破坏，而对生态环境的负面影响也必将由全体人类共同承担。

例证 7-8

宝洁"SK-II 安全危机"事件[27]

（二）跨国公司人权责任的相关规制

人权是每个人最基本的权利，国与国之间的组织和一些国家在人权保护方面做了大量的努力。

1. 联合国的相关规定

2003年联合国《跨国公司和其他工商企业在人权方面的责任准则（草案）》经联合国增进和保护人权小组委员会决议获得批准，该准则规定了如机会平等权、非歧视待遇和工人权利等与企业有关的具体人权，还阐述了企业对环境保护和消费者保护的责任。

2. 经济合作与发展组织（OECD）的相关规定

《经济合作与发展组织（跨国企业准则）》专门提出"企业根据东道国政府的国际义务和承诺，尊重受其活动影响的人权"，还提出了结社自由、禁止使用童工、消除强制劳动和就业歧视等多方面与劳工人权有关的建议。之后的修订还增加了实施监督机制的内容，要求各成员国建立"联络点"，负责督促和监督准则的实施，并接受有关公司不遵守准则的"具体申述"。任何个人和组织都可以申诉，实践中多数申诉来自工会。

3. 非政府组织的相关准则

非政府组织在跨国公司履行人权义务方面也做了大量工作，其中极具代表性的有全球苏利文（Sullivan）原则、考克斯（Caux）圆桌商业原则和SA8000认证计划。

全球苏利文（Sullivan）原则最早在1977年由12家在南非投资的美国跨国公司代表颁布，旨在要求改善当时南非黑人的工作环境和社会福利待遇，并在1999年成为全球性原则。它的主要内容涵盖了机会平等、禁止虐待和歧视、尊重结社自由、建立安全健康的工作环境、保护环境、提倡公平交易、提供训练机会等。

考克斯（Caux）圆桌工商企业原则源自20世纪80年代欧美企业与日本企业的对话，把跨国公司对于人格的尊重作为其从事商业活动的基础，从某种意义上为跨国公司在人权领域承担义务提供了理论基础，该原则中企业应履行的道德义务也为设定跨国公司人权义务的具体内容提供了参考。

SA8000标准是全球第一个可用于第三方认证的人权责任国际标准，并已获得国际社会的普遍认可。其内容主要涉及童工、强迫劳动、健康与安全、就业歧视、结社自由、工资报酬等多方面以及上述项目的管理体系。该标准对跨国公司人权义务的规定更加具体明确，并且可以通过认证的方式促使跨国公司更好地履行《国际劳工组织公约》《世界人权宣言》《儿童权利公约》和其他相关人权公约中的人权义务。

长期以来，国际组织对人权的保障做了不懈的努力，但涉及国家主权和国家利益等方面的因素，在实际操作上往往存在诸多的难度和障碍。基于属地管辖原则，东道国通过完善内部法律体系才能更有效地对跨国公司进行规制。例如，巴西积极采取立法措施，完善本国劳动法、环境法和公司法等相关立法，撤销给予跨国公司的"超国民待遇"，在人权问题上一视同仁，使本国的企业人权责任问题现状得到很大改观。印度实施了比较完备的外资法规和与国际接轨的会计制度，并建立了国家外资管理委员会作为专门的组织机构对本国的跨国公司进行监督和管理。

三、跨国公司避税的法律规制

为了最大限度地获取利益,跨国公司往往会通过各种手段实现避税。

(一)跨国公司避税的主要方式

跨国公司的避税方式主要有利用转让定价转移利润、滥用国际税收协定、通过资本弱化进行避税、通过纳税人的国际转移进行避税和利用国际避税地避税。[28]

1. 利用转让定价转移利润

在母公司与子公司、子公司与子公司之间代销产品、提供商务、转让技术和资金借贷等活动所确定的企业集团内部价格。国际上依各国税率高低可分为高税区和低税区,跨国公司利用转让定价手段在集团内部转移利润,使集团公司的利润尽可能多地在低税国(或避税地)关联企业中实现。

2. 滥用国际税收协定

国际税收协定是指两个或两个以上主权国家为解决国际双重征税问题和调整国家间税收利益分配关系,按照对等原则,经由政府间谈判所签订的一种书面协议。所谓滥用国际税收协定,一般是指一个第三国的居民利用其他两个国家之间签订的国际税收协定获取其本不应该得到的税收利益。比较常见的做法是:跨国纳税人试图把从一国向另一国的投资通过第三国迂回进行,以便适用不同国家的税收协定和国内税法,从而减少跨国纳税人的税负。也就是跨国公司一般在一个有广泛税收协定的国家建立中介性的国际控股公司,通过该控股公司向海外子公司进行参股,并取得股息。当然,利用这一手段的前提条件是控股公司所在地对本国居民公司国外来源的股息免税或低税,其对本国居民向非居民支付的股息征收的预提税低。

3. 通过资本弱化进行避税

资本弱化是指企业为了达到避税或其他目的,在企业融资方式的选择上,以贷款的方式替代募股方式进行投资或融资。资本弱化在税收上的主要结果是增加利息的税前扣除,同时减少股息的所得税。

4. 通过纳税人的国际转移进行避税

通过纳税人(包括公司、合伙企业和个人)的国际转移进行避税,即一个国家税收管辖权下的纳税人迁移出该国,成为另一个国家税收管辖权下的纳税人,或没有成为任何一个国家税收管辖权下的纳税人,以规避或减轻其总纳税义务的国际避税方式。移居的办法对自然人和法人都适用,如高税国采取注册地标准判断法人的居民身份,则公司可以采取变更注册地点的办法摆脱该国的居民身份;而如果高税国采用管理机构所在地标准判定居民身份,则公司法人可以将董事会开会地点或经营决策中心迁出该高税国,造成实际管理机构不在高税国的事实。

例证 7-9

跨国公司利用转移价格避税[29]

5. 利用国际避税地避税

国际避税地又称国际避税港，其含义在国际上至今没有统一起来。为了防止纳税人通过国际避税地逃避税收，许多国家在其国内法中对"国际避税地"做了各种各样的解释，并列举了一些国家和地区为国际避税地。各国对国际避税地的解释有广义和狭义两种。广义的国际避税地是指那些能够造成某种合法避税机会的国家和地区；狭义的国际避税地是指不课征某些所得税和一般财产税，或课税税率远比国际一般负担水平低的国家和地区。

国际避税地按其实行的税收制度可分为以下四种类型。① 不开征所得税和财产税的国家和地区，如巴哈马群岛、百慕大、开曼群岛、瑙鲁、瓦努阿图、凯克斯群岛等国家和地区即属此种类型。② 征收较低的所得税和财产税的国家和地区，如瑞士、列支敦士登、英属维尔京群岛、荷属安地列斯、直布罗陀、所罗门群岛、新加坡等国家和地区即属此种类型。③ 仅实行收入来源管辖权、对国外所得免税的国家和地区，如巴拿马、利比里亚、哥斯达黎加等国家和中国香港地区即属此种类型。④ 提供某些税收优惠的国家和地区，如卢森堡、荷兰、爱尔兰、希腊等国家即属此种类型。

国际避税地的存在有其利弊。对于国际避税地政府来讲，通过向外商提供税收优惠可以吸引大量外国资本，加快国际避税地的经济发展。但由于外国企业在国际避税地投资的主要目的在于避税，真正有形资产方面的投资很少且不稳定，使国际避税地的经济容易受外国经济的干扰。从投资者所属国来讲，国际避税地有利于输出其资本，开拓海外市场，但是减少了大量的财政收入。因此，很多国家都制定各种反避税措施，防止和减少纳税人利用国际避税地造成的对本国经济的损害。[30]

例证 7-10

文艺界名人利用国际避税地避税[29]

(二)各国对跨国公司避税的法律规制

1. 对转让定价避税的规制

最早对转让定价避税采取措施的国家是美国,20世纪60年代,美国在国内收入法相关章节中确立了对跨国公司关联企业间转让定价调整的法律制度。英国、法国、德国等一些国家也借鉴美国的做法制定了各自的转让定价法规,在各自的税法中规定了对跨国转让定价有权进行相关调整的条款和具体的实施细则,而且在实施过程中加强了有关转让定价的审计。

经济合作与发展组织(OECD)以协调人的身份协调税务当局与跨国公司之间的关系,制定并多次修改了《关于对所得和资本避免双重征税的协定范本》,并公布了《转让定价与跨国公司》指导方针,明确规定了属于正常交易价格的方法。OECD对转让定价开展了广泛的研究,公布了很多指导性的文件,不断完善在对转让定价实施税务管理方面的作用。

2013年,OECD和二十国集团发起税基侵蚀与利润转移(BEPS)行动计划。该计划致力于打击跨国企业利用国别(地区)税制差异和国际税收规则漏洞所实施的激进避税行为,包括应对数字经济的税收挑战、消除混合错配安排的影响、制定有效受控外国公司法规等15项主题。

随着跨国公司业务的拓展,发展中国家也逐步重视跨国转让定价避税的问题,但是由于发展中国家法律法规的相对不完善,易造成管理上的漏洞,加上实践经验不足和专业人员的缺乏,发展中国家在执法方面和管理方面都不如发达国家。

2. 各国对滥用税收协定的规制

税收协定的一般目的是避免双重征税,而国家间对征税权进行分配实则是为了减少跨境贸易、投资和人员流动的障碍。因此税收协定也通常提供一定的优惠政策。实践中,纳税人往往利用税收协定网络提供的税收优惠和合理的商业架构来实现税收负担最小化、税后利润最大化。这种税收筹划无可厚非,但是对税收协定的适用应加以限制,以防止不法适用和滥用。税收协定滥用行为违背了跨国纳税人税负公平原则,打击了各国谈签税收协定的积极性,也造成了来源国的税基侵蚀。[31]

目前,国际上在反滥用税收协定方面,一般会在税收协定上进行规制,主要有以下六种方法。① 排除法。即在双边税收协定中规定,对在另一国享受特别低税的居民公司不赋予税收协定优惠。② 禁止法。即一国应设法避免与那些实行低税制或在税制上易于设立导管公司的国家或地区签订双边税收协定。③ 真实交易法。即规定不是出于真实的商业经营目的,只是单纯为了谋取税收协定优惠的纳税人,不得享受协定提供的税收优惠。④ 纳税义务法。即一个中介性质的公司其收入所得如果在注册成立的国家没有纳税义务,则该公司不能享受税收协定的优惠。⑤ 收益所有人法。即税收协定规定的税收优惠的最终受益人必须是协定国居民,第三国的居民不能借助其在协定国成立的居民公司而从中受益,要透过法律实体来看最终接受股息人的居住国。⑥ 渠道法。即缔约国的居民将公司所得的很大一部分以利息、股息、特许权使用费等形式支付给一个第三国居民,该笔所得不能享受税收协定给予的预提税优惠。

而在各国国内的税法中,除美国和瑞士制定了专门的防范协定滥用的法律条款外,其他国家防止协定滥用主要适用一般的反避税立法条款。

3. 各国对资本弱化避税的规制

资本弱化又称资本隐藏、股份隐藏或收益抽取,是指纳税人为达到减少纳税的目的,用贷款方式替代募股方式进行的投资或融资。由于各国对股息和利息的税收政策不同,当纳税人筹资时,会在贷款或发行股票两者中进行选择,以达到减轻税收负担的目的。一些国家在税法中制定了防范资本弱化条款,对企业取得的借贷款和股份资本的比例做出规定,对超过一定比例的借贷款利息支出不允许税前扣除。

1989 年,美国在《收入调和法案》中对资本弱化的问题做了税法规定,不允许扣除"不符合规定的利息"。规定该利息所得必须与美国的生产经营无实际联系,同时该利息还应该满足美国公司的净利息数额不能超过当年的利息扣除费用这一点。

2001 年,澳大利亚资本弱化法规规定,在澳大利亚经营或通过在澳常设机构经营的外国企业,在澳大利亚直接投资经营的外资企业,由外资控制的澳大利亚企业,控制外国企业的澳大利亚企业,通过海外机构经营的澳大利亚企业,上述企业的债务与权益比例超过 3∶1 的,超过部分的债务利息不得在税前扣除,但经过批准的澳大利亚金融机构的债务/股本比率可放宽到 20∶1。澳大利亚公司支付的超额利息不能在税前扣除,但也不作为股息分配缴纳股息的预提所得税。

法国为了防止纳税人利用利息支付向国外关联企业转移利润,规定了以下三条措施:① 规定企业的债务/股本比率为 1.5∶1,但如果法国与对方国家签订有税收协定,则按照协定规定比率执行;② 法国公司支付利息所使用的利率最高不得超过私人公司发行债券的平均年利率;③ 法国的贷款公司注册资本必须全部到位,否则利息支付视同分配股息。

2017 年,俄罗斯资本弱化避税的新规则结合了俄罗斯法院的相关实践,部分援引了转移定价规则中对关联方的定义,通过重新定义关联方的方式改变了"受控债务"的范围,规定了从形式上和从实质上认定"受控债务"两种情形,并增加了例外情形的规定。[32]

4. 各国对避税港避税的规制

避税港又称避税地,主要是指向其他国家和地区的投资者提供无税、低税或其他特殊优惠条件的国家和地区。

美国的税收立法规定如果国外的公司各类股票的总额中有百分之五十以上分属于美国股东,而这些美国的股东每人所持有的股份又在 10% 以上的话,这个国外公司就被美国税法认定为受控制的外国公司。在这种情况下,凡根据分红比例应返回到美国股东的收入也应该被包括在美国股东应纳所得税额中,不得享受税收推延。加拿大和日本在相关规定中也参考了美国的这一模式。

比利时税法规定本国居民向国外有关联的企业转移利润时,如果属于不正当的转移,那么在计算征税所得额时一律不能扣除,此项规定也适用于避税港和对低税国的不正当利润转移。

英国在税法中规定没有通过国家有关部门的批准,本国居民不能擅自搬出英国,对违反该条规的居民，不仅要按其在英国国内所获得的收入依法纳税，还要受到严厉的刑事处分。

四、跨国公司商业贿赂的法律规制

当今世界范围内，跨国公司商业贿赂普遍存在。跨国公司商业贿赂的产生有经济、政治及法律制度等的共同作用，破坏了公平的市场竞争，也对政府的公信力产生了重大的影响，当然，对跨国公司自身的发展也有一定的危害。

1. 联合国的相关规制

联合国自20世纪70年代开始就积极采取措施防止和控制国际经济交往中的违法行为，2005年开始生效的《联合国反腐败公约》是第一部全球性反腐败公约。《联合国反腐败公约》的内容包括明确商业贿赂的违法性、规定预防措施和机关、规定商业贿赂行为的责任、规定治理商业贿赂的国际合作、明确引渡的条件和程序。

2. 经济合作与发展组织的相关规制

经济合作与发展组织在遏制跨国商业贿赂方面也做出了努力，相继出台了一系列法规，1997年《反对在国际商务交易活动中行贿外国公职人员公约》出台。该公约的主要内容包括明确行贿外国公职人员的行为犯罪、规定法人与自然人的责任、对法律互助和引渡做出规定、规定相应的会计制度等。

3. 欧盟的相关规制

1999年通过的欧盟《反腐败刑法公约》是欧盟打击商业贿赂的重要法律文件，该公约明确宣布了商业贿赂为犯罪，对在法人责任、司法管辖、司法制裁及其措施、引渡以及司法互助和交换信息方面增加国际合作、建立专门的反腐败机构、负责执法和控制的当局之间的合作、对证人以及那些愿意同司法机构合作的法人保护等做出了规定。1999年通过的《欧盟反腐败民法公约》规定了因腐败行为遭受损失的受害人可获得民事赔偿，规定国家或有关当局有义务对公务员腐败行为造成的损失进行赔偿的国家赔偿责任，并对保护雇员的举报行为做了规范。此外，《欧洲联盟反贿赂法》《欧洲共同体金融保护法》《关于禁止在国际商业往来中贿赂外国官员的协定》等法律也在多角度预防和制裁商业贿赂方面进行了规范，大大增加了跨国公司的违法成本。

4. 亚太经合组织的相关规制

2001年亚太经合组织成立了亚太地区反腐败行动组，此后制定了《反腐败行动计划》等文件，2007年反腐败和增强透明工作组出台了《商业行为准则》《公职人员行为准则》《公共和私营部门反腐原则补充》，2009年通过的《新加坡反腐败宣言》和《APEC关于提高政府执行力和反腐力度的指导意见》明确，各经济体之间应"建立法律、执法和监管框架"，并在"全行业反腐文化建设"、"提高透明度和问责制"和"加强公私部门合作对话"等方面达成共识。2014年于北京召开的APEC部长级会议上通过了《北京反腐败宣言》，为解决实践中的执行问题提供了新的契机。《北京反腐败宣言》主要有以下亮点。① 信息共享与合作。通过更好地运用引渡、司法协助、追回腐败所得等方式，让腐败分子找不到安全港。② 建立亚太经合组织反腐败执法合作网络。建立APEC反腐和执法机构网办公室,并与《联合国反腐败公约》《联合国打击跨国组织犯罪公约》、经济合作与发展组织、金融行动特别工作组、亚太反洗钱组织等公约和国际组织现有的反腐败机构合作打击腐败行为。③ 动员社会力量参与反腐败行为,并制定相应制度予以保障。

例证 7-11

葛兰素史克中国行贿事件[33]

本章小结

- 法律的特征主要包括以下七点:① 它是一种概况、普遍、严谨的行为规范;② 法律是国家制定或认可的行为规范;③ 法律是由国家确认权利和义务的行为规范;④ 法律是由国家强制力保障实施的行为规范;⑤ 法律是调整社会关系的行为规范;⑥ 法律是具有普遍性的社会规范;⑦ 法律具有可诉性。
- 法律的作用有:① 明示作用;② 矫正作用;③ 预防作用;④ 指引作用;⑤ 评价作用;⑥ 预测作用;⑦ 强制作用;⑧ 教育作用。
- 法律与文化的联系包括以下三个部分:① 文化是法律运行的基础;② 文化是法律发展的动因;③ 法律是文化发展和繁荣的保障。
- 世界上的法律可以归结为以下五大法系:① 中华法系;② 印度法系;③ 大陆法系;④ 普通法系;⑤ 伊斯兰法系。
- 跨文化商务谈判中法律的适用原则有:① 国家主权原则;② 平等互利原则;③ 合理利用法律保护合法权益原则;④ 遵守国际规则及惯例的原则。
- 跨国公司的人权责任内容至少包括保护生命权和健康权的责任、保护劳工权的责任和保护环境权的责任。
- 跨国公司的避税方式主要有利用转让定价转移利润、滥用国际税收协定、通过资本弱化进行避税、通过纳税人的国际转移进行避税和利用国际避税地避税。

课程思政

1. 企事业单位必须遵守宪法和法律,用实际行动捍卫法律尊严,保障法律实施。一切违反宪法和法律的行为必须予以追究。任何组织和个人都不得有超越宪法和法律的特权。

2. 传承中华优秀传统法律文化,必须运用好习近平新时代中国特色社会主义思想的立场观点方法，立足时代发展和人民诉求，提炼传统文化的思想精髓、阐发传统文化的当代价值、丰富传统文化的时代内涵，使优秀传统法律文化更好地融入新时代人民群众的精神追求、价值理念和行为习惯，与社会主义先进文化发展相协调、与社会主义法治国家建设相适应。

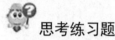

思考练习题

一、选择题

1. 下面哪一项不是法律的特征？（　　）
    A. 普遍性　　　　B. 可诉性　　　　C. 严谨性　　　　D. 保障性
2. 下面选项中哪一项不属于法律的作用？（　　）
    A. 批评作用　　　B. 预防作用　　　C. 强制作用　　　D. 指引作用

二、简答题

1. 简述法律的特征。
2. 简述法律在跨文化商务谈判中的作用。
3. 简述跨文化商务沟通中的法律对策。

案例分析

山东某市塑料编织袋厂与日本客商的谈判[34]

问题讨论：

1. 怎么评价该谈判结果？
2. 该谈判中方组织上有何经验？

过圣诞节引发的贸易纠纷[35]

问题讨论：

1. 上述跨文化谈判案例涉及哪些法律问题？

2. 从上述案例中,我们可以得到哪些启示?

 参考文献

[1] 高杰.一生中要记住的50个人生忠告[M].北京:台海出版社,2007.

[2] 张景成,罗国太.国际商务谈判中的文化因素[J].鸡西大学学报(综合版),2011,11(5):139-140.

[3] 左小平.国际商务谈判中的文化因素[J].商业研究,2005(6):23-25.

[4] 《思想道德修养与法律基础》编写组.思想道德修养与法律基础[M].北京:高等教育出版社,2018.

[5] 姜迪.平等视域下法律的普遍性问题研究[J].湖北社会科学,2016(6):144-150.

[6] 房旭,张晓莹.法律的可诉性研究[J].湖北警官学院学报,2013(12):67-70.

[7] 严峰.论法律的作用[J].新疆教育学院学报,2005,21(3):118-119.

[8] 邹龙妹.论法律与文化的相互作用机制[J].学术交流,2013(12):40-44.

[9] 弗里德曼.选择的共和国:法律、权威与文化[M].高鸿钧,等译.北京:清华大学出版社,2005.

[10] 王立民.中华法系与丝绸之路[J].文史天地,2023(5):4-6.

[11] 刘晓林.中华法系新诠[J].法制与社会发展,2022,28(5):32-46.

[12] 夏锦文.中华法系的深厚底蕴及其创造性转化[J].江海学刊,2023(1):5-22.

[13] 屈梦帆.简论中华法系的基本特征[J].法制博览,2018(23):198.

[14] 俞荣根,梁国典.应天理顺人情:儒家法文化[M].济南:山东教育出版社,2020.

[15] 苏福,唐力.司法执行权的重构研究[M].厦门:厦门大学出版社,2021.

[16] 陈颖.由五大法系的命运看世界文明的进程[J].贵州社会科学,2003(6):39-43.

[17] 沈四宝,王军,沈健.国际商法[M].4版.北京:北京对外经济贸易大学出版社,2022.

[18] 杨馨德.外国法制史简明教程[M].上海:上海财经大学出版社,2021.

[19] 胡建淼.美国布朗诉托皮卡教育局案:"隔离但平等"的法律原则被推翻[J].人民法治,2017(12):86-87.

[20] 肖非云.浅谈伊斯兰法系中的确定性与灵活性[J].边缘法学论坛,2018(2):79-82.

[21] 吴让黎.武汉小蜜蜂食品公司:首次出口美国遭遇反倾销及其应诉的案例分析[J].对外经贸实务,2009(9):70-72.

[22] 人民法院出版社.最高人民法院 最高人民检察院指导性案例(上)[M].6版.北京:人民法院出版社,2022.

[23] 何爱华.商务谈判中的法律适用[J].社会科学家,2005(S1):188-189.

[24] 袁松.跨国并购法律风险及其防范应对[D].郑州:郑州大学,2007.

[25] 昝春燕.紫金矿业败走刚果[N].21世纪经济报道,2010-09-08(004).

[26] 程燕龙. 跨国公司人权责任法律问题研究[D]. 石家庄：河北经贸大学，2015.

[27] 李胜男，王一丁. 公共关系理论与实务[M]. 成都：西南交通大学出版社，2014.

[28] 赵福东. 跨国公司避税的法律规制研究[D]. 武汉：中南民族大学，2012.

[29] 卢进勇，杜奇华. 国际经济合作[M]. 3版. 北京：对外经济贸易大学出版社，2020.

[30] 王传丽. 国际经济法[M]. 3版. 北京：国家开放大学出版社，2021.

[31] 张涵. 东北亚四国跨境税收协调与合作问题研究[J]. 税务研究，2017(8)：71-75.

[32] 崔晓静，潘敏. 俄罗斯资本弱化规则新发展及对中国的启示[J]. 国际法研究，2019(5)：100-116.

[33] 黎开莉，徐大佑，贾岚. 市场营销学[M]. 沈阳：东北财经大学出版社，2017.

[34] 李锦成，雷娟. 商务谈判[M]. 西安：西安交通大学出版社，2015.

[35] 张玉涛，郭敬伟，付正大. 商务谈判理论与实务[M]. 上海：上海交通大学出版社，2018.

第八章
海峡两岸及港澳的跨地区文化沟通

学习目标

- 了解港澳台与内地（大陆）的历史发展与现状
- 了解港澳台地区间的文化差异
- 掌握港澳台地区与内地（大陆）的跨地区文化沟通
- 了解港澳台地区与内地（大陆）企业的跨文化地区管理

引例

中银香港：中资金融机构跨地区文化管理的先行者[1]

中国银行（香港）有限公司（以下简称中银香港）于 2001 年 10 月 1 日正式成立，是一家在香港注册的持牌银行。在长期发展过程中，中银香港经历了管理结构的重大变化，跨地区文化管理也改变了过去中资企业特有的内地文化主导模式，不断融合香港当地文化，最终建立了有别于母行中国银行的企业文化，即本地文化成分占多数，香港特色明显，但同时亦带有一定的内地管理风格和文化氛围。

中银香港跨地区文化管理的具体实施可以分为以下三个阶段。第一阶段是制度建设与宣传推广。该阶段的主要任务是根据企业内部的文化构成以及所处的市场环境、社会环境等，构建企业文化的主要内容，形成相对成熟的架构体系，同时通过组织演讲、讲座以及文体活动等多种方式向员工进行宣传。第二阶段是制度的贯彻实施。为了保障管理制度的有效推行，中银香港设置了 360 度绩效考核机制，将跨地区文化管理与薪酬体系挂钩，以此激励员工认同企业文化，并将其作为自身日常工作的行动指南。事实上，前两个阶段对于员工而言均为被动接受的过程。第三阶段则是员工认同企业文化，主动将企业核心价值观付诸实践。

为了进一步提升跨地区文化管理的实施效能，近年来中银香港加大企业文化推广与落实的力度，其富有亲和力的企业文化与跨文化地区管理方式也逐渐为员工所认同。跨文化地区管理作为企业制度管理的辅助机制，发挥着越来越重要的作用。

第一节 海峡两岸及港澳地区概述

亚文化是整体文化的一个分支,是由各种社会和自然因素造成的各地区、各群体文化特殊性的方面,是总体文化的次属文化。一个文化区的文化对于全民族文化来说是亚文化。

海峡两岸及港澳地区涵盖中国大陆(内地)以及台湾、香港和澳门地区,此概念反映了中国大陆(内地)与台湾、香港、澳门之间的复杂而特殊的政治、经济和社会联系。

一、海峡两岸及港澳地区的概念

"海峡两岸及港澳地区"是指中国大陆(内地)、台湾、香港和澳门地区。由于历史和政治因素的影响,中国大陆(内地)与台湾、香港、澳门之间存在着不同的政治、经济和社会制度。"海峡两岸"即台湾海峡两岸的中国大陆地区与中国台湾地区,简称"两岸"。"港澳地区"是对中国香港地区和中国澳门地区的简称。内地(大陆)与港澳台各项数据的比较如表 8-1 所示。

表 8-1 内地(大陆)与港澳台各项数据的比较

	内地(大陆)	中国香港	中国澳门	中国台湾
总人口/万人	141 177.87	747.42	68.32	2356.12
陆地面积/平方千米	9 600 000	2754.97	33.3	3 6013.73
2022 年地区生产总值/亿元	1 210 207	24 279.74	1478.21	51 298.03

资料来源:以上数据来自国家统计局和港澳台地方政府网站,其中人口数据来自第七次全国人口普查公报。

二、内地(大陆)与港澳台的历史发展和现状

港澳台是对中国香港、澳门、台湾的统称,因为三地在政治、经济和文化体制上有诸多类似,有别于内地(大陆),故我们常常将香港、澳门、台湾地区统称为"港澳台"。香港、澳门和台湾是我国三个重要的文化窗口,纵观三地的历史发展,可谓历尽坎坷。

(一)内地(大陆)的历史发展和现状

内地(大陆)是相对于香港、澳门和台湾而言的,一般在涉及港澳台时使用这一概念。1978 年是内地(大陆)经济的重要转折点。在改革开放以前,内地(大陆)比较封闭,经济发展受限;改革开放之后与世界各国开展政治、经济、文化上的交流,学习和吸收世界发达国家的先进技术和管理经验,积极缩小和发达国家之间的经济差距。

现如今,中国的国际地位和改革开放初期相比有显著提升,中国已经成为国际社会重要的成员,中国的科技、军事等快速发展,政治影响力、文化影响力逐渐走向世界的中心。自从 2010 年中国的 GDP 总量超越日本成为世界第二大经济强国之后,中国的国际地位显著提升,越来越多的人开始关注中国,更多的国外学者研究中国的发展模式。

因此,在一些国际经济论坛、国际会议等场合,"中国模式"经常被人关注和提及。

(二)香港的历史发展和现状

香港地处中国华南地区,全境由香港岛、九龙半岛、新界三大区域组成,是全球高度繁荣的国际大都市之一。清道光二十年(1840年),中英鸦片战争爆发,清廷战败,割让香港岛给英国。咸丰十年(1860年),又割让九龙半岛给英国。光绪二十四年(1898年),新界也被英国强行租借,香港遂全部归英国人管理,自此香港完全被英国殖民统治。

1997年7月1日,中国对香港恢复行使主权,香港成为中华人民共和国的一个特别行政区,除防务和外交事务归中央政府管制外,享有高度自治权。香港实行"一国两制",保留原有的经济模式、法律和社会制度。在经济发展方面,香港是继纽约、伦敦后的世界第三大金融中心,合称为"纽伦港",在世界享有极高声誉。

(三)澳门的历史发展和现状

澳门北邻广东省珠海市,西与珠海市的湾仔和横琴对望,东与香港隔海相望,相距60千米,南临中国南海。澳门是一个国际自由港,是世界人口密度最高的地区之一。它的地理位置独特,处于珠江口,是南海航运的重要枢纽,自古以来就是海上丝绸之路的重要节点。早在1553年之前,澳门就已经是一个繁荣的港口城市。由于其得天独厚的地理位置,澳门成为东西方文化和商业交流的重要桥梁。在那个时候,中国的丝绸、瓷器、茶叶等商品,通过澳门运往世界各地。同时,西方的科技、文化和艺术品也通过澳门传入中国。

然而,1553年,葡萄牙人通过一系列外交手段,取得了在澳门的居住权,这标志着澳门历史的转折点。从此,澳门开始了其特殊的历史时期,即作为葡萄牙的殖民地,同时也是中国与西方世界交流的重要窗口。在葡萄牙的统治下,澳门逐渐发展成为一个具有独特文化、经济和社会特色的城市。它吸引了来自世界各地的商人和旅行者,成为一个多元文化的交汇点。

到了1887年12月1日,葡萄牙与清朝政府签订了《中葡会议草约》和《中葡和好通商条约》,正式通过外交文书的手续对澳门实施殖民统治。这一时期,澳门在经济、文化和社会等方面都经历了巨大的变革。

1999年12月20日,中国政府恢复对澳门行使主权。东西方文化的融合共存使澳门成为一个风貌独特的城市,留下了大量的历史文化遗迹。澳门是世界四大赌城之一,实行资本主义制度。其著名的轻工业、旅游业、酒店业和娱乐场使澳门长盛不衰,成为全球最发达和富裕的地区之一。

(四)台湾地区的历史发展和现状

台湾岛是中国第一大岛,位于中国东南沿海的大陆架上,是中国不可分割的一部分。台湾的早期居民主要是来自中国大陆的移民,他们带来了中华文化和传统。明末,台湾曾被荷兰和西班牙侵占,但在1662年被郑成功收复,成为中国的领土;清代时期,台湾被设置为台湾府,归属于福建省,后来在1885年建省;在1895年,清政府因甲午战争战败,被迫与日本签订《马关条约》,将台湾全岛及附属岛屿和澎湖列岛割让给日本,这一时期是台湾历史上的屈辱时期；1945 年抗战胜利后光复；1949 年国民党政府在内战失利中退守台湾，海峡两岸分治至今。

台湾自 20 世纪 60 年代起推行出口导向型工业化战略，经济社会发展突飞猛进，名列"亚洲四小龙"之一。台湾制造业与高新技术产业发达，半导体、IT、通信、电子精密制造等领域全球领先。台湾文化以中华文化为主体，是中华文化的重要组成部分，对少数民族的南岛文化亦有影响，近现代又融合日本和欧美文化，呈现多元风貌。

港、澳、台三地文化与内地（大陆）文化一脉相承，但是由于经历较长时期不同的社会演进，又形成了各自的特色，成为中华民族文化的亚文化分支。

第二节　港澳台文化的比较

港澳台由于独特的政治、历史、文化与地理地貌差异，在继承了中华传统文化的基础上，又形成了与内地（大陆）文化不同的格局。港澳地区文化是我国岭南文化的延伸。港澳地区同在百余年前被西方列强殖民统治，经历了长期的西方文化灌输，中西文化不断碰撞，形成了以中国岭南文化为根又深受西方工业文明影响的特殊文化形态。台湾地区本属于我国的闽南文化圈，在被日本占领的 50 年中，台湾文化受到了深刻的冲击和影响。这一时期，日本的文化、教育以及管理方式等都对台湾产生了重要影响，这种影响在台湾的社会、文化、艺术等多个方面都有所体现。尽管日本的文化侵入给台湾带来了许多变革，但台湾人民始终保持着对中华文化的热爱和传承。而伴随着政治局势的改变，台湾也进入正统中国文化与当地少数民族文化深度融合的时期。而之后随着国际局势的演变，台湾文化又受到来自经济发达国家的文化冲击，尤其是比邻我国的日本文化，对台湾文化有着深刻影响。由于受西方文化冲击的时间较短，且更多地受到同属东方文明的日本文化的侵入，因此台湾与港澳地区相比更为东方，也更为传统。[2]

一、港澳台城市生活特点的比较

港澳台三地由于历史背景和经济文化发展的不同，呈现出具有各自特色的城市生活特点。

（一）香港城市生活特点

1997 年 7 月 1 日，香港结束 100 多年的殖民统治，拥有自己的货币、法律、海关体系和自治政府。香港人口中 90%以上是中国人，语言方面英语和粤语占统治地位，回归后普通话逐步普及。在书面语方面则使用中文白话文和英文。香港大部分居民多为珠江三角洲一带移民，也有不少从内地以及世界各地迁居的人，他们也会把自己故乡的语言带到香港，香港的语言系统因而具有兼容并包的特点。

香港的现代化气息十分浓郁，经济、通信、科技、交通、生活、娱乐都处于世界发展水平的前沿，尤其是香港的电影业最为著名，对世界电影业产生了深远的影响。香港的城市生活呈现忙碌的节奏，作为紧张工作后的一种放松手段，香港的娱乐业高度繁荣，香港人对赛马十分狂热,赛马活动的个人平均投注额居全球之冠。香港还是一个集世界各地美食于一身的"美食之都",在香港可以品尝到世界各地的美酒佳肴。此外,香港虽然地狭人稠,却能在购物方面给游客提供最大的满足感,是一个名副其实的购物天堂。

(二)澳门城市生活特点

澳门虽然长时间受葡萄牙的殖民统治,但是葡萄牙国势弱小,实行自由港政策,也没有强制华人葡化,因此葡语仍属小语种,只在官方使用,没有在学校教育中推行。葡式建筑、葡式饮食等葡式风俗在澳门人的生活中普遍存在。在语言方面,澳门与香港一样,粤语在社会上占绝对优势,香港增补字符集也被澳门采用。由于毗邻香港,香港文化大规模渗入,因此有人将港澳文化视为一种文化类型。香港文化和澳门文化的区别主要体现在澳门文化具有浓厚的拉丁色彩。由于历史的原因,数百年来有不少居住在澳门的葡萄牙人与澳门当地居民通婚,形成了具有欧、亚裔血统的土生葡人族群,他们历代在澳门生活,形成了独特的土生文化,在语言、价值观、生活习惯和饮食等方面表现出东西兼备的文化特色。因此,澳门呈现出的是一种多元混合型文化。

澳门博彩业历史悠久,素有"东方蒙地卡罗"之称。1961年葡萄牙政府海外部颁布法令,定澳门为旅游区,准许澳门以博彩作为一种特殊的娱乐,并强调其对澳门经济发展的作用,从此博彩业在澳门正式合法化。回归后的澳门根据基本法,是否改变对博彩业的政策由澳门特别行政区政府自行决定。回归初期,澳门特别行政区政府就确立了"以博彩旅游业为龙头,以服务业为主体,其他行业协调发展"的经济发展战略。澳门博彩监察协调局数据显示,受疫情影响,2020—2022年的澳门博彩业毛收入分别是610.47亿澳元、875.55亿澳元和428.36亿澳元。而2023年前两季度,毛收入已达到804.63亿澳元,博彩业的迅速复苏,远超其他行业。

(三)台湾城市生活特点

台湾自古以来就是中国的领土,本土人很少,多数是福建、广东两省的移民。台湾话包括台湾少数民族语、闽南话台湾方言、客家语,台湾话在语言学分类上属于泉漳片,与厦门话极为接近,在书面文字方面则使用繁体汉字。台湾话从台湾本土语言中吸取了一些词,因此与普通话在字词、句法上略有出入。

台湾饮食文化融合各地美食风格,台湾菜与闽南菜(还受福州菜影响)和广东潮汕潮州菜渊源深厚,也受客家菜、广州菜和日本料理的影响。台湾有著名的小吃文化,各式风味小吃云集的夜市是台湾民众生活文化的代表之一,凤梨酥、牛轧糖等台湾特产是知名的伴手礼。茶是台湾民众的传统饮品,代表性茶饮——珍珠奶茶广受欢迎。

台北市是台湾第一大城市,也是台湾的政治、经济、文化和交通中心,城市的发展始于艋舺港口的开发,工业以电机及电器制造为主。服务业在台北市整体产业中占90%以上。服务业的盛行,让台北市成为一座生活必需品相当容易取得的城市。台北的夜市文化世界闻名,夜市中集合了各种潮流玩具、生活用品、衣服饰品、新奇发明、神算占卜、传统游戏等。台北的著名夜市有士林夜市、宁夏圆环夜市、辽宁街夜市、饶河街夜市、延平北路夜市、通化街夜市和龙山华西街夜市。

二、港澳台语言教育的比较

语言教育影响着地区居民对所属文化乃至自身身份的认同，也显示了一个地区对文化的包容性。

语言作为交流的工具，受当地历史及与外部交流的因素影响较为深远。语言教育政策既影响地区公民身份意识的培养，也彰显地区的文化包容性。

（一）香港的语言教育

香港是一个典型的双语社会，"两文三语"是香港人社交的语言工具，"两文"指中文和英文，它们是香港的官方语言文字，"三语"指普通话、粤语和英语。英语主要用来与外界沟通，香港回归前，港英政府通过语言教育政策，形成了其英语的使用状况。中文和普通话是从1984年中英两国签署《中英联合声明》到1997年香港回归的过渡期间和回归后逐渐受到重视的。1997年9月，特区政府针对香港特殊的语言环境，提出了包括普通话在内的"两文三语"政策。鉴于不同语言在香港社会发展中所起作用大小的不断更替，香港特区政府的语言教育政策经历了"重英轻中"到"重中轻英"，再到"中英兼擅"的发展过程。2010年，香港特区政府出台"微调中学教学语言"政策，赋予学校发展空间，让学校本着"以学生为本，因材施教"的理念，科学地采取适切的语言进行各学科教学，改变了以往强制性的语言教育政策。[3]

（二）澳门的语言教育

澳门是一个多语社会，"三文四语"是目前澳门的语言现状。"三文"是指中文、葡文、英文。中文和葡文是澳门官方语言文字；英文是回归后不断兴盛的语言。"四语"是指普通话、粤语、葡语及英语。葡语是葡萄牙人400多年前带来的语言，中文和普通话是在过渡期和回归后逐渐受到重视的语言。[4] 2006年9月生效的《非高等教育制度纲要法》规定了"教学语文"的四点要求：① 公立学校应采用正式语文中的一种作为教学语文，并给学生提供学习另一正式语文的机会；② 私立学校可使用正式语文或其他语文作为教学语文；③ 拟使用其他语文作为教学语文的私立学校，须经教育行政当局评估并确认其具备适当条件后方可实行；④ 以其他语文作为教学语文的私立学校，应给学生提供学习至少一种正式语文的机会。

澳门本地大、中学生对四种语言在语言认同上的总体特征为：绝大多数澳门青年对粤语的认同度最高，认为粤语既是母语，又是生活语言、工作语言、民族语言和官方语言；对其他三种语言的认同度较低，且功能明显分化，多数澳门青年认为葡语是官方语言和第二外语，普通话是国家通用语，英语是第一外语。这一情况反映出语言认同在澳门相对复杂的一面，与其"三文四语"的语情是相符合的。[5]

例证 8-1

三文四语在澳门和谐相处[6]

（三）台湾的语言教育

台湾的语言现状是"一文多语"。"一文"是指中文；"多语"是指"国语"、闽南语、客家话和少数民族的语言。"国语"和闽南语是最通用的语言。使用客家话和少数民族语言的人数在不断减少。"国语"是台湾的官方语言，被应用在台湾人的工作、学习及日常生活中，闽南语则主要作为日常口语使用得比较多，特别是在中老年群体中。从台湾语言教育的发展来看，被日本统治的 50 年间，日文得到了一定程度的推广，1945 年开始推行"国语"政策，消灭日文，打压乡土语言。1987 年解严（解除戒备措施）之后，台湾的语言教育政策开始从限制逐渐转向容忍，带有压迫性的语言政策有所松绑。到 2001 年，全面推行九年一贯课程，实施以"国语"为中心、兼顾乡土语言的语言教育政策。

三、港澳台税制的比较

了解港澳台三地的税制，对加强海峡两岸及港澳地区经济和文化等各个领域的交流与联系具有积极的意义。特别是香港和澳门地区，与内地经贸交流频繁，经济往来限制少，内地居民也有机会赴港澳获得就业机会。

（一）香港的税制

香港特别行政区政府 2020—2021 财政年度政府财政预算显示，截至 2020 年 3 月 31 日，香港特别行政区政府共拥有 1.13 万亿港元的财政盈余，其中政府一般收入账目盈余 0.64 万亿港元，拥有其他政府鲜有的财政盈余。香港特别行政区政府的财政收入主要来源于税收，其低税率税制并未影响其财政收支。

利得税（企业所得税）、薪俸税（个人所得税）与物业税（物业租金收入所得税）为香港主要的三种所得税性质的税种，均以"地域来源征税原则"（属地原则）征税。其中，利得税与薪俸税仅对来源于香港的所得征税，资本利得部分无论是否来源于香港均不征税；物业税仅对出租香港物业所得征税。

香港的低税率主要表现在以下六个方面。[7]

（1）税制简单。香港现行税制体系属分类税制，以所得税为主，辅之征收行为税和财产税等。所得税性质税收中，又以利得税与薪俸税为主，占所得税性质的税收比例约为 94.4%，是在香港营商最为相关的税种。

（2）征税范围窄。香港的所得税均以属地原则征税，仅就产生于香港的所得征税。

同时鼓励资本运作，对资本利得不征税。

（3）税率低。香港利得税对法人团体与非法人团体规定了不同的适用税率，其中法人团体的法定税率为 16.5%，非法人团体的法定税率为 15%。香港薪俸税根据个人应纳税所得额的高低可选择适用超额累进税率模式与标准税率两种税率模式。超额累进税率为五级超额累进，税率分别为 2%、6%、10%、14% 及 17%；而标准税率则为定率征收，适用税率为 15%，该模式对高收入者较为优惠。

（4）征税年度自由选择。香港税务局允许纳税人根据其财务报表适用的财年起止申报纳税，不强制要求按照公历年度或政府财年调整财务数据。

（5）简易征管。香港利得税、薪俸税每年仅需申报、缴纳一次。通常税务局会在 4 月 1 日后向纳税人发出纳税申报表，据此计算应评税、利得税及薪俸税。

（6）免税额优惠。香港政府根据每年的财政盈余及社会经济发展状况在每年的财政预算中建议相关税收宽免措施。目前，利得税与薪俸税应纳税额不超过 2 万港元部分可获得 100%减免。

（二）澳门的税制

根据澳门财政局发布的数据，2022 年澳门特别行政区政府一般综合收入为 1001.29 亿澳元。其中经常收入为 677.71 亿澳元，占总收入的 67.68%；资本收入 323.57 亿澳元，占总收入的 32.32%。在经常收入中，直接税和间接税共 128.83 亿，占比 19%。这和疫情前的税收收入有较大差异。2018 年澳门的税收收入是 1216.57 亿澳元，占经常收入的 92.59%。

澳门的税收名录中，比较重要的税种有博彩税、所得补充税、印花税、职业税、房屋税与旅游税等。其中，博彩税属于直接税，《娱乐场幸运博彩经营法律制度》规定，税率为博彩经营毛收入的 35%。所得补充税也称为纯利税，依照《所得补充税规章》第 2 条，所得补充税以自然人与法人为纳税人，以纳税人在澳门地区所取得的总收益为课税对象，但不包括房屋的收益。澳门地区每年会确定所得补充税的豁免额，2019 年度的收益豁免限额为 60 万澳元，超出该金额的收益适用 12%的所得补充税税率。[8]

澳门的税制具有以下特点。① 税种少，税率低。源于葡萄牙的"轻税富民"思想，澳门也实行轻税政策，在现行税制中规定征收的税种只有 14 种。另外，澳门税制对各个税种规定的税率很低，累进幅度小，且豁免和优惠的范围很大。② 部分税种采用固定税额的形式。澳门税制中很多税种采用固定税额，例如，营业税对所有行业均按定额纳税；对于从事独立劳务的职业者，职业税根据职业性质的不同规定差别固定税额；部分专利税、消费税等也实行定额税率。③ 专营地位突出。专营税作为澳门特有的税种，在整个财政税收体系中占据举足轻重的地位，特别是博彩特别税对澳门经济发展影响重大。④ 采用属地征收的原则。不管是否为澳门居民，或个人住所和公司总部是否在澳门，均需要对其在澳门取得的总收益缴纳所得补充税。

（三）台湾的税制

台湾地区实行的是以所得税、货物税、营业税为主体的复合型税收制度，现行税制包括综合所得税、营利事业所得税、遗产及赠予税、货物税、期货交易税、证券交易税、营业税、烟酒税、关税和矿区税、印花税、使用牌照税、地价税、田赋、土地增值税、房屋税、契税、娱乐税。其中，最主要的税种是所得税（综合所得税和营利事业所得税），其次为营业税、货物税、土地增值税和关税，这五大税种的收入之和约占台湾地区税收总收入的80%。[9]

台湾税制主要有以下两个特点。① 所得税、销售税、财产税三大体系并存。在台湾现行的税制中，三大税系并存，目前台湾税目的种类逐步简化，税制的重心也由农业社会的财产税体系逐渐转移到工商业社会以所得税和销售税制体系为主的租税体制，其中所得税占主要地位，且在赋税收入中的比重逐年提高。② 税收负担具有弹性。台湾的税收负担极具弹性，在通货膨胀的情况下，利用物价指数连动法，根据消费者物价指数进行调整，以消除通货膨胀对纳税人造成的不利影响。[10]

（四）港澳台与内地（大陆）所得税率比较

由于各地经济税制的不同，为促进港澳台与内地（大陆）的经贸发展，四地在税收领域开展了广泛的协调。例如，1998年内地与香港签署了所得税避免双重征税的安排，2003年也与澳门签署了类似的安排，这两个安排的签署对于消除内地与港澳地区所得税领域双重征税问题起到了积极的作用。同时，大陆与台湾也分别出台了一些涉外税收规定，如大陆在个人所得税法、外资企业所得税法及台湾的"台湾地区与大陆地区人民关系条例"中均做出税收抵免的规定，这些规定有利于减轻两岸间的双重征税。[11]港澳台与内地（大陆）的个人所得税比较如表8-2所示。

表8-2 港澳台与内地（大陆）个人所得税比较

地区	税收模式	分类	税率结构
香港	薪俸税	个人在香港产生或得自香港的职位收入而需缴纳的税费，如获得的薪金、工资、佣金、花红、退休金等都需要缴纳薪俸税	薪俸税常用的免税额：① 支付教育课程有关的学费和考试费，每年最高可扣除的款额在6万港币；② 纳税人就其父母或配偶的父母、祖父母、外祖父母由纳税人缴付的院舍照顾开支可以扣除的款额，每年为7.6万港币；③ 购房贷款利息；④ 子女免税额；⑤ 单亲免税额[12]
澳门	现行所得税制在税法上没有区分个人所得税和公司所得税，按照收益类型和纳税人的不同类型，设置不同的税种	职业税、所得补充税和房屋税是澳门按照收益课征的三种税项。其中职业税是对个人工作收益征收的税种；所得补充税是对个人和法人工商活动收益征收的税种；房屋税是对个人和法人房屋租金收益征收的税种	（1）个税只对来源于澳门的收入征税； （2）澳门职业税税率最高12%（内地综合所得：45%），房屋税只有6%··8%（内地财产租赁所得：20%），所得补充税只有12%（内地对应的是个人经营所得：35%）； （3）职业税个人所得按70%征税（澳门称为30%扣减率），即20万收入按14万征税；然后还有个人扣除额14.4万澳门元； （4）房屋税：租金收入按90%征税（10%扣减率），而且还可以抵免3500澳门元； （5）所得补充税：60万澳门元内免税

续表

地 区	税收模式	分 类	税率结构
台湾	综合所得税制	包括薪资所得、执行业务所得、财产交易所得、租赁所得、退职所得等10个大类。损害赔偿金、抚恤金、保险给付、个人稿费（全年不超过18万元新台币）等收入作为免税所得，不征收综合所得税	台湾综合所得税课税构架为： 综合所得总额−免税额−扣除额=综合所得净额 综合所得净额×税率−累进差额=结算申报应纳税额[13]
内地（大陆）	分类所得税制	工资、薪金所得；劳务报酬所得；稿酬所得；特许权使用费所得；经营所得；利息、股息、红利所得；财产租赁所得；财产转让所得；偶然所得；其他所得[14]	（1）工资、薪金所得适用3%~45%的超额累进税率。交税门槛是每月5000元，享有专项附加扣除，涵盖住房贷款利息、子女教育、大病医疗、继续教育、住房租金、赡养老人和3岁以下婴幼儿照护； （2）个体工商户、个人独资企业、合伙企业的生产经营所得和对企事业单位的承包、承租经营所得，适用5%~35%的五级超额累进税率； （3）劳务报酬所得，稿酬所得，利息、股息、红利所得，财产租赁所得，财产转让所得，意外所得，按20%的比例税率征收

近年来，为吸引港澳台人才来内地（大陆）发展，促进海峡两岸及港澳地区人才、经济发展交流，内地（大陆）出台了许多人才税收优惠政策。2019年财政部、税务总局联合发布《关于在中国境内无住所的个人居住时间判定标准的公告》，使在境内工作的境外人士（包括港澳台居民）的境外所得免税条件比原来更为宽松。最新公告将居民个人的时间判定标准由境内居住满一年调整为满183天，为了吸引外资和鼓励外籍人员来华工作，促进对外交流，新的《中华人民共和国个人所得税法实施条例》继续保留了原条例对境外支付的境外所得免予征税优惠制度安排，并进一步放宽了免税条件：一是将免税条件由构成居民纳税人不满5年，放宽到连续不满6年；二是在任一年度中，只要有一次离境超过30天的，就重新计算连续居住年限；三是将管理方式由主管税务机关批准改为备案，方便了纳税人。

四、港澳台标准书面汉语的比较

正确认识港澳台三地语言的共性表现和个性特征，有助于海峡两岸及港澳地区人民更好地了解自己所使用的标准书面汉语以及相互间的异同，从而增进相互之间的了解，加强相互间的沟通以及对语言文化的认同。

（一）港澳台标准书面汉语的共性

港澳台三地标准书面语最大的共性主要表现在两个方面：① 与早期现代汉语高

度一致，很大程度上保留了早期汉语的传统；② 在新词、新义、新用法方面保持高度的同步性或一致性，因此港澳台三地之间的词语（特别是新词语）的一致程度远高于内地（大陆）。[15]

早期现代汉语中有一些同素倒序词，发展到后来港澳台与内地（大陆）选择了不同的形式，如内地（大陆）普通话使用"素质"，港澳台使用"质素"。与普通话取用不同语素顺序的词还有"找寻、宵夜、齐整、爽直、菜蔬、私隐、取录、怪责、帖服、配搭、挤拥"等。另外，有一些音译外来词，内地（大陆）普通话逐渐改用意译，而港澳台三地依旧保留原有的音译形式，如盘尼西林（青霉素）、维他命（维生素）、摩登（时髦）、菲林（胶卷）、卡通（动画）等。

"素质"与"质素"

在语法方面，因为语法比词汇更加具有稳定性，因此港澳台三地标准书面语在语法上与早期现代汉语的一致程度更高。就关联词来说，早期现代汉语中的关联词不像现在这样成对出现，往往只用一个，港澳台的书面语中保留了这一现象。

港澳台关联词使用举例

由于港澳台地区与内地（大陆）社会制度不同，各自的价值观、语用观也有差异，加上由于之前港澳台同胞与内地（大陆）同胞在生活的各个领域来往较少，相互之间语言文字碰撞的机会少，而港澳台三地之间往来频繁，语言方面互相影响的程度更大，因此港澳台三地语言的一致性高于与内地（大陆）的一致性。

（二）港澳台标准书面汉语的个性

港澳台三地标准书面语既有共性，也有不少个性特征。三地语言的个性特征主要与以下两个因素有关：一是外语的影响；二是方言的吸收。

台湾被日本殖民统治50年，香港被英国殖民统治99年，澳门被葡萄牙殖民统治150年，这些历史在三地的语言方面打下了深深的烙印。台湾"国语"具有大量日语借词，如"达人、豆乳、干物女、封杀、攻略",这些词也由台湾传到了其他地区。香港吸收了大量英语外来词汇,而且大部分是音译词,并且具有浓厚的地域色彩,如"士巴拿"(扳手,英语 spanner 的音译)、"甫士咭"(明信片,英语 postcard 的音译)。澳门语言则受葡萄牙语的影响,形成独具特色的"葡式中文",另外,由于距离香港较近,受英语的影响也很大。因此,在澳门的公文中,经常出现按葡语的语言结构写作的中文,使得写出来的中文不像中文,更像是葡文的翻译作品,同时也掺杂了一些英语的借词。在词语方面,香港主要是向英语和日语借词,澳门除了全盘把香港的借词再借过来,还向葡语借词或者根据葡语构词特点构成了一些词,例如过班纸(成绩单)、沙纸(证明文件、毕业文凭)、科假(休假)等。

在方言的吸收方面,台湾语言的总体格局是"两大两小一分散"。"两大"是指"国语"和闽南语,"两小"是指客家话和少数民族语言,"一分散"是指从大陆去的各省人所说的各种汉语方言。[16]台湾本就属于闽南方言区,以闽南语为母语的人也多,因此台湾的"国语"受闽南方言的影响最深,由此也与大陆普通话产生了一些同形异义词。其他的客家话以及少数民族的语言对台湾的"国语"也都有一定的影响,而这些情况在港澳地区基本不存在。港澳地区同属于粤语区,标准书面语受粤语影响很深,普通话与粤语方言并用的现象非常普遍,香港的"港式中文"其实是"标准中文"与"粤语中文"之间的过渡型书面语。

第三节 港澳台与内地(大陆)的沟通

港澳台与内地(大陆)同属一个中国,相互之间交流频繁。本节主要从港澳台与内地(大陆)的教育交流、港澳台与内地(大陆)的法律冲突与协作以及港台企业在内地(大陆)的跨地区文化管理三个方面进行阐述。

一、港澳台与内地(大陆)的教育交流

随着内地(大陆)与港澳台经济、文化等领域交流合作的日益深化,以及教育部内地(大陆)高校联招考试的启动和学历互认的推进,越来越多的港澳台青年来到内地(大陆)求学。港澳台学生可以通过"联招"和"免试"等方式升读内地(大陆)高校。同样,港澳台三地的高校也吸引了无数内地(大陆)学子前往深造。

(一)港澳台地区学生来内地(大陆)求学

2016 年,教育部等六部门印发《普通高等学校招收和培养香港特别行政区、澳门特别行政区及台湾地区学生的规定》,明确提出内地(大陆)高校可以在国家下达的招生计划之外,根据自身办学条件,自主确定招收港澳台学生的数量或比例。高校应当将招生情况报教育部备案。此文件也给出高校具体的招生规定。

(1)符合报考条件的港澳台学生,通过面向港澳台地区的联合招生考试;或者参加内地(大陆)统一高考、研究生招生考试合格;或者通过香港中学文凭考试、台湾地区

学科能力测试等统一考试，达到同等高校入学标准；或者通过教育部批准的其他入学方式，经内地（大陆）高校录取，取得入学资格。

（2）对未达到本科录取条件但经过一定阶段培养可以达到入学要求的港澳台学生，高校可以按相关要求招收为预科生。预科生学习满一年经学校考核合格后，可转为本科生。高校招收预科生的条件和标准应当报省级教育行政部门备案。高校可自行招收港澳台进修生、交换生和旁听生。

（3）已获得大专以上学历或在内地（大陆）以外的大学就读本科专业的港澳台学生，可向内地（大陆）高校申请插入就读与原所学专业相同或相近的本科课程，试读一年。试读期满，经所在试读学校考核合格，可转为正式本科生，并升入高一年级就读，报学校所在省级教育行政部门备案。

2018 年，《教育部等四部门关于做好普通高校联合招收华侨港澳台学生工作的通知》明确规定港澳台地区考生的报名办法。

（1）港澳地区考生，具有香港或澳门居民身份证和《港澳居民来往内地通行证》。

（2）台湾地区考生，具有在台湾居住的有效身份证明和《台湾居民来往大陆通行证》。

（3）所有考生应提供其高中毕业文化程度（须为学历教育）的证明材料。应届高中毕业生须提供毕业中学开具的毕业证明及高一到高三上学期的成绩单正本，往届生须提供高中毕业证书（证明）及高中三年成绩单正本。持国外学历的考生须出具我国驻外使（领）馆对其学历证明材料所做的认证书（中文版，须注明是否学历教育）。

（4）资格审查通过后，参加考试。

（5）全国联招考试成绩公布后，考生填报志愿。考生可填报 10 所高校本科志愿，每所高校可填报 6 个专业志愿。报考预科的考生还可填报 5 个高校预科志愿。

（6）联招办（联合招收华侨港澳台学生办公室）于每年 7 月初组织录取工作。高校根据考生考试成绩、志愿及本校招生计划、录取要求，在联招办划定的最低录取控制分数线以上择优录取新生。高校将拟录取考生名单报联招办核准后办理录取手续，向考生寄送加盖本校公章的新生录取通知书。

（二）内地（大陆）学生赴港澳台求学

1. 内地学生赴香港求学

香港是首个向内地学生开放高校资源的港澳台地区，内地学生可以申请香港高校的本科和硕士课程。香港高校在内地本科招生主要有两种形式：① 考生参加内地高考，在提前批录取，例如香港中文大学和香港城市大学。② 考生参加内地高考，香港高校参考高考成绩，但是高校有其自身的报名程序，且独立招生，例如香港大学、香港理工大学等。与澳门、台湾相比，赴港求学更受内地学生青睐，主要有以下四个原因。

（1）名校云集。香港八所公立大学在世界排名都十分靠前。2022 年 QS（Quacquarelli Symonds，英国席孟兹公司）世界大学排名中，香港大学排名 22，香港科技大学排名 34，香港中文大学排名 39，香港城市大学排名 53，香港理工大学排名 66，且香港高校教育注重与国际接轨，每年都有大量外籍人士和国际学生涌入香港学习。由《泰晤士报高等教育专刊》（THE）发表的"2020 年国际化程度最高的世界大学排名"的前 10 所大学中香港高校就占了3所。

（2）申请手续简单。申请香港高校的硕士，学生可免试入学，通过递交申请材料、面试，条件优秀者可被录取。此外，香港高校的硕士学位在学习年限上比内地高校时间短，1~2年即可获得硕士学位。

（3）奖学金丰厚。以本科为例，香港各高校为内地学生设立了入学奖学金，主要颁发给高考各科成绩突出的学生，而且奖学金无须单独申请，香港高校会根据学生的条件给予评比和发放。同时香港高校还设有大量不同类别的奖学金及奖项供所有在校本科生申请。

（4）可以获得在香港工作的机会。在香港修读经本地评审的全日制学士学位或以上程度课程的非本地学生，只要修业期不少于一个学年，便可从事实习工作、校园兼职工作或暑期工。每周兼职时间上限为20小时，暑期兼职没有限制，毕业后合法留香港找工作的时间为12个月。

2018年香港科技大学获得广州市人民政府及合作伙伴的全力支持，于广州市南沙区共同筹建港科大（广州）。筹建办学申请已于2019年顺利获批，2022年9月开学正式投入使用。在招生方面，香港科技大学（广州）采取申请制，以自主招生方式进行。

2. 内地学生赴澳门求学

澳门计划在内地招生的高校包括澳门大学、澳门理工大学、澳门科技大学、澳门城市大学、旅游学院、澳门镜湖护理学院等高校。报考澳门高校的考生高考成绩一般要达到本科第一批录取分数线，个别院校参考本科第二批录取分数线。与就读香港院校相比，澳门的学费相对较低，澳门本科课程每年学费比香港省一半以上。另外，考生可兼报澳门地区的多所大学，也可同时填报香港高校和内地高校，如果收到内地、香港和澳门的多张高校录取通知书，考生可选择一所学校报到注册。

3. 大陆学生赴台湾求学

继香港、澳门向内地学生开启招生大门后，2011年开始，台湾地区高校也正式向大陆招生，但仅面向北京、上海、浙江、江苏、福建和广东6个省市的考生。按照规定，台湾公立大学只能招收博士生和硕士生，因此，台湾地区招收本科生的高校多为私立学校，只有少部分公立高校招收大陆本科生。与香港求学相比，赴台求学费用低很多，但是台湾地区针对大陆学生发布的"三限六不"方针使赴台求学相对具有更多的限制因素。

"三限"包括：① 限校，初步仅认大陆数十所一流大学学历；② 限量，总量管制大陆学生来台人数，占台湾招生总量的0.5%~1%，一年约为1 000人，同时会分配各校招收大陆学生人数，不会让大陆学生集中在少数学校；③ 限领域，初步不开放大陆学生就读医疗、药理治疗等专业领域。"六不"包括：① 大陆学生来台考试不加分；② 不影响台湾学生就读权益，以外加名额招收大陆学生；③ 不列编大陆学生奖学金；④ 不允许大陆学生在校外打工；⑤ 大陆学生不可考专业证照；⑥ 毕业后不可续留台湾就业和从事公职。

对于解除"三限六不"的呼声，台湾教育管理部门表示，未来只会坚持大陆学生毕业后不能留下来工作以及不采认大陆医事学历两项，其他将陆续提议解禁，让大陆学生可领公立奖学金及担任助教。

当然，除了学历教育，港澳台高校与内地（大陆）高校之间还有一些短期教育交流项目，学生可以通过学校申请短期交流项目进行参观和交流学习，具体视各学校的情况而定。

二、内地与港澳的法律冲突与协作

伴随"一国两制"方针的成功实践，我国在事实上成为一个多法域国家，内地（大陆）、香港、澳门与台湾分别构成了四个相互独立运作的法律体系。广东珠三角地区毗邻港澳，经常出现涉及粤港澳三地的跨境案件，随之而来的区级司法冲突问题十分突出。在"一国"内部出现三个地域之间法律制度适用的冲突，而且涉及"两"种社会制度和"三"种法系，这使我国区际司法冲突问题呈现出有别于世界其他国家未曾遇到过的特殊复杂情况，也给我国跨境司法适用以及司法协助工作带来较大困难。

（一）内地与港澳的法律冲突

1. 立法层面

《中华人民共和国香港特别行政区基本法》（以下简称《香港基本法》）、《中华人民共和国澳门特别行政区基本法》（以下简称《澳门基本法》）第17条规定：特别行政区享有立法权。特别行政区立法机关制定的法律须报全国人大常委会备案，备案不影响该法律的生效。同时，以上两部基本法的第18条均规定，香港、澳门特别行政区的立法权，是仅除了外交、国防和基本法规定不属于特区自治范围的特别立法授权，全国性法律原则上不在特别行政区实施（除列入港澳基本法附件三的全国性法律外）。而内地立法体制是中央统一领导和一定程度分权，多级并存、多类结合。广东省作为一般的地方行政区域，享有制定地方性法规和地方政府规章的权限，不能进行创制性立法，实施的是全国性法律，而港澳享有立法权。可见，粤港澳在立法层面的冲突是区域间的横向冲突，不能按照上位法优于下位法的原则处理。

2. 司法层面

《香港基本法》《澳门基本法》赋予港澳特别行政区高度自治权，其第19条均规定，特别行政区各级法院依法行使审判权，不受任何干涉；终审权属于特别行政区终审法院。不受干涉，也包括不受中央国家机关中的最高法、最高检的指导和监督。按照我国内地的司法体制，广东省的各级人民法院要接受上级和同级司法机关的指导和监督，人民检察院要接受上级检察院的领导。在粤港澳三地之上既没有一个起领导作用的立法机关，也没有一个能够有效协调不同法域间法律冲突的司法机关。

粤港澳大湾区的法律冲突极具特殊性和复杂性，它不同于英美等一国一制条件下的不同法域间的区际法律冲突，而是"一国两制"框架下不同法域间的法律冲突。[17]首先，它是一种特殊的单一制国家内的区际法律冲突，体现在一个主权国家内一般地方行政区域与特别行政区之间的法律冲突。其次，它是代表不同社会性质的法律间的冲突，既有社会制度相同的法域之间的法律冲突，也有不同社会制度的法域间的法律冲突。港澳间的法律冲突是社会性质相同的法律冲突，粤与港澳是社会主义制度与资本主义制度间不同社会性质的法律冲突。再次，它是三大法系间的法律冲突。香港法律属于英美法系，澳门法律属于大陆法系，内地（广东）属于社会主义法系，三大法系在法律渊源、立法技术、诉讼程序等方面明显不同。

（二）内地（大陆）与澳港的法律协作

1. 立法层面

从立法制度上看，2003 年内地与香港签署《内地与香港关于建立更紧密经贸关系的安排》（Closer Economic Partnership Arrangement，CEPA），此协议是国家主体与香港关税区之间签署的自由贸易协议，也是内地第一个全面实施的自由贸易协议。[18]之后内地和香港采取循序渐进的方式，不断拓展 CEPA 的内容和范畴。2014 年 12 月，双方签署《关于内地在广东与香港基本实现服务贸易自由化的协议》，这是在 CEPA 框架下签署的新协议，也是内地首份参照国际标准，以准入前国民待遇加负面清单的方式制定的自由贸易协议，开放的深度和广度都超出以往的 CEPA 措施。2017 年 6 月，内地与香港签署《CEPA 投资协议》和《CEPA 经济技术合作协议》。内地在全境给予香港最惠待遇，即今后内地与其他国家和地区签署的自由贸易协定中，只要有优于 CEPA 的市场准入措施，均适用于香港。2018 年 12 月，双方又签署了《CEPA 货物贸易协议》。《CEPA 货物贸易协议》是 CEPA 升级的重要组成部分，2019 年 1 月 1 日起正式实施。这一协议的签署，连同之前签署的服务贸易协议、投资协议、经济技术合作协议，标志着国家"十三五"规划中推动 CEPA 升级的目标提前完成。

内地与澳门同样在 2003 年签署了《内地与澳门关于建立更紧密经贸关系的安排》。[19]自此之后，2004 年、2005 年、2006 年、2007 年、2008 年、2009 年、2010 年、2011 年、2012 年、2013 年又分别签署了《补充协议》《补充协议二》《补充协议三》《补充协议四》《补充协议五》《补充协议六》《补充协议七》《补充协议八》《补充协议九》《补充协议十》。

2. 司法层面

在司法协助制度上，内地与港澳之间分别就送达、取证、民商事判决和仲裁裁决的承认和执行签订了协议安排。[20]比如《关于内地与香港特别行政区法院相互认可和执行民商事案件判决的安排》《内地与澳门特别行政区相互认可和执行民商事判决的安排》等，一定程度上推动了区际民商事法律冲突的解决。2022 年，最高人民法院发布《关于支持和保障横琴粤澳深度合作区建设的意见》，不仅提出完善域外法查明、构建多元化商事纠纷解决机制、简化涉港澳案件诉讼程序、加大与港澳地区司法交流力度等，而且明文规定，支持横琴法院申请授权试点探索域外法适用机制，在不违反我国法律基本原则或者不损害国家主权、安全和社会公共利益的前提下，允许在横琴合作区注册的港资、澳资、台资及外商投资企业协议选择域外法解决合同纠纷，或者适用国际条约、国际惯例和国际商事规则化解纠纷。[21]

例证 8-4

破解涉澳案件"送达难"的横琴答卷[22]

三、中国法律台湾地区有关规定

（一）大陆与台湾在立法协作方面的进展

大陆与台湾地区在立法层面的协作源远流长，标志性的成果是 2010 年签订的《海峡两岸经济合作框架协议》（Economic Cooperation Framework Agreement，ECFA）。这一协议的签署和实施不仅加强了两岸的经济纽带，也为两岸的企业和人民带来了显著的利益。具体来说，自该协议签署并实施以来，台湾企业享受了大量的关税减免优惠。据统计，截至 2020 年年底，这些优惠累计为台湾企业节省了约 70 亿美元的关税。这一数字不仅体现了大陆与台湾在经贸合作上的深度和广度，也反映出 ECFA 对两岸经济的积极影响。

（二）大陆与台湾在司法层面的协作现状及挑战

在司法协作方面，大陆与台湾的情况与内地和香港、澳门之间的协作有所不同。由于一系列复杂的历史原因，台湾地区和大陆尚未在司法协助问题上达成一致意见，因此中央法律目前还不能作为两岸司法协助的基石。尽管如此，两岸在相互认可和执行民事判决方面还是取得了一些进展。例如，台湾在 1992 年颁布的《台湾地区与大陆地区人民关系条例》中明确规定："在大陆地区做出的民事裁判或民事仲裁判断，只要不违反台湾地区的公共秩序或善良风俗，就可以申请法院认可。"这一规定为两岸在民事判决认可方面的合作奠定了基础。此外，2015 年最高人民法院发布的《关于认可和执行台湾地区法院民事判决的规定》也进一步推动了两岸在司法领域的协作。然而，司法实践中仍然存在一些大陆与台湾地区互相不予认可民商事判决与裁定的案例，这反映出两岸在司法协作方面还有待进一步加强。未来，随着两岸关系的不断发展和法律制度的逐步完善，我们有理由期待两岸在司法协作方面取得更大的突破。

四、港台企业在内地（大陆）的跨地区文化管理

随着《内地与香港关于建立更紧密经贸关系的安排》《内地与澳门关于建立更紧密经贸关系的安排》，以及《海峡两岸经济合作框架协议》的签订，港澳台与内地（大陆）的经贸合作越发紧密，相互之间经贸往来频繁，港资企业、台资企业或者合资企业在内地（大陆）迅速发展起来。

（一）港台企业管理风格比较

在员工管理方面，港资企业大多为家族企业，采用网络化经营，且多与西方跨国公司结为上下游产业的策略联盟。在管理手段上，都以中华文化为内核，并有机融入了西方先进管理手段。在对员工的培训教育上，港商特别注重培养内地员工的团队精神，并将之贯彻于生产流程、生活服务的方方面面。此外，港资企业的人力资源管理也更倾向于自由化。台湾文化相对于香港文化，被普遍认为更接近大陆文化，同时也受到日本文化与西方文化的影响。在对大陆员工的管理上，台商管理受日本影响较大，员工管理更严格一些，大都实行封闭式管理，采用内部化服务与大家庭式的集中化管理来融合公司内的不同文化。

台资企业强调对员工实行长期聘用，通过保障员工的工作机会，使员工产生对企业

的归属感，而港资企业对这方面的重视程度明显低于台资企业。另外，台资企业对员工不同的工作内容与职责规定十分明确，港资企业对工作内容的规定也较为详细，但强调程度不如台湾高绩效企业。因而台资企业对员工的培训相对于港资企业更为专一，而港资企业对员工的职业发展规划较注重多方面技能。

（二）港台企业的跨地区文化管理

香港文化、台湾文化与内地（大陆）文化同宗同源、一脉相承，但是由于不同的社会演进，相互之间又形成了各自的特色，成为从属于中华民族文化的亚文化。港台企业的内部管理实质是亚文化管理，这种跨地区文化管理与其他外资企业在内地（大陆）的管理有着较为明显的差异。

文化差异客观存在，如果不能正视文化差异，采取适当的跨文化管理策略，很容易产生文化冲突，影响企业跨区域的顺利发展。文化冲突可能发生在企业管理的各个环节，包括企业战略决策、经营理念、管理模式、人力资源管理等领域，成为企业跨文化管理的重大障碍。因此，能否化解多元文化差异带来的文化冲突，成为企业跨地区经营成败的关键因素之一。

从文化本身的特性分析，文化差异之下的文化冲突和融合是对立统一的矛盾体，文化冲突和融合都是客观存在的，而且文化冲突发展到一定阶段，必然走向文化融合，文化融合是解决文化冲突的必然选择和出路。港台企业要实现有效的跨地区文化管理，需要从以下四个方面入手。

1. 正视文化差异，尊重多元文化

文化差异具有两面性。一方面，对于文化差异的存在，如果处理不当，很容易造成文化冲突，使企业的经营管理陷入困境；另一方面，在多元文化背景下，人们有不同的思维方式，这拓宽了港台企业的多维思考视角，成为港台企业的竞争优势。

由于不同地区文化背景、历史渊源、政治制度、宗教信仰、风俗习惯的不同，人们的思维方式和行为模式存在很大的不同，我们应该正视文化差异的客观存在性。文化没有优劣之分，每一种文化都有存在的合理性，不能将自己的行为模式和价值观强加于人，港台企业要善于吸收多元文化的精华，取长补短。

2. 加强跨文化沟通，促进文化认同

文化融合的条件是不同文化背景下的人们彼此信任、愿意合作，要达到彼此信任的目的，就必须加强沟通和理解，让彼此接纳对方、产生文化认同。为此，可以从以下三个方面努力。① 语言是沟通的桥梁和工具，港台企业管理层要能够熟练运用语言与内地员工进行日常沟通和管理，与政府相关机构打交道，尊重当地的文化习俗和风土人情，避免产生文化冲突。② 港台企业要加强引进和培养既懂管理又能进行跨文化交流的复合型人才，提高跨文化沟通效果。③ 重视企业本土化，如招聘一些当地的员工，让他们参与管理，协调港台与内地（大陆）员工的沟通。

3. 开展跨文化培训，增强跨文化适应性

跨地区文化培训是为了加强人们对不同文化传统的反应和适应能力，促进不同文化背景的人之间的沟通和理解。跨地区文化培训的主要内容包括对文化的认识、文化敏感性训练、语言学习、跨地区文化沟通及冲突的处理、地区环境模拟等。可以组织企业双方的管理人员了解对方母企业的发展历史和企业文化，增加双方的非正式交往，以理解对方的文化。

4. 加强文化融合，建立共同价值观体系

建立在企业共同价值观基础上的企业文化是企业生存和发展的精神支柱。港台企业应找准企业价值定位，创建一种基于共同价值观体系的企业文化，成为企业员工的共同愿景。当然在建立共同价值观体系的过程中，必须有人本主义的管理思想。只有在尊重多元文化的基础上求同存异，建立能被不同文化背景的人们认同和接受的共同价值观体系，港台企业才能在跨文化管理中取得竞争优势。[23]

本章小结

- 海峡两岸及港澳地区的含义和使用存在多种认识，从地理层面上理解特指中国内地（大陆）、中国香港、中国澳门和中国台湾，从文化角度考虑则泛指中国内地（大陆）、中国香港、中国澳门、中国台湾，以及其他由中华文化主导或受中华文化影响较大的地区，如马来西亚、新加坡等。
- 港澳地区形成以中国岭南文化为根，又深受西方工业文明影响的特殊文化形态。台湾地区本属于我国的闽南文化，经历了与当地土著民族文化深度融合的时期，又深受日本文化的影响。
- 香港的税收特点主要有：① 税制简单；② 征税范围窄；③ 税率低；④ 征税年度自由选择；⑤ 简易征管；⑥ 免税额优惠。
- 澳门的税制具有以下特点：① 税种少，税率低；② 部分税种采用固定税额的形式；③ 专营税地位突出；④ 采用属地征收的原则。
- 台湾税制的特点主要有以下两点：① 所得税、销售税、财产税三大体系并存；② 税收负担具有弹性。
- 港澳台三地标准书面语的共性主要表现在两个方面：① 与早期现代汉语高度一致，很大程度上保留了早期汉语的传统；② 在新词、新义、新用法方面保持高度的同步性或一致性。
- 内地及港澳的法律冲突与协作均体现在立法和司法两个层面。
- 港台企业要实现有效的跨地区文化管理，可从四个方面入手：① 正视文化差异，尊重多元文化；② 加强跨文化沟通，促进文化认同；③ 开展跨文化培训，增强跨文化适应性；④ 加强文化融合，建立共同价值观体系。

课程思政

1. 爱国主义是中华民族精神的核心，是中国人民和中华民族同心同德、自强不息的精神纽带。对于港澳台青少年的爱国主义教育，可以从思想政治、历史文化、国家安全和国防等多个方面入手，增强他们对国家和中华优秀传统文化的认同，从而自觉维护国家统一和民族团结。

2. 我国税收取之于民，用之于民。在了解税收政策的同时，也要深入理解社会主义法治精神，做一个自觉纳税、遵纪守法的好公民，践行社会主义核心价值观。

3. 港澳台地区在历史上深受中华文化的影响，无论是在政治、经济还是文化上都与内地（大陆）存在着千丝万缕的联系，是我国不可分割的一部分。在以中国式现代化全面推进中华民族伟大复兴过程中，海峡两岸及港澳经济、社会、文化各领域迎来了难得的发展机遇和广阔的发展空间，两岸同胞更要凝心聚力、砥砺奋进，共筑同心圆，同圆中国梦。

思考练习题

一、选择题

1. 使用"两文三语"的地区是（　　　）。
   A. 香港　　　　B. 澳门　　　　C. 台湾
2. 专营税是哪个地区特有的税种？（　　）
   A. 香港　　　　B. 澳门　　　　C. 台湾

二、简答题

1. 简述港澳台标准书面汉语的共性。
2. 简述港澳台与内地（大陆）现行的区际民商司法协助体系存在的缺陷。

案例分析

2023年内地132所高校将免试招收香港学生[24]

问题讨论：

1. 讨论教育部推行免试招生计划的原因。
2. 比较内地学生赴港求学和香港学生报考内地高校的动机差别。

利丰集团的跨地区文化管理[25]

问题讨论：
1. 利丰在跨地区文化管理方面存在哪些问题？
2. 根据本案例，谈谈你对亚文化间跨地区文化沟通的认识。

 参考文献

[1] 黄宪，赵征，代军勋. 银行管理学[M]. 武汉：武汉大学出版社，2004.

[2] 梁桂麟，刘志山. 港澳台高校通识教育比较研究[M]. 北京：中国社会科学出版社，2008.

[3] 柯森. 港澳台教育改革与发展：异同及其解读（2000—2010）[M]. 广州：广东高等教育出版社，2010.

[4] 张桂菊. 澳门回归后"三文四语"教育现状研究[J]. 比较教育研究，2009（11）：13.

[5] 覃业位，徐杰. 澳门的语言运用与澳门青年对不同语言的认同差异[J]. 语言战略研究，2016（1）：9.

[6] 程祥徽. 三文四语在澳门和谐相处[J]. 语言战略研究，2021，6（4）：1.

[7] 童俊哲，田育綮. 从香港税制探讨对海南自贸港税制建设的几点借鉴[J]. 中小企业管理与科技（下旬刊），2021（2）：65-67.

[8] 赵婧洁，邓磊. 粤港澳大湾区背景下内地与澳门税制对比分析[J]. 财政科学，2020（12）：17-23.

[9] 杜莉，徐晔. 中国税制[M]. 6版. 上海：复旦大学出版社，2018.

[10] 於鼎丞. 港澳台税制[M]. 广州：暨南大学出版社，2009.

[11] 李娟. 中国两岸四地税收协调的问题及其对策[D]. 太原：山西财经大学，2006.

[12] 杨澜. 探索我国个人所得税改革中的特殊扣除制度：以香港个税制度为研究背景[J]. 智库时代，2018（35）：62+67.

[13] 徐鑫淼. 大陆与台湾个人所得税制比较[J]. 中国管理信息化，2017，20（15）：107-110.

[14] 中华人民共和国个人所得税法实施条例[EB/OL]. （2018-12-18）. https://www.gov.cn/zhengce/content/2018-12/22/content_5351177.htm.

[15] 刁晏斌. 港澳台地区标准书面汉语的共性与个性[J]. 语言教学与研究，2014（6）：101-109.

[16] 戴红亮. 台湾语言文字政策[M]. 北京：九州出版社，2012.

[17] 李贺巾. 粤港澳大湾区建设进程中的法律冲突及路径选择[J]. 中共珠海市委党校珠海市行政学院学报，2019（6）：56-61.

[18] CEPA 实施 15 年，为香港拓宽发展空间[EB/OL].（2019-1-2）. http://hm.people.com.cn/n1/2019/0102/c42272-30499338.html.

[19] 商务部台港澳司.《内地与澳门关于建立更紧密经贸关系的安排》补充协议十[EB/OL].（2018-8-30）. http://tga.mofcom.gov.cn/article/zt_cepanew/abcxyten/201308/20130800275872.shtml.

[20] 江保国. 两岸四地民商事司法协助双边协商模式之缺陷与改进[J]. 广东行政学院学报，2015，27（3）：50-56.

[21] 张亮. 化解内地与港澳民商事法律冲突[N]. 中国社会科学报，2022-10-12（4）.

[22] 广东省珠海市中级人民法院. 破解涉澳案件"送达难"的横琴答卷[EB/OL].（2022-12-16）. http://www.zhcourt.gov.cn/article/detail/2022/12/id/7067960.shtml

[23] 陈桔华. 正视文化差异，加强文化融通：中国海外企业跨文化管理策略研究[J]. 国际公关，2022（16）：43-46.

[24] 中华人民共和国教育部. 2023 年内地高校招收香港中学文凭考试学生办法[EB/OL].（2022-11-03）. http://www.moe.gov.cn/s78/A20/tongzhi/gangaotai/202211/t20221103_794098.html.

[25] 卢慧玲，张家敏，冯氏集团利丰研究中心. 创新供应链管理：利丰冯氏的实践[M]. 3 版. 北京：中国人民大学出版社，2021.

第九章
跨文化交友

 学习目标

- 了解交友与文化的关系
- 了解文化差异并避免交友误会
- 了解跨文化婚恋
- 掌握跨文化交友能力

引例

不领情的外国朋友[1]

美国人 Mary 来中国时住在当地朋友家里，这个中国家庭为了表示自己的好客之道，经常带她出去吃饭，每次都是在晚饭前一小时跟她说我们今天晚上去某某地方吃饭。有时，周末的时候会跟 Mary 说今天我们去某个地方旅游。这让 Mary 很苦恼，因为这种临时的安排经常会打乱她的时间计划。

中美对于时间观念的认识存在着较大的差异，美国人喜欢制订日程计划，每个时间段要做的事情一旦确定之后很少做出调整和改变，而中国人比较容易变通，喜欢临时做出决定，给对方一个惊喜，却并未意识到这种惊喜给对方造成的不便和麻烦。

世界文化源远流长、博大精深，又千姿百态、丰富多彩。所谓文化是指包括知识、信仰、艺术、道德、法律、习俗以及包括作为社会成员的个人所获得的其他任何能力、习惯在内的一种综合体。[2]在和不同的人进行交友时，不仅要考虑对方的个人性格、爱好、习惯、家庭、阅历等因素，还要把对方的整个文化背景考虑在内。

第一节 跨文化交友概述

随着全球化进程的加速，我们居住的地球已渐渐变成一个村落——"地球村"。全球化深刻地改变着人类社会的传统和以国家为基本单位的交友体系，交友也逐渐冲破国别，走向全球化。因此，跨文化交友对现今的人类交友有着深刻的意义。在国际留学背景下，到国外留学交流的经历让我们感受到了解跨文化交友的重要性。中国文化和世界上很多文化有差别，哪怕是中国文化内部也存在很多的差异。正是由于这些差异，我们在交友过程中会有很多误会。文化差异所引起的误会往往是人们所不知道的，这样的误会在人与人之间造成的伤害往往更加严重。因此，我们需要留意这方面的差异，以便在跨文化交友过程中更加顺利地交到朋友。

一、跨文化交友的概念

跨文化交友是指不同文化背景的人们之间的交际。他们的社会背景、生活方式、信仰等方面都存在着不同程度的差异，在这种情况下交友时，说话人和听话人对信息的理解不可能完全一致。跨文化交友的目的就是使交友双方了解非本民族的语言、文化传统、风俗人情、思维方式、价值观念等，更好地建立友谊。

例证 9-1

打电话的大学问[3]

二、文化与交友的关系

从跨文化交际角度来看，跨文化交友是指在特定的交际情况中，具有不同文化背景的交际者使用同一种语言（母语或目的语）进行的口语交际。跨文化交友包含以下三个要点。[4]

（一）交友双方必须来自不同的文化背景

文化背景的差异是一个宽泛的概念，既指不同文化圈之间的差异，也指同一文化圈内部亚文化之间的差异。在本书中，我们所讨论的文化背景差异主要指不同文化圈之间的差异，尤其是中国和欧美国家的文化差异。从跨文化交友的实际情形来看，由于文化背景的差异导致交际失误，容易引起冲突的主要是中国和欧美国家的人际交往。中国同亚洲地区国家，如日本、韩国以及东南亚一些国家的人际交往，虽然也有文化差异的一面，但要顺利得多，这是因为这些国家与中国同属东方文化圈，彼此在文化取向和交际规范方面有很多相通的地方。

（二）交友双方必须使用同一种语言交际

这是显而易见的，假如一方使用一种语言，而另一方使用另外一种语言，交流是无法进行的。但是，既然交友的双方来自不同的文化背景，又要使用同一种语言，那么用来交际的语言对一方来说是母语，而对另一方来说必然是第二语言（习得的"目的语"）。例如，一个中国人与一个美国人交谈，他们可以选择使用汉语，也可以选择使用英语，这样他们就可以用同一种语言直接交流，而不需要通过翻译这个中间环节。

（三）交友双方进行的是实时的口语交流

跨文化交友的途径多种多样，可以是语言符号的交际，也可以是非语言符号的交际，如商品、画报、实物、影像、演出等物化形式符号的交际；可以是现场的双向交际，也可以是通过媒介的单向交际，如电视、广播、报刊、广告等传播方式的交际；可以是口语交际，也可以是书面交际，如信函、公文等的来往。本书讨论的主要是实时的口语交际，即双方面对面的交谈。此外，也包括伴随口语交际而可能发生的书面语交际，即文字传播方式的交际。

三、跨文化交友的特点

在跨文化交友过程中只有把握跨文化交友的特点，才能减少交友过程中可能出现的矛盾和误会。跨文化交友的特点主要包括以下五个方面：① 双方文化共享性差；② 文化差异程度不同；③ 无意识的先入为主；④ 矛盾与冲突增多；⑤ 具有文化变异性。[5]

例证 9-2

在韩国同学家做客[6]

虽然中韩同属亚洲国家，但双方文化在很多方面仍有一定的差异性。首先，韩国人在房间里不穿拖鞋，只穿着袜子在房间活动，他们的地板通常擦得十分干净。例证中英爱用袜子蹭地的动作正是为了表明自己房间的地板很干净，不会弄脏干静的袜子。

另外，韩国人很可能在初次见面就询问你的年龄，尤其在双方看起来年纪差不多的情况下，他们不是想窥探你的隐私，而是确定在接下来的谈话中是否使用敬语。韩国人对于长辈甚至是同辈中年长的人哪怕仅是几岁之差，都要使用敬语。使用怎样的语言是绝对不能出错的，否则会给人留下没有礼貌、缺乏教养的印象。例证中的两个男孩子虽然使用汉语，但因为于静年长一些，他们在用词和动作上还是会格外礼貌的。

上述案例体现了中韩文化差异所带来的跨文化交友障碍，虽然没有引起较大的冲突，但还是让原本愉快的气氛多少有些尴尬。如能了解对方文化，问题就能迎刃而解。

（一）双方文化共享性差

共享性是指人们具有共同的文化特征，在交流学中指人们对同一客体给予和享有共同的编码。同文化交友与跨文化交友的基本区别在于前者的交友双方共享同一文化，而跨文化的双方则是来自不同文化背景的主体，其各自文化中的规范体系、物质产品、社会组织、语言符号与非语言符号系统的相似与不同混淆在一起，文化共享性差。

（二）文化差异程度不同

在跨文化交友研究中，两种文化的相似程度对理解跨文化交友具有重要意义。在跨文化交友中，双方的文化差异在程度上是不同的，由此而产生误解的可能性也是不同的。双方所具有的共性越多，他们在交友过程中可能遇到的挫折或文化曲解就越少。当不同文化群体成员的文化差异增大时，误解的可能性会更大。

在发达国家之间，其文化差异的程度也是不同的。以美国为例，与其他六个发达资本主义国家——日本、法国、德国、意大利、英国、加拿大相比，美国与日本的文化差异最大，与加拿大的文化差异最小。

（三）无意识的先入为主

在跨文化交友中，缺乏对对方文化背景了解的一方常常会无意识地用自己的文化标准衡量和评判对方的行为。人们自呱呱落地，大都成长和受教育于某种单一的文化环境中，并潜移默化地在头脑中形成一整套文化准则。在与同一文化背景的人交往时，人们又不断地运用这些准则，久而久之形成一种思维习惯。虽然人们有能力冲破自己单一文化的樊篱，以多元文化的眼光看待不同文化的人们，但是实际上多数人难以做到这一点。一是多数人少有机会直接与多种异文化接触，丰富自己的阅历；二是有些人即使和异文化有所接触，却偏爱自己熟悉的文化，总是从交往中寻找与自己文化相似的东西；三是有些人会在与异文化接触的机会面前退缩；四是青少年时期在头脑中积淀的文化成分到成年之后难以改变。

（四）容易产生文化休克

在跨文化交友中，交往者在心理上往往会产生"文化休克"（cultural shock）。文化休克是指在跨文化交友中，参与者由于失去了自己熟悉的社会交往的信号或符号，对对方的符号不熟悉而产生的深度焦虑症。也有人把这一定义扩大到由持续不断的不适应而产生的精神疲劳，失去熟悉的食品、伙伴等之后的感觉，对对方的反感，被对方所反感，对自己价值观遭到亵渎、价值观和身份角色的混乱引起的不舒服，对应付环境无能的感觉，等等。例如，茅盾的小说《子夜》中，吴家老太爷从农村来到上海后，因受不了光怪陆离的文化的刺激而死去。这实际上就是具有农村封建文化的吴老太爷适应不了半殖民地的资产阶级都市文化而产生了"文化休克"。

例证 9-3

我 很 想 家[7]

（五）具有文化变异性

与同文化交友相比，跨文化交友在文化传递功能上有所不同。同文化交友更多的是表现文化的"遗传性"功能，而跨文化交友更多的是表现文化的"变异性"功能。同文化交友的文化遗传功能，是一种有利于巩固本群体文化的功能；而跨文化交友的文化传递功能，是把异质文化传递给别人，它更多表现出的是文化的变异功能，使文化群体的部分成员、文化的某个方面，以至于整个文化群体的文化发生变异。

第二节　跨文化交友的结构

文化模式是一个社会中所有文化内容组合在一起的特殊形式和结构，是一个社会为人们提供安全感、反复出现的系统行为模式。特殊的文化模式是指不同国家、不同民族，甚至不同地区、不同社会群体的多样文化结构与文化内容。特殊文化模式会受到国家、民族、地区、阶层等多种因素的影响。

一、跨文化交友的模式

每个人的性格不同，其交友方式各有千秋。在互联网出现以前，人与人之间的交往主要通过聚会，或者是朋友与朋友之间相互介绍认识。互联网进入人们生活之后，传统的交友模式已经无法满足人们的需求，各式各样的交友网站如雨后春笋般冒出来。目前的跨文化交友模式主要有三种：传统的线下交友、基于互联网的线上交友以及混合的线上加线下的交友模式。

（一）线下交友

线下交友，即传统的跨文化交友模式，也就是交友双方面对面地进行交友活动。荀子说："人之生也，不能无群。"人自出生后，就会在日常生活中与家人、同学、同事、老板以及各种朋友面对面地交流。这种最传统的面对面的交友模式既有优点，同时也存在一定的缺陷。在面对面交友时，可以更加真实地体验交友的感觉，尤其是对方的情绪、表情等细微的变化，这有助于在交友过程中进行一些决策，促进友情的发展。其局限性就是太费时费力，也许花了很多时间和精力交到的朋友不是心中所想的样子，又或者交到的朋友数量太少。

（二）线上交友

社交网络作为一种新兴的、实用的交友模式，其真实性、稳定性等特点得到了人们的青睐，在跨文化交友中发挥着越来越重要的作用。社交网络利用各种固定终端或移动终端，在同一个虚拟空间或区域里落户，人们可以随时、随地、随心地同任何人交往，以满足人们社会人际交往的需求，也为跨文化交友节约了大量的时间与空间。

通过线上进行交友，可以浏览成千上万的异性信息，可以使用各种非同步和同步的方式与朋友进行交流。生活节奏越快的城市，人们对于通信效率的要求就越高。很多白领、大学生都是"时间的穷人",没有多余的时间一对一沟通,所以希望通过一对多这种简单且高效的方式进行跨文化交友。

很多社交网站在近几年取得了巨大成就。截至 2023 年 1 月,每天使用 Facebook 的人数为 20 亿。Facebook 月活跃用户为 29.63 亿,在全球最"活跃"社交媒体排名中名列第一。据统计,从 2022 年 10 月到 2023 年 1 月,Facebook 全球日活跃用户数量增加了 1600 万。而另一社交巨头 Twitter 的月活跃用户数量在 2023 年 7 月已经飙升至 5.41 亿人,较之前的数据增长了 47%,创下了新的历史纪录。国内方面,作为中国领先的社交媒体,微信在 2023 年第一季度的月活跃用户达到了惊人的 13.19 亿,同比增长 2%。这一数字再次彰显了微信在移动互联网时代的无可撼动的地位。微博在 2023 年二季度末,平台月活跃用户达到 5.99 亿,同比净增 1700 万,日活跃用户达到 2.58 亿,同比净增 500 万。

例证 9-4

Facebook[8]

(三)混合(线上+线下)交友

除了单纯的线上或线下的交友模式,还有把两种模式相结合,即混合的交友模式。随着科技的发展、生活节奏的加快,人们已不满足于传统的交友模式,而是倾向新型的交友模式。人具有社会性,时刻需要情感交流,线上的交友模式正好弥补了线下交友模式的缺点——空间的局限性。现实生活中,朋友不可能随时随地陪伴身边,尤其是跨文化交友的双方更可能相隔千里。互联网出现以后,空间不再是阻隔。通过互联网,不仅可以在线上认识更多异文化的朋友,而且可以在进一步了解之后,把纯线上的朋友发展成现实生活中的朋友,与异文化的朋友在线下见面。此外,现实生活中的异文化朋友也可以通过线上交流来巩固友谊。这种线上与线下混合的交友模式汲取了两种模式的优点,是跨文化交友的常见模式。

二、影响跨文化交友的主要因素

由于文化背景的不同,跨文化交友时难免会产生一些误会、矛盾或者障碍。解决这些问题,首先要找到影响跨文化交友的因素。任裕海认为,影响跨文化交友的因素主要有不确定感、相似度、信息表露、自我理念、符号系统、面子等。[9]

(一)不确定感

在与陌生人交往的开始阶段会有两种不确定感出现:一是预测性不确定感,即对陌生人的态度、感情、信念、价值观和行为进行预测时产生的不确定感;二是解释性不确定感,是跨文化交友者在试图解释说明对方的态度、感情和思想观念时产生的不确定感。[10]

在跨文化交友的过程中,特别是在开始阶段,文化背景的差异必然会增加交际者的不确定感。交往行为中缺少可预测性会产生焦虑和不信任感,同时,减少不确定感会导致积极情绪的产生,而增加不确定感则会导致消极情感的产生。不同文化在减少不确定感的具体方式上也有差异。在个体主义文化中,交际活动的信息大多存在于言语中,交际者对语境的需要相对较少;而在集体主义文化中,交际者所需要的信息大量存在于语境中,或者内化于个体的认知结构。因此,这两种文化的成员在试图减少不确定感时所寻求的信息在性质上有所不同。为有效地控制和减少不确定感,跨文化交友者应当在充分认识到两者文化差异的基础上,选择适当的方式进行相互沟通。

（二）相似度

跨文化交友者彼此之间的相似程度是影响跨文化交友的另一个因素。在人际交往的初期,交往活动能否顺利进行,部分取决于交际双方在文化、种族、态度等方面的相似程度。当然,在交际活动中真正起作用的不一定是两者之间实际的相似之处,而往往是两者之间感觉的相似程度。

虽然差异有时也受人欢迎,但这种欢迎是有条件限定的,即交往活动历时较短,差异在数量上较少且不涉及核心信念。相似度在人际关系形成初期,可以基于众多背景因素和相对浅表的观点和兴趣,当人际关系发展至一定程度时,某些话题、信念和价值取向会逐渐成为构成相似度的关键范围。也就是说,如果要关系继续发展,这些范围必须有相似性。[11]

尽管由于文化差异的存在,跨文化交友从一开始就变得复杂,但交际双方并非因此就不可能形成亲密的关系。如果交际双方能够感觉到彼此或多或少具有一些相似性,并且也能够因此减少不确定感,那么人际关系就会由初始阶段向亲密阶段发展。如果交际双方不能获得足够的相似度,其相互关系在亲密程度上向前发展的可能性就会减少,可能一直停留在仅仅相识的层次。

（三）信息表露

跨文化交友的过程中,从人际吸引的角度看,向对方披露自己的情况,对方会因此感到被尊重和被信任,有助于增加交往的亲密度。由于人际关系的形成需要以相互了解作为基础,因此,自我表露对于跨文化交友来说必不可少。

人际关系的发展取决于交际双方的信息表露。亲密关系具有一些显著的特点,如交际者可以自由选择不同的交流方式,不论是涉及人格核心的还是较次要的范围,交际双方都可以自由交流。一旦文化定型观念的影响被打破,交际者的文化背景也就不再是影响交际活动的主要因素了。随着跨文化交友的发展,交际者对交际活动的预测会从主要利用文化和社会信息,转变为更多地利用交际个体的心理信息,双方存在的差异更多归因于交际者个人具体的特点,而非归因于他们的文化背景。

（四）自我理念

在跨文化交友的过程中,自我理念具有显著的影响。不同文化的自我理念类型会造成交往方式和关系界定上的差异。例如在个体主义文化中，由于强调自我的主体性和明确的自我疆界，自我的概念大多是完全独立的；而在集体主义文化中，由于更注重群体的和谐，个体的特征因而就具有更多的关联性，自我概念中往往包括他人，至少是与自我具有亲密关系的他人的成分。在个体主义文化中，亲密关系的内涵更多是参与和分享；而集体主义文化的亲密关系，则更多带有社会责任和相互依赖的成分。显然，当具有不同文化背景的个体相遇时，由于不同文化自我理念的影响，双方对交际活动的期待、解释和评价会有差异，误解和冲突的发生也就在所难免。

（五）符号系统

符号系统是指人际交往过程中通过语言符号和非语言符号实现沟通的手段和方式。语言是文化的符号，无论是文明的传承积累，还是社会的交际沟通，语言都是最重要的工具。在跨文化交友过程中，说话者发音失准或含糊不清，词语错用，语调使用不当，话语结构混乱，或者听话者理解能力弱，都会造成交友过程中话语信息传递的困难，妨碍跨文化交友的实现。

例证 9-5

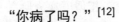

"你病了吗？"[12]

非语言符号与文化之间同样具有密切的关联，绝大多数非语言行为都是文化群体代代相传和后天习得的，是长期历史和文化积淀下形成的某一群体的共同习惯。在跨文化交友过程中，人们对自己文化的非语言行为往往习以为常，对其他文化的非语言行为却十分敏感。而且在跨文化交友中，非语言符号往往比语言符号更容易引起误解和冲突。

例证 9-6

送礼的礼俗[13]

（六）面子

无论何种文化，人们都需要维护并获取更多的面子，维护面子的途径是人们在社会交往中的各种礼仪。交际行为是否会威胁到对方的面子，取决于人际交往中的三种因素。① 对面子的威胁与交际者的控制需要有关。双方地位和权力差距较大的交友关系，与地位平等的交往关系相比,前者的交际行为被解释为威胁面子的可能性更大。② 威胁面子的可能性与人际交往的亲密程度有关,若在交往关系中交际者之间的社会距离较大,社会熟悉程度较小,则交际行为威胁面子的可能性就更大。③ 对面子可能造成的威胁还与不同文化的评价标准有关,不同文化对交际行为可能伤及面子的程度会有不同的评价。在一种文化中是损伤面子的行为,也许在另一种文化看来是完全可以接受的。

在跨文化交友过程中,由于文化差异的存在,各种具体的交际行为,如请求、警告、批评、道歉甚至赞扬,都有可能给对方的面子带来威胁或损伤。理解并尊重来自他文化的交往对象的面子需要,在交往过程中表现得体,维护和提升对方的面子感,有助于培养和发展良好的跨文化交友关系。因此,跨文化交友者要考虑对方保持积极面子的需要,并且必须采取适合对方文化信念的面子手段来满足对方面子的需要。

例证 9-7

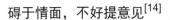

碍于情面,不好提意见[14]

三、跨文化交友中称呼、问候和介绍

上文介绍了文化的差异性以及影响跨文化交友的几个主要因素。除此之外,跨文化交友中还有一些需要注意的地方,包括称呼、问候和介绍。

(一)称呼

人们在社会交友中总以某种语言形式称呼对方,称呼用语即称谓语或称呼语。在中国,姓氏有单姓、复姓之分。在港澳台地区,女性结婚后,其姓氏往往是双重的,即在自己的姓之前加上丈夫的姓。中国人姓名的一般特点是姓在前、名在后,而外国人的姓名有所不同,一般有以下四种情况。① 姓在前、名在后的,如日本人、朝鲜人、韩国人、越南人、匈牙利人等。日本人的姓大多是两个字,如福田、岗村、田中、山口,他们的姓名与地名有关。对日本人一般可只称姓,如对年纪小的男士为表示尊敬、文雅,可在姓后加上"君",如岗村君、福田君等。② 名在前、姓在后的,如欧美人(除匈牙利以外)、加拿大、澳大利亚、新西兰等英语国家的人,阿拉伯人及泰国人,都是名在前、姓在后。在英美人士姓名中,第一节是本人的名字(教名),最后一节为姓,中间一节是母亲的姓或与家庭关系密切者的名字,也有的是尊敬的好友或名人的名字。如约翰·斯图尔特·史密斯,即姓史密斯,名约翰。俄罗斯人的姓名一般由三节组成,其排列顺序是本人名、父名、家族姓,如弗拉基米尔·伊里奇·乌里扬诺夫(列宁),第一节是本人名,第二节是父名,第三节是姓。对于这些国家的人士来说,最主要是记住第一节本人的名字和最后一节的姓。西班牙人的姓名由三四节组成,第一、二节是本人名,倒数第二节为父姓,最后一节为母姓,简称时,多用第一节本人名和倒数第二节的父姓。缅甸人则只有名而无姓。③ 西方女性未婚前用父姓,婚后改为夫姓,如一个叫玛丽·琼斯的姑娘,嫁给了约翰·史密斯先生,那么她便被称为玛丽·史密斯太太;但女演员和女作家,多用艺名或笔名,很少改随夫姓。④ 英美人常有父子、祖孙同名的情况,人们为了加以区别,常常在称呼他们的后辈时冠一个"小"字。

在正式场合,对英语国家的人士要称呼其姓名的全称。在其他的西方国家中,称呼语更正式一些,如在德国与意大利,在工作场合中,通常会在姓的前面加上其头衔,表示一个人的教育水平或在其行业、职业的级别,如在姓前加 professor、doctor 或 frau kurr 等,只有其亲人与朋友可直接称呼他们的名字。而在东方的文化里,在称呼一个人的职业时,常常会在姓后加上职业名称,如刘社长、杨总等。不同文化背景下,人们对称呼的偏好也会有所不同。因此,在进行跨文化交流前,应当了解差异并使用正确的称呼方式。[15]

例证 9-8

中西称呼的差异[16]

(二)问候

人们见面或相遇时有互致问候或打招呼的习惯。人们在实施这一言语行为时也许并没有意识到它的重要性,而实际上它的社会功能远比想象的重要得多。因为,没有说招呼语或致问候语,交友是无法开始的。可见,问候是交友开始的标志和认定,它体现礼貌以及相互间良好的人际关系。同时,问候具有建立和延续人际关系的作用。正是由于这一点,熟人相见,不论任何场合,都要互致问候,或挥手致意。人们之所以不约而同地遵守问候的规范,是因为他们珍视并希望保持、加强现有的或刚刚建立起来的人际关系。

见面的步骤与习惯,也会因文化不同而有所差异。中国人更喜欢握手,日本人、韩国人更倾向于握手加鞠躬,泰国人一般行拱手礼和合十礼,美国人多为握手(紧握),英国人则轻握。对于俄罗斯人,通常男人们相识时会相互握手,在和男士相识时,女士先伸手或不伸手而轻微地点头致意。中东国家多数为先握手,再进行贴面礼。对于贴面礼,每个国家贴面的次数也会不一样。例如,某次一个伊朗代表与土耳其代表同时来访中方一家企业,伊朗代表先主动与中方代表打招呼并进行问候礼,左右依次贴面三次。接着,与土耳其客人打招呼,贴面两次以后,中方代表想继续进行第三次贴脸时,土耳其客户突然停下来了,中方代表一脸愕然,以为自己冒犯了对方。中方代表正准备道歉时,土耳其代表解释说:"伊朗的贴面礼是贴三次,而土耳其的贴面礼是贴两次。"这才化解了现场的尴尬。由上可见，在从事跨文化交流活动中，了解双方问候礼仪的差别，可以避免沟通时产生的尴尬，并有助于加深初次见面时的印象。[15]

除了了解问候礼，在跨文化交友的过程中，学会问候语也很重要，特别应该学会正确而得体地与西方人打招呼。

例证 9-9

中美问候语差异[17]

问候语的使用遵循相互性原则，也就是 A 向 B 致问候，B 也必须向 A 致问候。问候大概是开始谈话的最通常方式之一。各个语言社区都有问候语，但其语言形式和使用规则不尽相同。不过，各种语言的问候语有一个共同点，即都使用相当简练的语言形式。可见，问候这一言语行为大多使用的是高度规约化的、仪式性的、模式化的套语。英语的问候据其内容可分为以下几类。

1. 祝愿式问候

祝愿式问候，顾名思义，就是一种期望对方平安无事、一切都好的良好祝愿。英语中这类问候用得很多。

Good morning!（早上好！）用在早晨起床后到午饭之前，可用于各种语言场合，而 Morning（早上好！）较口语化，不能用于正式场合。

Good afternoon!（下午好！）午饭后到下午 6 点前使用的问候语，较为正式。

Good evening!（晚上好！）用于下午 6 点之后比较正式的场合。

Good day!（一天愉快！）在英国和北美，这是一个比较过时的问候语，但在澳大利亚非常流行。

Good night!（晚安！）严格来说，这并不是一个问候语，它只是人们在晚上告别的时候使用的一句话，祝愿对方睡个好觉。

Hello!（喂，你好！）最常用的问候语，可用于一天中的任何时刻，几乎可用于任何场合。

Hi!（嗨，你好！）非正式的问候语，有人认为这是典型的美式英语，因为所有的美国人都喜欢用它打招呼，但现今英国的年轻人也经常使用。

另外，节日祝福也属于此类，例如以下几种。

Merry Christmas!（圣诞快乐！）

Happy New Year!（新年快乐！）

Happy Birthday!（生日快乐！）

Happy Children's Day!（儿童节快乐！）

2. 关心式问候

关心式问候体现了打招呼者对对方身体、生活、工作等方面的关心。但这毕竟是问候语，多数情况下问候人并不真的想知道对方的真实情况。这种关心式问候语在英语问候语中所占比例较少。

How are you?（你怎么样？）此句关注对方的身体或生活状况，通常用于熟人之间。一般情况下，对此问候的回应应该是下面几种形式。

Very well, thank you. And you?

Fine, thanks. And you?

Quite well, thank you. And you?

OK, thanks. And you?

Not too bad, thanks. And you?

当人们真的不舒服时，他们可能会说："Not too bad, I'm afraid."。但是这里需要注意的是，我们必须明确和问候人的社会关系，并且推断出问候人是否对此真的感兴趣，否则即便是在真的不舒服的情况下，也不要说："I'm afraid I'm ill."。

和"How are you?"有同样功能的还有下面这些句式。

How are things going?

How are things?

How is everything?

How are things with you?（情况怎么样？）

How are you doing?（工作如何？）

How are you getting on?（进展怎么样？）

How's life?（生活怎么样？）

How is your family?（家里人怎么样？）

3. 交谈式问候

交谈式问候在英语中数量较少，这是因为西方人把生活或工作等具体情况视为隐私，所以他们总是避开这类话题。但是英语国家的人们，尤其是英国人，经常以谈天气来打招呼，因为天气是一个中性话题，它不涉及任何隐私。英美人一般从以下几个方面谈论天气。

（1）谈论天气的一般特征：

Lovely day, isn't it?

Miserable weather, isn't it?

（2）谈论温度：

So cold today, isn't it?

（3）谈论风雨等：

It's extremely windy today, isn't it?

It's a heavy rain, isn't it?

（4）谈论天气的变化：

It's a bit cooler today, isn't it?

（5）谈论过去的特殊的天气：

That was a violent storm that we had last night, wasn't it?

（6）谈论未来的天气：

It looks like rain, don't you think?

（7）谈论盼望的天气：

We could do with some sunshine. Couldn't we?

除了谈论天气，英美人还喜欢谈体育、政治、娱乐等话题。

4. 称赞式问候

称赞式问候即人们在会面时以称赞的方式向对方致以问候。例如以下几种。

You look very fine today.（你看上去气色不错！）

You look very slim.（你看上去很苗条！）

You look very smart in that sweater.（你穿那件羊毛衫很精神！）

5. 非语言问候

非语言问候是由当时的客观条件决定的。当交友双方正在匆匆行走，或者两人相距较远，或者身处一个声音特别嘈杂的场所，说话听不清楚时，可用体态式问候。这类问候按照不同的体态动作可分为举手致意、点头致意、欠身致意、脱帽致意和微笑致意等。

（三）介绍

介绍是跨文化交友活动中必不可少的礼仪，是不相识者得以会面或结交的重要桥梁。通过介绍结识他人是古今中外共有的礼仪行为，它帮助人们扩大友谊，不断建立新的社交关系。不论是在中国，还是在英语国家，在社交活动中陌生人相见一般需要他人介绍，自我介绍要视具体情况而定。

自我介绍就是对别人谈起自己的情况，如告知对方自己的姓名与国籍，若有需要还可以介绍自己的头衔、职业、爱好，也可谈及双方共同的朋友、共同的兴趣等。自我介绍的目的通常是要与对方进行接触、建立联系、开展对话，甚至进一步深入交流。

自我介绍的模式可以是"问候+讲述自我信息"（通常还会介绍和听话人共同认识的第三者）。需要注意的是，自我介绍中的问候是陌生人之间的问候，不能使用熟人之间的问候语，如"How are you/How's your family?"等；同时在讲述自己的信息时，一般情况下要使用全名，前面也不加头衔（如 Mr., Mrs., Ms.），但如果你是一位已婚的年长者，可以使用"Mrs.+夫姓"的形式。

例证 9-10

介绍来宾[18]

可见，介绍这一言语行为是高度规约化的，有其固定的模式，并且带有明显的文化特征。只有记住这些模式，才能实现成功的跨文化交友及交流活动。

第三节　跨文化婚恋

婚恋不仅是人类社会发展进程中的大事，也是人生成长过程中的标志性大事，婚不成则业难立，家不安则社会乱。而随着世界经济、科技和文化的发展，在全球一体化的浪潮中，婚恋也明显地出现了全球化的趋势，跨文化婚恋日益增多。

一、跨文化异性交往

异性交往是人际交往中一个普遍存在而又特别敏感的领域。男女之间本来就有很大的差别，而将这种差别极大的异性交往放入广阔的国家、民族、文化背景中时，要考虑的因素就更多了。不同性别的跨文化交往，要考虑的不仅有性别，还有社会背景、文化差异、风俗习惯等。因此，在与不同文化背景的异性交往时，一定要慎之又慎，小心应对，以使交往顺利完成。[19]

（一）异性交往的阶段

根据阿特曼的社会渗透理论，关系发展的过程是由较窄范围的表层交往向较广范围的密切交往发展。跨文化异性之间的交往要经历以下四个阶段。[20]

1. 定向阶段

在这个阶段，主要是初步确定要交往并建立关系的对象，包含对交往对象的注意、抉择和初步沟通等。人们对人际关系具有高度的选择性。生活中，人自然而然地特别关注那些在某些方面能够吸引自己兴趣的人。

2. 情感探索阶段

在这个阶段，双方主要是探索彼此在哪些方面可以建立真实的情感联系。尽管已经有了一定的情感卷入，但还是避免触及私密性领域，表露出的自我信息比较表面，因此仍然具有很大的正式性。

3. 情感交流阶段

在此阶段，双方的人际关系开始出现由正式交往转向非正式交往的实质性变化。表现在彼此形成了相当程度的信任感、安全感、依赖感，可以在私密性领域进行交流，能够相互提供诸如赞赏、批评、建议等真实的互动信息，情感卷入较深。

4. 稳定交往阶段

这是人际关系发展的最高水平。双方在心理上高度相容，彼此允许对方进入自己绝大部分的私密性的领域，分享自己的生活，自我暴露更深更广，相互关心也更多，成为"生死之交"。

（二）异性吸引

异性吸引是异性之间的相互接纳和喜欢，是一种交往双方在情感方面相互亲近的现象，是人际关系的一种特殊形式。异性之间吸引程度越大，关系就越亲密。通常，根据异性吸引的程度可以分为合群、喜欢和爱情。合群主要是指与异性在一起、接近异性的倾向，这种倾向更多是人的一种"天性"，它不涉及是否喜欢他人的情感。喜欢是中度的异性吸引形式，主要表现为乐于与某个异性在一起，并且共处时感到轻松愉快。爱情是强烈的异性吸引形式，是人类最亲密的高级吸引形式，是两性之间的相互吸引和依恋的一种特殊的强烈感情。

影响异性吸引的因素有以下四个方面。[21]

1. 个人因素

个人因素在异性相互交往中起着较为关键的作用，个人因素包括外在形象、个人能力和人格特征等。

第一，外在形象。人与人交往初期，人的容貌、谈吐、举止、服装、风度和适当的行为等都影响着人们的情感态度以及相互间的吸引程度。如俊朗的外表、高贵的气质、优雅的举止更容易引起别人的关注和喜欢，给别人留下好印象。而第一印象往往影响着人们的进一步交往，留给别人第一印象好的人可以获得更多机会。

第二，个人能力。个人在能力素质和特长等方面表现突出，往往会受到异性的亲近和欢迎，人们都羡慕或崇拜那些比自己能力强的人。虽然才能与被人喜欢的程度在一定范围内成正比，但超出这个范围可能会产生逃避或拒绝，任何一个人都不愿意选择一个各个方面都比自己强的人去喜欢。

第三，人格特征。良好的人格特征是异性交往中最稳定的因素，它比外表更具有吸引力。例如，个性随和、开朗乐观、热情善良、机智果断、富有幽默感的人更容易受到人们的欢迎。真诚直率、谦虚谨慎、意志坚强、作风正派的人更容易得到他人的信任，给人安全感和信赖感。

2. 相似性

"酒逢知己千杯少，话不投机半句多。"人们在性别、年龄、兴趣爱好、阅历、受教育水平、社会及家庭背景、职业等方面相似程度越高，越会在彼此身上找到熟悉感、亲切感，从而产生亲密感。在人们的交往初期，信念、价值观和个性特征的相似性的作用往往还显示不出来，这时，年龄、社会地位、阅历的相似性等因素起更重要的作用。

3. 互补性

一般来说，相似性在异性吸引中起着决定性的作用，但当交往双方在需要、能力、气质、人格特征等方面的差异正好构成一种互补性关系时，也会产生强烈的吸引。例如，脾气急躁的人往往喜欢与性格温和的人相处，依赖性强的人更喜欢与独立性强的人在一起。

4. 相互性

正如孟子所说："爱人者人恒爱之，敬人者人恒敬之。"任何人都不会无缘无故地接纳他人，人们通常都会喜欢那些喜欢他们的人。如果你想和谁成为朋友或建立和谐的人际关系，就要主动表现出真诚、热情、友好和关爱。

二、跨文化恋爱

爱情是人类世界最美好的感情，是人类亘古不变的话题。作为人类共通的基本情感，世界各地人们的爱情观及表达方式有其相同或相似的地方，但在不同的文化里，人们对爱情的阐释又五花八门，见仁见智。由于信息和交通的发达，不同国家的人交流的机会也大大增加，这使跨文化爱情在当今社会生活中成为一种新的文化时尚。

（一）跨文化恋爱的概念

爱情是个体与个体之间强烈的依恋、亲近、向往，以及无私的情感。它通常是情与欲的对照，爱情由情爱和性爱两个部分组成，情爱是爱情的灵魂，性爱是爱情的附加属性，并不是必要存在的，情爱才是爱情的根本与核心。

跨文化恋爱，顾名思义，就是跨越文化和国界的两个个体之间的爱情。跨文化恋爱与同文化恋爱的最大不同就是恋爱双方来自不同的国家或者具有不同的文化背景，在语言、风俗习惯、思维方式、家庭环境、饮食习惯和社交礼仪等方面都存在差异。这些差异一方面增加了跨文化恋爱开始的难度，另一方面也增加了跨文化恋爱维持的难度。

（二）跨文化恋爱的条件

跨文化的恋爱虽然美好，但并不适合所有人。跨文化恋爱需要满足以下三个要点。

1. 没有语言障碍

不仅在对方不懂你的语言时，即使对方掌握你的语言，你也要去学他们的语言。因为这是沟通的基础，更是双方相互适应的第一步。

2. 有多元的生活和认知

多元的生活本身会增加感情发生的可能性，但比多元生活更重要的，是你是否理解外国文化，或至少了解一些，以避免因为文化的区隔，产生不必要的冲突。

3. 在感情中勇敢而包容

跨文化恋爱包含许多独特的挑战，因此，一个对感情中的未知抱着积极的态度，愿意去磨合和改变，并且不担心这种改变会破坏自己的人，更适合跨文化的感情。

（三）跨文化恋爱的途径

1. 介绍

介绍一直以来都是谈恋爱最直接的渠道，不管是同文化恋爱还是跨文化恋爱。介绍人可以是朋友、同事、家人或者婚介所。现在网络发达，网友甚至都可以帮忙牵线搭桥。不过，要想通过介绍找到心仪的对象，而且还是不同国家的对象，首先需要介绍人有这方面的相关资源，比如有同学在国外留学或同学有认识来华的留学生，抑或有亲戚生活在国外等；然后需要让周围的朋友、家人和同事知道，自己还处于单身阶段，而且有找对象的打算；再者就是要让介绍人知道你对另一半的要求，这样他们才能有针对性地帮你物色合适的对象。

2. 网恋

近年来，随着互联网的飞速发展，网恋也成了一种新的恋爱方式。互联网使我们可以更加高效和方便地与家人、朋友、志趣相投的人沟通，而不受时间和距离的限制。各种跨国婚恋网站和社交 App 层出不穷，也给了当下很多年轻人认识异国朋友的机会，有很多人通过社交媒体、游戏、共同的兴趣爱好等来认识对方。在长期网络聊天的过程中，两个人彼此心生爱慕而发展出一段异国网恋。但是，网络具有一定的虚拟性，通过网络交异国网友还是需要谨慎。

3. 留学和移民

当下越来越多的家庭为了给孩子更好的教育选择让孩子出国留学或者举家移民国外，与此同时也有大批外国家庭和学生来华生活和留学，这为跨文化恋爱创造了更多的条件和可能。首先，在异国留学或者移民国外，基本上语言没有问题，不存在沟通障碍；其次，因为在异国学习和生活，对异国的思维方式、价值观以及生活习惯和文化习俗等都有一定了解和认识，更能理解和尊重双方之间的文化差异，而这两点正是跨文化爱情开始的基础。

4. 商务（跨国企业）

在外企或跨国企业工作的年轻人，可以在公司或者一些商务活动中接触到外国的同事或客户，也是开展跨文化恋爱的一种途径。当下年轻人生活之外的时间都留给了工作，同在一个公司或者同参加商务活动，可以跟异国同事有更多的时间和机会相处。比如一起出差、一起做项目等，这样就可以加深双方的了解，从而谱出一段美好的异国恋曲。

5. 旅行

外出旅行也是一个很好认识异国朋友的机会。不管你是在国内旅行还是出国旅行，都有可能认识异国旅友。中国著名作家、《围城》作者钱锺书曾说，如果你爱一个人，那就和他去旅行，如果旅行过后你们仍旧相爱，那就结婚吧。由此可见旅行对检验两个人感情的作用。如果你在旅途中认识了异国旅友，通过旅行可以看出这个人是否有条理、是否有责任感、是否有处理问题的能力，还有你们是否能好好相处。如果这些对双方来说都不是问题，那就大胆开始你的跨国恋吧。

例证 9-11

丝路跨国恋：有"一带一路"来助力[22]

三、跨文化婚姻

婚姻文化是人类社会文化的重要组成部分。随着全球化步伐的加快，各国经济和文化交流加强，跨文化婚姻已经成为社会发展的一种必然趋势，同时也因为其不同于同文化婚姻的独特性和出现的各种问题而受到人们的持续关注。

（一）跨文化婚姻的发展

婚姻是指个体之间建立的一种社会以及法律上的契约，同时也是一种亲属关系的建立。而跨文化婚姻是指来自一个文化的人选择与另一个文化的人结为夫妻。这些婚姻发生在不同种族和民族之间。[23]

跨文化婚姻其实古已有之。过去跨文化婚姻的最大特征就是带有浓厚的政治色彩，有欧洲各国为达到某些政治目的，在各皇室之间进行的联姻；在亚洲有中国、波斯、大食、扶桑等国之间因贸易、宣扬国威等进行的通婚，从元朝开始朝鲜就向中国朝廷进献美女，明初仍如此。明朝开国时，明太祖朱元璋的后宫中就有不少朝鲜妃嫔，明成祖朱棣便是朝鲜人硕妃所生的朱门之后。明成祖登基后也不断下诏派人到朝鲜选秀女入宫。

当前跨文化婚姻越来越普遍，究其原因，主要有以下三点。① 全球一体化使世界各国的文化趋于融合，由此人们的价值观、人生观发生了变化，过去那种内心的种族障碍得到了释放，人们多数不再介意配偶的语言、肤色、习俗等，周围的人在心理上也能接受他所认识的人与外国人结婚。② 西方的文化当前在中国得到了极大的传播，许多西方的书籍、电视和影片在中国出版或者放映。人们的思想在很大程度上受到了影响，婚姻观也随着变化，跨国婚姻也经常出现在人们眼中。③ 海外有大量的华人，他们成为文化传播的涉外婚姻的直接参与者。

（二）跨文化婚姻的类型

从现代男女恋爱关系的发展来看，跨文化婚姻可以分为以下三种。

1. 初始型

这个类型代表的是单纯的资源配置，这种情况下女方年轻未受过高等教育，不会或只会很少的外语，对其他文化基本无概念。双方基本无法交流，也都对意识形态毫无概念。女方由于生活环境的恶劣，需要寻找更好的繁衍后代的自然以及经济条件，由于没受过教育到了男方国家后基本找不到工作，无法融入当地社会，女性处于相对依附的状态，不太容易和男方起冲突。

2. 进阶型

双方受过一些教育，男方或女方掌握至少一门外语，无论这是不是对方的母语，只要有一门语言可以沟通即可。男女双方理解力和适应力都有限，矛盾仅存于生活习惯、家庭风俗的层面。比如，该不该把内衣、内裤以及袜子一同扔进洗衣机里，生活开支由谁来负责，等等。双方不能互相理解，经常起冲突，日积月累后容易不欢而散。

3. 升级型

男女都受过高等教育，而且教育程度差异不是特别大。双方中至少一方有国外生活的经验，这意味着双方收入差距不大而且至少有一方熟练掌握对方的母语，或者一门共同的外语，了解多国文化及生活习惯。在家庭生活方面，这种类型的配偶有思想开放、相互理解强、包容力强、更能适应对方的特征。这种类型比起进阶型来说婚恋成功率高得多。

（三）跨文化婚姻中可能面临的冲突

其实，跨文化婚姻无论从生物学的意义上，还是从文化的意义上，都有莫大的好处，但是文化的影响更为巨大，因为这涉及两人和两个家庭在文化上的理解和兼容。从根本上来看，两个不同文化的人走在一起，就是两种文化的相遇，是两种不同的文化感知和符号系统的相互碰撞。不同文化交流产生的问题导致了跨文化婚姻更多的矛盾冲突，也导致了一些婚姻的失败。[23]

1. 个人主义和集体主义

跨文化冲突常常缘于对行为正确与否的不同期望。比如，一对中美结合的夫妻很可能会对义务这种行为产生不同的理解。从个人主义和集体主义这个角度来理解，西方人多倾向于个人主义，而多数亚洲人都倾向于集体主义。美国、澳大利亚、英国、加拿大、新西兰等国家都是更倾向于个人主义。在这些国家中，人们更喜欢竞争而不是合作，非常注重个人隐私。而很多倾向于集体主义的国家，例如中国、泰国、哥伦比亚等，人们生活在一个庞大的家庭中，强调亲缘关系，强调对家人的支持、保护和忠诚。在这样的家庭中成长，个人隐私被最小化。在这样两个不同环境中长大的人，要彼此适应对方的价值观是比较困难的，因此矛盾也是不可避免的。

2. 高语境和低语境

跨文化婚姻，特别是中西跨文化婚姻，受高低语境的影响比较大。这主要反映在语言的交流和思维习惯上。高语境交流的特点是内隐、含蓄和意会，较多使用非语言编码，人际关系紧密。而低语境交际的特点是外显、明晰和直接，较多使用语言编码，人际关系不密切。对于习惯直接语言表达的西方人而言，要理解亚洲国家这种含蓄隐晦的含义是非常不容易的。比如，中国人说话依赖于语境，有时候只是一个眼神或手势就表达了自己的想法，无须语言。异文化的伴侣可能永远弄不明白，对方没说话，自己怎么知道他想要干什么。这就会使跨文化婚姻出现各种小摩擦和小争吵。

3. 家庭关系

在很多西方国家，父母尽可能早地让孩子开始独立，尽可能给孩子私人空间，不干涉孩子的生活。孩子成立了自己的家庭以后，也很少打扰父母的生活，彼此之间保留私人空间。而这种状况在多数亚洲人的眼中是不合适的。无论成家与否，父母和孩子之间都要保持密切的联系。父母甚至会干涉孩子对伴侣的选择。对于这样背景的跨文化夫妻，双方家庭可能都不习惯这个异族文化的媳妇或者女婿。因此，不同的家庭观点和文化背景，甚至是风俗习惯，都会影响跨文化夫妻的生活。

4. 孩子的教育理念

在中西结合的家庭中，夫妻双方经常会因为孩子的教育问题而产生冲突。比如是不是让孩子尽早独立，是不是给孩子过多的自由，等等。文化背景相同的夫妻对于孩子的培养和教育等问题容易达成共识，而来自不同文化的夫妻对于很多细节问题都有不同的看法。这样的跨文化夫妻即使之前沟通好双方认同的培养方式，最后在操作过程中也容易产生分歧。

例证 9-12

"洋媳妇" Jocelyn[24]

（四）跨文化婚姻关系维系和冲突应对

由于跨文化婚姻家庭关系的稳定有利于经济全球化的进一步发展，所以维持跨文化婚姻家庭关系的稳定很重要。然而这些跨文化人群选择结婚或者离婚的过程中却由于各自国家的一些风俗的不同，使婚姻关系中涉及的配偶数量、结婚年龄、结婚程序等方面存在较大的差异，导致他们在结婚或者离婚的过程中遇到一系列的难题。[25]

1. 跨文化婚姻的实质冲突与形式冲突

跨文化婚姻冲突包括实质冲突与形式冲突两种类型。[26]各国婚姻法规定不同，缔结婚姻的实质要件和形式要件产生了法律冲突。法律实质冲突体现在对结婚的年龄、自愿原则、性别要求以及禁止性规定的差异。① 年龄方面。美国统一结婚法规是 18 岁，但美国各洲不一，所以还要视所在地区来看待。我国的法定结婚年龄，男不得早于 22 周岁，女不得早于 20 周岁。韩国的法定结婚年龄是根据两种情况规定的，一般在女性满 16 岁男性满 18 岁的时候，双方父母同意的情况下就可以正式结为合法夫妻，如果没有得到父母的同意，那必须等到男女双方都满 20 周岁才可以正式结婚。② 自愿方面。婚姻自由是人权的体现，遍历各国法律，基本都明文规定了婚姻自由权。③ 性别方面。男女婚姻结合为最广泛的基础组合，随着近些年观念的发展，部分国家突破了两性性别结合的限制，开始承认和认可同性婚姻，丹麦、荷兰、瑞典、比利时等国家相继赋予同性婚姻合法的地位，但在沙特阿拉伯、伊朗、乌干达等国家中，同性恋可判死刑。与同性婚姻类似，变性人的婚姻也引发了一些法律冲突，这些都不同程度地挑战了各个国家婚姻制度的性别规则。④ 禁止性规定方面。主要集中在不宜结婚的疾病种类、近亲结婚之禁止、重婚之禁止以及再婚婚期四个方面。各个国家的不同规定各有差异，也呈现出不同的立法选择，冲突在所难免。

法律形式冲突体现在缔结婚姻所需的特定形式，包括登记主义、仪式主义、领事主义和普通法婚姻。① 登记主义。需到特定的部门进行登记，以大陆法系为主，典型代表国家有法国、日本、中国；登记主义能够最大程度上减少非法结婚现象。② 仪式主义。结婚需要举行特定的结婚仪式，以伊斯兰国家（如伊朗）为代表。不同的宗教有不同的结婚仪式；一些国家除了要求结婚需具备特定仪式，还需要民事登记，如德国和罗马尼亚。③ 领事主义。领事婚姻即在领事驻在国同意的基础上，通过本国外驻的领事或外交人员为分布于该国的本国居民依法进行婚姻登记；领事婚姻的成立需要不同国际法主体间达成多边或双边协定，或者政府间基于互惠互助而签订。④ 普通法婚姻。非正式婚姻，英美法系中承认没有经过法定登记审核而长期以夫妻名义生活的事实婚姻，我国对此种婚姻的态度历经了两个阶段，即1994年之前承认，1994年之后按非法同居关系处理。

2. 跨文化婚姻的法律冲突解决

关于跨文化婚姻涉及的法律冲突问题，主要通过两种法律方式来实现：一种是通过制定法律冲突规范，或者通过参加多边条约制定统一的冲突规范来为冲突的解决提供方向。[26]此方法虽然可以起到一定的作用，但是它有一定的缺点，那就是不涉及实体权利与义务的选择，仅仅起到一个指引的作用。第二种方法是通过制定统一实体法规范来解决跨文化婚姻冲突。这种方法虽然可以直接对跨文化婚姻冲突的解决发挥作用，但是很难在大范围内得到广泛的应用。

目前这两种方法可以混合使用，在各国婚姻立法规定相似的区域按照统一的实体法规范来解决问题，在各国婚姻立法冲突较大的区域，可以通过冲突法规范来解决。同时，各国通过不断地磨合扩大统一实体法使用的范围，这样对于跨文化婚姻法律冲突的解决是大有裨益的。

3. 跨文化婚姻离婚

离婚是按照一定程序解除婚姻关系，而跨文化婚姻离婚可能会导致多个国家对同一离婚案件享有管辖权或者没有国家对该案件享有管辖权。离婚一般分为协议离婚和诉讼离婚两种。

（1）协议离婚。我国的离婚程序可分为协议离婚和诉讼离婚。如果双方自愿离婚，则双方必须亲自到婚姻登记机关申请离婚，婚姻登记机关首先会查明双方是否自愿离婚，然后确认双方对子女和共同财产做出处理，最后颁发离婚证。

跨文化婚姻的协议离婚与国内协议离婚没有很大不同，《中华人民共和国民法典》明确规定，夫妻双方自愿离婚的，应当签订书面离婚协议，并亲自到婚姻登记机关申请离婚登记。中国的边民与毗邻国边民自愿离婚的，受《中国边民与毗邻国边民婚姻登记办法》调整，同样要到中国边民常住户口所在地的婚姻登记机关办理。而在中国驻外使领馆办理的离婚登记除满足双方是完全行为能力人，自愿离婚且对子女抚养、财产及债务债权的处理达成合意外，还必须要求当事人的婚姻关系在该使领馆缔结，且驻在国承认使领馆办理离婚登记的效力。

协议离婚的缺点在于世界上有些国家（地区）不承认协议离婚的效力，这将导致大量的"跛脚婚姻"（即在一个国家有效而在另一个国家无效或者解除的婚姻）。例如，德国只能通过法院判决离婚，我国香港地区的离婚也必须通过法律的诉讼程序来解决。如果我们不了解境外婚姻制度，最好通过诉讼离婚来解决跨文化婚姻，以避免境外国家或地区不承认在中国发生的协议离婚，还要耗费另外的时间和精力去诉讼离婚。[27]

（2）诉讼离婚。跨文化诉讼离婚是指跨文化夫妻双方就是否离婚或者财产的分割、债务的分担、子女的抚养等问题无法达成一致的意见，而向法院起诉，法院经过审理后，通过调解或判决解除婚姻关系的一种离婚制度。

4. 跨文化婚姻离婚的法律适用

因为跨文化婚姻离婚关系重大，各国关于跨文化婚姻离婚的规定都较为严格，有的国家承认协议离婚的效力，有的国家不承认协议离婚的效力。国际上一般关于离婚的法律适用主要有以下规则：① 适用法院地法；② 适用当事人属人法；③ 选择或重叠适用当事人属人法或法院地法；④ 适用利于离婚的法律。2010年我国颁布了《中华人民共和国涉外民事关系法律适用法》，对涉外离婚的法律适用问题做出了详细的规定。在该法颁布以前，国内的离婚可以通过协议解决，也可通过诉讼解决，但中国人与外国人在中国境内缔结的婚姻，无论是否自愿离婚，只能通过诉讼解除婚姻关系。[27]

例证 9-13

默多克与邓文迪离婚财产分割[28]

第四节 提升跨文化交友的能力

身处日新月异的社会，跨文化交友能力显得格外重要。娴熟地进行跨文化交友不仅能够认识世界各地的人们，与他们进行沟通交流，还能了解国际先进的技术、管理知识和市场资源，以成功地进行各种贸易、管理活动。此外，提升跨文化交友能力还能有效地理解来自不同文化背景的人，向对方展示中华民族博大精深的文化，将中华文化推广到全球文化体系中。

一、影响跨文化交友的心理障碍

几乎每个文化群体都有一套规则以规范其成员的行为，要把这些理论应用到实践，首先要了解每个人面对异文化的心态，在面对异文化时是倾向于认为它与自己的文化相同还是相异？是否认为异文化与自己的文化平等？这些问题都会出现在跨文化交友者面前，它主要源于交流者的心理因素，可称之为影响跨文化交友的心理障碍，这些障碍主要包括焦虑、偏见和歧视以及同质文化圈的理解限制。

（一）焦虑

古迪孔斯特认为，在理解群体间交流的时候，情感过程是一个非常关键的因素，如人们在交流过程中的焦虑。焦虑在心理学上被视为心理障碍的一种，每个人都会在一定的生活情境下体会到焦虑或者恐惧，但对一些人来说，焦虑成了一个问题，干扰了他们有效处理日常生活的能力或使他们失去了享受生活的乐趣。[29]

在跨文化交友过程中，当不能预期要发生什么时就会产生焦虑，因此很自然地把心思放在紧张的感受上，从而不能在交友过程中完全地呈现自己。比较极端的情况还会产生社交恐惧症（social phobia），即个体对可能被他人观察到的公众场合预先感到持久的非理性恐惧。也就是说，虽然知道这种恐惧是非理性的、多余的，但还是会被恐惧所控制，躲避那些可能有公众监视的场合。

焦虑有一个上限和下限，在上下限之间才能保证交流进行下去。超过上限，就会过于不安，以致无法或者不想与陌生人进行交流，此时只顾得上关注自身焦虑的情感，而无法进行正常交友；低于下限会觉得交友毫无新奇可言，缺乏交友的动力。依照古迪孔斯特的观点，跨文化交友中的焦虑并非越少越好，而应维持在上下限之间，从而既可保证交友者的自信，又可保证交友者的兴趣。

（二）偏见和歧视

偏见的产生通常基于内外群体的划分，即认为自己属于内群体的人，这样很容易导致对外群体的偏见，看高内群体，看低外群体，而极端的偏见则会导致种族中心主义或者性别主义等。当针对外群体的消极态度转化为行为时，就会导致歧视。歧视是基于他人的民族、性别、年龄、性取向或者其他特征而不公平地对待此人的过程。偏见是一种态度，歧视是一种行为，偏见是歧视的指导思想。

偏见不一定会导致歧视，但往往以非常间接的方式导致歧视行为。斯坦福大学的社会学家理查德·拉皮埃尔在20世纪30年代曾专门研究过偏见和歧视的关系：一方面，在面对面的情况下，双方交流时可供参考的信息越全面，越可能改善一部分人先入为主的偏见；另一方面，可能面对面交流时会留面子因素，不会深入了解对方不想表露的信息，双方获得的都是对对方有利的信息，就不会存在所谓的偏见。[30]

偏见是歧视的诱发因素，只有转变带有偏见的态度，才可能减少外在的歧视行为。单纯依靠法律和政策不可能改变歧视的文化规范，转变持有偏见的态度才是关键。尽管社会心理学家还没有办法消除全部偏见，但可以用内外群体融合的拼凑技巧得出一个乐观的结论：一旦不同群体的成员之间产生了友谊，偏见就会减少。友谊能够让人们更多地了解外群体成员，友谊还可能促进去地域化的过程。人们在了解了更多外群体的规则和风俗后，对内群体规范的固执程度就有可能降低。

（三）同质文化圈的理解限制

面对某一事物时，人们总是倾向于而且常常不假思索地认为他人与自己有相同的视角、相同的意思诠释，而这种"相同"假设在很大程度上会成为我们理解异文化的阻碍。人们总以为别人会采用跟自己一样的方式诠释信息，但这并非事实，人们依着自己的参考框架诠释陌生人发出的信息，而陌生人也依照他的参考框架解释收到的信息，在这一过程中可能会产生误解和无效沟通。因此，假想的同质文化并不是有意识地认为自身与异文化完全相同，而是一种无意识的条件反射、一种习惯性思维。

古迪孔斯特指出，要矫正交流中产生的错误诠释，需要"有意识的注意"：当人们可以控制交流的自动过程，有意识地停止自动加工信息，开始主动加工信息的时候便启动了有意识的注意。[29]当进行有意识注意时，人们倾向于采用更广泛的范畴预测陌生人的行为，如他的文化背景、民族、种族或者他正扮演的角色，而不是简单地套用某个指标上的定型观念。当进行有意识注意时，人们可以观察到在熟悉的情境和熟悉的交流中，一个陌生人不同于以往所交往过的其他人的行为，但如果人们不开启有意识的注意，则可以认为他正在以不同于我们的视角诠释问题，我们就可以尝试站在对方的视角上看待问题。

总而言之，当人们假设两种文化同质的时候，就是没有意识到差异的重要性。当人们缺乏关于新文化的足够信息，同时假设新文化与自身的文化有差异时，这将会比较有意义，因为毕竟每一种文化多多少少都是与众不同的。此时需要多一句询问的话："你们的习俗是什么？"。[31]

微笑的不同作用[32]

二、提高跨文化交友的能力

在当今科技迅速发展和经济全球化趋势日益明显的形势之下，国际文化交流，无论在广度、深度，还是频度上都在加大，不同国家和民族之间的文化相互作用也相应增强。文化交流的过程是一个参照、比较、吸收和互补的过程。然而，无论是对外国文化进行鉴别还是融合，都必须建立在对外国文化的深入了解和真正理解的基础之上。前面讲到影响跨文化交友的心理因素，克服心理因素就是跨文化交友能力的一大步提升。在具体如何提高跨文化交友能力方面需要注意三点：外语学习、认识多样性和文化培训。

（一）外语学习

学习一门外语是进行跨文化交友的前提。近年来，随着各国之间频繁的交流、交流领域的不断扩大，语言的重要性愈发凸显。外语学习不仅能扩宽思路、扩大视野，而且能打开通往其他文化的窗口。语言本身是文化的一部分，人类的典章、仪式、歌曲、故事、咒语、祈祷、法律（还未计入会话、请求或指示）等都是言语行为和言语活动。社交往来、教育和谈判这些复杂的文化活动也完全受语言的支配。因此，语言不仅是文化的一部分，而且是一个重要的关键部分。所有那些试图完全加入并理解某一特定文化的人，都必须相应地掌握它的语言，因为只有通过这种语言才可能参与并体验这种文化。

学习一门外语，每个人的学习方法各不相同，找一个适合自己的学习方法是最重要的,也是最难的一部分。学习一门语言,最重要的是词汇,相对而言,语法相对比较简单,掌握几十条语法规则就可以了。其二是练习,想要熟练地使用一门语言,大量的语言练习必不可少。在一种语言环境中练习能在相对短的时间内掌握一种语言的口语技能,进步很快。此外,还可以通过音乐、影视作品、书籍等学习一门语言,这同时是另外一种了解其他文化的途径。

(二)认识多样性

多样性的出发点是强调每个个体在某些方面是不同的,而这些不同应该得到重视。这里的微妙之处在于文化的多样性并非指种族、民族、年龄和性别方面的差异,正如美国《民权法》所提供的解释:"多样性被广泛用于许多人口统计变量的术语,包括但不限于种族、宗教、肤色、性别、国籍、残障、性取向、年龄、教育程度、出生地以及技能特征等。"

文化多样性是人类社会的基本特征,也是人类文明进步的重要动力。我国学者韩民清指出,"文化多样性是与人和人类社会的存在形态密切联系在一起的"。人的存在方式具有多样性,这就决定了人类文化发展的多样性及客观必然性。不同的个体、不同的人群之间都存在差异性。这种差异性也必然通过文化的多样性表现出来。国内外学术界对于文化多样性的影响一直有不同意见。一部分学者认为,多样的文化之间将会不可避免地产生冲突,而另一部分学者则认为,多样的文化是人类进步的重要推动力。人类文化的多样化可能会因各种文化间的"误读"而产生各民族间的摩擦和冲突。

正确认识文化的多样性对顺利地进行跨文化交友具有至关重要的作用。首先,当我们了解到各国各民族的文化有多样性的时候,我们自然而然地会包容别国文化与我们文化不同的地方,至少不会排斥甚至贬低其他文化;其次,认识到文化的多样性之后,我们会在跨文化交友中减少许多不必要的摩擦和麻烦。文化是人类为了改造自己的生存环境而进行的精神生产活动,全球化背景下不同文化应该多元并存、东西互补和共同发展。用某一种文化去"统一世界",搞所谓的"西方文化优越论",或认为"世界的前途将是中国文化的复兴"是不现实的,而且也不利于民族文化的发展。各种文化之间要通过交流和对话来达到"和"的目的,这样各种文化才能共生共荣。事实上,这种表述已经相对明确地把文化多样性与和谐社会的建设联系起来。那就是,以宽容平和的心态看待当前这个多元文明并存和多彩文化互动的世界,才能实现求同存异、求同尊异、取长补短、互补共生,在文明的交流和对话中建设持久和平、共同繁荣的和谐世界。[33]

(三)文化培训

在日常生活中就要注重文化的培训,尤其是在将要进行跨文化交友前。尽管自2000年以来,跨文化培训在我国日益受到关注,但是针对该领域从培训需求到培训计划、培训实施和培训效果评估的系统性研究成果还不多见,我国的跨文化培训研究还停留在比较初级的阶段,主要翻译国外的研究成果,缺乏创新。虽然国外学者对跨文化培训有比较成熟的研究,但我们在运用时要考虑这些理论与实践产生的特定文化背景以及自身的文化背景与实际情况,切勿生搬硬套。

跨文化培训是一门实践性较强的学科，它涉及心理学、教育学、社会学、语言学、人类学、交际学、人力资源管理、组织行为学等多个学科的理论知识，其中从跨文化角度进行的心理学、教育学和交际学的理论研究及学习理论与跨文化培训联系最为密切。

一般地，跨文化培训的主要内容包括对文化的认识、文化敏感性训练、语言学习、跨文化沟通及冲突的处理、地区环境模拟等。在实施跨文化培训前，首先要分析培训需求，然后确定跨文化培训目标，再制订跨文化培训计划，设计培训方案，实施跨文化培训，最后对跨文化培训效果进行评估。

例证 9-15

中式英语闹笑话[34]

本章小结

- 跨文化交友中的交友双方来自不同的文化背景，双方要使用同一种语言进行交流，还必须是实时的口语交流和直接的语言交际。
- 跨文化交友必须先了解一种文化，在这一过程中，会遇到很多文化差异，这需要交友者去了解不同文化的语言环境，弄清楚哪一方是高语境文化，哪一方是低语境文化。
- 跨文化交友的特点有：双方文化共享性差、文化差异程度不同、无意识的先入为主、易产生文化休克、文化变异性。
- 跨文化交友的模式包括线下、线上和混合式的交友模式。影响跨文化交友的主要因素有不确定感、相似度、信息表露、自我理念、符号系统和面子等因素。此外，在跨文化交友中要注意称呼、问候、介绍等方面。
- 影响异性吸引的因素有个人因素、相似性、互补性和相互性；跨文化恋爱的途径有介绍、网恋、留学移民、商务（跨国企业）、旅行等；跨文化婚姻的类型包括初始型、进阶型和升级型；跨文化婚姻可能在个人主义和集体主义、高语境和低语境、家庭关系和孩子的教育理念等方面产生冲突。
- 在进行跨文化交友时，要克服焦虑、偏见和歧视以及同质文化圈的理解限制等心理障碍。提高跨文化交友的能力要从外语学习、认识文化多样性和文化培训等方面着手。

第九章 跨文化交友

课程思政

1. 文化自信的形成在于沟通与交流，跨文化交际是生成文化自信的重要途径。文化自信的前提是"文化自觉"，这一前提反映的是人们对一个民族文化的自我认识，它随着文化自身的发展而发展，在与不同文化的交流、碰撞、融合中不断完善。跨文化交际的持续深入开展，不仅能够保持本民族文化在世界多元文化中的独特性，也有助于在多元文化的环境中加深对本民族文化的理解，进一步凝聚共识。

2. 跨文化交际与文化自信有着密切的联系。我们要坚持内外"双修"，以扎实的外语功底和深厚的文化素养筑牢文化沟通的语言基础，以跨文化交际学习、借鉴不同文化的有益元素，促进文化自信的不断提升。

思考练习题

一、选择题

1. 在跨文化交友中不包括（　　）。
   A. 来自不同的文化背景　　　　B. 使用不同语言
   C. 进行实时的口语交流　　　　D. 进行直接的语言交际
2. 跨文化交友不包括下面哪个方面？（　　）
   A. 称呼　　　　　　　　　　　B. 问候
   C. 欣赏外国电影　　　　　　　D. 介绍

二、简答题

1. 你认为中美文化各自的优缺点是什么？在跨文化交友中哪些传统我们应该保持？
2. 在你所接触的外国朋友中，最常见的外国友人的抱怨是什么？如何对待和处理外国朋友的抱怨？

案例分析

来华留学生：爱中文，爱上中国[35]

问题讨论：

在跨文化交友中，我们每个人都可能存在这样或那样的偏见或局限，只是程度和领域不同罢了。如果你在国外生活，如何让自己喜欢那个国家，喜欢上那个国家的生活方式？

跨文化交友障碍[36]

问题讨论：
根据上述案例讨论跨文化交友的主要障碍，并阐述该如何提高跨文化交友能力。

 参考文献

[1] 刘荣，廖思湄. 跨文化交际[M]. 重庆：重庆大学出版社，2015.

[2] EDWARD B T. Primitive culture[M]. Cambridge: Cambridge University Press, 1871.

[3] 史艳云. 大学英语中的跨文化交际[M]. 长春：吉林人民出版社，2020.

[4] 苑馨予. 中西方文化差异在跨文化交际中的体现[J]. 科学中国人，2015（30）：200.

[5] 侯建军. 跨文化交际的特点分析[J]. 商场现代化，2007（6）：30-31.

[6] 孙秋桂. 跨文化交际中中韩文化差异案例分析[J]. 边疆经济与文化，2015（2）：20-21.

[7] 阮桂君. 跨文化交际与实践[M]. 武汉：武汉大学出版社，2017.

[8] 霍伦森，科特勒，奥普雷斯尼克. 社交媒体营销实践指南[M]. 3版. 张寿峰，张长虎，译. 北京：机械工业出版社，2020.

[9] 任裕海. 影响跨文化人际关系若干因素探析[J]. 南京社会科学，2002（8）：56-60.

[10] BERGER C, CALABRESE R. Some explorations in initial interaction and beyond[J]. Human Communication on Research, 1975(1):99-112.

[11] KNAPP M. Social intercourse [M]. Boston: Allyn and Bacon, 1978.

[12] 唐德根. 中国学生英语交际失误分析[M]. 长沙：中南工业大学出版社，1995.

[13] 吕维霞. 案说公共关系[M]. 北京：对外经济贸易大学出版社，2002.

[14] 饶晓丽. 英语教学与文化交流[M]. 长春：吉林大学出版社，2018.

[15] 罗朝红. 跨文化交际中商务礼仪的差异分析[J]. 现代商贸工业，2019（25）：43-44.

[16] 张宇琪. 中西方社交礼仪差异及成因[J]. 文化创新比较研究，2018，2（14）：195-196.

[17] 刘晓玲. 中英文称呼与问候语的文化差异[J]. 中山大学学报论丛，2005（4）：139-144.

[18] 唐红芳. 跨文化语用失误研究[M]. 成都：西南交通大学出版社，2007.

[19] 彭燕. 不同性别的跨文化交际[J]. 陕西师范大学学报，2009（38）：101-103.

[20] 侯玉波. 社会心理学[M]. 北京：北京大学出版社，2007.

[21] 刘冬梅. 浅析增加人际吸引的要素[J]. 才智，2016（4）：250.

[22] 晓红. 丝路跨国恋：有"一带一路"来助力[J]. 金融经济，2018（15）：67-69.

[23] 刘钰. 从宏观视角研究跨文化婚姻的差异及解决技巧[J]. 时代教育，2014（12）：253-255.

[24] 孙鑫. 赞与贬的背后：以涉外婚姻个案研究为例[J]. 安徽文学（下半月），2018（6）：152-153.

[25] 张健，周洋静. 跨国缔结婚姻的法律冲突及解决措施[J]. 文化学刊，2019（7）：191-193.

[26] 张春玲. 涉外婚姻的法律冲突及解决[J]. 法制博览，2017（4）：244.

[27] 赵雅卿. 中国涉外离婚的法律问题研究[J]. 法制与社会，2016（1）：183-184.

[28] 李秀萍. 保险实训[M]. 上海：上海财经大学出版社，2017.

[29] GUDYKUNST W B. Cross-cultural and intercultural communication[M]. Thousand Oaks: SAGE Publications Inc, 2003.

[30] LAPIERE R. Attitudes versus actions[J]. Social Forces, 1934(13): 230-237.

[31] 陈雪飞. 跨文化交流论[M]. 北京：时事出版社，2010.

[32] 刘芳，白莹. 当代跨文化交际发展探析[M]. 成都：电子科技大学出版社，2019.

[33] 阮炜. 文明的多元性与历史的统一性[J]. 深圳大学学报（人文社会科学版），2001（5）：84-89.

[34] 李雅琴，屈琼. 从语言迁移角度看中式英语成因[J]. 才智，2013（26）：201-202.

[35] 赵晓霞. 来华留学生：爱中文，爱上中国[N]. 人民日报（海外版），2017-6-16.

[36] 储军伟，李澜. 跨文化交际障碍案例分析[J]. 青春岁月，2015（5）：232-233.

第十章
留学教育与交流

学习目标

- ➢ 了解留学教育的概念
- ➢ 理解出国留学教育的目的与意义
- ➢ 了解出国留学在跨文化适应中存在的问题及对策
- ➢ 了解来华留学生教育的现状
- ➢ 了解来华留学生教育的培养模式
- ➢ 了解留学教育服务流程与海归留学生服务

引例

留学热与归国潮[1]

1847年，第一个中国留学生容闳踏上留洋之路，之后一百年的时间中，中国先后兴起了五次留学浪潮。1949年新中国成立，至1966年"文革"爆发，留学生几乎全部是官派公费，归国后大多进入机关单位。

1977年，政府出台"支持留学，鼓励出国，来去自由"的政策，中断十年之久的留学热再度兴起，与此同时，自费留学愈演愈烈。教育部2019年3月发布的最新数据显示，2018年度我国留学人员总数66.21万人，其中59.63万人属于自费留学。风潮之下，留学开始成为一项投资、一门生意、一个产业，市场规律在幕后调拨运转。

备受经济危机困扰的西方各国从这轮中国留学热中发现了商机。法国政府推出旨在吸引中国留学生的课程计划，期望到2015年吸纳5万名中国留学生。当然，这些留学生的命运会怎样，谁也不能保证。

近年来，我国经济实力快速提高、高等教育不断发展，加之顺应时代潮流，将知识作为国家实力最重要的构成要素，致力于人才的培养和争夺，通过知识的竞争来提升中国在国际上的地位。与此同时，留学教育以及与此相关联的人才培养和人才流失，也成为各国政府关注的焦点。从全球视野看，各国把留学教育作为一项同其国家利益紧密联系的国策。一些发达国家以其强大的经济实力作为后盾，大量接受外国留学生，向他们传授思想、知识和技能；一些发展中国家积极派遣留学生作为促进科技移植、发展经济和加强交流的有效途径。[2]

第一节　出国留学教育与交流

中国留学教育历史悠久，无论是建国初期留学苏联的热潮、"文革"期间的留学中断，还是改革开放之初的公派留学、20 世纪 80 年代末以来的大众留学，留学教育在曲折中不断发展成熟。作为高等教育国际交流的主要形式，留学教育在思想启蒙、文化传播、人才培养、社会变革等方面发挥了积极而重要的作用。出国留学是培养创新人才的有效途径，加强出国留学教育，把培养、吸引和使用人才作为一个大系统，采取多种措施吸引高层次留学人才回国工作或以适当方式为祖国服务。[3]留学教育在充实留学生的生活和改变其命运的同时，也深深地记录着新中国社会变迁的历史脚步，成为中国社会进步的推动力之一。国内出国留学的人数在 20 世纪七八十年代得到了空前发展，2019 年度我国出国留学人员总数为 70.35 万人。留学教育是两种文化交流沟通的过程，不同国家间的文化差异会带来文化陌生，因此在留学教育中同样贯穿着跨文化交流。

一、出国留学教育

从广义上讲，出国留学就是学习其他国家和民族的优秀文化、科技等各个方面的成果。留学教育是各国文化交流的一个重要途径。一个自我封闭、不善于学习的民族和个人是不会进步的。

（一）留学教育的概念

留学，旧称留洋，一般是指一个人去母国以外的国家接受各类教育，时间可以为短期或长期（从几个星期到几年），这些人也被称为"留学生"。

（二）留学教育的主要类别

1. 公费留学和自费留学

按留学费用分类，留学可分为公费留学和自费留学。[4]改革开放以来，不同时期的公派留学教育政策均取得较好的成效。公派留学教育是国家发展综合国力，提升经济、政治与文化水平的基本政策之一，被纳入国家战略之中。[5]公费留学在国内一般是指中国政府，也就是教育部提供的留学基金，需要向教育部申请。此外，还有一些国际组织和基金会的经济资助，这种资助项目通常分为两种：一种是资助机构直接接受申请者学习或工作，申请程序基本上和申请国外大学的奖学金程序一样；另外一种是资助单位只提供经费，申请者还需自己落实学习或工作地点。公费留学还有一种方式是交换留学，留学生作为交换生到外国大学学习，学习期限一般为一年，学习期间不用支付对方大学的学费，每个月还有生活费，但是留学人员需要支付国内的学费。留学人员出国之前一般需要向国内大学支付"交流金"。以上两种留学途径都要求留学人员在学习结束后回国。自费留学是指使用本人、直系亲属提供的资金或国外奖学金，到国外院校进行学习的个人行为。

2. 短期留学和长期留学

按留学时间长短分类，留学可分为短期留学和长期留学。短期留学是指海外游学、海外大学短期培训项目等。长期留学是指在国外攻读学位、进修研修、合作科研、受聘工作等，在外停留期限在三个月以上（含三个月）。

（三）留学教育的发展历程

留学教育的发展历程主要包括以下四个阶段。

1. 晚清时期的留学教育（1872—1911年）

1872年，清政府第一批留美幼童30人从上海乘船赴美，拉开了中国近代留学教育史的序幕。此前容闳、黄宽、黄胜三位青年于1847年在传教士的带领下赴美留学，有学者以此作为中国近代留学教育的肇始。

2. 民国时期的留学教育（1912—1949年）

辛亥革命胜利后，中国留学教育进入了一个新的历史时期，即民国时期。这一时期的留学教育深受政治局势的影响，大致分为三个阶段：① 第一阶段为1912—1927年，即民国初期和北洋政府时期。这一阶段，政局动荡、战事不断，但留学教育在困境中不断发展。② 第二阶段为1928—1945年。北伐胜利初期，留学教育获得了较大的发展，但是由于抗日战争爆发，留学教育发展趋于缓慢，陷入低潮。③ 第三阶段为1946—1949年。抗战胜利后，由于内战爆发，南京政府对留学教育实行紧缩政策，共产党则开始向苏联派遣留学生。

3. 新中国成立至改革开放前的留学教育（1949—1977年）

新中国成立至改革开放前，留学教育经历了曲折的发展道路。这一时期的留学教育分为三个阶段。① 第一阶段为1949—1966年，即"文革"之前的17年。这一阶段留学教育取得了相当成效，主要向苏联和东欧等国家派遣留学生，其中以苏联为主要留学对象国。② 第二阶段为1966—1976年。"文革"期间留学教育出现低潮，一度陷入停滞。③ 第三阶段为"文革"结束至改革开放前，这是留学教育发展的一个过渡期。

4. 改革开放以来的留学教育（1978年至今）

改革开放以来，我国留学教育迈入了一个崭新的发展时期。这一时期的留学教育分为两个阶段。① 第一阶段为1978—1991年。在改革开放的背景下，以邓小平同志关于扩大派遣出国留学人员的讲话为指导方针，我国留学教育发展进入了全新的时期，开始了全新的探索。② 第二阶段为1992年至今。"支持留学，鼓励回国，来去自由"等留学工作方针的出台、国家留学基金管理委员会的成立、"春晖计划"等若干资助项目的启动，使留学教育获得了迅速的发展。

（四）留学教育的发展趋势

留学教育担负起了培养大批优秀人才、缓解高等教育供需矛盾和弘扬文化的历史重任。随着世界经济的不断发展，留学教育呈现出更科学化、规范化的发展趋势。

1. 留学人数增加

从1978年到2019年年底，我国各类出国留学人员累计达656.06万人，2019年度我国出国留学人员总数为70.35万人。[6]随着经济的发展，留学人数呈现突飞猛进的增长势态。

2. 留学申请过程简化

签证审批时间及程序的简化大大缩减了留学申请的过程，比如加拿大留学签证申请的时间线上为26天左右，线下为47天左右。

3. 留学国别多样化

以中国留学生为例，过去的几十年大都奔向美国、英国等发达国家。近年来，越来越多的学生开始转向如泰国、马来西亚等国家，接受不同文化的熏陶及教育。

4. 产业化发展趋势

20世纪90年代以来，以美国为代表的发达国家将留学教育视为"无烟产业"，这主要是指留学输入国通过接受留学生的学杂费以及留学生在求学期间的生活消费，以实现国家财政收入和刺激消费的新型产业模式。澳大利亚就将留学教育称为"出口工业"。从澳大利亚教育部2020年12月公布的教育收入统计数据来看，澳大利亚2020年教育总收入为375亿澳元，其中中国留学生为澳大利亚经济带来了超过104亿澳元的收入，几乎占据教育产业总收入的1/3，保持在第一位的位置。

二、出国留学交流的方式

对于已经拿到录取通知的中国留学生而言，带着录取时的喜悦心情来到国外课堂，恐怕会产生恐惧和不适应。习惯了传统中国教学模式的中国留学生，在国外课堂上该如何更好地表现自我？

为了使留学生尽快适应国外的文化和生活，很多大学都设有辅助性项目。留学生的人际网络越来越多样化，他们得到的有关东道主文化的信息越来越多。[7]因此，留学生也应积极地参与进来，拓展社会人脉。

（一）与同学交流

中国留学生在国外与同学积极交流，可尽快融入外国生活和学习。中国留学生在国外容易形成自己的交际圈，只跟中国人打交道，甚至有的留学生在国外待几年，除了课堂上与同学沟通，课外一次也没有跟外国学生交流过，更别说一起参加活动。随着中国留学生日益增多，这种现象更加普遍。相对而言，中国留学生在英语国家更容易与中国学生聚在一起，在非英语国家与当地同学交流相对会多一些。有些中国留学生选择与当地学生同居，在促进交流方面有着积极的作用。积极地参与同学的活动和交际，锻炼自己的跨文化交际能力，无论是对生活还是学习，都将大有裨益。

（二）与外国老师交流

跟外国老师相处最重要的礼节之一就是预约。导师通常都很忙，私人关系再熟悉的导师也要预约才可以见面，贸然拜访是很不礼貌的行为。另外，准时也非常重要，在约见时迟到会让老师对你的印象大打折扣。

作为留学生，国外求学会遇到很多挑战，更应注重与老师的交流。老师们通常非常尊重学生。在西方，教师对学生提出的建议会欣然接受，因为学生给了他们生活来源，这点可能与中国有些不同。

（三）参加学术交流

学术交流是指针对规定的课题，由相关专业的研究者、学习者参加，为了交流知识、经验和成果，共同分析、讨论解决问题的办法而进行的探讨、论证、研究活动，可以是座谈、讨论、演讲、展示、实验、工作坊等形式。有些国家因其特有的文化、经济、地理等优势，经常举行学术交流活动，某些有条件的学校也是如此。参加学术交流可充分与他人交换意见与学习，对于留学生学习以及语言的提升都很有帮助，同时能够开拓留学生的视野。

（四）与社会人士交流

高校会举办各种活动，使学生与社会有更多的接触机会。例如，加拿大的高校会举办各种研习会（workshop），邀请留学生到当地人的家里，了解本地人的生活方式、社会和人际关系等。此外也可以通过熟悉的朋友扩大自己的朋友圈，无论是通过社团交友还是通过兴趣爱好结识朋友，都可以通过这一渠道去认识朋友的朋友，扩大自己的朋友圈。社交圈扩大之后，留学生生活也会更加多姿多彩。

（五）参加宗教仪式

不同的国家有不同的民族和风俗，也有不同的信仰，留学生要重视宗教问题，了解并尊重他人的宗教信仰。在国外常常会见到一些宗教组织，他们会在多种宗教仪式的场合，以各种形式宣扬自己的传教活动。留学生偶尔参加这种活动不仅可以开阔自己的眼界，还可以促使自己更好地融入当地社会，但也要提高安全意识，在宗教活动中不要发表不负责任的过激言论，以免为自己带来麻烦。

三、出国留学的跨文化适应问题和解决方法

"U"曲线假说的提出者Lysgarrd认为，旅居者对一种新文化的适应模式沿袭一种英文字母"U"的曲线走势。在这个"U"字形曲线假说中，跨文化旅居者的适应可被划分为如下四个阶段。① 第一阶段是"蜜月期"，这个阶段旅居者对新环境中的一切均感到新鲜有趣。② 第二阶段为"文化震惊"阶段，意指旅居者在新环境中碰到各种各样的问题，并要面对这些问题。③ 第三阶段是"个体适应调节"阶段，意指个体对新文化变得更加熟悉，并已洞悉如何在所居国的文化背景下表现得体。④ 第四阶段是"完全适应"阶段，意指旅居者已经完全融入所居国的文化中。[8]

格拉洪根据对留学生的异文化适应过程，进一步发展了"U"曲线假说，并提出了"W"曲线假说，也叫跨文化适应曲线，用来描述留学生回国后的再适应过程。[9]这种跨文化适应曲线反映了多数人在接触异文化时所表现出来的一种基本样式。该曲线共分为以下七个阶段。

（1）蜜月期——对所见所闻都感到十分新鲜，觉得周围的人也很亲切。

（2）斗争期——面对日常生活及工作上的种种困难出现无力感，常常在斗争与脱逃两者之间徘徊。

（3）纠葛期——困难和问题无法顺利解决，从而使情况更加恶化。

（4）适应期——逐渐适应当地社会和日常生活。

（5）再纠葛期——自以为对异文化已经了解，但对复杂的问题仍不能很好地把握。

（6）归国前期——喜悦地期待着归国，精神振奋，有恋恋不舍之情。

（7）归国后的冲击——与所期待相反，在生活及与人接触当中，有疏远之感，必须进行文化的再适应。

在国外留学期间，由于文化、价值观、生活方式、生活习惯等的不同，因处于社会性隔离而产生焦虑、抑郁的心理态度，便是经常提及的文化休克（cultural shock），即其提出的跨文化适应曲线的前四个阶段。

1. 学生常见"不适症"

留学生在国外求学中所遇到的问题，一般涉及学习、心理、文化适应、生活和安全方面。

（1）学习问题。主要是语言和学习方法上不适应。中国的教育模式培养出来的大多数是哑巴英语，几乎所有留学生留学之初都会遇到语言障碍。

语言障碍是外籍学生面临的主要障碍之一[10]

（2）心理问题。许多留学生在国外有思乡感、孤独感、抑郁症、封闭感和挫折感，缺乏自我价值和社会认同感。

（3）文化适应问题。许多留学生不具备适应当地社会文化环境的能力，不能与当地人有效进行接触，产生文化休克、跨文化精神疲倦现象，对国外的社会文化习俗、规范不适应。在人际关系上，由于文化的差异和语言上的障碍，虽然表面上可以跟外国人融洽相处，但要深入交往还有一定的困难。

外国留学生不太适应中国人的交往方式[11]

（4）生活问题。许多留学生由于是独生子女，生活自理能力较差，不会烧饭，不会用洗衣机，有些留学生甚至乱花钱，不会购买生活必需品。因为中西方饮食习惯大不相同，一些留学生总是希望在国外也能吃到地道而熟悉的中餐，没有适应当地的饮食。

（5）安全问题。近年来，中国留学生海外安全问题频发，而且呈现出向世界各国蔓延的趋势。即使是在治安一向良好的加拿大、澳大利亚、美国、日本、荷兰、德国等国家，也不同程度地存在中国留学生遭受威胁、侵害的问题。

2. 适应方法

留学生在国外出现的各种不适应需要从自身找到解决办法，主要可以从以下四个方面来应对"不适症"，快速融入国外文化，丰富留学生活。

（1）做好出国前的准备。首先要掌握所留学国家的语言，打好外语基础。其次，要克服文化偏见，通过网络、书籍等了解目的国的风土人情，尤其是要加强对其文化的理解。最后，要掌握必要的文化适应策略。

（2）掌握出国后的适应技巧。到达留学地后，留学生要尽快了解当地环境，尽快建立自己的心理支持系统，如家人、同学、新朋友、中国同学会或同乡会、心理咨询服务机构等，这些人际关系和社群网络会在困难的时候为留学生提供帮助。例如，中国海外留学生心理支持中心便是一家致力于为在英留学生适应文化环境、完成学业和保持身心健康等方面提供全方位心理护航，以及多种情绪支持的非营利型社区服务组织。该机构坐落于英国伦敦，机构中的专家团队来自中英两国，包括多位经验丰富且具备资格认证的心理咨询师。

要解决好吃和住的问题。住房尽量选择在舒适的地方，饮食应注意营养，还要充分休息，同家人保持必要的联系。

（3）培养乐观向上的心理。留学生要善于自我调整，保持健康良好的心理状态。既不能因为价值观冲突对异国文化产生抵触情绪，也不能因对异国文化盲目地崇拜而迷失自我。要努力了解两种文化的差异，用乐观的心理看待两国文化差异，通过心理调节，使自己成为积极进取、适应良好的留学生。

（4）增强自身安全防范意识。加强自我安全防范意识，不给危险以可乘之机，在学习、生活、出行、交友等方面，提高自我防卫能力。例如，平时应了解学校的紧急联系电话和联系人、居住地附近的报警电话号码，当地中国使领馆的电话号码等，以备紧急情况时使用。

第二节　来华留学教育与交流

随着中国国际地位的提升、经济的发展以及教育水平的提高，来华留学人数逐步增加，外国留学生在中国学习生活的过程中，将自身的文化带入中国。以中国文化为大背景，跨文化沟通对留学生的生活和学习至关重要。

一、来华留学教育的现状

目前，来华留学生教育培养模式主要包括三种：封闭式、半封闭式和开放式。这主要是由我国具体的国情和经济体制决定的。[12]

20世纪50年代初，我国政府刚刚成立，各种经济体制都实行国家集中管理，因此，当时的来华留学生教育管理实行的也是国家集中计划和集中管理，属于封闭式的管理培养模式。[13]

随着我国经济的改革开放，来华留学生的教育培养模式也逐渐由中央集权管理转变为地方政府分权，尽管自费的来华留学生的招生审批权下放到地方政府，但是，整个来华留学生的教育培养模式仍属于半封闭式。[14]

直到1992年，党的十四大确立了我国经济体制改革的目标，即建立社会主义市场经济，高校的教育体制也发生了相应的变化。与此同时，由外交部、教育部等部委联合组成的国家对外汉语教学领导小组也相应成立，直接隶属于国务院。[15]自此来华留学生教育培养逐渐进入开放式，教育管理部门还相继出台了一些新的政策，不仅逐渐放开来华留学生的入学审批权，而且对于来华留学生的就医、收费、住宿等方面，也都做出了相应的规定，这就为高校来华留学生的教育管理提供了较大的发展空间，逐渐强化了高校来华留学生教育管理的职能，从而促使高校对于来华留学生的教育培养模式逐步趋于灵活化和多样化。

党的十八大以来，习近平总书记做出一系列批示指示，给来华留学生回信，为来华留学教育事业发展指明了方向，提供了根本遵循。相关职能部门发布的一系列政策文件为来华留学教育提出更加明确的目标要求和更加具体的发展路径。此种背景下，来华留学生教育获得了蓬勃的发展，规模迅速扩大，层次得到提高，接受来华留学生的院校数量不断增加。教育部发布的来华留学统计数据显示，2021学年在册国际学生来自195个国家和地区，学历教育学生占比达76%，比2012年提高35%。我国持续保持世界第三大留学目的国的地位，有效提升了中国教育的国际影响力。[16]

二、来华留学教育的发展历程

来华留学教育经历了从无到有、从小到大、从边缘化逐渐向中心化转移的发展过程，大致可分为以下四个阶段。

（一）初创阶段（1950—1966年）

1950年应捷克斯洛伐克和波兰的要求，我国接受了东欧留学生加入清华大学中国语文专修班进行汉语培训，自此掀开了新中国外国留学生教育的新篇章。随着1954年万隆会议的召开，20世纪50年代后期至60年代亚非拉的民族解放运动风起云涌，多个国家与中国关系得以发展或开始建交，并派留学生来华学习。这个阶段共接收了68个国家的7259名外国留学生，其中大多数来自社会主义国家，并且开始接受非洲国家留学生和资本主义国家的留学生。

（二）恢复阶段（1973—1977年）

"文革"期间，来华留学生教育一度中断。直至1971年我国恢复在联合国的合法席位及1972年尼克松总统访华后，我国国际地位才逐步提升，许多国家纷纷与我国建交，并派遣留学生来华学习，与此同时留学生教育也进入了第二个发展阶段。

(三)改革开放起步阶段(1978—1989年)

1978年,党的十一届三中全会确立了改革开放的总方针,来华留学生教育也进入了改革发展阶段,颁布实施了一系列促进来华留学教育的条例。另外,民间的学术活动也开始了对外国留学生教育理论的研究。1986年,北京语言学院成立了第一个专门研究留学生教育的群众性学术团体——北京高等学校外国留学生工作研究会,自此外国留学生的教育管理工作开始由经验型向科学型转变。

(四)快速发展阶段(1990年至今)

1992年,党的十四大后,国家成立了国家留学基金管理委员会,改变了单一的奖学金制度,开始实行汉语水平考试(HSK),建立包括来华留学生教育在内的教育法律法规等,将留学生工作初步纳入法制化、科学化、规范化的轨道。加之国际上冷战的结束,各国在各个领域的交流与合作增强,使来华留学教育得到了迅猛的发展。

直到21世纪,随着知识经济日益显现,经济全球化、高等教育国际化纵深发展以及我国成功加入WTO,来华留学生教育作为我国高等教育的一个重要组成部分发挥着越来越重要的作用,来华留学教育的发展也取得了重要成就,顶层设计更加完善,政策法规更加完善,层次结构更加优化,质量保障更加有利。但当前来华留学生总体规模、层次与西方发达国家相比,仍然有很大的差距,来华留学教育高质量发展面临着复杂的外部形势、新冠疫情的影响和综合效益有待提升等一系列挑战。[16]

三、发展来华留学教育的意义

来华留学生教育是一项涉及政治、经济、外交等多个方面的重要工作,是我国对外交流的重要形式,也是教育事业的重要组成部分。发展来华留学教育对于我国的经济发展、争夺国际人才、实现高等教育国际化等方面具有重要意义。

(一)培养专业人才,发展国际合作关系

新中国成立伊始即开始招收外国留学生。1950—2015年,我国累计培养和接收了372万余名外国留学生,为其他国家,特别是为广大发展中国家培养了大批科技、教育、外交和管理人才。来华留学生学成回国后对本国的建设和发展发挥了重要的作用。据不完全统计,从我国学成回国的留学生中,少数人担任了国家领导人,如埃塞俄比亚议会联邦院议长穆拉图·特肖梅、哈萨克斯坦总理卡里姆·马西莫夫等,担任部长级领导职务的有几十人,担任大学教授、副教授的有数百人,近千人从事对华的文化、经贸交流合作工作,众多驻华使馆的外交官员和常驻新闻机构的记者都有在华学习的经历。

(二)服务外交大局,增强国家软实力

留学生是文化交流的使者,是增进各国人民友谊的桥梁。来华留学生教育培养了大批专业和管理人才,不但促进了我国同其他国家的文化、教育和科技交流,还促进了我国青年同来华留学生之间的相互了解,增进了中外人民的友谊。来华留学生教育培养了大批对华友好人士,他们成为与我国开展友好工作的骨干力量,积极促进本国与中国的

友好交流。国际上有一种观点，认为教育是"第四外交"，有利于改善外交关系，提升国家形象。新中国成立以来，我国累计接收数十万名来华留学生，培养了一批又一批对华友好人士，在服务外交大局方面取得了显著的成就。来华留学生教育，特别是自费来华留学生教育不仅给我国带来了一定的经济收益，更重要的是增强了我国的软实力。培养和造就了大批知华友华人士，传播中国语言和文化，扩大我国的国际影响，树立我国的良好形象，提高我国的管理水平等，这些都增强了我国的软实力。

（三）创建一流大学，建设人才强国

世界一流大学一般都招收大量的来自世界各地的留学生，外国留学生在学校全部学生中占有较高的比例。例如，2017—2018 年度纽约大学、南加州大学、东北大学的留学生比例分别为 17%、16%、14%，而我国重要的人才培养学府清华大学、北京大学和复旦大学的留学生比例分别为 6.8%、6.2% 和 6.8%。国外学生的创新思维和实践能够活跃国内的学术氛围，推动文化的多元化发展，提升大学的国际化水平。接收外国留学生可以促使我国高水平大学努力提高教育质量和科研水平，提升国际声誉，从而有力地促进世界一流大学建设。在当今国际化已成潮流的时代，高质量的教育是国际化的教育。一个国家要增强本国的竞争力，必须大力开发人力资源，不但要开发和使用本国的人力资源，还要开发和使用外国优秀的人力资源。发达国家不断扩大留学生教育规模，为在世界范围内招收优秀的留学生而激烈竞争，一个主要原因是吸纳高层次人力资源。我国来华留学生教育规模持续扩大，层次进一步提高，一批留学生毕业后留在我国工作，将有力地推动我国的人力资源强国建设。

（四）创造经济收益，拉动经济增长

来华留学生教育创造经济收益、拉动经济增长的作用，在我国还没有得到充分的重视，也缺乏权威的统计数据。北京大学 2023 年来华留学生的收费标准为：本科的人文社科类为 26 000 元人民币/学年，理工类为 30 000 元人民币/学年；硕士的人文社科类为 29 000 元人民币/学年，理工类为 33 000 元人民币/学年；博士的人文社科类为 32 000 元人民币/学年，理工类为 40 000 元人民币/学年。除此之外，生活费在来华留学生中占很大比重，留学生在住宿、餐饮、交通等方面的消费还拉动了一些部门的经济增长，创造了众多就业岗位。有关研究数据显示，来华留学人数每增加一人，对 GDP 的影响就超过 500 万元。[17]随着来华留学生数量的持续扩大，来华留学生教育创造的经济收益将进一步增加，对我国经济增长的拉动作用将进一步增强。总之，来华留学生教育蓬勃发展，已经成为我国对外交流的一项重要内容和教育事业的重要组成部分，为其他国家，特别是广大发展中国家培养了大批科技、教育、外交和管理人才，对发展和巩固我国同世界各国的政治、外交和经贸关系，开展文化、教育和人员交流做出了积极的贡献。

（五）发展来华留学生教育是高等教育国际化的必然选择

鉴于经济与教育之间相互依存、相互制约的关系，在经济全球化成为现实和必然趋势后，势必对教育产生深刻而广泛的影响。在经济全球化过程中，人才使用的国际化要求人才培养的国际化，并导致人才标准的国际化。另外，经济全球化时代，各国人民之间更需要进一步加深了解和理解。而这一切只有通过教育，尤其是高等教育的国际交流与合作，即高等教育国际化，才能实现。学生的跨国学习是高等教育国际化的重要内容和最直接的形式。因此，世界各国纷纷把留学生教育的发展作为高等教育国际化的重要内容予以重视，留学生教育的发展状况与水平也成为衡量一所高等学校国际化水平的一个重要标尺。

（六）发展来华留学生教育是引进国际高素质人才的重要手段

知识经济时代，高新技术以前所未有的规模和速度向现实生产力转化，国际竞争越来越表现为科学技术的竞争、教育的竞争、人才的竞争，尤其是高层次人才的竞争。在参加十三届人大一次会议广东代表团审议时，国家主席习近平再次强调指出"人才是第一资源"。谁拥有高素质的创新科技人才，谁就能占领 21 世纪世界科技高地，成为国际竞争的赢家。

作为人才争夺重要手段的留学生教育在知识经济时代备受瞩目。外国留学生由于大多数接受过本国 10~15 年或更长时间的学校正规教育，知识结构和知识储备已达到相当的程度。他们思想开放、活跃，是最具有创新思想火花的人才群体，他们处于最容易出成果的年龄段，体力、精力、智力最旺盛，他们对于任何一个国家来说都是极为宝贵的资源。

四、与外国留学生交流的方式

近年来，我国留学生国别和人数增加，留学生和本国学生在地域、饮食、生活习惯、宗教信仰方面有一定的区别，加之语言、文化上的隔阂，部分来华留学生初到中国时交流碰壁，难以融入校园生活、进入学习状态。根据行为心理学的观点，环境的刺激会直接影响人的心理变化，来华留学生在中国学习期间，"由于失去熟悉的社会交流信号和符号，对对方的社会符号不熟悉而产生深度焦虑"，很容易产生心理问题，对自我的身心健康和学业造成影响。因此，需要建立一套相对完善的措施，帮助来华留学生融入校园生活。[18]

（一）加强国际汉语教师师资队伍建设，优化留学生课程

教师在留学生适应校园生活过程中扮演着不可或缺的角色，因此需要提升教师的师资水平，使教师在授课时加强交流学习，树立多元化的教学理念。在讲课中，一位优秀的国际汉语教师应该能够挖掘中华文化的深刻意蕴，提高阐释文化自觉性以及跨文化交际的能力。国际汉语教师不但要深刻理解本国文化，也要对留学生所在国的国情、制度和文化有所了解。[19]

（二）帮助留学生积极地融入正常社交生活

我国高校的留学生管理模式大多是"特殊照顾"，对外国学生和本国学生区别管理。留学生所在高校应该通过积极的手段帮助留学生适应在华的社交生活，比如在管理上采用"趋同化管理"的模式，打破留学生和中国学生群体的界限，学校还可以举办丰富多彩的体育竞技等活动，帮助留学生和中国学生建立起良好的友情。另外，学校要出台政

策，限制留学生出入酒吧、夜店等社交场所，引导留学生养成积极的生活习惯。

（三）通过课外活动加强来华留学生的语言学习

语言是思维的表达，来华留学生在华生活必须用汉语和周围的人交流，但是很多留学生因为汉语水平较低，给生活造成了严重的影响。学校可以发动本校语言专业的学生和留学生建立语伴关系，形成互利共赢的语言学习帮扶模式，或者通过"汉语角""传统节日体验""文化体验之旅"等形式为来华留学生的语言、文化生活等提供学习的窗口。此外，要对留学生进行准确的汉语等级检测，在留学生课堂上有针对性地结合留学生的汉语学习水平进行具体的指导，对语言能力较差的学生通过组织语言学习班培训其汉语能力，定期抽查留学生的汉语水平，检验他们的学习成果。发动语言学习较好的留学生引导水平较低的留学生学习汉语、交流经验和方法，增强留学生学习汉语的信心。[18]

五、来华留学教育的培养模式

进入21世纪后，全球经济一体化、高等教育国际化步伐日益加快，来华留学生规模也逐步扩大。近年来，伴随着高等教育对外开放程度的不断提高，我国接收来华留学生数量的增长速度也不断加快。教育部在相关教育振兴计划中明确提出，中国需要创建若干所具有国际先进水平的一流大学，而来华留学生的数量以及该学校对国际留学生的吸引力本身就是高校国际化进程的重要内容。在高校的国际化进程加快的同时，我国高等教育在国际高等教育领域的话语权也会不断增强，这将会为我国建设国际知名大学起到极大的政治支持作用。在此，我们应该认识到来华留学生的数量和质量正是我国高校国际化进程在国际吸引力的重要标志之一。

（一）来华留学教育培养模式

根据国家相关教育部门对来华留学生的政策，我国高校的主要职责在于对校内留学生进行基本的教育、生活和日常管理，并配合相关部门进行社会管理。在具体管理方面，实行校内分工协作，教学工作由学校教学管理部门负责，而其他工作主要由学校留学生管理部门负责。从全国并结合部分省、区的情况来看，目前各高校的来华留学生教育培养模式主要有以下三种。[12]

1. 以外事部门兼管作为管理主体的教育培养模式

采用这种教育培养模式的学校的留学生教育处于起步阶段，接收的来华留学生规模较小，且主要以语言进修生为主，学校在专职和兼职教师数量上配备不足，该管理模式主要存在于理工类高校。

2. 以留学生管理中心作为管理主体的教育培养模式

采用这种教育培养模式的学校虽然具有一定规模的来华留学生，而且来华留学生的可选专业也较多，但是也存在着专职和兼职教师数量配备欠缺、教学管理理念与实际教学相脱节等不足。

例证 10-3

东盟国家留学生的管理模式[20]

3. 设置独立二级院系的教育培养模式

采用这一教育培养模式的学校通常具有较大的来华留学生规模，其教学设备完善，师资力量相对雄厚，但不同院校的管理模式也存在着一定的差异。其中部分采用独立的二级学院的形式，实行教学、管理与服务一体化的教育管理模式。采用这一模式的院校尤以文科高校居多。

（二）来华留学教育培养模式的影响因素

来华留学生教育是为国际社会培养高级专门人才的教育，也是培养国际交往合作者的教育。影响来华留学教育培养模式的因素主要包括以下三点。

1. 社会政治经济因素

社会政治经济因素是影响教育的最重要因素，对来华留学生教育的影响同样存在。留学生教育需要投入大量的人力、物力和财力，而这些都是以国家的经济实力作为支持的，同时留学生教育的特殊性又使其与政治形势密切联系在一起，国与国之间的良好友谊关系将会极大地影响两国之间的文化和教育交流，对留学生教育的影响也很深远。[12]

2. 历史文化因素

在中国留学的学生群体中，最大的群体是来自韩国、日本和东南亚的留学生，与中国有着历史渊源的国家的留学生人数居多。教育部数据显示，2021 学年在册国际学生来自 195 个国家和地区，学历教育学生占比达 76%，比 2012 年提高 35%，与 58 个国家和地区签署了学历学位互认协议，76 个国家将中文纳入国民教育体系。[21]由于来华留学生教育在我国有着悠久的历史传统，加之中华文明在世界范围内影响深远，汉文化在国际上具有很强的吸引力。中国作为汉文化的中心，在吸引来华留学生教育方面具有重要影响，因此成了吸纳汉文化留学生的中心，以及汉文化教育的传播基地。

3. 教育环境因素

我国的留学生教育水平受国内高等教育体制的影响，和国际先进水平相比，还存在明显差距，主要体现在来华留学生质量和教育环境等方面。来华留学生的受教育层次较低。根据中国教育部的数据，截至 2019 年，中国共接收来自 183 个国家的 492 185 名留学生，其中学位留学生为 237 900 人，非学位留学生为 254 285 人。这一数字不断增长，显示出中国留学市场的巨大潜力。

我国的高等教育在专业设置、培养模式和教学方法上并不是很能满足留学生的教育需求。国内一些学科在专业发展的前沿性、尖端性和应用性等方面与世界先进水平差距较大，不能满足国际性人才对新兴学科、交叉学科、特色学科的市场需求。国内大部分高校采用中国学生的培养模式对留学生进行培养，忽略了留学生以前的教育背景和个性化需求，这种培养模式缺乏弹性和吸引力。[22]在此基础上进行的课程教学也相当缺乏针对性，教学内容缺乏创新性，大部分高校连最基本的外语教学都没有实现，留学生的主动性、积极性和创造性难以发挥。

这些不仅直接制约来华留学生的规模和质量发展，还会引起国内学生出国留学，从而造成中国高等教育对外交流失衡。

第三节 留学教育服务

近年来，教育服务产业已成为各个国家不可或缺的经济增长板块，成为现代经济的重要投资和消费领域。不仅如此，教育还关系着一个国家的长足发展，具有重要的社会意义，对于我国这样的发展中国家来说尤其如此。经过改革开放以来四十多年的发展，我国的教育水平有了极大的提高。但是，面对知识经济时代和经济全球化时代，高端人才的欠缺和国际教育规模的不足已经成为制约我国经济发展的重要因素。因此，如何提高我国国际教育水平、发展我国国际教育服务产业，是一个亟须解决的重大问题。

一、留学服务的概念

留学服务是由留学中介服务机构中的资深留学顾问提供服务，为有意向出国留学的学生提供留学策划方案，为其量身定制留学计划，包装留学意向者的经历和目标，提高学生的签证率和选择好学校的机会。品牌网曾通过多种方式评选出了2023年留学中介十大品牌，分别是前途出国、津桥国际、澳际教育、启德教育、新通教育、嘉华世达、啄木鸟教育、中智留学、伯乐留学、威久留学。这些品牌的留学中介机构在市面上相对受欢迎。

二、留学教育服务的类别

留学教育服务的类别主要有全面留学咨询服务、定制选校方案、升学指导服务、核心能力提升服务、远景战略规划服务、留学考试高分培训服务和其他服务。

（一）全面留学咨询服务

留学咨询是指给留学人员提供全面的出国留学解决方案，其中包括背景综合定位、优劣势分析、专业和未来职业选择方向确定、出国考试规划、实习和兼职指导、学术背景改善、社会活动国际经历策划指导、文书创作和面试辅导、签证培训、海内外生存指南等一系列个性化的成才规划方案。

（二）定制选校方案

1. 合理的定位

部分非名校毕业的学生有一定的实力，但在选择留学的学校时却顾及过多，担心自己并非出身名校，因此不够自信；同时，也有部分综合条件较弱，但有着良好的名校背景的学生，在留学择校时往往忽略自身的学业规划和学校的专业基础，注重学校的名气，通常只考虑世界排名前十的名校。但国外多数的学校在招生时更看重的是学生的实践经验、实践能力，而不是学生毕业于哪所学校。因此，客观的自我评价对选校规划非常重要。

2. 选校的正确思路

多数情况下，选校应分冲刺、主申、保底这三个部分，这是正确的基本思路。例如，一个学生最适合申请的学校大概在国际排名前五十左右，但排名前二十左右的学校如果选得合适，对他来说仍然是很有希望的。同时，为了减小难度，降低风险，在排名八九十左右的学校选几个进行保底，也非常有必要。此外，还需要结合专业，尽量回避那些申请难度大、对国际学生或大陆学生不友好的学校，最终确定主申的选校范围。

3. 具体学校具体分析

当对自己有了一个客观的定位，也有了一个合理的选校思路后，即可开始查找学校。对于确定的每一所学校，都要进行充分的了解，更要结合自己的实际情况进行选择。

首先，要了解学校历年的申请难度，这对于降低风险很有必要。其次，了解学校的专业是否和自己匹配，这是美国和其他多数国家在学校招生时的基本原则。接下来要分析个人对学校的判断，最后确定最终的选校范围。

（三）升学指导服务

升学指导服务包括以下内容：学校选择、活动简历、文书主题策划、标准化考试计划、推荐信指导、个人陈述指导、面试准备、财力证明以及入学指导服务。

（四）核心能力提升服务

核心能力提升服务主要包括以下五个方面。

（1）学术成绩规划。学术成绩规划指的是通过对学生的学术成绩进行评估、审核，然后综合学生实际情况做一个系统的规划方案。

（2）语言文化及思辨能力课程。为了让学生在国外能够更好地适应当地的生活、文化及思维方式，开展有助于提升学生语言、文化及思维能力的课程。

（3）资源共享。主要是把相关资料通过网络平台进行信息共享，让学生更全面地了解学校的情况。

（4）学生活动规划。开展有助于激发学生热爱生活、展望未来，树立积极向上的人生态度，展现学生的自我表现能力、审美能力和创造能力的活动，丰富学生的文化生活，给学生一个展示自我的舞台。

（5）名师课程。请业内的名师对学生进行专业课程培训，旨在帮助学生培养良好的学习习惯，掌握海外知名大学升学和深造所需的必备技能。

（五）远景战略规划服务

远景战略规划服务主要包括以下四个方面：每月战略顾问会议；额外升学指导建议；职业前景规划；战略顾问资源共享。主要是从战略角度来分析，给学生制定一个长远的规划方案。

（六）留学考试高分培训服务

留学考试高分培训服务包括以下两个方面。① 留学考试课程服务主要有 IELTS、GRE、GMAT、SAT、ACT、TOEFL、AP、SATII、IB 等。② 学科课程服务，大部分留学考试培训服务是根据学生自身需求制定的，因材施教，例如新东方的托福培训课程，分为预备班、初级起点班、中级提高班、冲分班等，不同基础的学生可以根据自己的需求选择不同类型的课程进行学习，以更好地提高自身的竞争力。

（七）其他服务

此外，留学教育服务还提供以下其他类型的服务：出国留学签证辅导、长期指导服务、咨询会议、学期进度报告、服务质量评估会议、模拟招生委员会、集训营等。例如新东方举办的寒假封闭集训营，以全封闭的形式创造良好学习环境，由优质教师集中线下教学，合理规划学习时间，帮助学生提升学习能力。

中旅留学中心助力申请世界顶级名校

三、留学教育服务的供需分析

随着我国经济发展和教育水平的日益提高，我国留学教育服务规模逐渐壮大，如今正以更快的速度发展。但从国际竞争力来看，我国留学教育服务国际竞争力的各项指标都比较低，与留学教育服务发达国家相比具有较大差距。在经济全球化和一体化进程加快的今天，我国政府要加大对留学教育的国际宣传力度，建设优势学科，积极兴办海外高校，进一步深化教育体制改革，推动教育服务的国际接轨，最终提高我国的留学教育服务水平。

（一）留学教育服务的供给分析

改革开放之后，我国留学服务才真正开始。随着我国经济的快速发展及国际地位的提升，来华留学生数量开始逐年增加。

根据世界贸易组织《服务贸易总协定》(GATS) 的界定，留学教育服务包括：任何部门的任何服务，但在行使政府职权时提供的服务除外；规定行使政府职权时提供的服务，具体指既不依据商业基础提供，也不与一个或多个服务提供者竞争的任何服务。延伸到教育领域，可以理解为，除由各国政府彻底资助的教学活动之外，凡收取学费、带有商业性质的教学活动均属于教育服务贸易范畴。

服务贸易在国际市场上发展很快，特别是提高中国留学服务教育的国际竞争力，将有利于中国留学服务教育的发展，使我国在国际市场上具有更大的竞争优势，进而使我国的整体竞争力得到提高，促进我国经济的发展。[23]GATS 规定，服务贸易有跨境交付、境外消费、商业存在和自然人流动四种提供方式，适用于所有的国际服务贸易。

从目前国际教育服务贸易发展的实际情况来看，境外消费方式是国际教育服务贸易的主要方式，而以留学生为载体的国际教育服务又是境外消费方式的主要形式。2018 年国务院颁发的《关于进一步调整优化结构提高教育经费使用效益的意见》提出，自费来华学生收费标准由学校自主确定。前文已提到北京大学 2023 年来华留学生的收费标准。来华学生的生活费用，包括餐饮、住宿、旅行、人际关系等方面的支出，学费和生活费的支出也不容忽视。

从新东方发布的《2023 中国留学白皮书》所展现的数据来看，作为留学热门国家首选，美国的留学费用是最高的。在美国留学攻读本科需要 55 万~150 万元人民币，读一年硕士需要 20 万~36 万元人民币；读两年硕士需要 40 万~72 万元人民币。英国本科的学制一般是 3 年，每年的学费为 10 万~15 万元人民币，硕士学位课程的学制为 1 年，其学费达到 12 万~18 万元人民币。在澳大利亚，研究生学制为 1~2.5 年，根据不同学科，学费为 2.8 万~4.2 万澳元/学年，折合人民币为 13.7 万~21 万元。

与西方发达国家相比，我国教育服务贸易起步晚、发展慢，在国际教育服务贸易领域存在着严重的逆差问题，所占教育服务贸易的国际市场份额非常少。目前我国教育出口贸易仅占世界教育服务贸易量的 0.5%，这与我国国际贸易大国的地位极不相称。

（二）留学教育服务的需求分析

随着全球化的深入，国际人才竞争日渐成为决定世界各国命运的重要因素。教育部发布的数据显示，2016 年至 2019 年，我国出国留学人数为 251.8 万人，回国 201.3 万人，学成回国占比约 8 成。其中 2019 年度我国出国留学人员总数为 70.35 万人，较上一年度增加 4.14 万人，增长 6.25%。专家预测未来几年中国出国留学人数还将持续增长。一方面是留学市场的不断扩大，另一方面是互联网带来的信息透明化、对称化趋势，人们对在线获得留学信息及服务的诉求越来越强。

在过去的 10 年里，我国出国留学发生了非常大的变化，从一个极少数家庭的选择逐渐发展到一个普通家庭也很容易把孩子送出国去读书。一个原因是近年我国经济发展比较快，很多家庭有足够的财富把孩子送出去。还有一个原因是国内有很多与国外交流的项目，更多的学生会选择参与到交流项目当中，利用短期去国外深造的机会，攻读一个证书，或者参与到国外教育团体中做一些项目。今后，这个群体会越来越庞大，越来越多的人会参与其中。中国越来越融入世界，并且在其中扮演重要的角色，这种交融机会将越来越多。

新东方发布的《2023 中国留学白皮书》数据显示：本科及以下意向留学人群主要集中在 15~21 岁，其中，14~17 岁的人群呈现上升趋势。这一趋势意味着越来越多的中国家庭在孩子年纪较小的时候就已经萌生了让其出国留学的想法，硕博意向留学人群集中在 18~21 岁，15~17 岁、25 岁及以上的人群均呈现了上升趋势。15~17 岁的人群还未达到硕博年龄阶段，这意味着很多中国家庭的孩子已经提前受到了"出国读书"等想法的熏陶。而本科/硕士阶段学生以及职场人士成为出国留学的主力军是毫不意外的,主要是因为就业环境形势严峻,压力倍增,想要通过出国留学来提升学历,增强学历背景,丰富自身经历,以此增强自身的就业竞争力,拓宽未来的职业发展道路。

启德教育发布的《2023中国留学白皮书》显示,在各主流留学目的地留学申请的学历层次分布中,加拿大和韩国的留学申请学历中本科占比较高,分别为55.5%、49.6%。

本科和硕士留学学科分布中,商科与经济学、理工科占比分别位于前两位。本科留学十大申请专业分别是经济学(9.6%)、计算机(8.7%)、泛商务类(6.9%)、传播学与媒体研究(5.9%)、数学(4.9%)、金融(4.4%)、工商管理(4.3%)、社会学(4.1%)、会计(3.5%)、泛管理类(3%);硕士留学十大申请专业分别是计算机(10.5%)、金融(9.9%)、教育学(6.1%)、传播学与媒体研究(5.4%)、市场营销(5%)、泛管理类(4.9%)、会计(4.4%)、经济学(4.2%)、法学(3.1%)、电子电气工程(2.3%)。

随着留学形势不断变化,我国留学趋势正朝多元化方向发展。调查显示,我国内地人才短缺程度非常低,就业形势不容乐观。因此,海外留学所带来的优势不言而喻。当然,按照现在的竞争程度,海外留学大军也只会越来越庞大,竞争越来越激烈。

四、留学教育服务的流程

留学教育服务流程主要包括留学申请服务流程和签证咨询服务流程两个方面。

(一)留学申请服务流程

留学服务流程主要包括:① 分析申请人背景及申请优劣势,对申请条件进行评估,设计最佳留学方案;② 与申请人签订服务合同,指定个人专属咨询顾问及顾问助理;③ 就申请人专业背景情况和未来学习目标拟定留学申请策略与文本包装大纲;④ 向申请人提出选校可行性建议,双方共同确定最终申请学校名单;⑤ 协助申请者制作申请材料,进行文书个性化策划与创作;⑥ 申请人提供申请所必需的个人基本资料及基本材料;⑦ 积极与学校及教授联络、沟通,让申请者随时了解申请进度;⑧ 获得录取和奖学金后,向申请人建议选择就读学校;⑨ 在接到学校的面试通知后,进行面试辅导(包括专业语言培训及面试模拟);⑩ 准备签证材料,确认入学所需的文件及材料的完整性及签证辅导。

(二)签证咨询服务流程

签证咨询服务流程包括:① 与申请人沟通,分析申请人状况,确定签证培训的基本目标和预期效果;② 在详细了解申请人背景及签证难点的基础上,制定签证培训的核心内容和解决方案;③ 向申请人介绍签证具体流程及注意事项,通过练习让申请人理解签证规划的核心内容;④ 修正申请人语言习惯,帮助其锻炼签证时的语言技巧以及引导签证官的能力;⑤ 通过一对一的英文对练,让申请人对签证内容烂熟于心,可以用英文流畅地表达签证规划内容,对不规范用词、语调、表达习惯进行调整和纠正;⑥ 帮助申请人在互动培训中学习签证遇到特殊状况时的处理方法。

五、海归留学生服务

当今时代,各国关于人才的竞争成为一场没有硝烟的战争。这种情形下,一个国家即使不在全球人才市场延揽自身需要的人才,仅仅保护自身培养的人才不遭流失,也同样要面临国际的竞争。社会各界为对人才进行培养与引进,提出了大量的相关政策。

（一）海归的概念

"海归"是指海外留学回国就业和创业的人员,谐音为"海龟"。英文可解释为"People returned to the home country after finishing overseas study."。也有人建议将"海归"一词的英文翻译定义为"Returned talents after studying abroad.",意为从海外留学归来的人才,但是后一种解释明显偏离中性的定义,带有褒义色彩。

（二）海外学历认证

国家教育部留学服务中心可以为在国（境）外留学归来的学生申请学历认证,申请流程分为以下几个步骤:① 申请材料准备,包括文凭证书、护照/通行证/身份证、居留卡/签证/签注、证件照片、授权声明等,并扫描认证所需的材料;② 在留学政务服务大厅上注册/登录,内地居民将进行实名认证;③ 填写认证申请信息,内地居民需完成实名认证获取出入境记录;④ 上传申请材料;⑤ 在线支付费用;⑥ 认证机构审核申请材料。审核时间一般在10~20个工作日,审核通过可自行打印认证结果,若审核不通过则需要在线补充、重传申请材料。

（三）海归就业服务对策

近年来,随着我国经济的持续发展,越来越多的海归选择回国发展,海归就业服务政策也越来越完善。

1. 构建海归就业服务平台和支持体系

在大部分发达国家,由专业的行业协会对留学人员的状态进行跟踪调查,为留学归国人员提供详尽的就业资讯和全方位的就业指导。相比之下,我国对海归的就业服务相当不到位,政府还是引导海归就业工作的主导力量。

2019年,教育部留学服务中心全面建成"互联网+留学服务"政务服务平台,让"数据多跑路,留学人员不跑路"。该平台实现了出国留学、留学回国、国外学历认证和留学存档四类服务业务全程在线办理,留学服务工作跨入数字化、信息化服务的新时代。同时,该服务平台收集整理各部门及地方政府有关留学生回国发展的政策、用人单位和项目信息,以及毕业留学生信息和意向,进行权威及时的发布,并为毕业留学生和用人单位提供互动交流,直接了解双方的需求和要求。此外,该平台根据各层次留学回国人员的特点,还提供职业规划、就业指导等针对性在线服务。

2. 强化海归就业市场的信息对称

留学归国人员的工作落实过程是海归和用人单位相互匹配的过程。模糊的留学生就业市场,使海归留学生和用人单位在相关信息搜寻和传递方面效率低下,从而直接影响供求双方的有效匹配。因此,加强就业市场信息的及时发布与动态更新,可以为人才供求双方提供就业供求的市场信息，从而为海归留学生就业决策提供科学依据，促进社会各界客观认识海归群体的就业能力与优势。教育部数据显示，"十三五"规划期间，留学服务中心共举办了9届留学英才招聘会，有1500多家单位参展，为留学回国人员提供3万多个就业岗位。为解决受疫情影响，给留学回国人员带来的就业难问题，成功举办了2020年留学英才网络招聘季，参加招聘季的单位达1000多家，提供招聘岗位2万多个。

总体而言，只要消除海归留学生就业市场配置中的信息不对称，多数海归留学生仍具有一定的职业优势，能够顺利融入职场。

3. 强化对优秀留学生的资助和联系

我国驻国外的使领馆长期以来支持帮助海外各地的留学生及华裔教学科研人员成立学生学者联谊会，并拿出专门资金资助联谊会在春节、中秋节等中国传统节日举办有我国特色的联谊活动。学生学者联谊会一般都是基于当地的高校成立的，学校里的中国留学生大多会加入。使领馆专事教育的部门可以更加密切地联系高校的学生、教务部门，了解优秀留学生的动态信息，给予他们及时的指导帮助和引荐。2003年，教育部设立了"国家优秀自费留学生奖学金"，2022年10月，财政部和教育部印发《出国留学经费管理办法》，明确指出，优秀自费留学生奖学金用于奖励符合条件的优秀自费留学人员费用，奖学金标准由教育部、财政部确定。

4. 采取灵活的引进模式和协同式的人才管理机制

2008年制定了《中央人才工作协调小组关于实施海外高层次人才引进计划的意见》（简称"千人计划"），"千人计划"围绕国家发展战略目标，在未来5~10年，为国家重点创新项目、重点学科和重点实验室等，引进一批能够突破关键技术、发展高新产业、带动新兴学科的战略科学家和科技领军人才回国创新创业。"千人计划"的实施也涉及了人才安全的问题，尤其是美国近年来为留住人才实行了一系列政策，比如"绿卡"政策、双倍薪酬、社会福利制度等。中美贸易战加剧的背后是留学签证的收紧。因此，我国在人才引进以及人才管理上可以采取更为灵活的措施。[24]

2017年，《中共教育部党组关于加快直属高校高层次人才发展的指导意见》明确指出，加大海外高层次人才引进力度。更大力度实施海外引才计划、高等学校学科创新引智计划，吸引更多海外高层次人才和优秀青年人才来华从事教学、科研和管理工作。发挥驻外使（领）馆、华人华侨组织、校友组织和专业化人才服务机构作用，多渠道引进优秀人才。支持高校面向全球公开招聘院系负责人、学科带头人，在海外建立办学机构、人才工作站。建立访问学者制度，实施多元化、柔性人才引进机制，吸引海外人才以多种形式到校从事咨询、讲学、科研等活动。积极吸引海外优秀博士从事博士后研究。

在人才管理方面，支持海外高层次人才承担科技计划项目及课题，深度参与科研攻关和技术创新，适度放开外籍高层次人才参与教学科研奖项评选限制。高校要发挥用人主体作用，完善支持配套政策，为海外高层次人才在生活上提供更多便利，在工作上提供更多机会和更大舞台。鼓励高校建立改革试验区，创新海外高层次人才组织和管理模式。

5. 完善体制机制，创造良好的市场环境

从市场配置人才资源的基本规律来说，全球的高层次人才总会流向那些能为人才提供高收入与高发展平台的国家、社会环境与自然环境优越的国家。高收入的提供，或者是因为该国人均收入相对较高，或者是因为政府重视人才，提供了特殊的待遇。除了物质方面的吸引力，政府廉洁而富有效率、社会安定且法治完善、人文环境和自然环境较好等适宜居住的国家和地区，往往对顶尖人才有着较高的吸引力。因此，除制定各种政策、实施整体人才战略、吸引优秀留学人才回国发展外，我国还应该继续深化政治体制改革，改变以短期经济效益为主导的经济发展模式，加大教育体制改革和公共卫生医疗改革的力度，控制污染、优化自然环境，提高人民的道德修养和文化素质，注重对社会软环境的建设。当一个宜居的中国被逐步打造出来后，相信即使没有显著的高额收入，仍然会使留学海外的顶尖人才像赶去欧美留学一样，纷纷回归、报效国门。

（四）海归创业服务政策

海外留学人才是我国宝贵的人才资源，留学人才的引进是我国创业人才队伍建设的重要内容。构建科学合理的创业服务体系，是为海归创业人才提供系统的、全方位创业服务的前提。自2008年中央人才工作协调小组制定了"千人计划"后，2012年，中央人才工作协调小组等11个部委又联合推出了《国家高层次人才特殊支持计划》（又称"万人计划"），目标是用10年时间，遴选1万名左右自然科学、工程技术、哲学社会科学领域的杰出人才、领军人才和青年拔尖人才，给予特殊支持，进一步鼓励留学人员回国创业。

目前，中央和地方政府针对海归的创业服务政策，总体来说，涵盖以下三个方面。

1. 生活配套服务

一般来说，创业会经历三个阶段，即形成创业意向、做出创业决策和开发创业机会。创业意向是开发创业机会的前提条件，对海归创业意向产生直接影响的是生活配套服务，其中海归比较关注的是出入境问题、户口问题、子女教育问题及医疗保障问题。海归回国创业面临的首要问题就是签证，想回国创业或进行交流的海外华侨普遍感受到，回国办理签证手续繁杂、转签证难、办理长期签证门槛高，这些都对海归回国创业造成了一定影响。

为此，我国为海归创业提供了各方面的特殊优惠政策，包括在北京或其他地区落户政策、购买免税车政策等。而各城市也颁布了相关政策吸引优秀人才资源，如上海开启"千人计划"人才创新类项目，在沪入选上海"千人计划"专家可享受落户、社会保险、医疗保障、住房、税收、配偶安置等12个方面的优惠；天津市对留学归国人员予以落户、家属安排工作、子女入学等优惠政策。杭州市2020年印发《杭向未来·大学生创业创新三年行动计划（2020—2022年）》，明确提出对高层次留学回国人员（团队）在杭创业创新项目，可申请3万~100万元资助；特别项目可采取"一事一议"的办法，最高给予500万元资助，同时加大经营场地房租补贴、创业创新金融等方面支持，鼓励和帮助初创期大学生创业企业茁壮成长。

2. 创业政策支持

创业政策是影响一个国家或地区的创业活动的有效手段和策略，其目的是促进创业。创业政策对创业发挥影响的途径有很多，目前国内创业政策主要涉及创业资金资助政策和税金减免政策。最普遍的是创业资金资助，创业资金资助能够直接减少创业成本。

（1）创业资金资助政策。各城市颁布了相关政策吸引优秀人才，如上海2016年颁发《上海浦江人才计划管理办法》，资助新近回国来沪工作和创业的海外留学人员，最高可获得50万元的资助。留学人员在浦东创业，可获得15万元"浦东新区创业资金"的无息贷款。长沙市2017年颁发《长沙市国际化人才汇智工程实施细则（试行）》，明确符合条件的留学归国人员，除了可以享受"零门槛"落户政策，还可以按照博士5万元/人/年、硕士1万元/人/年、学士6000元/人/年的标准申请"留学归国人员租房和生活补贴"，发放期限为两年。2016年《深圳市出国留学人员创业前期费用补贴资金管理办法》为留学归来创业人员提供30万~500万元资助。

（2）税金减免政策。税金减免包括税收和租金减免，其中税收减免政策是政府调控经济、促进社会发展的重要手段。为留学人员创新创业提供税收政策优惠，是国家对海外人才资源的肯定和对海外学子服务祖国的支持。例如，国家颁布相关政策表示，留学归国可购买免税车，即能够免除所购汽车零部件中的进口关税和车辆购置税（约占整车价格的11.7%），同时也免除进口零部件的关税。深圳市2016年《深圳市出国留学人员创业前期费用补贴资金管理办法》中规定，经评审获得创业资助、团队资助和广东省创新科研团队资助的企业，按企业实际支出的场租给予创业场租补贴。

3. 专业服务政策

海归回国创业虽然具有很多优势，但在实践过程中却同样面临着许多障碍。国内的政策法规、市场环境、管理手段等和国外有较大差异，海归回国创业急需相关服务机构提供咨询服务。政府在这其中并不是充当服务的直接提供者，而是间接引导专业中介组织发挥作用，主要表现在以下三个方面：① 政府为专业服务机构提供良好的发展环境；② 在专业服务机构和创新企业之间搭建合作平台；③ 加强对专业服务机构的监管，保证服务质量。

专业服务机构提供的服务主要涉及法律政策服务、财务服务、人才服务及管理咨询服务等。其中，法律政策服务是指为新创企业提供法律咨询，帮助创业者了解国内相关法律法规，降低企业创业中的法律风险；为新创企业提供政策咨询，及时落实优惠政策；财务服务是指为新创企业提供财务方面的专业咨询；管理咨询服务是指为新创企业提供综合性咨询服务，帮助新创企业制定总体发展规划，包括企业战略咨询、管理体系的组成整合咨询等，为新创企业提供专项管理咨询服务，主要包括商务咨询、行政管理咨询、人力资源管理、营销管理、企业形象、企业文化等咨询。高层次人才服务是指为新创企业提供各类急需的高层次、高水平的人才（杨荔发，2012）。2011年出台了《关于加强留学人员回国服务体系建设的意见》（以下简称《意见》），建立留学人员回国服务联盟，满足留学回国人员日益多元化、个性化、专业化的服务需求，在现有基础上整合资源，健全服务网络，拓展服务内容，提高服务能力。《意见》规定了四项措施：完善留学人员回国服务政策、推进留学人员回国服务网络建设、加强留学人员回国服务信息平台建设、建立完善留学人员回国服务体系运行机制。

此外，为了满足广大在外中国留学人员回国发展需要，教育部留学服务中心于 2006 年开始实施"春晖杯"中国留学人员创新创业大赛（简称"春晖杯"大赛）。截至 2022 年年底，"春晖杯"大赛已连续成功举办 17 届，遴选出优秀留学人员创新创业项目 3777 个，1400 余家优秀落地企业覆盖了全国 29 个省、自治区、直辖市的 107 个城市。经过 17 年的发展，大赛基本已构建起自项目遴选、引导、培育、对接直到项目落地、孵化和产业化的一整套完整服务体系，鼓励和吸引了一大批海外留学人员，特别是高层次留学人员投身国家建设。

本章小结

- 出国留学的动因主要有：① 提升自身竞争力；② 把握发展机遇；③ 情感因素；④ 开阔视野，丰富人生经历。
- 我国科技、政治、教育等各领域的改革创新对国际化背景的高层次人才提出了极大需求：① 科技创新、产业转型，需要国际化背景的技术精英共同参与；② 我国攻坚阶段的政治体制改革需要大批高层次人才的参与和推动；③ 教育领域的全面改革需要具有国际化留学背景的人才参与和引领。
- 来华留学教育发展历经以下四个发展阶段：① 初创阶段（1950—1966 年）；② 恢复阶段（1973—1977 年）；③ 改革开放起步阶段（1978—1989 年）；④ 快速发展阶段（1990 年至今）。
- 来华留学教育的培养模式：① 以外事部门兼管作为管理主体的教育培养模式；② 以留学生管理中心作为管理主体的教育培养模式；③ 设置独立二级院系的教育培养模式。
- 留学教育服务的类别包括：① 全面留学咨询服务；② 定制选校方案；③ 升学指导服务；④ 核心能力提升服务；⑤ 远景战略规划服务；⑥ 留学考试高分培训服务；⑦ 其他服务。
- 海归创业服务政策：① 生活配套服务；② 创业政策支持；③ 专业服务政策。

课程思政

1. 出国交流前，要加强学生的理想信念、爱国主义、民主精神、公民道德意识等方面的思想教育，发挥思政类课程的主渠道作用。注重中国传统文化的普及教育，只有了解中国传统文化，才能讲好"中国故事"，传播"中国好声音"，才能不断增强回答和抵御各种别有用心或是误解歪曲中国现状的政治问题的勇气和底气。

2. 近年来，随着我国高水平对外开放的持续深化，越来越多国家和地区的留学生群体将中国作为留学对象国。来华留学生在了解中国国情和文化相关的基本知识之外，还应当了解中国政治制度和外交政策，理解中国社会主流价值观和公共道德观念，形成良好的法制观念和道德意识。这是培养"知华、友华、爱华"的留学生群体的必由之路。

思考练习题

一、选择题

1. 留学专业选择不应考虑以下哪个因素？（　　）
   A. 自身差异因素　　　　　B. 文化差异因素
   C. 地域差异因素　　　　　D. 热门专业因素
2. 在下列选项中，哪一个不属于来华留学教育培养模式的影响因素？（　　）
   A. 社会政治经济因素　　　B. 地理因素
   C. 教育环境因素　　　　　D. 历史文化因素
3. 下面哪个选项不属于文化休克中的阶段？（　　）
   A. 蜜月阶段　　　　　　　B. 沮丧阶段
   C. 完善阶段　　　　　　　D. 适应阶段

二、简答题

1. 简述出国留学在跨文化适应中存在的问题及解决策略。
2. 简述来华留学生教育的培养模式。
3. 简述留学教育服务的流程。

案例分析

压力很大的林妙珍[25]

问题讨论：

1. 在案例中导致林妙珍学习压力很大的原因是什么？
2. 如果请你来帮助林妙珍摆脱压力，你会怎么做？

中国留学生回国发展是大趋势[26]

问题讨论：

1. 结合材料，谈谈中国留学人员回国发展的益处。
2. 结合本章所学知识，阐述如何促进留学归国人员就业和创业。

 参考文献

[1] 上海市地方志办公室，上海通志馆. 信仰之路：建党 100 年"四史"100 讲[M]. 上海文汇出版社，2021.

[2] 唐平. 中国留学工作管理研究及其信息系统开发[D]. 重庆：重庆大学，2003.

[3] 戚德祥. 出国留学教育与中国高等教育跨越式发展[D]. 长春：东北师范大学，2003.

[4] 王晓琳. 我国公派留学政策存在的问题及完善对策[D]. 沈阳：东北大学，2013.

[5] 王东芳，张曼. 改革开放以来我国公派留学教育政策的演变与启示[J]. 教育评论，2018（9）：25-30.

[6] 中华人民共和国教育部.2019 年度出国留学人员情况统计[EB/OL].（2020-12-14）. http://www.moe.gov.cn/jyb_xwfb/gzdt_gzdt/s5987/202012/t20201214_505447.html.

[7] FURNHAM A, ALIBHAI N. The friendship networks of foreign students: a replication and extension of functional model[J]. International Journal of Psychology, 1985(20): 709-722.

[8] 吴文丽. 论文化休克理论和 U 曲线假说在跨文化旅居者适应过程中的相关性[J]. 长春师范学院学报（人文社会科学版），2010（5）：18-22.

[9] GULLAHORN J T, GULLAHORN J E. An extension of the U-curve hypothesis[J]. Journal of Social Issues, 1963, 19(3): 33-47.

[10] 王维荣. 跨文化教学沟通[M]. 北京：教育科学出版社，2013.

[11] 贺向民，林凡，张国增. 北京高校来华留学生教育研究[M]. 北京：北京语言大学出版社，2008.

[12] 关秋红. 来华留学生教育培养模式研究[D]. 大庆：东北石油大学，2010.

[13] 高晓清. 世界主要国家高等教育产业国际化及对我国的启示[J]. 现代大学教育，2001（5）：34-37.

[14] 赵万霞，辛暖，赵伟. 改进来华留学生教育，提升办学国际化水平[J]. 中国高等教育，2003（20）：43-44.

[15] 王留栓. 高等教育的国际化及其中国特色之路[J]. 教育发展研究，2008（3）：25-27.

[16] 贾兆义.新时代来华留学教育：现状与高质量发展路径[J]. 世界教育信息，2023，36（7）：29-34.

[17] 李越，夏子烨. 来华留学教育对经济增长的影响及政策建议[J]. 知识经济，2019（25）：9-11.

[18] 李涛，陈家庚. 来华留学生社会心理适应状况分析与教育对策[J]. 山西高等学校社会科学学报，2020，32（1）：59-62+81.

[19] 张田田，柳承吟. "一带一路"倡议下高校来华留学生跨文化交际能力培养模式初探[J]. 上海第二工业大学学报，2019，36（4）：309-313.

[20] 龚卫华，刘君梁. 新时代广西东盟留学生教育管理模式探析[J]. 文化与传播，2022，11（5）：48-52.

[21] 中华人民共和国教育部. 第十五场：介绍从数据看党的十八大以来我国教育改革发展成效[EB/OL]. （2022-9-27）. http://www.moe.gov.cn/fbh/live/2022/54875/.

[22] 戴东红. 来华留学生教育发展探究[J]. 学术论坛，2016（4）：171-175.

[23] 邵秋月. 中国留学教育服务贸易国际竞争力分析[J]. 社科论坛，2012（3）：196-198.

[24] 刘元芹，吕江洪. 海归人才机制引进研究[J]. 南方论刊，2015（8）：14-16.

[25] 许文果. 教育学简明教程[M]. 广州暨南大学出版社，2020.

[26] 任叁. 百余年留学史，海归步入"环流"时代[J]. 中国对外贸易，2022（11）：74-76.

第十一章
出境旅游

学习目标

- 掌握出境旅游的基本概念
- 了解出境旅游的动机
- 了解出境的基本常识和出境程序
- 了解出境前的准备工作
- 掌握经济出境旅游的技巧
- 了解出境旅游的其他注意事项

引例

国际旅游发展迅猛

联合国世界旅游组织近期发布的《世界旅游晴雨表》报告称,今年一季度全球旅游人数已恢复到疫情发生前的80%。报告数据显示,2023年第一季度全球旅游人数较2022年同期增加一倍多,达2.35亿人次,是2019年同期的80%。一季度全球各地的客流快速恢复,中东地区保持领先地位,客流已超过疫情发生前水平的15%。欧洲旅游恢复到疫情发生前的90%,非洲达到88%,北美和南美达85%。亚洲市场恢复相对缓慢,但有望在2024年年底全面复苏。[1]

《中华人民共和国文化和旅游部2021年文化和旅游发展统计公报》显示,全年国内旅游总人次为32.46亿,同比增长12.8%;国内旅游收入(旅游总消费)为2.92万亿元,同比增长31.0%。文物机构10 545个,比上年末减少769个;全年接待观众84 590.57万人次,同比增长37.3%。2021年,全国文化和旅游事业费为1132.88亿元,比上一年增加44.62亿元,同比增长4.1%;全国人均文化和旅游事业费为80.20元,比上一年增加3.12元,同比增长4.0%。[2]

近年来,随着人们生活水平不断提高,交通日益便捷,越来越多的人有条件地选择出境旅游,从而开阔眼界,领略海外的文化。但是,由于价值观、思维方式和行为模式等方面的差异,在出境旅游这类跨文化交流活动过程中经常会遭遇沟通、风俗、安全等方面的问题,如何掌握出境旅游这类跨文化交流的技巧,正是本章要讨论的内容。

第一节 出境旅游概述

进入 20 世纪 90 年代以后，出境旅游已经成为一个新的消费领域和一种新的时尚。中国公民开展出境旅游的目的地已从新、马、泰三地扩展到菲律宾、澳大利亚、新西兰、埃及、德国等 30 多个国家和地区，中国出境旅游业发展迅猛。

一、出境旅游的概念

旅游活动按地理范围的大小，可以划分为国内旅游和国际旅游。其中，国际旅游是指一个国家的居民跨越国界到其他国家或地区访问的旅游活动。根据旅游者的流向不同，国际旅游划分为国际入境旅游（简称入境旅游）和国际出境旅游（简称出境旅游或出国旅游）。前者是指其他国家或地区的居民前来本国进行的旅游活动，后者则是指本地居民离开本国前往境外其他国家或地区进行的旅游活动。本书中的"国际旅游"主要是指国际出境旅游，即出境旅游或出国旅游。

二、出境旅游产业概况

我国实施政府主导型旅游发展战略，政府在旅游业的发展过程中始终处于主导地位。政府政策对旅游业的发展会起到不容忽视的促进或抑制作用。国家根据不同时期经济发展水平及国内外政治局势适时地制定禁止或鼓励中国公民出境旅游政策，亦会对我国公民的出境旅游行为起到很大的导向作用。本书依据国家在出境旅游发展的不同时期的政策与影响，划分我国出境旅游的发展阶段。

（一）出境旅游产业发展阶段

我国出境旅游产业的发展主要可以分为如下四个阶段。

1. 政治性外交阶段（20 世纪 50 年代—1983 年）

20 世纪 50 年代，中国政府就以参观旅游的名义指派我国公民赴境外进行交流，但由于当时政治局势不稳定、经济发展水平低下、交通不便捷等不利条件的限制，国家对出境旅游严格控制，包括对出游人员、出游数量、出游目的地的限制。因此，此阶段出境旅游市场规模极小，即使是经济较为发达的地区，出境旅游人数也非常少。例如上海，1957—1960 年组织到苏联、蒙古、罗马尼亚、朝鲜等国旅游的人数只有 255 人。[3]1962 年中国公民赴社会主义国家旅行的人数仅为 110 人。

2. 尝试性发展阶段（1983—1997 年）

20 世纪 80 年代初期，随着内地改革开放的不断发展，内地居民与香港居民交往日渐频繁，特别是广东地区。广东地区拥有大量侨属，其众多亲友在港澳台地区和境外国家，为圆侨属与亲人相聚之梦，1983 年 11 月 12 日，经国家相关部门同意，广东省在全国率先试点组织内地居民赴港探亲旅游。1984 年，国务院正式批准内地居民赴港澳探亲游，拉开了我国公民出境旅游的序幕,我国开始尝试性发展出境旅游。

3. 适度发展阶段(1997—2002 年)

随着我国国民出境旅游兴致的不断高涨,出境旅游市场规模日益扩大。到 1996 年,出境旅游总人数就已突破 500 万人次,同比增长 12%。国家此阶段仍然强调增加国家的外汇储备量。为了减少外汇流失,控制出境旅游总量,国家在 1997 年 7 月 1 日颁布并实施了《中国公民自费出国旅游管理暂行办法》,它规定了我国要有组织、有计划、有控制地适度发展出境旅游。新办法的出台,标志着我国出境旅游进入适度发展阶段。此阶段,港澳游、边境游、出国游都得到了健康有序的发展。

4. 全面发展阶段(2002 年至今)

2001 年 12 月,中国正式加入世界贸易组织,国家对出境旅游的发展及管理也根据世贸组织的规定进行了及时修正。2002 年 7 月 1 日,国家颁布了《中国公民出国旅游管理办法》,调整我国出境旅游发展政策以适应国际旅游发展的要求。至此,我国出境旅游市场进入全面发展时期。一般来说,一国或地区人均收入 GDP 达到 3000 美元的时候,就出现观光旅游的需求;达到 6000 美元的时候,就出现休闲度假的需求。2018 年我国人均 GDP 达到 9900 美元,2019 年超过 1 万美元,文化和旅游消费已经成为国民生活的必要品、必需品,是人们追求美好生活和精神追求方面不可或缺的一项内容。

(二)出境旅游的发展形势

中国出境旅游将主要向国际化发展。出境旅游的发达程度是一个国家经济发达程度的象征,是一个国家开放并融入国际化程度的一个标志;出境旅游业也是一个国家旅游业国际化经营的发展契机。[4]中国出境旅游的发展形势主要包括以下三个方面。

1. 中国旅游企业的国际化

中国加入 WTO 将使中国旅游业的某些保护性政策逐渐被取消,中国旅游业将趋于完全开放。这会造成国际大型旅游企业进入中国市场,给中国旅游企业带来强势的竞争压力。但机会与威胁共存。只要能够抓住机会,中国旅游企业不仅能在外国旅游企业的冲击下站住脚跟,更能借此机会扩大市场,向海外发展,实现国际化。

2. 中国旅游人才的国际化

出境旅游从业人员相较我国出境旅游人数比例相差较大,所以未能在每个团队中派遣专职领队,使出境旅游的服务质量下降,产生各种问题。[5]旅游人才的国际化是解决这一问题的根本方法。这主要包括以下三个方面。① 对国际化人才的引进,比如饭店业外聘国际化的管理人才。② 国际化人才的培养,这不能仅依靠各高校的相关专业培养,旅游企业对自身员工的国际化培训也非常重要。③ 中国旅游人才走出国门,向中国公民旅游目的地国家进行辐射,并成为当地接待、服务中国游客的旅游人力资源的重要组成部分。

3. 中国游客的国际化

游客的国际化主要表现在旅游目的地的国际化与旅游特征的国际化。中国出境旅游目的地已经覆盖全球绝大部分重要旅游目的地。因此,旅游目的地的国际化在这个意义上来说已经实现了。旅游特征的国际化，意味着中国游客在出境旅游过程中，在礼仪、行为等方面要具有国际化的水准，这些尚待进一步提升。

中国出境旅游在30多年的发展历程中，已经形成较完整和相对成熟的市场格局，已经进入一个新的发展阶段。出境旅游市场规模将继续扩大，且在一个较长的历史发展阶段内保持高增长的态势。出境旅游者消费将趋于理性，游客国际化程度将得到质的飞跃。

三、国际旅游理论

（一）旅游系统理论

从系统理论角度看，旅游活动实际上是一种系统。[6]所谓旅游活动是指通过旅游者、旅游媒介、旅游吸引物等诸多相关要素构成的一个相互依赖、相互作用的完整系统。旅游系统理论从系统的角度阐释了旅游活动的本质，为系统地了解旅游活动的内涵提供了科学的理论与认识方法。

出境旅游市场的运行也具有系统性，它是由客源地系统、目的地系统以及中转地系统构成的完整系统。这一完整系统包含客源地和目的地两个区域市场，涉及诸多旅游主体，如出境旅游消费者、出境旅游经营商、目的地旅游服务供应商以及客源国与目的地的旅游监理机构等。出境旅游市场运行的系统性决定了其发展必然要受客源地和目的地以及双方相互之间的作用等多种因素的影响。出境旅游市场的快速发展和出境旅游活动的顺利开展，需要客源地与目的地众多旅游主体的共同协作。

（二）国际旅游流理论

国际旅游流理论是以现代空间经济理论为基础，分析国际旅游流形成的内在规律和影响因素的一种理论学说，它揭示了现代服务贸易发展的规律与特点。[7]空间经济理论尤其是空间相互作用理论是国际旅游流理论发展过程中的理论源泉。国际旅游流，又称国际旅游客流，是指旅游者跨越国界在世界各国之间的空间流动的现象，包括旅游者从旅游客源国向旅游目的地国流动的数量规模和流动模式。

国际旅游流的形成需要一定的条件。从国际旅游客源产生的条件来看，主要包括客源国的政策、经济发展水平、人口学特征、闲暇时间以及旅游供给环境等；从旅游目的地接待国来看，主要包括旅游资源、经济基础、市场距离、可进入性和旅游宣传促销等，特别是旅游目的地的安全因素。同时，出境旅游作为国际旅游的一种，其形成和发展也必然受客源国和目的地国家的政治、经济、社会、政策等诸多要素的影响。

（三）旅行生涯模式理论

旅游生涯的概念原型是旅行生涯阶梯（travel career ladder，TCL）模型。[8]根据TCL模型，游客的需求动机呈现出层级或阶梯形式，最基础的是放松需求，之后依次是安全保障需求、关系需求、自尊和自我实现需求。该概念模型假设人们具有一个类似职业生涯的旅行生涯，背后的核心思想是游客的旅游动机随着旅游经历的积累而变化。游客随着自身旅游经历的增加，逐渐追求更高层次需求动机的满足。大部分游客都会系统地经过各个需求阶段，因而可以预测他们的旅游动机模式，一般是沿阶梯逐渐向上，但也有可能稳定在特定的需求阶段，这取决于健康、财务等因素的稳定性或局限性。Ryan 指出，TCL 的影响力体现在对该模型的应用已经超越了学术期刊，到达了商业咨询组织的报告中。[9]几乎在同一时间，Holden 针对滑雪旅游者的实证研究在一定程度上支持了 TCL 模型。[10]四类滑雪旅游者（按滑雪经历的多少划分）对五个动机需求水平的重视程度存在差异，经历多的游客对各类动机的打分更加明确，不仅更加清楚自身的旅游需求，而且对旅游体验的要求也更高，满意度相对更低。

在 TCL 理论的基础上，Lee 和 Pearce 提出了旅行生涯模式（TCP）理论，认为旅行生涯模式可以被概念化为三个动机层次（核心层、中间层、最外层），其中每一层都由不同的旅游动机因素组成。[11]最重要的普遍动机（如新奇、逃离、放松、关系强化）位于核心层，之外的中间层是较为重要的旅游动机，包括内部需求导向的旅游动机（如自我实现）和外部需求导向的动机（如体验自然和目的地涉入），最外层由相对稳定并且较为不重要的一般动机组成（如怀旧、隔离、社会地位）。Pearce 和 Lee 还进一步指出休闲游客无论位于旅行生涯模式的哪个层次，都受到新奇、逃离、放松和关系这些最重要的核心旅游动机以及隔离、怀旧和社会地位等较为不重要的旅游动机的影响。[12]但是，随着他们旅行生涯层次的发展，即随着年龄的增长，经历了生命周期中的不同阶段并积累了更多的旅游经历之后，这些游客的中间层较为重要的旅游动机将会从内部需求导向的动机（如自我发展）逐步转变为外部需求导向的动机（如体验自然和目的地涉入）。因此，改进后的模型揭示出了更多有意义的信息，不仅能够更好地解释游客出游动机的动态演变，也证实了其他许多动机研究中提出的旅游动机的多维度概念。

四、出境旅行诱致因素

（一）旅游消费热点由内向外转换

出境旅游作为较高层次的旅游消费，其兴起和发展与一个国家或地区的经济发展水平密切相关。2010 年以来我国城镇居民人均可支配收入每年以 10%左右的速度递增，出境旅游人次也呈现同步攀升态势。2023 年上半年，出境游目的地共计接待内地（大陆）游客 4037 万人次。短距离的出境游率先恢复，93.95%的游客集中在亚洲地区。我国居民收入水平的提高使人们外出旅游具备了更好的经济基础，旅游市场总量快速增长的同时正在发生结构性变化，消费热点逐步呈现由内向外转换的趋势。此外，自 2008 年我国实行新的休假制度后，"十一"黄金周实际上成为人们出境旅游的最理想时间，通过请假或调休，就可以形成超长假期，这在客观上又使人们在出境旅游的时间选择上具备了更大的灵活性，使更多人可能在假期选择出境旅游。

（二）旅游媒介组织的强力介入

近年来，我国不断发展壮大的出境旅游市场吸引了各大航空公司、旅行社和在线旅行服务商等旅游媒介组织的强力介入。为了争夺"十一"黄金周旅游市场的"大蛋糕"，各类旅游媒介组织争相推出各种出境游线路和优惠措施，无形中助推了出境旅游热潮的进一步高涨。2023 年 7 月，中国国航国际客运运力投入同比上升 1499.1%，旅客周转量同比上升 2033.4%，中国东航国际客运运力投入同比上升 717.68%。旅客周转量同比上升 893.88%。根据飞常准数据，7月1日至8月15日我国航司日均执飞 15 423 班，恢复至 2019 年同期 101.5%，其中国内/国际+地区分别恢复至 113.3%/48.4%。

（三）周边国家强化对华旅游营销

中国日益增长的旅游市场正在成为世界旅游业关注的焦点。一些周边国家为了吸引更多的中国游客，不断简化旅游签证手续并持续加大旅游市场营销力度。每逢节假日，泰国、日本、韩国等周边国家几乎不约而同简化了针对中国游客的签证手续。早在 2014 年下半年，泰国便在针对中国旅行团和经由第三国入境的中国游客实行落地签证政策的基础上，开始对中国公民因私前往泰国实行落地签证政策，使赴泰旅游变得更加便捷，取得了明显的旅游促进效果。自 2015 年 1 月起，日本也放宽了对华个人游客三年多次往返签证的申请条件，取消对高收入阶层的访地限制，并将签证有效期延长至五年多次往返。此外，日、韩等周边国家还针对中国游客的差异化需求推出"游学游""亲子游""购物游"等多种多样有深度、高品质的旅游产品，其体验程度和创新程度都大大提升，受到我国游客的普遍欢迎。

例证 11-1

多国为吸引中国游客也是拼了[1]

（四）国外高品质旅游与购物环境的吸引

近年来，我国旅游市场在不断壮大发展的过程中滋生出不少乱象，零负团费、购物陷阱、导游服务质量差等问题屡禁不止，加之假日期间旅游供需矛盾突出、游客拥挤和环境质量下降等问题，使国内一些传统热点旅游地的吸引力和竞争力受损。相比之下，一些周边国家的旅游与购物环境俱佳，旅游服务质量较高，成为吸引我国游客的重要因素。优良的旅游环境一方面来自高质量的建设，另一方面得益于精细化的管理。此外，购物是我国居民出境旅游的重要偏好之一，甚至成为部分居民出境旅游的首要动机。如日、韩等周边国家旅游购物服务规范，商品质量有保障，价格相对较低，环境体验价值较高，因而成为吸引我国居民前往旅游的重要因素。每逢中国假期，日本各大商家为了迎接中国游客纷纷打出中文招牌，配备中文导购，一些主力门店甚至用"微信支付""支付宝"方便中国游客结算。这些措施有效激发了中国游客赴日旅游购物的热情。

第二节 出境管理

出境旅游，首先要了解出境管理的基本常识。出境之前，应提前做好准备，如护照和签证办理、外汇管理（兑换外币）、出国程序以及出入境相关规定等，这些都应该提前了解并提前办理出境所需的相关证件。

一、申办护照

中国护照是中国公民出入境和在境外证明本人国籍和身份的重要证件。中国公民出境前须根据出境事由，分别向当地公安机关或外事部门申请相应种类的护照。各国对外国人所持护照的有效期有不同要求，一般应在一年以上。

（一）中国护照简介

中华人民共和国护照是中华人民共和国公民出入国境和在国外证明国籍和身份的证件，分为外交护照、公务护照、普通护照和特区护照。公务护照又分为公务护照和公务普通护照。特区护照分为香港特别行政区护照和澳门特别行政区护照。外交护照、公务护照和公务普通护照统称为"因公护照"，普通护照俗称"因私护照"。

1. 外交护照

由外交部颁发给中国党、政、军高级官员，全国人民代表大会、中国人民政治协商会议和各民主党派的主要领导人，外交官员、领事官员及其随行配偶、未成年子女和外交信使等。

2. 公务护照

由外交部、中华人民共和国驻外使、领馆或者外交部委托的其他驻外机构以及外交部委托的省、自治区、直辖市和设区的市人民政府外事部门颁发给中国各级政府部门副县、处级（含）以上公务员、中国派驻国外的外交代表机关、领事机关和驻联合国组织系统及其专门机构的工作人员及其随行配偶、未成年子女等。

3. 公务普通护照

由外交部、中华人民共和国驻外使、领馆或者外交部委托的其他驻外机构以及外交部委托的省、自治区、直辖市和设区的市人民政府外事部门颁发给中国各级政府部门副县、处级以下公务员和国有企事业单位因公出国人员等。

4. 普通护照

由公安部或者公安部委托的地方公安机关，以及驻外使、领馆和驻香港、澳门公署颁发给前往国外定居、探亲、学习、就业、旅行、从事商务活动等非公务原因出国的中国公民。

5. 香港特别行政区护照

由香港特别行政区入境事务处颁发给享有香港特别行政区居留权及持有有效香港永

久居民身份证的中国公民。海外符合条件者可向我国使、领馆提出申请。

6. 澳门特别行政区护照

由澳门特别行政区身份证明局颁发给澳门特别行政区的永久性居民中的中国公民和持有澳门特别行政区永久居民身份证者。

（二）护照申请

1. 因私护照申请

中国公民在国内申请普通护照，应当由本人向其户籍所在地县级以上地方人民政府公安机关出入境管理机构提出，并提交下列真实有效的材料。

（1）近期免冠照片一张以及填写完整的《中国公民因私出国（境）申请表》。

（2）居民身份证和户口簿及复印件；在居民身份证领取、换领、补领期间，可以提交临时居民身份证和户口簿及复印件。

（3）未满16周岁的公民，应当由其监护人陪同，并提交其监护人出具的同意出境的意见、监护人的居民身份证或者户口簿、护照及复印件。

（4）国家工作人员应当按照有关规定，提交本人所属工作单位或者上级主管单位按照人事管理权限审批后出具的同意出境的证明。

（5）省级地方人民政府公安机关出入境管理机构报经公安部出入境管理机构批准，要求提交的其他材料。

现役军人申请普通护照，按照管理权限履行报批手续后，由本人向所属部队驻地县级以上地方人民政府公安机关出入境管理机构提出。

2. 因公护照申请

目前中国实行的是以公有制为主体、多种所有制经济共同发展的基本经济制度。长期以来，中国政府根据本国的国情和社会制度建立了一套比较完善的因公出国（境）管理体制，保证了因公出国（境）渠道的畅通，为增进与世界各国的相互了解、加深友谊、促进交流、互利合作做出了积极贡献。现行中国因公出国（境）管理体制主要包括以下内容。

（1）出国（境）任务审批制度。赴国（境）外执行公务的因公出国（境）人员须由派遣部门向上级拥有外事审批权的部门申请因公出国（境）任务批件，审批部门根据派遣部门提交的申请材料进行审批，主要审查出国（境）任务是否有明确的公务目的和实质内容，人员组成是否合理。

（2）出国（境）人员审查制度。因公出国（境）人员的审查一律由授权的部门归口负责，主要审查该出国（境）团组成员有无犯罪记录、工作表现和个人品质。

（3）因公护照颁发制度。派遣部门持因公出国（境）任务批件、出国（境）人员审查批件以及其他相关材料，向发照机关申领护照。发照机关根据规定对派遣部门提交的上述材料审核无误后，颁发相应的护照。如发现不符合中央、国务院有关规定精神或有弄虚作假、骗取护照的情况，发照机关有权拒绝发照。

（4）因公护照的集中保管制度。因公护照实行统一管理、分级保管、层层负责的原则。因公出国（境）人员须在其回国后交回其所持护照，由本单位或上级主管部门登记、管理，保证因公护照只能用于出国（境）执行公务目的。

3. 申请护照手续

（1）因公出国（境）人员通过其所在单位向发照机关申请护照。申请护照时，应提供：① 出国（境）及赴港澳任务批件原件；② 因公团组信息表；③ 因公护照申请表。派员参加其他单位组织的出访团组的单位应提供：① 出国（境）任务通知书复印件；② 出国（境）任务确认件原件；③ 因公团组信息表；④ 因公护照申请表。

（2）对护照申办单位提交申请材料齐全、符合颁发条件的，发照机关在3个工作日内颁发护照。

（三）护照遗失后的处理

1. 在国内遗失

（1）尽量寻找丢失护照，补办护照作为最后的选择。如在递交补办申请后又找回护照，其申请不可撤销，应尽快将护照送交有关使领馆注销。在新护照还未办好前又找回原护照，原护照不能继续使用。

（2）护照申请补办。普通护照损毁、遗失、被盗的，公民可以向其户籍所在地县级以上地方人民政府公安机关出入境管理机构申请补发。

除按正常申请护照手续提交申请材料外，应当提交相关材料：① 因证件损毁申请补发的，提交损毁的证件及损毁原因说明；② 因证件遗失或者被盗申请补发的，提交报失证明和遗失或者被盗情况说明。

尤其是国内居民在出境前遗失护照的，应及时向护照遗失地的公安机关挂失，取得报失证明后报告原颁发护照的公安出入境管理机关备案，并在护照遗失地或原发照地或现户口所在地的省级报纸或省级公安机关指定的报纸上登报声明。户口所在地（市）级以上公安机关受理护照补发申请并经核实，原则上自报失之日起3个月后，方予补发护照。

2. 在国外遗失

中国公民在国外遗失护照的，应当向所在国的有关部门挂失和登报，向我国驻外使馆（领事馆或外交部授权的其他驻外机构）申请补发护照。受理申请的驻外机关报经公安部出入境管理局或原发照机关核实后，酌情发给护照或者《中华人民共和国旅行证》。《中华人民共和国旅行证》是护照的替代证件。

因此，如果在境外丢失中国护照，应立即向当地警察部门报警。然后向中国驻地使领馆报失护照，申请补发护照或者旅行证，以便向当地移民局申办出境手续时备用，同时向就近的中国使领馆申请补发旅行证件。

16岁以下的申请人应由父母双方（或法定监护人）陪同，并出具父母双方（或法定监护人）同意为申请人办理旅行证件的书面声明。如父母有一方不能陪同，应出具具有法律效力的委托书，同意并委托另一方为申请人办理旅行证件。

二、签证

（一）什么是签证

签证（visa）是一国政府机关依照本国法律规定为申请入、出或通过本国的外国人颁发的一种许可证明，通常附载于申请人所持的护照或其他国际旅行证件上。在特殊情况下，凭有效护照或其他国际旅行证件可通行。随着科技的进步，有些国家已经开始使用电子签证和生物技术签证，大大增强了签证的防伪功能。

（二）签证的类别

1. 入境签证

入境签证是准予持证人在规定的期限内，由对外开放或指定的口岸进入该国国境的签证。中国入境签证自颁发之日起生效，有的国家另行明示入境签证生效日期。

2. 过境签证

过境签证是准予持证人在规定的期限内，由对外开放或指定的口岸经过该国国境前往第三国的签证。要取得过境签证，须事先获取目的地国家的有效入境签证或许可证明（免签国家除外）。按国际惯例，有联程机票，在24小时之内不出机场直接过境人员一般免办签证，但部分国家仍要求任何情况下过境本国的外国人办理过境签证。

3. 出境签证

出境签证是准予持证人经对外开放或指定的口岸离开该国国境的签证。有些国家不限出境口岸。包括中国在内的很多国家已取消出境签证，外国人在签证准予停留的期限内或居留证件有效期内凭有效证件出境。

4. 其他类别签证

有的国家还设立有入出境签证、出入境签证和再入境签证等类别。中国现行签证中无这些类别。

口岸签证，指一国签证机关依法在本国入境口岸向已抵达的外国人颁发的签证，以便当事人及时入境处理紧急事务。实行口岸签证的国家都规定有申办口岸签证的条件和程序。有一些国家把口岸签证称为落地签证，办理落地签证手续相对简单。

（三）签证的形式

1. 签注式签证

签注式签证指在有效护照上做简单的文字签注，注明准予持证人入出境的具体要求。早期的签证多采取此种形式。

2. 印章式签证

印章式签证指将签证的固定格式刻在印章上，在做签证时，将印章盖在申请人护照或其他旅行证件的签证页上，并填写必要的内容，全部过程由手工操作。随着技术的进步，改用签证机代之，或用计算机按固定格式将签证的内容打印在护照上。

3. 贴纸签证

贴纸签证是将签证的内容按照固定的格式做在签证专用纸上，用不干胶将打印完成的签证贴在申请人的护照上。贴纸签证通常用计算机打印制作。

4. 另纸签证

另纸签证指做在与护照或其他国际旅行证件分离的单页纸上的签证，是签证的一种特殊形式，必须与申请人所持的护照或其他国际旅行证件同时使用。另纸签证颁发的对象，不同国家有不同的规定。

5. 机读签证

机读签证（machine readable Visas-MRV）指适用于机器阅读的签证，是国际民航组织机读旅行证件咨询部在机读护照技术的基础上开发的一种用机器阅读和识别签证的技术。这种技术大大简化了国际旅行手续，缩短了通关时间。

6. 电子签证

一些国家还利用计算机网络和磁卡技术开发出电子签证，或称隐形签证。澳大利亚和新加坡等国家已开始试用这种签证。

7. 个人签证与团体签证

个人签证指做在每个申请人的护照或其他国际旅行证件上的签证。团体签证是指做在一个团体名单上的签证。持用同一团体签证的人员必须随团一同入出境。

（四）签证办理

除双边协定规定或前往国家单方面规定可免签或办理落地签证，或需在第三国申请签证的情况外，中国公民出国前通常需向前往国家驻华使领馆申请并办妥相应签证。个别国家规定，即使不出机场转机，仍需要提前办妥过境签证。

1. 申请流程

（1）递交有效的护照。

（2）递交与申请事由相关的各种证件，例如有关自己出生、婚姻状况、学历、工作经历等的证明。

（3）填写并递交签证申请表格。签证不同，表格也不同，多数要用外文填写，同时交付本人照片。

（4）前往国驻该国大使馆或领事馆官员会见。有的国家规定，凡移民申请者必须面谈后，才能决定；也有的国家规定，申请非移民签证也必须面谈。

（5）大使馆或者领事馆将填妥的各种签证申请表格和必要的证明材料呈报国内主管部门审查批准。有少数国家的使领馆有权直接发给签证，但仍须转报国内备案。

（6）前往国家的主管部门进行必要的审核后，将审批意见通知驻该国使领馆。如果同意，即发给签证。如果拒绝，也会通知申请者。

（7）缴纳签证费用。一般来说，递交签证申请的时候就要先缴纳费用，也有个别国家是签证申请成功的时候才收取费用。一般而言，移民签证费用略高，非移民签证费用略低。也有些国家和地区的签证是免费的。

2. 办理途径

中国公民申办外国签证大致有三种途径。

（1）本人直接向外国驻华大使馆或领事馆申请办理。

（2）委托中国旅行社的签证处申请办理（一般只限旅游签证）。

（3）由外国亲友直接向该国移民局申请签证。

本人可以直接向该国驻华大使馆、领事馆申请签证。有的国家在中国没有开设大使馆，则应由国外亲友在当地办理入境许可证明，获得批准后，再由亲属寄给申请者。

三、中国外汇管理

（一）中国外汇管理政策

1. 外汇管理政策总述

2023年7月28日，国家外汇管理局更新发布《现行有效外汇管理主要法规目录（截至2023年6月30日）》（以下简称《目录》），以便社会公众查询使用。更新后的《目录》共收录截至2023年6月30日发布的外汇管理主要法规178件，按照综合、经常项目外汇管理、资本项目外汇管理、金融机构外汇业务监管、人民币汇率与外汇市场、国际收支与外汇统计、外汇检查与法规适用、外汇科技管理8大项目分类，并根据具体业务类型分为若干子项。本次《目录》主要新增涉及国际收支统计的法规，删除资本项目外汇管理和金融机构外汇业务监管项下部分已废止、失效法规。[13]

2. 结汇、售汇及付汇管理总则规定

《结汇、售汇及付汇管理规定》是为了规范结汇、售汇及付汇行为，实现人民币在经常项目下可兑换而制定的法规。该规定于1996年6月20日由中国人民银行发布，同年7月1日起施行。其总则要求如下。

（1）经营外汇业务的银行应当按照本规定和中国人民银行、国家外汇管理局批准的业务范围办理结汇、售汇、开立外汇账户及对外支付业务。

（2）境内机构外汇收入，除国家另有规定外应当及时调回境内。

（3）境内机构、居民个人、驻华机构及来华人员应当按照本规定办理结汇、购汇、开立外汇账户及对外支付。

（4）境内机构和居民个人通过经营外汇业务的银行办理对外收支时，应当按照《国际收支统计申报办法》及有关规定办理国际收支统计申报。

3. 个人外汇管理办法

中国人民银行于2006年12月25日对外发布了中国人民银行令〔2006〕第3号《个人外汇管理办法》，《个人外汇管理办法》自2007年2月1日起施行。个人外汇管理办法总则有以下九条。

（1）为便利个人外汇收支，简化业务手续，规范外汇管理，根据《中华人民共和国外汇管理条例》和《结汇、售汇及付汇管理规定》等相关法规，制定本办法。

（2）个人外汇业务按照交易主体区分境内与境外个人外汇业务，按照交易性质区分经常项目和资本项目个人外汇业务。按上述分类对个人外汇业务进行管理。

（3）经常项目项下的个人外汇业务按照可兑换原则管理，资本项目项下的个人外汇业务按照可兑换进程管理。

（4）国家外汇管理局及其分支机构（以下简称外汇局）按照本办法规定，对个人在境内及跨境外汇业务进行监督和管理。

（5）个人应当按照本办法规定办理有关外汇业务。银行应当按照本办法规定为个人办理外汇收付、结售汇及开立外汇账户等业务，对个人提交的有效身份证件及相关证明材料的真实性进行审核。汇款机构及外币兑换机构（含代兑点）按照本办法规定为个人办理个人外汇业务。

（6）银行应通过外汇局指定的管理信息系统办理个人购汇和结汇业务，真实、准确录入相关信息，并将办理个人业务的相关材料至少保存5年备查。

（7）银行和个人在办理个人外汇业务时，应当遵守本办法的相关规定，不得以分拆等方式逃避限额监管，也不得使用虚假商业单据或者凭证逃避真实性管理。

（8）个人跨境收支，应当按照国际收支统计申报的有关规定办理国际收支统计申报手续。

（9）对个人结汇和境内个人购汇实行年度总额管理。年度总额内的，凭本人有效身份证件在银行办理；超过年度总额的，经常项目项下凭本人有效身份证件和有交易额的相关证明等材料在银行办理，资本项目项下按照第三章有关规定办理。

4. 个人外汇管制新规

（1）从2019年1月1日起，中国人民银行要求支付宝、微信支付等任何第三方个人账户5万元以上的大额交易都要受到审查并进行上报。

（2）从2019年1月1日起，个人换汇额度依旧是每人每自然年5万美金。

（3）2019年2月9日，中国最高人民法院、最高人民检察院联合发布《非法买卖外汇认定标准》，其中明确表明非法进行外汇交易并获利超过10万人民币，将认定为非法经营罪并追究刑事责任。

（二）换汇方式

1. 通过银行正规渠道兑换

优点是非常保险，无须担心资金安全。缺点是程序烦琐，且换汇金额有很多限制，无法满足大额换汇需求。

2. 通过办理汇票或者旅行支票

这种方法可作大资金换汇使用，但手续费较高。此外，随着新规出台，通过这种方法可办理的购汇额度再次收紧。

3. 办理外币信用卡

目前很多银行都推出了双币信用卡，可支持美元和人民币两种币种消费。对于居民境外消费而言十分方便，并且安全度较高，但费用并不低廉。

4. 通过其他换汇方式兑换外币

可在国外部分场所兑换外币或提取当地货币，但汇率差别很大，如国外的机场、酒店、外币兑换点、银行、部分柜员机和导游处等，可以兑换外币。

四、出入境规定

（一）出入境相关法规

（1）中国公民出境入境，应当依法申请办理护照或者其他旅行证件。中国公民前往其他国家或者地区，还需要取得前往国签证或者其他入境许可证明。但是，中国政府与其他国家政府签订互免签证协议或者公安部、外交部另有规定的除外。

中国公民以海员身份出境入境和在国外船舶上从事工作的，应当依法申请办理海员证。

（2）中国公民往来内地与香港特别行政区、澳门特别行政区，中国公民往来大陆与台湾地区，应当依法申请办理通行证件。

（3）中国公民出境入境，应当向出入境边防检查机关交验本人的护照或者其他旅行证件等出境入境证件，履行规定的手续，经查验准许，方可出境入境。

（二）出入境检查

出入境主要办理以下几项检查手续。

1. 边防检查手续

这项检查很多国家由移民局（外侨警察局）负责。出入境者要填写出入境登记卡片（有时航空公司在飞机上代发卡片，可提前填写），交验护照和签证。卡片的内容有姓名、性别、出生年月、国籍、民族、婚否、护照种类和号码、签证种类和号码、有效期限、入境口岸、日期、逗留期等。护照、签证验毕，加盖出入境验讫章。

2. 海关检查手续

海关检查人员一般会询问有否需申报的物品，但有的国家要出入境者填写携带物品申报单。海关有权检查出入境者所带行李物品，有的海关对个人日用品、衣物等的检查不十分严格。对持外交护照者可免检。各国对出入境物品管理规定不一，烟、酒、香水等物品常常按限额放行。文物、武器、当地货币、毒品、动植物等禁运品，非经特许，不得出入国境。有些国家还要求填写外币申报单，出境时还要检查。

3. 安全检查手续

近年来，由于劫持飞机事件不断发生，因此对登机的旅客采取安全检查措施越来越普遍，手续也日趋严格。主要禁止携带武器、凶器、爆炸物、剧毒等。检查方式包括过安全门、磁性探测器近身检查、查手提包、搜身等。我国也实行国际上通用的安全检查方法。

4. 交验黄皮书

很多国家对来往某些国家、地区的旅客，免验黄皮书，但对发生疫情的地区，则检查较严格，对未进行必要接种的旅客，往往采取隔离、强制接种等措施。

5. 居留手续

有的国家规定，外国旅客入境时要在指定时间内向有关部门申报办理居留手续。例如，日本规定居住 3 个月以上的外国旅客必须在入日本国境后 1 个月内办理居留身份证。身份证应随身携带，否则，随时随地可能会遇到麻烦。

（三）航空公司关于行李的规定

乘坐国际航班，手提行李的总重量以 7 千克（部分航空公司有特殊重量限制规定）为限，每件行李的体积不得超过 20 厘米×40 厘米×55 厘米（三边之和不超过 115 厘米）。超过上述重量或体积限制的，应作为托运行李托运。

禁止旅客随身携带或托运的物品包括：枪支、军用或警用械具类（含主要部件）；爆燃物品类；管制刀具；易燃易爆物品；毒害品；腐蚀性物品；放射性物品；其他危害飞行安全的物品；国家法律法规规定的其他禁止携带、运输的物品。

禁止旅客随身携带但可以作为托运的物品包括：菜刀等生活用刀；手术刀等专业刀具；文艺单位表演用的刀、剑等；斧、凿、加重或有尖钉的手杖、铁头登山杖等；其他可用来危害航空安全的锐器、钝器；酒类（1 千克且包装完好）。

乘机旅客可限量随身携带的生活用品包括：发胶、衣领净 1 瓶（350 毫升）；摩丝、光亮剂 1 瓶（350 毫升）；香水 500 毫升；杀虫剂 1 瓶（350 毫升）；空气清新剂 1 瓶（350 毫升）。以上所有累计不超过 1 000 毫升或 1 千克。

旅客不得在托运行李内夹带重要文件和资料、外交信袋、证券、货币（大量现金）、汇票、贵重物品、易碎易腐蚀物品，以及其他需要专人照管的物品。承运人对托运行李内夹带上述物品的遗失或损坏，按一般托运行李承担赔偿责任。

同时，托运行李必须包装完整、锁扣完好、捆扎牢固、能承受一定的压力，能在正常操作条件下完全装卸和运输。对包装不符合要求的行李，承运人可拒绝收运。

特别地，旅客的托运行李全部或部分损失、丢失，赔偿金额每千克不超过人民币 50 元。托运行李每千克价值超过人民币 50 元时，旅客可办理行李的声明价值，行李的声明价值不得超过行李本身的实际价值，每位旅客的行李声明价值最高限额为人民币 8000 元；行李价值每千克低于 50 元时，按实际价值赔偿。

以上限制为一般规定，各航空公司可能有各自的标准，可留意机票背面的有关说明。

第三节　出境旅游实务

既然是出境旅游，则应该掌握一些出境旅游实质性的技巧，这对于旅客提升出境旅游的体验有非常大的作用。诸如境外旅行计划的制订方法、经济的出境方式、旅游过程中购物和食宿以及退税方法等，都能给予旅客在旅行过程中实质性的方便与节流，提升旅客境外旅游体验感。

一、语言与非语言

在全球化时代以及国际旅游日盛的背景下，不同文化间进行有效的沟通成为当代跨境旅行者、商务人士等必须具备的能力，而在沟通中语言与非语言起着关键的作用。[14]

（一）语言在旅游中的角色

近年来，在人们对精神生活的不断追求下，旅游资源范围不断扩大，其中，文化旅游已经成为大众消费的首选，亦成为国际、国内旅游市场的重要组成部分。但实现跨境旅游这类文化交流的基础是掌握沟通技能。因此，语言是实现国际沟通的工具和桥梁[15]，语言也在境外旅游中扮演着重要的角色[16]。

1. 沟通角色

语言是沟通交流的必备工具，是互通交流的前提。在境外旅游的过程中，只有跨越语言障碍，才能顺利地进行旅游。通过语言交流，方便旅游生活。如购物、就餐、问路、交友、文化交流等都需要通过语言交流才能够得以进行。

2. 公示语角色

其一，通过旅游资料的宣传介绍，向游客介绍景区信息，使游客获得相关的地理、文化、风土人情、历史背景等知识；其二，激发游客兴趣，加深游客对景区的印象，起到"呼唤功能"。[17]

3. 服务角色

语言服务于旅游业发展。例如，"一带一路"倡议给旅游业带来全新的机遇，沿线国家的语种势必影响旅游体验，而且中国的旅游区域向外推广也需要语言良性的服务。语言服务范围越广泛，旅游文化内涵越丰富。

例证 11-2

两位导游给外国旅客介绍姑苏城的语言描述[18]

（二）非语言在旅游中的角色

在境外旅游过程中，当旅客与国外友人交流的实用语言沟通遇到障碍或者旅客掌握的外语沟通技能有限，无法与国外友人进行交流时，非语言沟通技巧就显得十分重要。非语言沟通技巧掌握得好，同样能与国外友人进行交流。

非语言沟通技巧包括合理利用空间、利用时间、利用物体、利用姿势和手势、利用触觉和利用模仿等非语言的方法。[19]在交际中，除语言以外，非语言因素也起到了非常重要的作用。对于旅客而言，有利于与国外友人进行沟通；对于旅游服务业而言，真诚的微笑、友好的态度、熟练的业务、及时的应变能力，都能为外国游客带来良好的旅游体验。[20]

在跨文化交际中，非语言交际和文化一样，常常捉摸不定、难以察觉，但非语言交际行为和手段却比语言交际行为所起的交际作用更大，在语言交际发生障碍时，它具有代替、维持甚至挽救的作用。[21]

二、境外旅行计划

（一）确定境外旅游目的地和时间

首先，确定旅游目的地、出行日期及在目的地游玩的天数。其次，需要了解目的地的旅行地和亮点、当地的社会稳定和治安状况，以及旅行地之间的大体交通方式，为后面的行程规划做准备。

（1）旅行时间尽量在 5~15 天，具体时间根据需求确定。

（2）如果是第一次出国，尽量不要一次性去多个国家，去的地方越多需要准备的就越多。

（3）选择一个喜欢的地方深入了解，如对其山川景色、风土人情应有所了解，并适当做笔记。

（4）选择旅游的方式，自由行（或跟团旅游）。

（二）办理护照和签证

出国必须持有护照，护照办理通常需要 15 个工作日。如果暂时没有出行计划，也可以提前办理一个。

一般旅游签证分为旅游签、过境签、落地签以及免签。

当确定了目的地之后，应提前了解目的地的签证政策。其中，落地签和免签最为方便，不用提前办理。其他的签证应尽量预留一个月以上的时间进行办理。

（三）预订机票、酒店

在成功办理了护照和签证以后预订机票和酒店为妥。如果提前订机票或酒店，万一遭到拒签，可能遭受损失。

因此，此时确定旅游往返时间以及飞行起始地最佳，并提前订好机票。如果有足够的预算，可随时订好机票和酒店。如果想经济出行和经济住宿，可以考虑预订廉价航空和国外民宿等。同时，确定好去往目的地的旅游地点、各地点停留的时间，做好大致的时间表。

（四）制定具体行程规划

这是旅行计划中最重要的一个部分。目的地的旅游地点应根据个人喜好、时间、经济条件和身体状况等而定。特别注意，同一天游览的地方距离不能太远，否则会把过多的时间花在交通上，容易感到疲惫。

1. 总规划安排

一般而言，过于紧张的时间安排，并不能发挥最大化的旅游效益，反而可能令人身心疲惫。如果自己能够合理地安排行程，则可以自己安排；如果对合理安排行程无从下手，则可以借助一些工具辅助制定合理的行程规划，如旅游网站的旅游攻略，中旅、中青旅等旅行社的行程规划，等等。

2. 时间安排

合理的时间安排一般包括交通出行时间、游玩时间、就餐时间以及购物时间。其具体的安排根据需求和实际情况制定。

3. 出行安排

景点与景点之间的交通出行方式应提前准备好，即确定出行方式，主要包括步行、公共交通、打车。如果是公共交通，应查阅买票方式；如果是打车，可查阅是否有打车软件。

（五）行前准备

1. 外币兑换

出发前应兑换一些目的地国家的现金在身上，一般国内汇率较国外的低。具体兑换外币方法或解决外币兑换的方法。

2. 通信

通信设备也应准备。根据需要，可提前开通国际漫游，或者到达目的地后购买不同面值的手机预付卡，或租用 Wi-Fi 路由器。

3. 行李准备

列出行李清单，购买必要的生活用品，特别是机票、护照、签证、钱、银行卡和通信工具。所携带的物品和重量应符合所乘的航班要求。本章前文已阐述国际航班关于乘客行李的规定，可参考借鉴。

4. 保险购买

出国旅游前，购买一份保险十分重要。购买旅游类保险，不仅方便出游，更重要的是人身财产安全可以得到保障。关于购买什么样的保险，本章后文将详细阐述。

三、境外旅行的方式

（一）无景点旅游

无景点旅游是一种注重休闲与体验、追求无拘无束游历的旅游方式，吸引此类游客的旅游资源一般是那些可以让游客感到获得真实的亲近自然、感受文化、陶冶性情、放松身心的事物和因素。[22]无景点旅游，即自主、自愿、自助、自由式旅游。自主，就是自主选择落脚点，自主选择行走路线，自主决定景点。自愿，就是自发选择出游伙伴，相互约定，自行组合。自助，就是自行选择交通工具，如驾车、搭车、乘车、拼车，自行把握具体行程。自由，就是不受旅行社固定导游点的约束，不受旅游时间的限制，可以随时根据情况调整或改变行程计划。

（二）景点式旅游

旅游景点是指那些有明确的界限同外界相隔并有固定的出入口，对游人的出入进行有效管理的游览点或参观点。作为一个旅游景点，应满足三个特点：专用性、长久性、可控性。专用性即指定的用来供游人开展各类休闲活动的场所；长久性即必须有长期固定的场所，并利用这一场所发挥其固有职能；可控性即必须有人行使管理，能够对游人的进出行使有效的管理。[23]具体来说，景点包括风景区、博物馆、寺庙观堂、旅游度假区、自然保护区、主题公园、森林公园、地质公园、游乐园、动物园、植物园及工业、农业、经贸、科教、军事、体育、文化艺术等各类旅游景区。因此，景点式旅游就是在固定的景点进行休闲娱乐，景区是核心的旅游资源。

（三）工作旅行

工作旅行，俗称打工旅行，是指边打工边旅行的一种旅游形式。通常指的是去异地或异国，包括农场、工厂、旅店等可以赚取旅游费用的场所。这种形式不仅可以增加个人的阅历，也可以增加一些回忆，是如今比较流行的年轻人的旅行方式。欧美有很多年轻人在毕业后一边旅行一边打工，即旅行期间在当地打工赚取生活费用，在不同的城市和国家体验当地的风俗文化，然而在中国却很难这样，因为全球只有一个国家针对中国游客实行《打工度假签证》。也就是说，中国人想半工半游，只能到这个国家去，这个国家就是新西兰。

（四）探险式旅游

探险式旅游（adventure travel）是旅游者到人迹罕至或险象环生的特殊环境进行的充满神秘性、危险性和刺激性的旅行考察活动。一种如泰国的骑象探险旅游、丹麦的狗拉雪橇探险旅游等；另一种是以追求世界纪录为目的的冒险旅行，如乘气球环球旅行、驾脚踏飞机或滑行器飞渡海峡、驾游艇或小船周游世界、乘独木舟横渡大西洋等。

（五）游学旅游

游学指离开自己熟悉的环境，到另一个全新的环境里进行学习和游玩，既不是单纯的旅游也不是简单的学习，而是在学习之中潜移默化地体验人生，在体验当中进行学习。游学的本质是文化的融合，游学是开阔视野、培养国际观和树立坚韧的世界观的一种绝佳方式。

途牛发布《2019年全球暑期游学趋势报告》[24]

(六) 邮轮旅游

邮轮旅游是指以大型豪华游船为载体、以海上巡游为主要形式、以船上活动和岸上休闲旅游为主要内容的高端旅游活动。现代邮轮，就其本身而言，已经具备了丰富的游览价值，是旅游活动过程中重要目的地之一，是海上旅游过程中不可或缺的重要组成部分。和上岸观光游览一样，享受邮轮上完善的设施与贴心的服务本身也是邮轮旅游过程中的重要体验。目前，国际上对于邮轮的评定普遍通用世界邮轮协会的标准评定体系，在设计建造时对邮轮的设施和吨位按照不同的等级，有着统一的要求标准。[25]

(七) 跟团旅游

跟团旅游，顾名思义，就是向旅行社订购组团的旅游服务。跟团旅游有以下六个好处：① 现成路线选择；② 安全保障更到位；③ 更节省时间；④ 认识更多朋友；⑤ 费用相对经济化；⑥ 专业导游服务。

(八) 跨国医疗旅游

世界旅游组织将"医疗旅游"定义为以医疗护理、疾病与健康、康复与修养为主题的旅游服务。通常由温泉疗养、香薰 SPA、泥浆与沙疗、人工按摩等构成，还包括以健身、休闲为目的的保健旅游，以及以手术治疗、中医、医学整容等纯粹的治疗疾病为目的的医疗旅游。

跨国行为的医疗旅游客流是从发达国家向发展中国家流动的，且正日益加剧。多数医疗游客出境的理由相差无几，即境外费用低、等候接受医疗服务的时间短，可以接触国内不具备的疗法。例如，针对中国市场的海外医疗旅游目的地产品，其最大优势便是高性价比和领先于国内的医疗技术。在海外就医的同时，可以享受当地的美景和清新的空气，作为一次身心放松之旅一举两得，也是大家愿意选择跨境海外就医的原因之一。欧美国家依托医疗技术、日韩等国依托高水平服务和高性价比产品、南亚国家依托具有竞争力的产品价格成为中国海外医疗旅游的主要目的地。[26]

(九) 商务旅行

近年来，商务旅游是发展最快的旅游项目之一，从其规模和发展看，已成为世界旅游市场的重要组成部分，而且具有巨大的发展潜力。商务旅游（business travel）是指商务旅游者以商务为主要目的，离开自己的常住地到外地或外国所进行的商务活动及其他活动。其活动通常包括谈判、会议、展览、科技文化交流活动以及随之带来的住宿、餐饮、交通、游览、休闲、通信等活动。[27]商务旅游主要有以下几种形式：商务会议、奖励旅游、展览和交易会及国际学术交流会。

四、经济出国

(一) 廉价航空

1. 认识廉价航空

廉价航空公司有西南航空、亚洲航空、春秋航空和东南亚廉价航空公司等。主要经营客流量大的短程航线，多在二级机场起降，有时不提供免费餐点等附加服务，以减少一些不必要的开支。由于经营成本大幅降低，低成本航空公司的票价一般低于主流航空公司，旅客称其为"廉价航空公司"。由于现代航空业的激烈竞争，自助成分较强的航空服务和简便快捷的登机手续，使廉价航空公司的航线服务实现了航空交通公交化。为了扩大市场份额，此类航空公司经常会定期或不定期地推出各种折扣套餐，最低甚至可以200元起购。

例证 11-4

亚洲最大的廉价航空公司[28]

2. 购买廉价机票

（1）低价机票的退改签。

① 在航空公司官方网站预定。在官方网站预定的最大好处就是支持退改签，而且能用里程积分兑换机票。综合航空公司官方网站评价，廉价航空公司如下所示。

国内：吉祥/春秋。

东南亚：亚航/酷航（虎航）/飞鸟/宿务太平洋航空。

日韩：香港快运/香草/乐桃/釜山航空/真航空。

欧洲：瑞安航空/易捷航空/柏林航空/德国之翼/伏林航空/欧洲之翼。

北美：越洋航空/西捷航空/美国西南航空/Spirit。

澳洲：维珍澳洲航空/捷星。

② 在旅行网站上预定。旅行网站能一次性列出不同航空公司的不同价钱的机票，极大地提高了选择效率。且旅行网站能拿到航空公司的低价舱，在做大促活动或者选择组合套餐的时候，价格会比单独预订机票和酒店低得多。

③ 拨打航空公司客服电话预定。在网上看好了某家航空公司的低价票，可以直接拨打官方订票电话购买。

（2）低价机票购买时间。机票并不是越早买越好，一般来说，淡季/平季出发提前30~40天，如果过早预定可能特价舱还没放出来，导致最后价格偏贵。旺季购票的话则应提前，越早购票越好。

3. 低价机票购买注意事项

大部分的特价机票都不支持退改签，如果行程有变，就很可能遭受损失。

（1）要选择即时出票的平台。不少网站为了吸引用户，都会贴上预定或申请的标签，这类机票不能马上出票，后患无穷。

（2）不要到外网买机票。外网上的一些机票价格看上去很便宜，但不建议大家购买，因为如果填写的信息有误，整张机票将会作废。

（3）一定要买航空意外保险。航空意外险一般有效期是7天，价位不等，乘坐航空，买份保险比较妥当。

（4）一定要关注行李负载额度。廉价航空一般免费托运的额度都很小，对随身行李的重量也有严格要求，一定要看清楚，超重的费用十分昂贵。

4. 机票的退改签

退：机票的退票分为几类，全价机票可以无条件退票；特价、打折机票要看具体的条件。

改：全价票可以更改，特价、打折票要看具体条件。

签：指的是机票可否变更到别的航空公司。

购买机票后，需要改变航班的日期或舱位等级应在原指定航班飞机规定离站时间48小时前提出，变更舱位等级，票款多退少补。客票只能变更一次，再次变更，须按退票有关规定办理后，重新购票。

（二）经济食宿

1. 一日三餐

（1）早餐，可在旅游地住宿的地方就餐。如果住在青年旅社、寄宿当地家庭或民宿，则早餐比较经济实惠；如果住在酒店，则早餐的花费会比较高。

（2）中餐，可在旅游景点解决。在出发之前，可以带一些面包、饼干、方便面等携带方便的餐食，再带上一瓶水便可。尽量避免在旅游景点就餐，旅游景点的餐馆一般要比别处的价格高出多倍。如果经济条件允许，可以在参观地用餐。

（3）晚餐，同早餐一样，在旅游地住宿的地方就餐。

2. 青年旅舍

青年旅舍以"安全、经济、卫生"为特点，接待对象以青年为主。旅舍以床位论价，一般一个床位收费为当地买一个快餐的价格，为三星级酒店房价的十分之一左右。室内设备简单，高低床、硬实的床垫和被褥，带锁的个人衣柜，使用集体浴室、洗手间。硬件要求结实、美观、实用、方便、洁净，以自助为主，备有洗衣机、自助餐厅等，还有康乐室、公共活动室等，青年可根据自身特点组织各种文体活动。

在境外旅游，青年旅社比较多，预订也比较方便，且经济实惠。

3. 民宿

民宿是指利用自用住宅空闲房间，结合当地人文、自然景观、生态、环境资源及农、林、渔、牧生产活动，为外出郊游或远行的旅客提供个性化住宿场所。除一般常见的饭店以及旅社之外，其他可以提供旅客住宿的地方，例如民宅、休闲中心、农庄、农舍、牧场等，都可以归纳为民宿类。

在境外旅游，解决住宿问题，民宿也是一个不错的选择。民宿的预订也比较方便，在国内的网站可以预订。

4. 帮助兑换

帮助兑换，这种行为模式为喜欢旅游或体验不同生活的人提供了比较方便的食宿。

帮助者（helper）大部分就是想体验不同旅游方式的人，主人（host）是来自世界许多国家的当地居民，包括农场主、咖啡厅、旅馆、餐厅或者只是普通的家庭，他们愿意为帮助者提供食宿，分享日常的生活，但需要帮助者做一些工作。除了日常的工作，主人还会尽量帮助帮助者了解当地文化，带帮助者游览附近的景区。

这种体验式旅游可谓经济实惠，体验感非常强，也十分有趣。

（三）经济购物

1. 制订购物计划

在境外旅游，避免不了购物。如果要实现经济购物，就应该以节流为目的、以经济实惠为标准制订合理的购物计划，合理规划预算。购物计划的内容主要包括购物时间、地点、购买商品以及支付方式。如果时间和条件允许，可以对比不同购物商场的商品价格，货比三家，实现经济购物。

2. 选择经济支付的技巧

（1）合理规划，提前换汇。在确定出行国后，免不了要带上出行国的现金。因此，在国内就应提前把现金兑换好，不要等到临近出国了再随便找个银行兑换。

在兑换的过程中，可以多做点工作，通过手机、计算机等上网工具，查询并比较不同银行的兑换手续费，尽量找兑换损失较少的银行兑换更多的现金。

（2）使用刷卡消费。出国旅行前，可以提前办理一张国际信用卡，使用信用卡消费的汇率比现金购汇的汇率要低一些。因此，刷卡消费买同价值的东西支付的钱更少。

（3）使用出行国的币种。在美国就使用美元，在澳大利亚就使用澳元。如果使用其他国家的货币，中间又产生汇兑损失。因此，尽量使用出行国与本国人民币能直接结算的双币信用卡，可以达到省钱的目的。在国外花费出行国的货币后，回国再用人民币直接还账单即可。

（4）巧用银联网络。目前，很多国家都有银联支付的通道，在国外刷卡消费时，尽量通过银联支付，这样能够按当日外汇汇率，把当地的货币直接折合成人民币，然后按人民币还款即可，没有购汇还款的问题。这节省了不同货币之间的转换费用（1.5%~2%）。

（5）使用旅行支票。出国旅行使用较多的是外币旅行支票。外币旅行支票具有携带安全、永久有效、面值固定、使用方便的特点，使用它的人越来越多。

电子旅行支票可以在国内充值，然后在国外刷卡消费，或是提现，比信用卡更安全便捷、费用更低，且额度不受限制。在国外大额消费时，电子旅行支票可能是最合适的选择。多家银行都与海外机构推出了电子旅行支票服务，并有不少优惠活动推出。

3. 选择购物场所

在境外旅游，选择合适的购物场所，在理性购物和经济购物方面发挥着十分重要的作用。合适的购物场所（商场）可以为旅客省下一笔可观的开销。

（1）选择支付方式为国际信用卡支付、银联网络支付、旅行支票支付的商户进行购物。采用上述支付方式的商户，由于支付方式的特征与功能，可以为旅客省下一笔钱。例如，银联网络已覆盖181个国家和地区，游客无论携带银联卡还是手机，均可体验银联提供的便捷支付服务。暑假期间,银联国际还推出三重好礼,出境游客不仅可在近 3 万家门店享受低至 6 折的专属优惠,还有机会享受动态汇率优惠和最高达 11%的返现优惠。[29]

(2)选择免税店进行购物。全球各地的免税店始终是旅客的最爱,优惠券领券量和使用率呈增幅状态。在旅途中,可购买到免税品的机会其实比较多,比如机场免税店、市内免税店,还有邮轮或者飞机上也有免税品出售,以及入境前经过边检,都会经过一个所谓的免税区。在这个区域,基本上都能看到免税店,但不代表所有的商户都销售免税品。通常,免税店会有明显的标志,在免税店中的商品才是免税品。

五、退税

(一)关于退税

1. 退税规定

退税主要是指非本国居民在退税定点商店购买的随身携带出境的物品,按规定退增值税和消费税的政策。通俗地讲,退税退的是增值税与消费税,这部分税率通常不高,但此时的商品售价是包含税费的,需要购买后走退税流程才可以享受优惠。

2. 退税商品

只有在那些当地政府指定的退税商户购物才能够退税。这些商户一般都会有 Tax-Free shopping、Tax Refund、Premier Tax Free 等标志,特别是在一些旅游景点,交通枢纽如机场、车站(外国人多的地方)等,退税商户比较多。

3. 退税方式

(1)现金退税:这是最直接的方式,能够当场拿到现金,但是需要预留时间来排队,退的还是当地货币,想要换成其他货币要考虑汇率问题。

(2)信用卡退税:这种方式比较便利,海关盖章之后将退税单邮寄即可,不必再去排队领取现金,但要在 1~3 个月内才能到账,而且没有确切的退税跟踪。特别注意,如果选择信用卡退款,最好对相关单据和回邮信封进行拍照存据,一旦没有及时收到退款可以发邮件至退税公司进行查询。

(3)支付宝退税:该方式比较简便,支付宝已推出海外退税服务业务,覆盖的地区正在逐步扩大,支持人民币到账,填完单子即可,一般收取 3%~5%的货币转换费。一般情况下,10~15 个工作日到账。

(4)旅行支票:该方式比较烦琐,填好单据寄回有关地点后,海关人员会将支票邮寄至消费者所留下的地址。邮寄的方式除耗时之外,还需多花费寄支票的邮资,待收到支票之后,必须拿到银行去存。

4. 退税时效性

各个国家对退税单据获得海关图章都有一定的时间限制,一般为退税单据开列起的 3 个月内。例如,奥地利、比利时、法国等盖章有效期皆为退税单签发月之后的 3 个月。

而盖有有效海关印章的退税有效期在各个国家也有所不同。例如,奥地利的退税单有效期为退税单签发日起的 3 年；而法国的退税单有效期为退税单签发日起的 6 个月，但如果获得海关电子验证，退税单将永久有效。

（二）在哪里退税

1. 当场退税

商场直接退税，需信用卡担保，并收取相关手续费。流程：在商店填写税单→前往商场内指定退税点领取税金（一般为当地货币）→离境机场盖章→机场海关将税单寄回退税信封上的地址（如无法在指定日期内寄回税单，将从担保信用卡账户扣回相关税金）。

2. 在机场退税

机场现金退税，需收取相关手续费。流程：在商店填写税单→离境机场盖章→前往机场指定退税点领取现金。在离境时，旅客到国际机场内设立的退税服务器上，通过退税服务器，选择将消费税退款直接转入自己的信用卡，或要求现金退还。

3. 支付宝退税

支付宝退税，不收取用户手续费。流程：退税单填写与支付宝绑定的必要信息→离境海关检查盖章→等待退税到支付宝账号。消费者在欧洲、韩国等地购物消费，可以用支付宝办理退税。离境前把退税单交给海关检查盖章，并投递到机场指定的信箱，就可以坐等退税到支付宝账户。最快 10 个工作日后，退税金会自动兑换为人民币进入支付宝账户，并有信息通知。

4. 回国退税

退税也可以回国办理，不过因为汇率或者手续费，在最终金额上会略有损失，但是也确实比较方便。

（1）工行代理的环球蓝联（Global Blue）：带着盖好章的退税单据回国后，携带身份证、护照和盖章退税单及收据前往工商银行办理退税程序。选择退回现金（人民币）或者直接退税至银行卡。

（2）浦发银行与邮政储蓄银行代理的 Premier Tax Free：需凭借护照、盖章的退税单据前往银行，但前提是首先要有一张浦发银行的卡，退税的钱会直接进入账户，其中手续费 20 元左右，同时还要核查退税额度，所需要的日期较长。税费入账是依照入账日期的汇率合算的，会有汇率损失。

（3）其他退税服务机构：国际退税服务机构，或到能办理旅游国退税业务的银行进行退税，只要提供盖好章的退税单据、护照即可，但需要缴纳一定的手续费。

第四节　出境旅游注意事项

在境外旅行，切记要注意出行国的风俗习惯和禁忌；切记要保障人身财产等安全；一定要购买旅游保险；一定要掌握境外求援的方法。只有这样，境外旅行才会顺畅、愉悦，境外旅行才会有意义。

一、风俗习惯与禁忌

世界之大，语言、文化、种族之多，常常是越过一座山头就像变了个世界。风俗的差异难有规则可循，稍一不慎，便可能导致旅途的不便。因此，出门前应先熟悉旅游地的风俗禁忌，以免在不经意间造成困扰。

（一）亚洲

1. 印度

印度人大约 83%是教徒，不吃牛肉，一般人不用牛皮制品。印度教寺庙不允许牛皮制品入内，需赤脚入内；不允许触摸寺庙内的任何供品和前往神龛的信徒，并按顺时针方向参观寺庙。妇女要穿着适宜，上衣不能过短，下身需穿长裤或长裙。

在印度"头"被认为是非常高贵而神圣的，所以不要去摸小孩的头；印度人用左手处理不洁之物，右手用来抓饭，应尽量避免以左手和他人接触。

不要随便给陌生人拍照，须事先征得其同意。

2. 泰国

在泰国尽量避免对王室成员做出不利的评价，禁止以泰国王室成员作为玩笑谈资；泰国是佛教国家，所以要避免在公众场合打牌；不可以摸和尚的头，不可以摸小孩的头，放国歌时不管在干什么都要停下来；不许踩门槛，进佛堂要从左到右走过去。

在泰国有个规定，凌晨 2 点以后不准再买酒，否则会被警察处以罚款。

3. 尼泊尔

尼泊尔人对黄牛十分崇拜，视黄牛为"神"，将其比作"母亲"，奉其为"国兽"。因此有许多关于牛的禁忌：不得宰杀牛，忌食牛肉，不得用牛革制品，禁止牛肉、牛肉罐头进口。

不要爬骑在神像上面玩耍或拍照，以示对当地宗教信仰的尊重；和当地人打招呼时，双手合十微笑说声"Namaste"即可；入庙时要脱鞋；不要抚摸小朋友的头，因为尼泊尔人相信神祇居住在人的头顶；握手或传递物品时，使用右手或双手，左手在尼泊尔人的观念中代表不洁；在室内不要跨越尼泊尔人的身体或脚，应该绕路而行。

4. 柬埔寨

柬埔寨人注重礼节，讲话很有礼貌，见面时要行双手合十礼。拜访柬埔寨朋友，要事先约定时间，并按时赴约。作为客人要注意衣着清洁、整齐。宾主见面，主人双手合十行礼，客人应双手合十还礼。

5. 新加坡

新加坡是一个多元种族和多种宗教信仰的国家，因此，要注意尊重不同种族和不同宗教信仰人士的风俗习惯。例如，参观清真寺必须脱帽脱鞋进入，女士不能穿短裤或暴露的裙子，也不可进入祷告大厅。

在社交性的谈话中，切忌议论政治得失、种族摩擦、宗教是非和配偶情况等，但可交流旅行方面的经验，也可谈论所到过的国家的各种见闻。

在新加坡,公开表露幽默感的人是很少的,而且不是所有的笑料都能为人们所欣赏,因此在不太了解别人之前,最好少开玩笑。

6. 日本

在日本,在地铁里不吃东西、不接听手机,排队礼让。日本忌讳用餐过程中整理自己的衣服或用手抚摸、整理头发。

用筷有八忌:舔筷;迷筷,即手拿筷子,拿不定吃什么,在餐桌上四处寻游;移筷,动一个菜后又动一个菜,不吃饭光吃菜;扭筷,扭转筷子,用舌头舔上面的饭粒;插筷,将筷子插在饭上;掏筷,将菜从中间掏开,扒弄着吃;跨筷,把筷子横放在碗、碟上面;剔筷,用筷子剔牙。

去日本人家做客要穿袜子脱鞋。在日本的自动扶梯上,要靠一边站立,留出另一边让着急的人先行。在东京,应靠左站立,在大阪应靠右站立。

7. 韩国

韩国人禁忌颇多。逢年过节相互见面时,不能说不吉利的话,更不能生气、吵架。农历正月头三天不能倒垃圾、扫地,更不能杀鸡宰猪。寒食节忌生火。生肖相克忌婚姻,婚期忌单日。渔民吃鱼不许翻面,因忌翻船。

与年长者同坐时,坐姿要端正。由于韩国人的餐桌是矮腿小桌,放在地炕上,用餐时,宾主都应席地盘腿而坐。若是在长辈面前应跪坐在自己的脚底板上,无论是谁,绝对不能把双腿伸直或叉开,否则会被认为是不懂礼貌或侮辱人。

吃饭时不要随便发出声响,更不许交谈。进入家庭住宅或韩式饭店应脱鞋。在大街上吃东西、在人面前擤鼻涕,都被认为是粗鲁的。

照相在韩国受到严格限制,军事设施、机场、水库、地铁、国立博物馆以及娱乐场所都是禁照对象,在空中和高层建筑拍照也都在被禁之列。

(二) 欧洲

欧洲是个人文荟萃的地区,西欧各国的高度文明令许多人向往。欧洲人在生活上似乎没有特别的禁忌,但如果稍加留意,有些细节还是旅行时应该避免的。

1. 英国

忌讳随便将任何英国人都称为英国人,一般将英国人称为"不列颠人"或具体称为"英格兰人""苏格兰人"等;英国人反感墨绿色,不喜欢红色和黑色;忌讳谈论英国皇室及其成员;忌讳菊花。

2. 俄罗斯

俄罗斯人忌讳别人送钱,认为送钱是一种对人格的侮辱。但他们很爱外国货,外国的糖果、烟、酒、服饰都是很好的礼物。如果送花,要送单数不送双数,双数是不吉利的;俄罗斯人喜红忌黑,对数字"7"情有独钟;俄罗斯人豪爽大方,忌讳别人说他们小气;同时特别爱整洁,随便乱扔东西会受到众人的鄙视;聊天中忌讳以历史上的某些有争议的领袖人物及当前的改革等作为话题。

3. 意大利

意大利治安状况欠佳，但整体而言，意大利民族性情温和，对稍微违反礼仪的言行也能包容。另外，意大利人注重外表，若是旅客衣着光鲜，会得到较好的服务。

4. 荷兰

荷兰有一个与其他国家不同的习惯，无论爬楼梯还是走升降扶梯，女性一般都跟在男性的后面，这并不是不尊重女性，而是荷兰人特有的习惯。

5. 希腊

希腊是欧洲国家风俗习惯改变最少的地区，境内仍沿用不少保守的传统，特别是对希腊正教所表现的信仰虔诚。因此，旅游希腊时，应以诚敬的态度去认识希腊正教。

6. 丹麦

饮酒干杯是丹麦人的社交习惯，如果用餐时相互叫"skal"，就表示要一口饮尽整杯酒，这是丹麦的餐桌礼仪。如果首次拜访当地人被招待晚餐的话，访客通常有带一束花给主人的习惯。

7. 挪威

挪威人讲究守时及与人谈话保持一定的距离，拜访或出席家宴要准备花或糖果等礼物送给女主人，出外郊游不要惊吓河鸟（挪威国鸟），普遍视红色为流行色。

8. 法国

在博物馆和教堂不要用带有闪光灯的相机拍照。女士优先的礼仪起源于法国，旅行中要注意为女性让道、开门、让座，上下车让女性先行。巴黎女士很少穿牛仔裤，大多数巴黎女郎的上班裤装都是宽松的，她们排斥紧绷在腿上的裤子，认为其破坏秀腿那纯洁细腻的美。

9. 葡萄牙

葡萄牙人重视礼节，通常在礼貌性寒暄之后都会互相交换名片，但不太守时。

与葡萄牙人洽谈生意，勿让葡萄牙友人有被推销产品的压力。通常葡萄牙人喜欢在旧式、气氛庄严、亲切的咖啡屋洽谈生意，花费不多但效果好。葡萄牙人很像希腊人，随和，喜欢社交。尽管天气热，葡萄牙人也会穿着西装，和他们谈判时，应上衣整洁，并在工作和社交场合戴上领带。

（三）美洲

1. 加拿大

加拿大地广人稀。特殊的环境对加拿大人的待人接物有一定影响。一般而言，在交际应酬中，加拿大人最大的特点是既讲究礼貌，又无拘无束。

加拿大人对法式菜肴比较偏爱，并以面包、牛肉、鸡肉、土豆、西红柿等物为日常之食。从总体上讲，他们以肉食为主，特别爱吃奶酪和黄油。加拿大人重视晚餐。他们有邀请亲朋好友到自己家共进晚餐的习惯。受到这种邀请应当理解为是主人主动显示友好之意。

忌讳：白色百合花不可作为礼物送人。

2. 美国

从心理品质和性格上来讲，美国人比较浪漫，喜欢新奇，自由平等观念较强。在日常生活中他们不拘泥形式，见面时一般施点头礼，行鞠躬礼、举手注目礼、握手礼、接吻礼。

美国人谈话爱用手势表达自己的意思，非常简练。比如：伸出大拇指或食指与拇指捏在一起，形成一个圆圈表示"好""可以"；在餐馆吃完饭结账时，可以用手做写字的动作；把中指和食指相交，表示"祝你好运"；分手时，抬起手臂挥一挥。

在打招呼时，美国人喜欢直呼对方的名字，认为"太太""小姐""先生"等太客套了，没有必要。美国妇女性格开朗，举止大方，即使素不相识，谈笑也毫无拘束。她们爱打扮，服装喜欢标新立异，但在工作时间内，穿着还是很严肃的。

3. 巴西

巴西是由欧洲人、非洲人、印第安人、阿拉伯人以及东方人等多种民族组成的国家，但核心是葡萄牙血统的巴西人。另外，由于从西班牙、意大利等南欧国家来的移民，在巴西占压倒性的多数，因此，巴西人的习俗和葡萄牙、南欧的习俗非常相似。

在巴西，紫色表示悲伤，黄色表示绝望。他们认为人死好比黄叶落下，所以忌讳棕黄色。人们迷信紫色会给人们带来悲伤。另外，还认为深咖啡色会招来不幸，所以，非常讨厌这种颜色。

（四）大洋洲

主要指的国家是澳大利亚。这里的男人们相处，感情不能过于外露，大多数男人不喜欢紧紧拥抱或握住双肩之类的动作。在社交场合，忌讳打哈欠、伸懒腰等小动作。

澳大利亚人见面习惯于握手，不过有些女士之间不握手，女友相逢时常亲吻对方的脸。商务活动的最佳月份是 3～11 月。澳大利亚是一个讲求平等的社会，不喜欢以命令的口气指使别人。他们把公和私分得很清楚，所以不要以为一起进过餐，生意就好做了。

澳大利亚不流行小费，但服务人员如果为你提供了额外的服务，可给适当的小费。到商店里买东西不要讨价还价。坐车不系安全带是违法的，小孩也要系安全带。

（五）非洲

在非洲，打招呼忌用左手。非洲流行的打招呼方式——举起右手，手掌向着对方，目的是表示"我的手并没有握石头"。

在阿尔及利亚，与人握手要用力，若握手有气无力被视为不礼貌。

在几内亚，女性游客穿白衣或斗篷，会受到当地人的尊重从而畅通无阻，不致遭遇危险。

在埃及，用左手与他人握手或递东西是极不礼貌的，甚至被视为污辱性的；在埃及人面前尽量不要打哈欠或打喷嚏，如果实在控制不住，应转脸捂嘴，并说声"对不起"。

二、保障安全

（一）证件安全

护照、身份证、信用卡、机（车）票以及文件等是出国旅游的身份凭证，特别是在出入境接受检查时必须使用，所以从始至终一定要随身携带，妥善保管。在出国前，最好将上述证件各复印一份，连同几张护照相片放在包里，并记录护照号码，以备急用。证件一旦遗失或被偷被抢，要立即向警方报案，可拿备用的复印件迅速证明身份，同时请警方出具书面遗失证明，必要时向所在国申请出境签证并向我国驻所在国领事提出补办申请。

（二）财物安全

如非必要，出境期间不要携带大量现金和贵重物品，同时注意不要把现金和贵重物品放在托运行李箱里，也不要把现金和贵重物品放在酒店或旅游车里。正确的做法是可存放在酒店总台或房间里的保险箱中，但要保管好凭据、钥匙，并记住保险箱密码，一旦发现钱物丢失或被盗，可立即与酒店方面交涉。如在机场、酒店或旅游车上遗失，要和相关方面交涉，可酌情报警处理，并请其出具较为详细的遗失证明。如果住在青年旅舍，则现金和贵重财物应随身携带。若不幸遗失，可与旅社方面交涉，请其出具较详细的遗失证明。

（三）住宿安全

如果有陌生人送东西到你的房间，应当打电话向酒店前台证实后再打开房门。当接到骚扰电话时，应立即投诉，以便酒店总台及时查找线索。出入房间一定要随时关门、锁门，保管好自己房间的钥匙。外出时要随身携带一张记有该酒店地理位置和联系电话的卡片，以确保迷路后安全返回。每次退房前，要仔细检查携带的行李物品，特别注意证件、重要文件及存放的贵重物品。若住在旅馆或其他地方，要同样保障住宿安全。

（四）人身安全

乘船、快艇等水上交通工具时，最好穿上救生衣。万一发生交通事故，不要惊慌，要采取自救和互救措施，保护事故现场，并迅速报警。

远离毒品，不要和陌生人搭讪，防止人身受到伤害。当人身安全受到威胁和伤害等意外时，应立即向当地警方报案，取得警方的书面证明，以寻求保护。同时通知救援机构、保险公司、所在国的我国使领馆等，并保留所有单据正本，包括交通意外事故证明、诊断证明、医疗费用收据、法医鉴定证明等，日后交给保险公司索赔。

要尊重所在国特别是有特殊宗教习俗国家的风俗习惯，避免因言行举止不当所引发的纠纷。

遇到地震等自然灾害或政治动乱、战乱、突发恐怖事件或意外伤害时，要冷静处理并尽快撤离危险地区，同时及时报告我国驻所在国使领馆或与国内部门联系寻求营救保护。另外，旅客出国前应当购买旅游意外伤害险，同时确认本次旅游行程中的承保范围，如有疑问可向保险公司或保险代理机构查询。

（五）购物安全

购物时要谨慎，最好在正规商店购买商品，这样可避免退换货时的麻烦。多数欧洲国家都有购物退税标志，退税额为购物总价的 10%～16%，可向购物商店索取退税凭证，正确填写，加盖海关印章。退税单及购物收据要合在一起，出境时在机场办理，可选择信用卡账户。欧洲规定，只有非欧盟国家旅客才有退税优惠，但往往要求检验商品，不是只凭退税表格即可获得戳印，所以所购物品在办理退税手续前最好不要放在箱包里，这样取放比较方便。若是在机场退税柜台来不及拿到退税金额，可凭已盖章的欧洲边防戳印在国内的中国工商银行或中国银行兑换等值的人民币，但需付 2%的手续费用。机场只办理与机场有协约商户的退税业务，即在机场挂了号的连锁商店才可以真正实现退税。对于没有办成退税的，可填好单据，写上旅客自己的账号，寄回所购物的商店，再由该商店将退税款打到旅客的账号上。

三、购买保险

保险是促进旅游业健康稳定发展、保障旅游者权益的一个重要制度选择。旅游保险的实施和推广有助于维护旅游者的合法权益，分散旅游经营者的经营风险。

（一）旅游保险

1. 旅游保险的概念

旅游保险是指投保人根据合同的约定，向保险人支付保险费，保险人对于合同约定的在旅游活动中可能发生的事故及其发生所造成的财产损失、人身伤亡承担保险赔偿责任，或者当被保险人在旅游活动中死亡、伤残、患病时承担赔偿保险金责任。[31]

例证 11-5

最受出境游客欢迎的保险公司[32]

2. 旅游保险的特点

旅游保险与其他保险相比较，具有以下特点。

（1）短期性。旅游保险相对于其他保险而言，保险期限是很短的。例如，在乘坐各种交通工具时，保险期限是从购票登上交通工具时起，至抵达目的地离开交通工具时止的几个小时或数天。

（2）强制保险与自愿保险相结合。在常见的旅游保险险种中，旅行社责任保险是旅行社必须投保的，属于强制保险；旅游意外保险属于自愿保险，由旅游者自行决定是否投保。

3. 旅游保险合同

旅游保险合同是投保人与保险人约定在旅游活动中的保险权利和义务关系的协议。旅游保险合同是保险在旅游活动中的具体体现。同时，旅游保险合同必须具备保险合同主体（指旅游保险合同的参加者或当事人，包括保险人和投保人双方）、客体（指旅游保险合同双方当事人权利和义务所指的对象）、保险合同内容（指旅游保险合同双方当事人的权利和义务）这三个要素。

（二）旅游保险购买指南

1. 分析旅游险的主要责任

旅游险主要有五种类型的责任：身故/残疾、紧急救援、医疗补偿、财务损失和其他。按照重要程度的顺序排列为：紧急救援和医疗补偿、身故/残疾、财务损失和其他项。

在发生事故时如何保生是关键，所以全球紧急救援服务十分重要，是旅行险的灵魂。

医疗补偿则是为了覆盖境外高昂的医疗费用。例如，前往申根国家（《申根协定》的成员国），都会被强制购买旅行险，其中医疗保险的保额不能低于 3 万欧元（折合约 30 万人民币），而 3 万欧元在欧美的医疗体系中可能只是基础的额度。

身故/残疾责任是对于基础保障的一种定时增加。

财务损失可能是大多数人比较关心的项目。比如信用卡盗刷的问题在欧洲极其常见，如果去法国、意大利等国家则要注意偷盗风险等。

2. 如何选择旅游险

（1）根据目的地选择。选择旅游险产品的时候最先看它是否有保障要去的目的地，再进行进一步的对比选择。事实上，不同国家对前往的国外游客签证有不同要求。比如，去德国、法国等申根国家，办理旅游医疗保险成为签证的前提。

（2）根据保险公司选择。根据各保险公司官网信息，了解并比较保险公司的业务普及范围、保险体系及赔付实力，以及是否具备一定实力的救援机构。如果某保险公司的业务普及范围广、保险体系及赔付实力强，并且具备一定实力的救援机构，则可以考虑购买。

（3）根据旅行成员选择。境外旅行时，如果团队中有未成年成员，那么有未成年人旅行送返费用补偿的境外旅游险自然比没有的更加合适。

（4）根据保障内容选择。保障的内容越全面越好，风险多种多样，很难做到面面俱到的预防和保障，在这样的情况下选择保障内容更加全面的境外旅游险产品才是明智之选。

（5）根据保障金额选择。一般来说，建议医疗保额至少为 30 万元，这是因为除申根国家有这样的要求之外，低于 30 万元的医疗保额，也达不到转移风险的目的，所以建议医疗保额尽量高。不过，旅游保险的价格主要根据出境的天数、保障范围额度以及旅行目的地国家消费标准三大因素制定。因此，购买的险种，只要能够满足自己的风险保障需求即可，旅客应根据自己的经济实力"量体裁衣"。

3. 含紧急救援的保险怎么选择

由于每次救援的实际情况不同，且各个国家和地区的语言、环境、法律法规和风土人情不同，很难断定救援机构哪家更好、哪家更快。业内公认的救援经验和能力较强的保险有安联、美亚、史带等，国际救援业务的历史非常悠久，全球布局广泛，且旗下均有自家集团运营的国际旅行救援公司。下面列举的保险公司仅供参考。

（1）前往欧洲/申根国：考虑安联。安联保险集团于 1890 年在德国柏林成立，2017 年居《财富世界 500 强》第 34 位，其子公司安联全球救援（AGA）总部设在法国巴黎，覆盖全球五大洲 29 个国家。这家德国公司在欧洲的根基深厚，前往欧洲、申根国建议可偏重选择安联的产品。

（2）前往美国、加拿大：考虑美亚。美亚财产保险隶属于世界 500 强企业美国国际集团（AIG）。作为中国旅行险的领先品牌，美亚保险旅行险每年为超过百万的中国客户提供了旅行保障服务。美亚全球救援（AIG Travel Guard）是美亚财险专属的旅行救援机构，在亚洲、欧洲、美洲设立了支援中心。美亚在美国的救援和医疗队伍是相对较强的，所以前往北美地区旅游，建议可优先选择美亚的产品。

（3）前往东南亚：考虑人保财险。人保财险没有自己直属的境外救援机构，其紧急救援服务是和第三方机构国际 SOS 救援中心（International SOS）合作的。International SOS 是世界上最大的医疗和旅游安全服务公司，总部在新加坡和伦敦。全球 500 强企业中几乎有三分之二都是它们的客户。该公司成立于 1985 年，专门为出国旅行的组织提供医疗、旅游安全咨询和援助。其特色服务之一是空中医疗救援服务。这一服务覆盖了南非、新加坡、中国、新几内亚以及中东等地区。这也是前往东南亚时，人保财险旅游险的优势。

（4）前往南美：考虑史带。史带集团是国际领先的保险和投资机构，业务遍布五大洲，爱思卡救援（ASSIST CARD）隶属于史带集团。爱思卡于 1972 年在瑞士成立，是一家专注于为旅行者提供全面救援服务的世界最大规模的救援组织之一，并提供全年 365 天×24 小时的全天候服务，拥有超过 40 年救援服务的成功经验。其办公所在地在南美分布更为密集，在紧急救援调动医疗资源方面，尤其是前往南美洲，推荐史带的产品。

四、境外求援

境外求援，一般有以下几种方式。

（一）进行紧急救援求助

紧急救援服务，通俗来讲，就是一道救命符。当旅客在举目无亲、语言不通的异国时，突发意外或者生病，常常会手足无措、孤立无援。此时，旅客购买的含紧急救援的保险就会发挥十分重要的作用。那么，出现意外时，如何更快地获得救援呢？

出现意外，第一时间必须联系所在地的公共职能部门。在紧急的情况下，直接拨打当地的救助热线，能第一时间获得急救处理。所以在出境游时，一定要先对目的地的报警电话做好记录。

同时要拨打保单上的境内热线进行报案。直接拨打保险公司境内的电话一定是最高效的。所有的救援都由中国境内的保险公司理赔人员发起，境外保险公司接到确认后转到理赔，然后理赔再去安排救援。

（二）使用国际通用求救信号

（1）烟火信号。燃放三堆火焰是国际通行的求救信号，将火堆摆成三角形，每堆之间的间隔相等最为理想，这样安排也方便点燃。

（2）体示信号。当搜索飞机较近时，双手大幅度挥舞与周围环境颜色反差较大的衣物，表达遇险的意思。

（3）旗语信号。一面旗子或一块色泽亮艳的布料系在木棒上，持棒运动时，在左侧长划，右侧短划，加大动作的幅度，做"8"字形运动。

（4）声音信号。如果隔得较近，可大声呼喊或用木棒敲打树干，有救生哨则作用会更明显，三声短三声长，再三声短，间隔1分钟之后再重复。

（5）反光信号。利用阳光和任何明亮的材料，如罐头盒盖、玻璃、镜子等持续地反射，规律性地产生一条长线和一个圆点，或随意反照引人注目。

（6）地对空信号。"SOS"是国际通用的紧急求救信号，"FILL"可以辅助记住其中主要的信号。单个一根木棒"1"，是最为重要、制作也最简单的信号。尺寸是每个信号长10米、宽3米，每个信号间隔3米。

（7）留下信息。当离开危险地时，留下一些信号物，以备让救援人员发现。地面信号物使营救者能了解你的位置或者过去的位置，方向指示标有助于他们寻找你的行动路径。一路上要不断留下指示标，这样做不仅可以让救援人员追寻而至，在自己希望返回时，也不致迷路。

（三）向路人、警察或旅行社求助

在境外，在路上遇到紧急事情或事故时，若有路人经过，可向路人求助；如果没有路人经过，则应立即向当地警方报案。因此，熟记当地火警、急救、警察等应急电话非常重要，在出国旅游之前，应该了解清楚。在人身安全或财产受到侵害时，保持冷静，以保障人身安全为首要，尽量记住对方体貌特征、车辆号牌等信息并立即向当地警方报案，并请其出具报警证明，以便日后办理保险理赔、证件补发等手续。

如果旅客是跟团游，一旦发生紧急事情，旅客可向导游反映，并向旅行社求助。旅行社有责任也有义务帮助旅客解决困难。

（四）向领事馆求援

中国驻外使领馆依法开展领事保护与协助工作，积极维护中国公民正当与合法权益。由于使领馆官员在当地没有行政权和执法权，不能干预驻在国有关部门的行政和司法行为，因此不能保证相关工作完全满足旅客的诉求。具体而言，领事馆能够为旅客提供以下帮助。

（1）如所在国发生重大突发事件危及人身安全，可以根据情况，敦促所在国主管部门及时妥善处置，联系、协调有关组织或机构提供救助。

（2）如旅客在外国服刑或被拘留、逮捕，可以应旅客的要求或经旅客的同意进行领事探视。

（3）如旅客遭遇意外事故无法与国内亲属联络，可以协助将情况通知旅客国内亲属。

（4）如旅客因财物失窃等原因遭受临时性经济困难，可以协助旅客与国内亲友联系，并为旅客接收亲友汇款等事宜提供建议。

（5）如旅客在所在国与他人发生民事纠纷、涉及刑事案件或突发疾病，可以应旅客的要求，提供当地法律服务机构、翻译机构和医疗机构等名单、联系方式，相关名单仅供参考，驻外使领馆不对名单中机构或人员的资质水平、专业能力、个人品德进行认可或确认，也不对个案处理结果承担责任。

（6）如旅客需要寻找在国外失踪的近亲属，可以向旅客提供有关寻找渠道和方式的信息。

（7）可以根据中国法律法规，为遗失或未持有有效旅行证件的中国公民签发相关旅行证件。

（8）如旅客涉入有关法律诉讼，可以在必要时旁听庭审。

本章小结

- ➢ 出境旅游概述主要从出境旅游的基本概念、出境旅游产业概况、国际旅游理论、出境旅行诱致因素四个方面阐述。
- ➢ 出境管理涉及护照简介及申办流程、签证种类介绍及办理、涉外公证、中国外汇管理以及出入境相关规定与出入境检查等方面的内容。
- ➢ 一般情况，换汇可以通过银行正规渠道采用兑换、办理汇票或者旅行支票、办理外币信用卡以及其他换汇方式办理。
- ➢ 出境检查手续一般包括边防检查手续、海关检查手续、安全检查手续、交验黄皮书和居留手续。
- ➢ 语言在境外旅游中扮演沟通角色、公示语角色和服务角色；非语言则扮演语言的替换角色，辅助境外旅游的沟通与交流。
- ➢ 制订出境旅游计划包括以下步骤：确定国外旅游目的地和时间、办理护照和签证、预订机票和酒店、制定具体行程规划和行前准备。
- ➢ 境外旅行的方式主要有无景点旅游、景点式旅游、工作旅行、探险式旅游、游学旅游、邮轮旅游、跟团游、跨国医疗旅游和商务旅行。
- ➢ 经济出国策略主要包括廉价航空公司介绍及机票购买技巧、经济食宿方式和经济购物攻略等内容。
- ➢ 退税的方式包括现金退税、信用卡退税、支付宝退税和旅行支票。其中，旅行支票的退税方式最烦琐。
- ➢ 出境旅游应注意事项主要包括世界各国风俗习惯与禁忌、保障人身财产等的安全、购买保险和境外求援。
- ➢ 出境旅游应保障证件安全、财物安全、住宿安全、人身安全和购物安全。

课程思政

1. 旅游是和平的使者、友谊的桥梁，需引导每一位旅游者成为中华文明的传播者。要依照《中华人民共和国旅游法》规定，加强对旅游者遵守旅游文明行为规范的教育，要求旅游者在旅游活动中遵守社会公共秩序和社会公德，鼓励游客相互提醒，共同遵守文明出游规范，对不文明行为及时规劝和制止。

2. 出境旅游时，需了解并遵守当地法律法规，尊重当地风俗习惯，爱护环境，文明出游，自觉展现并维护中国游客的良好形象。

 思考练习题

一、选择题

1. 下面哪个选项不是语言在境外旅游中扮演的角色？（　　　）
　　A. 沟通角色　　　　B. 公示语角色　　　C. 服务角色　　　　D. 替代角色
2. 关于游学旅游说法正确的是（　　　）。
　　A. 学才是目的　　　　　　　　　　　　B. 是旅游
　　C. 距离不是关键　　　　　　　　　　　D. 以上说法都错误

二、简答题

1. 简述换汇的主要方式。
2. 简述出国有哪些程序。
3. 简述出国旅游经济购物的攻略。

 **案例分析**

旅行社服务瑕疵导致退签，应退还签证及旅游费用[33]

问题讨论：

1. 结合本章所学知识，阐述上述案例的解决办法。
2. 请阐述出国旅游应该注意什么问题。

"一带一路"沿线国家旅游人气高[34]

问题讨论：

1. "一带一路"沿线国家作为旅游目的地人气高涨的原因是什么？你是怎么看的？
2. 结合本章所学知识，阐述出境旅游有哪些旅游方式。

 参考文献

[1] 武葳. 国际旅游持续向好，中国客源引力不减[N]. 中国旅游报，2023-07-27（6）.

[2] 中华人民共和国文化和旅游部.2021 年文化和旅游发展统计公报发布[EB/OL].（2022-7-1）. https://zwgk.mct.gov.cn/zfxxgkml/zcfg/zcjd/202207/t20220701_934437.html.

[3] 上海经济编辑部. 上海经济（1949—1982）内部本[M]. 上海：上海社会科学院出版社，1984.

[4] 刘菲. 关于我国开放出境旅游市场的思考[J]. 北京工商大学学报（社会科学版），2004（2）：75-79.

[5] 徐汎. 中国旅游市场概论[M]. 北京：中国旅游出版社，2004.

[6] 吴必虎. 旅游系统：对旅游活动与旅游科学的一种解释[J]. 旅游学刊，1998（1）：20-24.

[7] 罗名义，毛剑梅. 旅游服务贸易：理论·政策·实务[M]. 昆明：云南大学出版社，2007.

[8] PEARCE P L. The social psychology of tourist behaviour[M]. Oxford: Pergamon Press, 1982.

[9] RYAN C. The travel career ladder an appraisal[J]. Annals of tourism Research, 1998, 25(4): 936-957.

[10] HOLDEN A. Understanding skiers motivation using pearce's travel career'construct[J]. Annals of Tourism Research, 1999, 26(2): 435-438.

[11] LEE U, PEARCE P L. Travel career patterns: further conceptual adjustment of travel career ladder[C]. Second Asia Pacific Forum for Graduate Students Research in Tourism. Busan: The Korea Academic Society of Tourism and Leisure, 2003: 2-4.

[12] PEARCE P L, LEE U I. Developing the travel career approach to tourist motivation[J]. Journal of travel research, 2005, 43(3): 226-237.

[13] 国家外汇管理局. 国家外汇管理局更新发布《现行有效外汇管理主要法规目录（截至 2023 年 6 月 30 日）》[EB/OL].（2023-7-28）. http://www.safe.gov.cn/safe/2023/0728/22991.html.

[14] 梁伟业，葛法权. 跨文化沟通中语言与非语言的教学设计改革[J]. 文学教育（下），2019（11）：64-65.

[15] 阎莉. 语言生态学视角下"一带一路"核心区跨境语言规划研究[D]. 重庆：西南大学，2018.

[16] 韩士媛. 黑龙江省"一带一路"倡议人文交流中的语言功能研究[J]. 吉林广播电视大学学报，2020（1）：46-47.

[17] 靳亚铭. 顺应语用视角下的公示语旅游文本翻译[J]. 河南工业大学学报（社会科学版），2018，14（3）：89-93.

[18] 史剑锋. 导游讲解技巧及语言艺术的探索与实践[J]. 旅游纵览（下半月），2019（11）：229-230.

[19] 王智，张明刚，周孟然. 非语言沟通技巧在电工与电子技术课程授课中的应用研究[J]. 科技风，2019（31）：30+51.

[20] 刘晓晶. 谈高职旅游英语学生跨文化交际意识的培养[J]. 智库时代，2019（45）：82-83.

[21] 胡文仲，毕继万. 跨文化非语言交际[M]. 北京：外语教学与研究出版社，1999.

[22] 王西涛. 无景点旅游的若干理论问题初探[J]. 滁州学院学报，2012，14（3）：62-65+88.

[23] 李天元. 旅游学概论[M]. 天津：南开大学出版社，2003.

[24] 鄢光哲. 暑期游学产品为家长需求而定制[N]. 中国青年报，2019-6-18（12）.

[25] 黄文静. 邮轮旅游历史文化的溯源和中国展望[J]. 旅游管理（国际邮轮），2019（1）：1-3.

[26] 焦芳舟. 新型的旅游方式：跨国医疗旅游[J]. 旅游纵览（下半月），2018（2）：20.

[27] 王昆强. 国际旅游岛商务旅游产业的价值与开发[J]. 金融经济，2016（20）：41-43.

[28] 刘倩. 亚洲最大低成本航司在粤重新"起飞"[N]. 南方日报，2023-05-29.

[29] 中国银联. 暑期出境游可享银联卡专属优惠[EB/OL].（2023-7-17）. https://cn.unionpay.com/upowhtml/cn/templates/newInfo-nosub/7885004da382485e8bde5a0ba000fdd3/20230717142106.html.

[30] 马景. 伊斯兰教的饮食禁忌[J]. 百科知识，2007（13）：50-52.

[31] 韩玉灵，郑晶. 旅游法教程[M]. 北京：科学出版社，2011.

[32] 于梦迪. 中国出境旅游保险市场分析[J]. 现代商业，2020（10）：23-24.

[33] 慕宏举. 出境游开心更要安心，北京东城法院发布涉出境游典型案例[N]. 新京报，2023-8-20.

[34] 央视网. "一带一路"带火沿线国家旅游 未来市场热度有望持续走高[EB/OL].（2023-3-29）. https://news.cctv.com/2023/03/29/ARTIa9ZSEdABdBALjgKpdJa0230329.shtml.